【人文与社会科学文丛】

幸福经济学选读

——欧美（前400~1900）分册

XINGFU JINGJIXUE XUANDU

傅红春　蒲德祥　编著

知识产权出版社

全国百佳图书出版单位

图书在版编目（CIP）数据

幸福经济学选读：欧美（前400～1900）分册／傅红春，蒲德祥编著.
—北京：知识产权出版社，2014.4
ISBN 978 - 7 - 5130 - 2622 - 2

Ⅰ. ①幸…　Ⅱ. ①傅…②蒲…　Ⅲ. ①经济学 - 著作 - 介绍 - 欧洲 -
前400～1900②经济学 - 著作 - 介绍 - 美洲 - 前400～1900　Ⅳ. ①F0

中国版本图书馆 CIP 数据核字（2014）第 045003 号

内容提要

经济学对"幸福"，离弃还是回归？如何解开斯密的"价值之谜"？如何解开《国富
论》与《道德情操论》所呈现的"两个斯密"之谜？理性还是感性？做"经济人"还是
"道德人"？经济发展的终极目标为何，"幸福"去哪了？溯自世界公认第一部经济学著作
古希腊时期色诺芬的《经济论》，延至 1900 年，欧美两千余年历史中，魁奈、休谟、斯
密、边沁、马尔萨斯、李嘉图、马歇尔等 36 位世界大师级经济学家 40 部传世巨著的 1300
多万字中，论及"幸福"的章节字句达数十万字。本书通过对精选著作的品读、咀嚼，
为今天的读者在财富增长和生活方式不断变化所带来的或愉悦享乐或迷惑困苦里，提供
思想线索和精神营养。

责任编辑：祝元志　　　　　　　　责任校对：董志英
封面设计：刘　伟　　　　　　　　责任出版：谷　洋

幸福经济学选读：欧美（前400～1900）分册

傅红春　蒲德祥　编著

出版发行：**知识产权出版社** 有限责任公司　网　　址：http://www.ipph.cn
社　　址：北京市海淀区马甸南村 1 号　　　　邮　　编：100088
责编电话：010 - 82000860 转 8513　　　　　责编邮箱：13381270293@163.com
发行电话：010 - 82000860 转 8101/8102　　　发行传真：010 - 82000893/82005070/82000270
印　　刷：北京中献拓方科技发展有限公司　经　　销：各大网上书店、新华书店及相关专业书店
开　　本：787mm×960mm　1/16　　　　　　印　　张：28.25
版　　次：2014 年 4 月第 1 版　　　　　　　印　　次：2014 年 4 月第 1 次印刷
字　　数：504 千字　　　　　　　　　　　　定　　价：68.00 元
ISBN 978 - 7 - 5130 - 2622 - 2

代　　序[1]

经济学对"幸福"的离弃与回归
——"斯密之谜"的一种解释

英国学者斯密（1723~1790）给后人留下了两个"谜"：一个谜是他自己提出来的，一般称为斯密的"价值之谜"，说的是钻石用处小而价格高，与水用处大而价格低的矛盾，这个谜的谜底被19世纪70年代出现的边际学派给出，得到大家公认；另一个谜是斯密去世后的19世纪中叶，由德国历史学派经济学家提出的，一般称为"斯密之谜""斯密问题""斯密难题""斯密悖论"，说的是斯密两部著作即《国富论》与《道德情操论》的矛盾。这个谜的谜底，一百多年来众说纷纭，未有定论。本书关注的正是这一个未解之谜。

"斯密之谜"的几种解释

对于是不是存在"斯密之谜"，本身就有不同意见。有人认为，"斯密之谜"是个伪命题，没有"谜面"，也就无从谈到"谜底"了。在认为确实存在"斯密之谜"的人中间，对于"谜面"到底是什么，也有不同意见。而谜面的确定（即两个不同的斯密，如何表述，如何概括，如何比较），直接关系到谜底的探究和揭晓。

有人说，矛盾在于《道德情操论》中把人的行为归结于同情，与《国富论》中把人的行为归结于自私。《道德情操论》表明，斯密在伦理学上是利他主义者，研究道德世界的出发点是同情心；而《国富论》则表明，斯密在经济学上是利己主义者，研究经济世界的出发点是利己心。也有人说，《道德情操论》与《国富论》其实是同一个经济学的"上、下册"。《道德

---

❶　傅红春：经济学对"幸福"的离弃与回归——"斯密之谜"的一种解释，刊于《光明日报》2007年6月12日第10版理论周刊。

情操论》是经济学的"感性学分册",《国富论》是经济学的"理性学分册"。有人认为,"斯密之谜"是"经济人"与"道德人"的冲突问题。这种冲突,17世纪中叶的霍布斯提出过,与斯密同时代但比斯密成名早的休谟提出过,休谟和斯密之后的康德提出过,现代的帕森斯和哈贝马斯也提出过。

笔者认为,《道德情操论》的斯密和《国富论》的斯密并非截然相反、针锋相对、不可调和,因为《道德情操论》和《国富论》是斯密长时间地、交叉地、多次打磨而成。《道德情操论》初版于1759年问世,1790年的第6版是定型版;《国富论》初版于1776年出版,1786年的第4版是定型版。不管有意无意,斯密的思想不可能是断裂的、游离的。

说《道德情操论》的斯密和《国富论》的斯密完全是一回事,没有一点差别,也说不过去。那么差别在哪里呢?笔者认为,前面列出的几个"谜面"都有一定道理。但笔者还有一个"谜面",那就是《国富论》的主题是"财富增长",而《道德情操论》的主题则是"欲望约束"。

"斯密之谜" 的谜面与谜底

认为《国富论》的主题是"财富增长",应该不会有什么疑义,但认为《道德情操论》的主题是"欲望约束",明确提及的人不多。如果细读此书,会找到许多证据,限于篇幅,只引一段:"称为节制的美德存在于对那些肉体欲望的控制之中。把这些欲望约束在健康和财产所规定的范围内,是审慎的职责。但是把它们限制在情理、礼貌、体贴和谦虚所需要的界限内,却是节制的功能。"《道德情操论》论及的"道德情操",在斯密时代,就是用于说明具有自私本能的人,为什么又不可思议地会具有克制这种自私本能的能力。

简单地说,笔者给出的"谜面",是"财富增长"和"欲望约束"(两者看似矛盾,其实一点也不矛盾)。那"谜底"呢?就是幸福,或者说是"幸福最大化"。

"幸福=效用/欲望"的公式,是萨缪尔森给出的,但这个公式体现的思想内涵,在斯密那里是存在的。《国富论》就是告诉人们,如何使"财富"(更现代的表述就是"效用")更快更大地增长;《道德情操论》就是告诉人们,如何使"欲望"在道德规范约束下不至于恶性膨胀(这和许多宗教所推崇的"无欲"是有区别的)。

为什么会有"斯密之谜"

值得思考的一个问题是，在斯密那里，分述财富增长（《国富论》）和欲望约束（《道德情操论》），对于"幸福最大化"而言，思想上、逻辑上和操作上都是一致的，为什么后来会演变成一个世界性"难题"——"斯密之谜"了呢？

这是因为，斯密之后主流经济学的发展，越来越离弃了幸福。这种离弃，在凯恩斯（1883～1946）那里达到极致，至今还有着广泛而深刻的影响。

在德国历史学派经济学家于19世纪中叶提出"斯密之谜"之前，汤普逊（1775～1833）就非常明确并尖锐地指出了经济学对"幸福"的这种离弃。他在1822年完成的《最能促进人类幸福的财富分配原理的研究》一书中写道：一切研究经济学的人，"都可以被分为两派——精神学派和机械学派。'精神学派'宣称人只要依靠自己的精神力量，差不多不必凭借物质的从属作用，就能够得到幸福；'机械学派'则正好采取了另一个极端。……他们的唯一目标就是做出这样的安排，……尽可能多地生产……；另一方面，则是想出各种办法来找到足够的消费者使用生产出来的这些物品，……这一派学者所关心的，只是怎样达到最高额的生产和保证最大的消费或有效需求。"

汤普逊所划分的两派，前一派到后来基本上不再被认为是经济学家（至少不是主流经济学家），而后一派则离"幸福"越来越远。最开始的离弃，也许只是研究方法的需要：一是因为幸福没有标准的统一的定义，很难定性，进而造成幸福很难定量；二是财富确实是增进幸福的重要手段。所以，在很多的经济学研究中，直接研究的就是既容易定性又容易定量的财富。

对"效用"的研究，逆转了经济学发展离弃幸福的趋势，是难得的对幸福的回归。讲"效用"比讲"财富"更靠近幸福，但这种回归并不彻底，也不成功，因为效用也很难计量。

不管是有意还是无意，不管经济学家的内心是否还记得"财富增长可以带来幸福增长"的假定，经济学的发展，表现出对幸福越来越漠视和疏远。西尼尔（1790～1864）明确说："作为一个政治经济学家，我所要研究的不是幸福而是财富；我不但有理由省略，而且也许必须省略掉一切与财富无关的考虑。"到了被认为是新古典经济学奠基人的马歇尔（1842～1924），财富也好，效用也好，进一步被规定为必须由货币来表示，经济学就是研究如何使个人的货币收入最大化（包含了企业的利润最大化）。

如果极端一点讲，凯恩斯关注的就是一个国家总体的货币收入（现代说法就是 GDP）。总供给总需求模型也好，IS－LM 模型也好，财政政策也好，货币政策也好，只要消费沦落为生产的附庸和工具，幸福就消失得无影无踪，这就是 GDP 崇拜症的根源。

就我国的情况看，在经济改革之前，有点汤普逊所批评的"精神学派"的倾向；而经济改革之后有一段时间，则有点汤普逊所批评的"机械学派"的倾向。事实证明，这两种倾向，都不是"幸福最大化"这个终极目标本身。

回归幸福："两个斯密"合二为一

国内外越来越多的经济学家认识到，"财富增长促进幸福增长"只是一个假定，而非一个绝对的普遍的真理。在现代经济学对幸福的回归中，许多研究表明，财富增长不一定带来幸福增长。在这些经济学家中，1998 年诺贝尔经济学奖得主、被誉为"现代斯密"的阿玛蒂亚·森，是一个代表；2002 年诺贝尔经济学奖得主卡尼曼，也是一个代表。但是另一方面，完全否定这个假定，认为财富增长一定不带来幸福增长，甚至是一定带来幸福的负增长，也是不对的。财富增长不一定带来幸福增长，在逻辑上并不能够推出幸福增长要求财富负增长（实证研究也不支持这种推论）。

回归幸福的经济学，也不否定已有的经济学的成就。幸福经济学作为分析和追求效率的科学，当我们记住成本和收益不只是以货币计量的所费和所得，其终极目标是"幸福最大化"时，仍然是非常有用的。

本书使用指南

一级标题是所选经典著作的书名，按著作初版时间先后排序（同一学者多部著作再以时间先后排在一起）。

二级标题是摘录内容的关键词句，以楷体标识。

在每部著作的摘录内容前，我们对每位学者的生平和学术成就，以及选本的内容梗概和版本信息，有一个简短介绍。

摘录内容都标注了原书页码，以方便读者查阅原著。

目　　录

色诺芬《经济论 雅典收入》
（公元前 4 世纪）

色诺芬（约前430～前355），苏格拉底弟子，古希腊哲学家、历史学家和经济学家。其著述涉哲学、历史、政治和经济各领域，代表作有《希腊史》《居鲁士的教育》《居鲁士远征记》《苏格拉底言行录》《斯巴达政体论》《经济论》《雅典的收入》。本次选读的《经济论 雅典收入》是两部书的合集。《经济论》是古希腊流传下来、现在世界公认的第一部经济学著作，用记录苏格拉底和别人对话的形式讲述管理庄园的经验。《雅典的收入》论述雅典不依靠加重盟邦负担而自谋增加收入的方法。可以说，两书是最早论述幸福经济学思想的著作。

色诺芬. 经济论 雅典的收入. 张伯健，陆大年译. 北京：商务印书馆，1961.

妻子对于家庭幸福的贡献和丈夫是完全一样的

最要紧的是研究。我要把阿斯帕西亚介绍给你，她比我知道得多，会给你解释全部问题。我认为妻子如果在家庭中是一个好配偶，她对于家庭幸福的贡献和她丈夫是完全一样的，因为收入大部分是丈夫勤劳的结果，而支出则大半是由妻子管理的。如果两个人各尽自己的本份，财产就增加了；如果她们做得不好，财产就要减少。要是你想学别种学问，我想我可以给你介绍一些人，他们对于这些学问的任何一种都是很高明的。①

---

① 12

幸福是你自己换来的；农业是一种享乐

　　"我还要补充一句：赖山德尔自己说，他听了这句话以后，便用以下的话来祝贺居鲁士：'我觉得你应该享受你的幸福，因为这种幸福是你自己的力量挣来的。'"苏格拉底继续说："我告诉你这些话，是因为最富足的人也不能离开农业。因为从事农业在某种意义上是一种享乐，也是一个自由民所能做的增加财产和锻炼身段的手段。……对于一个高尚的人来说，最好的职业和最好的学问就是人们从中取得生活必需品的农业。因为这种职业似乎最容易学，而且从事这一职业也最为愉快，它能最大限度地使身体健美，它能给心力留出最多的空闲时间去照管朋友和城市的事情。而且，由于庄稼在城外生长，农场的牲畜也在城外放牧，我们觉得农业在某种程度上可以使从事这种工作的人勇敢刚毅。所以这种谋生方法似乎应该受到我们国家的最大重视，因为它可以锻炼出最好的公民和最忠实于社会的人。"①

将来共享的幸福之一，就是在老年能够得到最好的帮手和最好的赡养

　　现在，如果神赐予我们儿女，我们就要想出最好的教育他们的办法。因为我们将来共享的幸福之一，就是在老年能够得到最好的帮手和最好的赡养；但是目前我们先来共同享有我们这个家庭。②

所有的人都希望自己幸福

　　你可知道，虽然实际上所有的人都希望自己幸福，可是还有许多人怕麻烦，不去找他们所想要得到的好东西？③

---

① 16
② 23
③ 41

托马斯·孟《英国得自对外贸易的财富》（1630）

托马斯·孟（1571～1641），出身于伦敦一个商人家庭，很小便从商，并因此赢得金钱和声誉。《英国得自对外贸易的财富》写于1630年前后，但直到1644年才由他儿子出版发行。现知该书有六个版本，由若干篇独立文章组成，最精辟阐述了重商主义原理，文章次序由他儿子排定。该书在很长时间，一直是重商主义的福音书。托马斯·孟认为贸易与公众财富、国家实力和人民幸福有着密切联系。

托马斯·孟. 英国得自对外贸易的财富. 李琼译. 北京：华夏出版社，2006.

伟大而崇高的事业，……与公众财富、国家实力和人民幸福有着密切的联系

英国在印度的这些商品上所获得的财富，要大于那些出产和本来应该拥有它的国家与人民。因为这原本是他们国家的自然财富。但是为了能更好地理解这一点，我们必须把国家的利益和商人的利润区分清楚。虽然国家为胡椒所支付的价格并没有高于前面所说的价格，而且国家对其他任何来自国外的商品所支付的价格，也不会高于我们将它卖到外国时的价格，但是商人们所付出的就不仅是货物价款了，他们还需支付运费、保险费、关税以及货物遥远运输过程中的其他所有开销。但是从王国总账的角度看，这些不过是我国国内的账务往来，国家的财物并无任何损失。同时，我们还应该重视其他一些对我们有利的贸易，如与意大利、法兰西、土耳其及东方一些国家的贸易和航运就属于此类：靠着优越的地理位置和航海条件，我们每年都从东印度购进商品，然后再运到那些国家卖个好价钱。这是一项伟大而崇高的事业，它值得我们鼓起勇气并竭尽全力去保持和扩张。因为它与公众财富、国家实力和人民幸福有着密切的联系。与勤奋努力增加生产本国产品从而致富相比，依靠其他国家的货物使自己富裕起来，并不是什么不光彩或不公正的事情，特别是当前者能增进后者的利益的时候，正如英国在与东印度的贸易中所发现的那样：由于锡、纺织品、铅和其他商品的销售的大量增加，在一些原来并不使用英国物品的国家现在的销售量也在日趋增长。①

我们才是他们幸福的主要源泉

实际上，他们的船只不结实，不适合作战，只适合用于能给他们带来财富的渔业和贸易，或者成为他们的海上强敌的战利品，正像他们在丹刻克的一个贫穷的小镇上所发生的情形那样。尽管他们用了大笔的钱来进行作战准备，训练了士兵，造了战船，还有强大的护卫舰及其他值得肯定的准备措施，这些预防突发灾祸的准备工作他们从未中断过。可是如果他们遇到的是更为强大的海上敌人，迫使他们不得不增加一倍或两倍的开支的话，那我就非常怀疑他们能坚持多久，特别是当他们赖以为生的渔业受到（来自我们）阻碍时，他们要想设法生存下去，更是难上加难。再加上其他各种情况，我常常感到好奇，为什么荷兰人厚着脸皮吹牛的时候，会有那么多的英国人就信以为真了，竟然相信联合省就是我们的炮台、堡垒、城墙、外部工事和其他我说不出来的东西，似乎没有他们我们就不能在西班牙军队面前坚持多久似的。其实我们才是他们幸福的主要源泉，为了战争与和平，为了贸易与财富，为了军队与人民，我们流了鲜血才保护了他们；而他们自己的人民却因此可以去占领美洲新大陆，并且还从我们的手里收获了丰盛的贸易果实。这种贸易，如果是属于我们自己的（因为我们有权利和实力去这么做），它可以使英国的人口数量得以增加。因为我们有了这一维持人民生活的上佳的致富途径，使我们可以更好地抵抗哪怕是最强大的敌人，同时还可以使很多因为没有更好的生计而不得不到我们这里来的尼德兰人得以生存。如果果真如此的话，我们许多已经荒废了的海港城镇和城堡，就会马上重新修建起来；居住在那里的人们的生活，将会比以前最好的时候还要好。如果这些力量因此

---

① 15

而团结起来了，这些城镇和城堡将会准备得更充分、更有把握和更具有生机与活力，而不是各自分封割据，互相拖延推诿，并且彼此互相猜疑。所有这些问题我们不仅不应该忽略，而且还应该完全认识到其中的利弊，在必要的时候运用我们的力量（实施干预）。①

---

① 120

《布阿吉尔贝尔选集》（1697~1707）

布阿吉尔贝尔（1646~1714），法国古典政治经济学创始人，重农学派先驱。他生活的时代，正是法国经济严重衰败的时期。布阿吉尔贝尔任法官时，对农村经济衰落和农民贫困有较多了解，深切同情农民境遇，著述有《法兰西的详情》《谷物论》《货币缺乏的原因》《论财富、货币和赋税的性质》。这些著作写于1697~1707年。他反对货币是唯一财富的重商主义观点，与对外贸易是财富源泉的观点相反，主张农业才是创造财富的最重要源泉；认为法国200多个行业组成一个财富链条，其中农业是基础，各行业保持一定比例，各种产品主要以小麦等农产品为依据按比例进行交换，如农业遭到破坏，整个经济就将崩溃。重商主义追求货币，损害了农业，造成法国经济衰败。强调人们只能按自然规律办事，重商主义人为干预经济，违反客观规律，必然给法国带来灾难。他是自由竞争的早期拥护者，他的经济自由思想和重视农业的观点为后来的重农学派所继承和发展。他认为将金银当做财富和幸福生活的唯一源泉是一个严重错误的学说。

布阿吉尔贝尔选集 伍纯武，梁守锵译 北京：商务印书馆，1984.

将金银当做财富和幸福生活的唯一的源泉是一个严重错误的学说

我们认为，将金银当做财富和幸福生活的唯一的源泉是一个严重错误的学说，是不是还需要找出更多的例子来证实呢？[1]

人们的幸福与不幸，只是按照他们狂热地追求的贵金属拥有多寡来决定

----

① 133

《布阿吉尔贝尔选集》（1697～1707）

这种情况不就是一个普遍的富裕吗？这就是说，无须运用哪怕是少量的金钱，即有大量财物的消费和惊人的享受。这样，那些挥金主义的说教者的猜想，未免差得太远了，他们将金银奉为监护生活的神，认为人们的幸福与不幸，只是按照他们狂热地追求的贵金属拥有多寡来决定。①

> 为了保持幸福的境界，就必须使一切事物、一切商品，继续不断地处于平衡状态

我们曾经说过，并且还要说，为了保持幸福的境界，就必须使一切事物、一切商品，继续不断地处于平衡状态，并保持一个在商品之间的、按照一定比例的价格，以及使这个价格能偿付生产商品的费用。可是，我们知道，像在一个天平上的平衡关系那样，当一端增加了虽然是极少的重量，却立刻就会使另一端升高上去，好像里面没有东西似的。②

> 由于心灵可怕地堕落，尽管本应通过维护这种和谐来期待自己的幸福，但却没有一个人不是从早到晚处心积虑并竭尽全力来破坏它

整个财富是按比例产生的，因为只有靠比例的办法才有交换，从而使贸易得以进行：两顿一样精美的饮食，却因为一顿很贵，另一顿便宜得多，便以不同态度对待，硬把花钱多的饭说成会给人更高度的幸福，这是很可笑的。……因为这种存在于两个纯粹只是彼此贸易的商人之间的公平关系，如今必须扩大到法国今天所拥有的两百多种行业，而这些行业由于只有靠着这种公平关系才得以存在与维持下去，故维护这种关系对他们全都有彼此息息相关的利益，因此这种关系不应受到任何破坏，也就是说，最贫苦的工人不应亏本地出售，否则，他的破产会像病毒一样传染整个团体。这一点必须不仅仅在个人与个人之间，而且也在地方与地方、省份与省份、王国与王国，乃至于这一年与那一年之间进行，互相帮助，彼此提供自己多余的东西，以换回缺少之物。但是由于心灵可怕地堕落，尽管本应通过维护这种和谐来期待自己的幸福，但却没有一个人不是从早到晚处心积虑并竭尽全力来破坏它。没有一个工人不竭力企图将其商品以三倍于其价值的价钱出售，而以成

---

① 135
② 156

本价值三分之一的价钱得到其邻人的商品。只是靠着刀尖的力量,才得以在这些情况下维持着公道,然而这却正是自然或神明所曾负责处理之事。而正像自然或神明给弱小的动物准备了隐蔽所和护身术以便不至于全部都成为强大有力而且生来便有坚齿利爪、靠食肉为生的动物的猎获物那样,在现实社会的贸易中,自然或神明建立了这样的一种秩序,只要听任自然安排,强者在购买穷人的东西时就无法阻止这种出售会给穷人提供生计;这便维持了富足,而他们各自符合其身份的生活是靠着这种富足才得以获得的。我们说过,只要听任自然安排,这就是听其自然,任何人参与这种贸易只是为了在贸易中给所有人以保护而阻止发生暴力行为。然而,人们却与此背道而驰;无论什么手段,不管多么骇人听闻,人们都认为不仅完全合法,而且甚至誉之为破坏这种和谐的最巧妙的政策,他们通过拥护者,向所有的食品逐一进攻或者大加摧残。①

---

① 295

曼德维尔《蜜蜂的寓言：私人的恶德，公众的利益》（1714）

　　伯纳德·曼德维尔（1670~1733），荷兰人，1691年医学博士后工作期满出站，开始行医，专治"歇斯底里"病，约在1696年旅居英国，于1711年发表了一篇在当时颇有影响的论文《论忧郁情绪和歇斯底里情绪》。

　　1705年出版《抱怨的蜂巢或骗子变做老实人》讽刺性寓言诗，1714年这部诗作被加上"关于道德美行起源研究"，及对上述诗作中若干句子注释，以《蜜蜂的寓言：私人的恶德，公众的利益》再版，均未引起公众关注。1723年，作者增补了注释及"关于社会的本质"和"论慈善和慈善学校"，再次出版引起轰动。1728年作者又发表了由6个对话组成的该书第二卷，除了《蜜蜂的寓言》外，还著有《关于宗教、教会和国家幸福的自由思考》（1720）、《关于荣誉起源的研究》（1723）、《为公共烦恼的中肯辩护》（1724）等。曼德维尔借助"蜜蜂的寓言"想证明的是：国家的繁荣和人民的普遍幸福，只有顺应人的利己本性才能得以实现。

曼德维尔. 蜜蜂的寓言：私人的恶德，公众的利益. 肖聿译. 北京：中国社会科学出版社，2002.

> 　　人的那些最卑劣、最可憎的品质，才恰恰是最不可或缺的造诣，使人适合于最庞大（按照世人的标准衡量）、最幸福与最繁荣的社会

　　法律与政府之于市民社会的政治团体，有如生命精神及生命本身之于有生命造物的自然群体。对尸体的解剖研究发现：更直接为维持人体机器运动所需的主要器官与最精妙的弹簧，既非坚硬的骨骼、强壮的肌肉及神经，亦非如此美丽地覆盖其上的光滑的白皮肤，而是那些微不足道的薄膜与导管，它们被普通人忽略，或被视为无关紧要。将人的天性从艺术与教育中抽象出来加以考察，情况亦如此。通过这种考察会发现：使人变为社会性动物的，

也不在于人的追求合作、善良天性、怜悯及友善，也不在于人追求造就令人愉悦外表的其他优点；相反，人的那些最卑劣、最可憎的品质，才恰恰是最不可或缺的造诣，使人适合于最庞大（按照世人的标准衡量）、最幸福与最繁荣的社会。①

> 那些最高尚的人物不惜牺牲自己生活的平稳、健康、肉体的快乐和自身的一切所期待的巨大褒奖，无非是一种虚幻的幸福

一个最微不足道的人会自认为是个无价之宝，而一个爱好虚荣的人的最大愿望，就是要使全世界都同意他关于自身价值的意见；因此，那个始终鼓舞英雄的对于荣誉的不可遏制的渴望，只不过是一种按捺不住的虚荣心，是对完全赢得后世和他那个时代的人们尊敬和赞美的追求，仅此而已；那些最高尚的人物不惜牺牲自己生活的平稳、健康、肉体的快乐和自身的一切所期待的巨大褒奖，无非是一种虚幻的幸福，是一个很容易消逝得毫无踪迹的泡影。②

> 娴熟地管理每一个人的恶德，将有助于造就全体的伟大及世间的幸福

这个寓言里的蜂巢所代表的，无论被理解为宇宙间的哪个国家，对这个国家的法律和体制的描述，对其居民的荣誉、财富、权力及勤勉的描述，都会表明：那必定是个庞大、富有而又好战的国家，并幸福地为一种有限度的君主政体所统治。因此，这个寓言的讽寓将涉及以下几行文字所描述的不多几种专业及职业，并且几乎涉及各个等级和各种身份的人，其目的并不是去伤害、去针对特定的人，而仅仅是去表明：各种卑劣的成分聚合起来，便会构成一个健康的混合体，即一个秩序井然的社会。……为达到这个目的，我首先大略描述了一些专业及职业通常造成的某些舛错及腐败。然后我再证明：娴熟地管理每一个人的恶德，将有助于造就全体的伟大及世间的幸福。最后，我要陈述普遍的诚实、美德及全民的节制、无邪和满足所造成的必然结果，并以此表明：倘若人类能够医治其出于天生邪恶所犯下的错误，那

---

① 1

② 5

曼德维尔《蜜蜂的寓言：私人的恶德，公众的利益》（1714）

么，人类便不再能够生存于如此庞大、有效而文雅的社会中，因为他们已经处于一些自创世以来就繁荣起来的联邦政体及君主政体的统治之下了。①

众多蜜蜂当中的那些最劣者，对公众的共同福祉贡献良多

> 宽敞的蜂巢有众多蜜蜂聚居，
> 它们的生活实在是奢华安逸；
> 这蜂国素以法律和军队驰名，
> 它繁育着庞大而勤劳的蜂群；
> 这蜜蜂之国的确可以被列入，
> 科学与勤勉的一方伟大苗圃。
> ……
> 因此，每个部分虽都被恶充满，
> 然而，整个蜂国却是一个乐园；
> ……
> 而这已成了这个蜂国福分，
> 其共有的罪恶使其壮大昌盛。
> ……
> 在政客们那些美妙影响之下，
> 美德与恶德结为朋友，从此后，
> 众多蜜蜂当中的那些最劣者，
> 对公众的共同福祉贡献良多。
> ……
> 一旦众生了解了福乐的界限，
> 便会懂得其幸福是何等虚幻！②

上帝为社会所设计的人，不仅会被其自身的弱点及缺憾引向短暂幸福之路，……被引向他的永恒幸福

过分仔细的读者最初若会谴责这些有关美德起源的见解，也许会将它们

---

① 3
② 11～27

视为对基督教的冒犯，我希望他在考虑到这一点时克制自己对这些观点的责难，那就是：在表现深不可测的神圣智慧方面，任何东西都不及人类那样出色。上帝为社会所设计的人，不仅会被其自身的弱点及缺憾引向短暂幸福之路，而且同样会出于种种似乎是自然原因的必然性，多少了解自身的弱点及缺憾，而凭借这种知识，人将在以后为那种真正的宗教所完善，被引向他的永恒幸福。①

> 人人都愿意生活幸福，享受快乐，并尽可能地避免痛苦，因此，自爱便会吩咐我们将每一个看上去幸福快乐的生灵看作竞争幸福的对手。我们目睹他人的幸福受阻，便会心满意足

人人都愿意生活幸福，享受快乐，并尽可能地避免痛苦，因此，自爱便会吩咐我们将每一个看上去幸福快乐的生灵看作竞争幸福的对手。我们目睹他人的幸福受阻，便会心满意足。这虽然并不给我们带来什么益处，但我们这种快乐中迸发出来的东西，却可以被叫做"幸灾乐祸"，而造成这个弱点的动机便是"怨恨"，它亦来自嫉妒这同一个源头，因为没有嫉妒便没有怨恨。这种激情蛰伏时，我们根本意识不到它的存在，人们往往以为自己的天性中并无这样的弱点，因为在那个瞬间，人们尚未受到嫉妒的影响。②

> 每个有理性者皆能获得理应感到满足的世俗幸福，但仅仅不渴望获得比这更多的世俗幸福，难道便是禁欲了吗

每个有理性者皆能获得理应感到满足的世俗幸福，但仅仅不渴望获得比这更多的世俗幸福，难道便是禁欲了吗？不穷凶极恶，不干有悖良好风度的政治勾当（任何谨慎者，即使没有任何宗教信仰，亦不会去干那些勾当），这果真就算具备了什么伟大的美德了吗？③

> 国民若不幸福，其宪法便总会变动不定，其福祉亦必定要取决于官员及政治家的美德与良心

---

① 42
② 107
③ 121

曼德维尔《蜜蜂的寓言：私人的恶德，公众的利益》（1714）

实际上，倘若双方一致，一个好人可以相信另一个人的话，尽管如此，整个民族却不应信赖任何诚实，而应信赖那些建立于必需之上的东西；因为国民若不幸福，其宪法便总会变动不定，其福祉亦必定要取决于官员及政治家的美德与良心。①

> 正是凭借这个政策，而不是挥霍与节俭的琐碎规定……才能指望看到各个民族的昌盛与幸福

使一个民族获得幸福和我们所谓"繁荣"的伟大艺术，便在于给每个人以就业的机会。按照这样的方针，一个政府最应关心的事情，便是促进人智所能想到的各种制造业、艺术及手工艺的发展；其次是鼓励农业、渔业各个分支的发展，并迫使所有的土地也像人那样尽其所能。这是因为：前者是将大量的人吸引到一国去的、百试不爽的座右铭，而后者则是养活这些人的唯一方法。正是凭借这个政策，而不是挥霍与节俭的琐碎规定（人们的环境虽然各不相同，这些规定却总是会自行发挥作用），才能指望看到各个民族的昌盛与幸福。这是因为：尽管黄金和白银的价值时时涨落起伏，一切社会的享乐却总要依赖土地的物产和人们的劳作。这两项的总和乃是更可靠、更取之不竭、更真实的财富，它比巴西的黄金、波托西的白银更为可靠。②

> 人性依然如故，由于人性数千年来一贯如此，我们便没有任何有力的理由去预料人性在未来会有所改变，只要世界还存在

我想，本书通篇已经证明了这一点。由于人性依然如故，由于人性数千年来一贯如此，我们便没有任何有力的理由去预料人性在未来会有所改变，只要世界还存在。因此，向一个人表明那些激情的本源及力量，我看不出这有什么不道德，那些激情经常（甚至是在不为他本人察觉的情况下）驱使他迅速离开理性。同样，使人提高警惕，防范自己，防范自爱的隐秘诡计，让他学会区分出于战胜激情的种种行为，与完全出于一种激情战胜另一种激情的种种行为，即让他了解真正美德与虚假美德的区别，我亦看不出这有什么亵渎可言。一位可敬的神明有句令人赞叹的格言：充满自爱的世界上虽有

---

① 147

② 150～152

过许多发现，仍留有广大的未知疆域。我使人比以前更了解他自己，这何害之有？然而，我们人人都酷爱奉承，乃至从不去领会令人赤颜的真理。灵魂之不朽是基督教诞生以前很久就提出的真理，而倘若它不是令人愉悦、令人赞美，不是对人类全体（包括那些最卑贱、最倒霉者）的恭维，我便不相信它曾被人的理解力真正接受过。①

> 他们非常热衷那些为他们所珍爱的奢欲，他们没有能力公开踏上通向美德的艰辛崎岖之路

所有的人皆羞于其心中感到的许多弱点，便竭力彼此掩藏他们自己，掩藏其丑陋的裸体，用和善及关心公众利益的华丽长袍，将自己的真正动机掩盖起来。他们想遮掩自己龌龊的欲求，遮掩自己畸形的欲望。同时，他们心中却很清楚：他们非常热衷那些为他们所珍爱的奢欲，他们没有能力公开踏上通向美德的艰辛崎岖之路。②

> 要使我们的一切贸易及手工业兴盛发展，人的种种欲望与激情绝对是不可或缺的

要使我们的一切贸易及手工业兴盛发展，人的种种欲望与激情绝对是不可或缺的；而谁都不会否认：那些欲望和激情不是别的，正是我们的恶劣品质，或者至少可以说是这些恶德的产物。因此，我便应当开始详细阐述各种阻碍和困扰，它们妨碍着人不断满足欲望的劳作，即追求自己所需的劳作。换言之，这种劳作可被称作自我维护的生意。同时，我还应当阐明人的社会性仅仅来自两件事情：其一是人的欲望不断增长；其二是在竭力满足欲望的道路上，人不断遇到障碍。我所说的障碍或与人类自身的结构相关，或与人类生活的地球（即人的环境条件）相关，因为环境也曾遭到人们的诅咒。③

> 人的骄傲及虚荣心愈是得到展现，人的所有欲望愈是扩大，人们就愈可能不得不组成数量繁多的大型社会

---

① 179
② 183
③ 215

曼德维尔《蜜蜂的寓言：私人的恶德，公众的利益》（1714）

任何社会皆不可能萌生于种种厚道的美德以及人的可爱品质；恰恰相反，所有的社会都必定起源于人的各种需求、人的缺陷和欲望。同样，我们还会发现：人的骄傲及虚荣心愈是得到展现，人的所有欲望愈是扩大，人们就愈可能不得不组成数量繁多的大型社会。①

大型社会若将举世闻名、为邻国美慕看做幸福，若根据自己的名声及军力来评价自己，那将是有害的毁灭性的

大型社会若将举世闻名、为邻国羡慕看做幸福，若根据自己的名声及军力来评价自己，那将是有害的毁灭性的。②

无论是人类的恶德还是大自然中的罪恶，才是使人类成为社会性动物的重大根源，才是一切贸易及各行各业的坚实基础、生命与依托，概莫能外

人类天生追求友谊的品性和仁爱的热情也好，人依靠理性与自我克制所能获得的真正美德也罢，这些皆非社会的基础；相反，被我们称作现世罪恶的东西，无论是人类的恶德还是大自然中的罪恶，才是使人类成为社会性动物的重大根源，才是一切贸易及各行各业的坚实基础、生命与依托，概莫能外。因此，我们必须将它们视为一切艺术与科学的真正起源；一旦恶德不复存在，社会即使不马上解体，亦必定会变得一团糟。③

人们让自己结成这样的社会，其伟大目的难道不是为了共同的幸福吗

人们让自己结成这样的社会，其伟大目的难道不是为了共同的幸福吗？换句话说，如此结合在一起的个人，难道不都是为了使自己比过另一种生活更舒适吗？那种生活像其他动物那样，没有维系和依靠，是一种自由的野蛮状态下的生活。……人们用显然是危害文明社会的手段去追求私利和快乐，

---

① 217

② 233

③ 235

便永远是错误的；如此行事的，必定是思想狭隘的人，目光短浅的人，自私自利的人。相反，聪明人若不考虑到全体，则从不把自己看作个体。①

> 一切动物被赋予的激情和本能，全都服务于某种明智的目的，往往趋向于其自身或其物种的生存繁衍和幸福

要了解人的本性，就必须研究和实际分析人心，必须具备洞察力和睿智。一般地说，一切动物被赋予的激情和本能，全都服务于某种明智的目的，往往趋向于其自身或其物种的生存繁衍和幸福。我们的任务，就是防止那些激情和本能危害社会，防止它们损害社会的任何部分。但是，我们为什么要对具备这些激情和本能感到羞愧呢？每个人都高度评价自己，这种本能乃是一种非常有用的激情。不过，尽管它是一种激情，尽管我可以证明：没有它，我们人类将是一种不幸而粗鄙的生灵，但倘若它太过分，还是常常能成为无数灾祸的起因。②

> 民众向往并企盼的国家之福，乃是财富、国力、荣耀和举世闻名的伟大

民众向往并企盼的国家之福，乃是财富、国力、荣耀和举世闻名的伟大，乃是国内生活安逸、物质丰富和百业兴旺以及使外国对该国畏惧、恭敬和尊重。其次，没有贪婪、挥霍、骄傲、嫉妒、野心和其他恶德，便不可能获得上述福气。第二点已经得到了无可置疑的证明。问题不在于这是否正确，而在于为获得这种福气是否值得付出这些必需的代价，在于一国大多数国民若不都邪恶堕落，该国是否能指望享有什么福分。③

> 在劳动中，人们一直在竭尽全力地研究和发明各种方法和工具，以满足自己的各种欲求，并尽量弥补自身的弱点、缺憾

人不断奋力满足自己的需要，不断奋力改善自己的现实生活条件，这就

---

① 254
② 295
③ 310

曼德维尔《蜜蜂的寓言：私人的恶德，公众的利益》（1714）

是许多有用的艺术和科学得到了完善，而它们的起源时代不得而知，我们只能说：艺术和科学是人类先贤的发明，是许多世代的人们共同劳动的成果，在劳动中，人们一直在竭尽全力地研究和发明各种方法和工具，以满足自己的各种欲求，并尽量弥补自身的弱点、缺憾。①

> 他们研究的首要课题，他们最关心的事情，乃是外在的表现，而其目标总是指向获取现世的幸福

回顾古希腊，回顾古罗马帝国，回顾那些在它们之前就繁荣起来的伟大的东方国家，我们会发现：第一，奢侈与礼节总是在共同发展，从未分离；第二，地球上文明人士所希求的，始终都是舒适与快乐；第三，他们研究的首要课题，他们最关心的事情，乃是外在的表现，而其目标总是指向获取现世的幸福。②

> 人们提出过不计其数的规划，无论好坏，都说是为了造福社会，使社会更加美好

在政府这个问题上，人们做出过多少各式各样的思考！什么荒唐的设想没有被提出来过啊！在这个问题上，人们观点的分歧是何等巨大！什么生死攸关的争论不曾有过！然而，究竟什么是政府的最佳形式，这个问题却至今都没有定论。人们提出过不计其数的规划，无论好坏，都说是为了造福社会，使社会更加美好。可是，我们的智能却又何等短视，人的判断力又多么容易犯错误！我们往往发现，在一个时代似乎极有益于人类的事情，在其后世却分明是于人类有害；甚至在同一时代当中，为一国所崇敬的东西，在另一国却令人憎恶。③

> 为人类的种种现实幸福而设计的规矩和禁令，其实无不是为了迎合人类，为了避免我所说的人人对人类恶劣天性的谴责

---

① 329

② 344

③ 379

幸福经济学选读

为人类的种种现实幸福而设计的规矩和禁令，其实无不是为了迎合人类，为了避免我所说的人人对人类恶劣天性的谴责。一切国家的基本法律都有同样的倾向，没有一条不是针对人所生就的某些不利于社会的弱点、缺陷或不足。但是，所有法律的意图却显然都是提供种种疗法，以医治和减弱人那种唯我独尊的天然本能，它教人产生"万物皆备于我"的妄念，怂恿人自称有权拥有能染指的一切。这种倾向和意图是为了社会的现实利益去改善人类天性，它在上帝亲自制定的那部简明而完整的法律里，体现得最为鲜明。①

> 一切立法者都必须考虑两个主要问题：第一，在他们能支配的事物中，能造福社会的究竟是什么？第二，人类天性中的哪些激情或属性能促进社会的福祉，哪些会妨碍社会的福祉

一甫 法者都必须考虑两个主要问题：第一，在他们能支配的事物中，能造福社会的究竟是什么？第二，人类天性中的哪些激情或属性能促进社会的福祉，哪些会妨碍社会的福祉？②

> 倘若绝大多数人都用追求感官快乐、礼貌客套和现世荣耀的热情，去追求美德、宗教和来世的幸福，那就再好没有了

倘若绝大多数人都用追求感官快乐、礼貌客套和现世荣耀的热情，去追求美德、宗教和来世的幸福，那就再好没有了。这样一来，政府机构的一切职务便唯有品行端正、才干出名的人们才能担任。然而，在一个广大、富足而繁荣的王国里，盼望出现这样的情况，或完全怀着这样的希望去生活，则暴露了对人间世事的无知。在我看来，无论是谁，若说全民的节制、俭朴和公正无私就是国家的福分，都是几乎不懂得自己在说什么。③

> 没有语言，没有金钱或它的替代物，一个文明大国要获得生活的全部舒适，要获得我所说的那种现世幸福，却是根本办不到的

---

① 450

② 454

③ 507

曼德维尔《蜜蜂的寓言：私人的恶德，公众的利益》（1714）

社会人口的数量愈多，人们的需求愈是种类繁多，人们愈习惯以金钱去满足这些需求，使用金钱的罪恶所造成的有害后果就愈少。反之，没有金钱，一个社会的人口愈少，其成员满足自身需求的方式愈受限制，而仅能满足生存必需，他们就愈容易达成我所说的那种相互服务。然而，没有语言，没有金钱或它的替代物，一个文明大国要获得生活的全部舒适，要获得我所说的那种现世幸福，却是根本办不到的。在并不缺乏金钱，而立法机关又对金钱加以妥善管理的地方，金钱总是会成为衡量一切事物价值的一种标准。①

> 人类理性和异教美德并不足以使人获得真正的幸福，因为我不知道在一个基督教国家里，置身于全都自称追寻快乐的人群中，一个人获得真正的幸福还有什么其他意义

《寓言》的作者，即我的那位朋友，为了唤起和保持读者的好心情，似乎写得非常轻松欢快，而当他探究我们天性的腐败时，却显得十分严肃。他使人从各个角度看清了自己，然后马上指出了一种必然性：人们的生活中显然不但需要启迪和信仰，而且需要实践基督教的教义。……一方面，他揭露了这个世界及其最文雅享乐的虚荣；另一方面，他指出了人类理性和异教美德并不足以使人获得真正的幸福，因为我不知道在一个基督教国家里，置身于全都自称追寻快乐的人群中，一个人获得真正的幸福还有什么其他意义。②

---

① 520
② 525

《休谟经济论文选》（1748~1758）

大卫·休谟（1711~1776），苏格兰人，以哲学家闻名于世，在历史、政治学和经济学也有重要贡献。他在爱丁堡大学完成学业后，做过一段律师，后经商，但都不合胃口，于是决心从事学术著述活动。在《道德和政治论文集》（1741）、《人性论》（1739）、《政治论文》（1752）等著作中，休谟论述了商业、货币、利息、贸易差额、税收、公共信用等问题。休谟认为人类的幸福有三个方面：活动、消遣和悠闲。

休谟经济论文选. 陈玮译. 北京：商务印书馆，1984.

国家的昌盛，黎民百姓的幸福，都同商业有着密切难分的关系

一般公认，国家的昌盛，黎民百姓的幸福，都同商业有着密切难分的关系，尽管就某些方面而言，也可以认为彼此之间并无制约互赖的关系。而且，只要私人经商和私有财产得到社会权力机构的较大保障，社会本身就会随着私人商业的繁荣发达而相应强盛起来。①

海外贸易的好处：既使臣民富裕幸福，又使国家国力强盛

就贸易和制造业而论，君主的强大和国家的幸福很大程度上是结合一体的。……我们就会清楚地看到海外贸易的好处：既使臣民富裕幸福，又使国家国力强盛。对外贸易能够增加国家的产品储备，君主可以从中把他所认为必需的份额转用于社会劳务。②

---

① 5
② 11

《休谟经济论文选》（1748~1758）

> 正是这种平等十分适合于人类的天性，它增进穷人的幸福，却丝毫无损于富人的幸福

公民之间贫富过于悬殊，会使国家受到削弱。如果可能，人人都应当能享受自己劳动的成果……正是这种平等十分适合于人类的天性，它增进穷人的幸福，却丝毫无损于富人的幸福。[1]

> 人类的幸福看来有三个方面：活动、消遣和悠闲

按照普遍公认的看法，人类的幸福看来有三个方面：活动、消遣和悠闲。这三个方面必须按照各人的具体气质，以不同的比例结合为一体；这三者不可或缺，否则，便会在某种程度上破坏这个统一体的趣味。……教育、风俗和先例，对于改变一个人的精神生活，转移他的追求目标，具有极大的影响；必须承认，如果这种教育、风俗和先例有助于增进人们活动和消遣的旨趣，便是对当时的人类幸福起到了前所未有的促进作用。[2]

> 勤劳、知识和仁爱……它们既使个人富庶幸福，又使国家繁荣昌盛。……至于整个蒙昧时代，……从而妨碍人们去寻求自己的利益和幸福

勤劳、知识和仁爱，非但在私生活方面显示出其益处，而且也在社会生活中扩散其有利的影响：它们既使个人富庶幸福，又使国家繁荣昌盛。一切美化生活的商品的增加和消费，都对社会有好处……如果一个国家不要求这种积余，人们崇尚清静无为，对各种生活享受不感兴趣，那么这种人对社会是毫无用处的……至于整个蒙昧时代，迷信泛滥，不用说，也会使政府形成错误的偏见，从而妨碍人们去寻求自己的利益和幸福。[3]

> 货币数量之多寡，对于一个国家内部的幸福安乐，是无关紧要的

---

[1] 14

[2] 20

[3] 23

货币数量之多寡，对于一个国家内部的幸福安乐，是无关紧要的。①

在公民自由和财产均等问题上，现代社会的情况并不十分有利于人类的增长和繁荣幸福

应该承认，在公民自由和财产均等问题上，现代社会的情况并不十分有利于人类的增长和繁荣幸福。②

在别的许多方面，古代国家也显得不如现代国家，无论是从人类的幸福或人口的增长的角度来考察

在别的许多方面，古代国家也显得不如现代国家，无论是从人类的幸福或人口的增长的角度来考察。在古代，无论在什么地方，贸易、制造业和工业部没有今天的欧洲那么发达。……可见颂古非今实乃人之天性，根深蒂固，由来已久，就连具有真知灼见、学问渊博的有识之士也不免受其影响啊！③

---

① 37
② 119
③ 131

《魁奈〈经济表〉及著作选》
（1757～1766）

　　弗朗斯瓦·魁奈（1694～1774）是古典政治经济学奠基人之一，法国重农学派创始人和主要代表；学医出身，早年发表一些很有影响的医学论文；晚年才开始对经济问题感兴趣，第一部经济著作是 1757 年为《百科全书》写的《租地农场主论》；随后发表《谷物论》《经济表》。魁奈有一批极为崇敬他的信徒，热心宣扬他的理论。亚当·斯密在法国逗留期间同魁奈信徒有接触，深受影响。

　　魁奈认为法国财富生产的显著减少，首先是由于重要产业部门农业的衰退，因此，要使占国民大多数的农民富裕起来并增进国家财富，最重要的是把法国的农业重新振兴起来。认为人类的幸福存在于自然秩序之中。

魁奈《经济表》及著作选. 晏智杰译. 北京：华夏出版社，2005.

　　　　如果全面重建高级耕作制度……会给他们幸福，会使人口增加，增加所有者和国家的收入

　　如果全面重建高级耕作制度……这些财富遍布所有的居民中；这些财富会使居民吃得更好，会满足他们的需求，会给他们幸福，会使人口增加，增加所有者和国家的收入。[①]

　　　　最明智的大臣们懂得，只有满足人们迫切需要的消费，才能保证国王的大量收入和臣民的幸福

　　最明智的大臣们懂得，只有满足人们迫切需要的消费，才能保证国王的

---

① 24

大量收入和臣民的幸福。只有赤贫才能迫使我们去吃劣质的面包和穿破烂的衣服。所有的人都想通过自己的劳动使自己吃上好食品，穿上好衣裳。对这种努力予以鼓励并不为过，因为只有王国的收入、粮食作物和人民的花费才是国家财富的源泉①

人们的福祉，其根基在于来自土地即农业的收入，还在于农产品的对外贸易

王国的财富、国家的实力、人们的福祉，其根基在于来自土地即农业的收入，还在于农产品的对外贸易。②

农场主的财富，才是国家的生活资料和人民福祉的真正源泉

在拥有广大领土的法国，应当创造并受到支持的正是现在的农场主和企业家。正是这些农场主的财富，才是国家的生活资料和人民福祉的真正源泉，是保证国家、土地所有者和僧侣的收入的源泉，是在各种职业的个人之间所分配的收入的真正源泉，还是人口增长、国家实力和繁荣的真正源泉。③

人本身被证明是自己财富之首要的创造源泉

国家的实力在于人：财富因人的消费而增长；他们需要的产品增加得越多，消费越多，他们就越富有。产品不加利用和消费，就会变得无用。正是消费使它成为交易对象并维持着它的价格；优价和大量的产品创造了收入，并使国民财富年年增长。由此可见，通过增加产品及其消费，人本身被证明是自己财富之首要的创造源泉。因此，国家财富的保存和增加以及不断恢复和更新，要取决于对人的劳动的利用和人口的增长。④

---

① 32
② 56
③ 58
④ 85

《魁奈〈经济表〉及著作选》(1757~1766)

我们呼吸的空气，从河中汲取的水，以及所有类似的福利，或者数量充裕并属于一切人所有的财富，它们都不是贸易的对象。这是福利，不是财富

所谓商品财富，我们指的是依照构成其出售价值的价格与货币相交换的东西。财富只有在其所有者能够出卖它，购买者需要它时，才是可售卖的财富和商品财富。因此，不是所有财富都是可售卖的财富。我们呼吸的空气，从河中汲取的水，以及所有类似的福利，或者数量充裕并属于一切人所有的财富，它们都不是贸易的对象。这是福利，不是财富。①

富足的生活会促使人们热爱劳动，因为人们能享受劳动所提供的物质福利

人和土地是财富，商品和产品是财富；人和土地一样，一旦贫瘠，就会变得荒芜而失去任何价值。千百万人贫困和千百万土地荒芜证明了国家的衰亡。富足的生活会促使人们热爱劳动，因为人们能享受劳动所提供的物质福利，能使人们习惯于使用生活设备，吃得好，穿得好，怕受穷。他们会教育子女同样习惯于劳动和物质福利；他们会加倍努力来营造一个小小的安乐窝，以减轻他们的劳动和增加报酬；期望成功在鼓舞着他们的勇气，而工作的顺利又满足了他们为人父母的感情和自尊心。这就是从事有益工作、热爱劳动的下层阶级对国家的贡献。②

国王的力量、王位的荣耀、国家的繁荣和人民的幸福都取决于这个问题的解决

国家为了自己的利益，应当促进耕作者地位的安定和稳固，并在他们遭受巨大损害时给予应有的帮助。如果实行比例税对行政当局来说过于复杂、困难和麻烦，可以改由各省分摊赋税数额，这会比私人代理更好地应付此类事务。这个问题极为重要，不可忽视，因为国王的力量、王位的荣耀、国家

---

① 97

② 111~113

的繁荣和人民的幸福都取决于这个问题的解决。①

> 不应减少下层公民阶级的福利，否则，就会使他们不能充分消费只能在国内消费的产品，这会引起再生产和国家收入的下降

不应减少下层公民阶级的福利，否则，就会使他们不能充分消费只能在国内消费的产品，这会引起再生产和国家收入的下降。②

> 没有比从事农业更幸福的生活了，不仅从有利于整个人类所履行的义务来看是这样，而且从它给人类提供的适合于人性，甚至适合于上帝的使命的一切所带来的喜悦、丰裕和丰富来看，也是这样

在一切收入有保障的职业中，没有一种比从事农业更好，更有利可图，更使人愉快，更适合于一个自由民的了。……对我来说，至少，我倾向于认为，没有比从事农业更幸福的生活了，不仅从有利于整个人类所履行的义务来看是这样，而且从它给人类提供的适合于人性，甚至适合于上帝的使命的一切所带来的喜悦、丰裕和丰富来看，也是这样。③

> 高收入带来的福祉，要比人口太多对生活资料需求造成的压力更可取。当人民处于幸福状态时，国家会以更多的资源满足国家的需要

与注意增加人口相比，应当更注意增加收入。高收入带来的福祉，要比人口太多对生活资料需求造成的压力更可取。当人民处于幸福状态时，国家会以更多的资源满足国家的需要。④

商业的利润看作是幸福

我们看到，如果把商业放到首位，把商业的得利视为国家的收入，那就

---

① 176
② 181
③ 192
④ 217

会对事物的本质造成一种错误的看法，把支出看作是收入，而把税收看作是支出，把商业的利润看作是幸福。我们看到，如果认为工业的成果就是财富的增加，把保护工业看作是国家的首要义务之一，那就会把支出投到错误的方向，引发破坏最重要原动力（农业）而造成的一切不幸。①

人类的幸福就存在于这种自然秩序之中

每个人应能完全享受他的自然权利，并同社会协调一致所带来的利益相一致；那些不能对社会作出贡献的人，也应当分享这个特定社会能为他提供的福利。这些法则使他们知道自己该怎样生活，也指导着家长的行为，使自然秩序和正义秩序在社会中结合为一体。无论在自然社会还是在人类社会，自然秩序都处于统治地位，人类的幸福就存在于这种自然秩序之中。②

自然秩序是上帝为了人类幸福而安排的秩序，是神的意志的体现

自然秩序是上帝为了人类幸福而安排的秩序，是神的意志的体现。按照自然权利的规定，在不侵犯别人权利的条件下，每个人都享有尽可能地改善自己境遇的权利，你就会明白，普遍自由是增进公共的和个人的福利的基本条件，这是不言自明的。③

国家幸福要求做什么呢？——土地耕作的成效最大

实用法的主要目的，就是通过使破坏者害怕的制裁来防止这种破坏。因为，一般来说，国家幸福要求做什么呢？——土地耕作的成效最大，社会上没有窃贼和乞丐。实现第一个要求是每个人自己的利益所规定的，而第二个要求则需要公民政府负责才能实现。④

科学是正确的社会组织和秩序的重要条件，这种秩序应能保证

---

① 279

② 303

③ 341

④ 390

幸福经济学选读

国民幸福

　　人生来就具有获取所需知识的智慧，以便认识上帝给他们指出的道路，这条道路是组织得最完善的帝国的基础。因此，科学是正确的社会组织和秩序的重要条件，这种秩序应能保证国民幸福，规定一切人类政权都必须遵守造物主定下的法则，目的在于使所有的人都服从理性，约束自己履行自己的义务，保证他们享受满足其需要的财富。①

---

① 　391

《早期经济思想——亚当·斯密
以前的经济文献选集》
（古希腊～1760）

阿瑟·伊莱·门罗博士于 1924 年出版《早期经济思想——亚当·斯密以前的经济文献选集》，是古希腊至 18 世纪 60 年代 16 位学者（色诺芬、亚里士多德、阿奎那、奥雷斯姆、莫利诺斯、博丹、塞拉、托马斯·孟、配第、霍尼克、坎蒂隆、加利亚尼、休谟、魁奈、杜尔哥、尤斯蒂）著作的摘录，以其写成年月先后为序。

A. E. 门罗. 早期经济思想——亚当·斯密以前的经济文献选集. 蔡受百，等译. 北京：商务印书馆，2011.

> 欲望的满足产生快乐，获得快乐就是幸福……为满足某一欲望而损及别人欲望的满足，所得到的就不是完满的幸福

我说效用，指的是一件事物导致幸福的能力。人是有欲望的动物，欲望是在不同的力量下对他起作用的。欲望的满足产生快乐，获得快乐就是幸福。我不是个享乐主义者，甚至也不愿成为近似于这类人物的一个人，这里暂离开本题，请容我对这一问题略抒所怀。应当注意到，为满足某一欲望而损及别人欲望的满足，所得到的就不是完满的幸福；如果由此引起的烦恼超过了所得到的快乐，那就成为真正的祸害和痛苦，应当力求避免。如果痛苦没有所得到的快乐那样大，这好是好，但这样的快乐是不完满的、有缺陷的。这个说法对绝对说来的今世的快乐以及对来世的快乐都适用。对我们说来是明显的，今世之后我们还有来世（多亏上帝），来世的快乐或痛苦和今世的行为是密切地结合在一起的……

任何事物，凡是能导致真正的快乐，即能够满足由欲望引起的愿望的，都是有效用的。我们的欲望不仅仅是吃、喝、睡方面的愿望，这只是一些基

本的愿望，这些愿望一经满足以后，别的愿望又会同样坚强地产生……

由此可见，凡是可以博得别人尊敬的那些事物，总是具有莫大价值的，例如身份、地位、权力、名誉等，大都是一些无形的事物。其次是某些物品，由于其外表美好，总是为人们所热烈追求，其偶然有机会求得者，则用以为装饰物，从而受到人们的尊重和艳羡，例如珠宝、宝石、某种罕贵的皮革、某些贵金属（如黄金和白银）、某些体现了大量劳动和高度美感的艺术品等。由于人人都重视外表的装饰，这些华贵的装饰物，就可以给予拥有者一种优越感，从而成为人们获得快乐的根源。①

> 我们的意向本身所根据的是需要和快感，是人的内心活动，是变化多端的

关于决定价值的一些原则说得已够多了，我们已经看到，这些原则是确定的、不变的、普遍的，所依据的是世间事物的自然之理，其间并不掺入武断或偶然性成分，我们所见到的只是和谐、有条不紊的秩序和必然性。价值是有变化的，但不是变幻莫测的。变化本身所根据的准则就是有条理、精确无误和一成不变。这些准则是完美的，但是我们的意向本身所根据的是需要和快感，是人的内心活动，是变化多端的。②

> 物理学离不开地心引力，就像人类离不开求利得和求快乐的愿望一样

从上面所说可以得到两个要点。其一，对一种事态所需要考虑的，不是它的初期演变，而是它的持久的、固定的状态，在这一状态下所看到的，必然是正常情况和均等关系。就像一碗水一样，经搅动以后，经过一度混乱和无规律的起伏，必然会回到它应有的水平。其二，在大自然中，任何意外发生的事故都不会使事态演变到无限的极端；在一切事物中都存在着某种精神上的引力，它必然会使走向无限的一条曲线往回走，使之成为环状，这诚然是永恒的，但是有限度的。上面所说，在货币理论中我将一再引用，因此，要请读者把它牢牢记住，并且深信，再没有什么比商业规律更像万有引力定

---

① 280～283

② 291

律了。物理学离不开地心引力，就像人类离不开求利得和求快乐的愿望一样。这一设想既经假定，对任何懂得对这个问题怎样进行思考的人来说，就完全可以用我们的生活规范来检验一切有关人身的自然法则。①

> 没有别人的困难和苦恼，你就不会得到快乐，只是由于别人的快乐被剥夺，你才会愿意付出代价

我们还可以肯定，对购入者来说，除非所购事物可以产生快乐，否则这一事物就谈不上价格。同样的道理，没有别人的困难和苦恼，你就不会得到快乐，只是由于别人的快乐被剥夺，你才会愿意付出代价。使人处于焦虑状态，对那个人来说是痛苦的，因此必须加以报偿。所谓货币的产物（如果是合法的），无非是对焦虑所支付的代价。任何人如果别有想法，那都是出于误解。②

> 国家是由占据着地球的一个相当部分的人们组成的社会团体，他们彼此联合在一起，目的在于求得共同福利

国家是由占据着地球的一个相当部分的人们组成的社会团体，他们彼此联合在一起，目的在于求得共同福利，为了这个目的，他们拥立一个其地位处于他们之上的最高统治者。国家为了其自身的维持，为了达到这一目的，需要作出巨大支出。它必须使它的君王或行使这个最高权力的那些人的生活方式，能够与他们的尊贵职位相称。③

> 货币的发明以及以金银作为一切事物的一个尺度这件事，是不是对人类造福还是个莫大的问题，我对此问题绝不敢贸然肯定

货币的发明以及以金银作为一切事物的一个尺度这件事，是不是对人类造福还是个莫大的问题，我对此问题绝不敢贸然肯定。我觉得倒可以把这一发明看成是世上一切罪恶的一切灾殃的根源，这实际上是摩尼教徒所宣扬

---

① 295
② 300
③ 374

的、为其真神作辩护的、把痛苦摆在第一位的原则。假定有这样一个国家，在那里绝对不用货币这件东西，一切人各有其彼此均等的一份土地以供生活之需，土地是不能互相转让的，这时，由货币造成的灾害，由此染上的瘟疫，就不会发生，对天道无知这一怀疑的态度，也就无由发生，否则，人们总是于心耿耿，不能完全释然。

> 法律规定的公民自由权当然是包括在人民的福利和幸福之内的，没有它就无从想象，人民怎么会得到幸福

对于法律规定的公民自由权，应给以同样认真的考虑。这一自由权当然是包括在人民的福利和幸福之内的，没有它就无从想象，人民怎么会得到幸福。忽视了自由权这一条，是同样有损于国家的福利的。一个国家如果用捐税制度来损害这一自由权，对工人阶级全体人民来说，就很难使他们获得发展机会。这时不仅外国人不会愿意在这里安家落户，即使是本地人也会千方百计寻求机会离开他们的祖国，去定居在比较注意公民自由权的某一别的国家。最明智的捐税制度，不但不会损及人民的自由权和福利，而且可能使人民满怀热忱、心甘情愿地进行缴纳，就好像纳税是完全出于他们的自愿。但是，像现在这样组成的国家，要做到这样简直是不可能的，虽然在另一方式下组成的国家要做到这样，似乎是轻而易举的事。①

---

① 390

斯密 《道德情操论》 （1759）

亚当·斯密（1723~1790），英国人，是世界公认的现代经济学的创始人。《道德情操论》和《国富论》，是斯密长时间地、交叉地多次打磨而成。《道德情操论》初版于 1759 年，31 年后 1790 年的第 6 版是定型版；《国富论》初版于 1776 年，10 年后 1786 年的第 4 版是定型版。认为《国富论》的主题是"财富增长"，应该不会有什么疑义。而认为《道德情操论》的主题是"欲望约束"，明确提及的人不多。如细读此书，会找到许多证据。"财富增长"和"欲望约束"（两者看似矛盾，其实一点也不矛盾）一起，就是幸福，或者说是"幸福最大化"。

亚当·斯密. 道德情操论. 蒋自强，钦北愚，朱钟棣，沈凯璋译. 北京：商务印书馆，1972.

亚当·斯密. 国民财富的性质和原因的研究（上、下卷）. 郭大力，王亚南译. 北京：商务印书馆，1972.

> 一些本性，这些本性使他关心别人的命运，把别人的幸福看成是自己的事情，虽然他除了看到别人幸福而感到高兴以外，一无所得

无论人们会认为某人怎样自私，这个人的天赋中总是明显地存在着这样一些本性，这些本性使他关心别人的命运，把别人的幸福看成是自己的事情，虽然他除了看到别人幸福而感到高兴以外，一无所得。这种本性就是怜悯或同情，就是当我们看到或逼真地想象到他人的不幸遭遇时所产生的感情。我们常为他人的悲哀而感伤，这是显而易见的事实，不需要用什么实例来证明。这种情感同人性中所有其他的原始感情一样，绝不只是品行高尚的人才具备，虽然他们在这方面的感受可能最敏锐。最大的恶棍，极其严重地

幸福经济学选读

违犯社会法律的人，也不会全然丧失同情心。①

　　　　我们对他们的不幸抱有的同情不比对他们的幸福抱有的同情更真挚

我们为自己关心的悲剧或罗曼史中的英雄们获释而感到的高兴，同对他们的困苦感到的悲伤一样纯真，但是我们对他们的不幸抱有的同情不比对他们的幸福抱有的同情更真挚。我们同情英雄们对在困难之时未遗弃他们的那些忠实朋友所抱有的感激之情；并且极其赞同他们对伤害、遗弃、欺骗了他们的背信弃义的叛徒们所抱有的憎恨之情。②

　　　　对死亡的恐惧，这是人类幸福的巨大破坏者，但又是对人类不义的巨大抑制

我们甚至同情死者，而忽视他们的境况中真正重要的东西，即等待着他们的可怕的未来，我们主要为刺激我们的感官但对死者的幸福不会有丝毫影响的那些环境所感动。我们认为，死者不能享受阳光，隔绝于人世之外，埋葬在冰凉的坟墓中腐烂生蛆，在这个世界上消声匿迹，很快在最亲密的朋友和亲属的感伤和回忆中消失，这是多么不幸啊！……由此形成了人类天赋中最重要的一个原则——对死亡的恐惧，这是人类幸福的巨大破坏者，但又是对人类不义的巨大抑制；对死亡的恐惧折磨和伤害个人的时候，却捍卫和保护了社会。③

　　　　其冷酷无情的心只是同情自己，而对别人的幸福或不幸无动于衷的人，看来又是多么令人厌恶啊

旁观者的同情心似乎反映出他对同自己交往的那些人的全部情感，他为他们的灾难感到悲伤，为他们受到的伤害表示不平，为他们的好运感到高兴，他看来是何等和蔼可亲啊！如果我们设身处地地想一下他的同伴们的处境，我们就会同情他们对他的感激，并体会他们从一个如此充满深情的朋友

---

① 5
② 7
③ 10～11

的亲切同情中肯定会得到的那种安慰。并且，由于相反的原因，其冷酷无情的心只是同情自己，而对别人的幸福或不幸无动于衷的人，看来又是多么令人厌恶啊！在这种场合，我们也体谅他的态度在同他交往的每一个普通人身上所引起的痛苦，特别是在我们最容易同情的那些不幸者和受害者身上所引起的痛苦。①

幸福的激情对我们的吸引力比担心和忧郁的激情对我们的吸引力小得多

但是，虽然我们对这种依恋之情不抱有真正的同情，虽然我们在想象中也从来没有做到对那个情人怀有某种激情，然而由于我们已经或准备设想这种相同的激情，所以我们容易体谅那些从它的喜悦之中滋生出来的对幸福的很大希望，以及担心失恋的极度痛苦。它不是作为一种激情，而是作为产生吸引我们的其他一些激情——希望、害怕以及各种痛苦——的一种处境吸引我们……因此，幸福的激情对我们的吸引力比担心和忧郁的激情对我们的吸引力小得多。我们担忧这种不管怎样自然和令人高兴的希望可能落空；因而体谅情人的一切焦虑、关切和痛苦。②

由于世界被一个无所不知、无所不能和心地善良的神全面地统治着，每一单独的事物都应看作宇宙安排中的一个必需部分，并且有助于促进整体的总的秩序和幸福

古代斯多葛哲学的信奉者认为：由于世界被一个无所不知、无所不能和心地善良的神全面地统治着，每一单独的事物都应看作宇宙安排中的一个必需部分，并且有助于促进整体的总的秩序和幸福；因此，人类的罪恶和愚蠢，像他们的智慧或美德一样，成为这个安排中的一个必需部分，并且通过从邪恶中引出善良的那种永恒的技艺，使其同样有助于伟大的自然体系的繁荣和完美。不过，无论这种推测可能怎样深入人心，也不能够抵消我们对罪恶的出乎本性的憎恨——罪恶的直接效果是如此有害，而它的间接效果则相

---

① 24
② 36

距太远以致无法以人们的想象力来探索。①

> 平静和安宁对幸福来说是必不可少的，它又凭借感激和热爱这种相
> 反的激情而大为增进

如果那些激情使旁观者感到不快，那么对感受到这些激情的人来说也是
不愉快的。仇恨和愤怒对高兴愉快的心情极为有害。正是在那些激情的感受
之中，存在着某些尖刻的、具有刺激性的和使人震动的东西，存在着某些使
人心烦意乱的东西，这些东西全然有害于心灵的平静和安宁——这种平静和
安宁对幸福来说是必不可少的，它又凭借感激和热爱这种相反的激情而大为
增进。宽宏大量和仁慈的人深感遗憾的不是由于与之相处的人的背信弃义和
忘恩负义而受到的损失。无论他们可能损失什么，缺少它通常还是会非常幸
福的。最使他们不快的是对自己产生背信弃义和忘恩负义的念头，并且在他
们看来，这种念头所引起的不和谐和不愉快的激情，构成了他们所受伤害的
主要部分。②

> 作为一个人，他对后者的幸福所产生的兴趣，增加了他对另一个把
> 感情倾注在同一对象身上的人所具有的情感的同情。……对一个感觉细
> 致灵敏的人来说，它对幸福比对他希望由此得到的全部好处更为重要

在大多数场合，就像我们刚才提到的使全部激情变得如此粗鄙和令人不
快的一种不一致的同情那样，也存在着另一种与此对立的激情，对这些激
情，剧增的同情几乎总是使其变得特别令人愉快和合适。宽宏、人道、善
良、怜悯、相互之间的友谊和尊敬，所有友好的和仁慈的感情，当它们在面
容或行为中表现出来，甚至是向那些同我们没有特殊关系的人表现出来时，
几乎在所有的场合都会博得中立的旁观者的好感。旁观者对感到那些激情的
人的同情，同他对成为这些激情对象的人的关心完全一致。作为一个人，他
对后者的幸福所产生的兴趣，增加了他对另一个把感情倾注在同一对象身上
的人所具有的情感的同情。因此，我们对仁慈的感情总是怀有最强烈的同情
倾向，它们在各个方面似乎都使我们感到愉快。我们对感到这种仁慈感情的

---

① 40

② 43

人和成为这种感情对象的人的满足之情都表示同情。就像成为仇恨和愤恨的对象比一个勇敢的人对敌人的全部暴行可能产生的害怕情绪更令人痛苦那样，在为人所爱的意识中存在的一种满足之情，对一个感觉细致灵敏的人来说，它对幸福比对他希望由此得到的全部好处更为重要。还有什么人比在朋友之中挑拨离间，并把亲切的友爱转变成人类的仇恨为乐的人更为可恶呢？这种如此令人憎恨的伤害，其可恶之处又在什么地方呢？在于失去如果友谊尚存他们可望得到的微不足道的友爱相助吗？它的罪恶，在于使他们不能享受朋友之间的友谊，在于使他们丧失相互之间的感情，本来双方都由此感到极大的满足；它的罪恶。在于扰乱了他们内心的平静，并且中止了本来存在于他们之间的愉快交往。这些感情，这种平静，这种交往，不仅是和善和敏感的人，而且非常粗俗的平民也会感到对幸福比对可望由此得到的一切微小帮助更为重要。[①]

相互关心使得彼此幸福，而对这种相互关心的同情，又使得他们同其他任何人保持一致

爱的情感本身对于感受到它的人来说是合乎心意的，它抚慰心灵，似乎有利于维持生命的活动，并且促进人体的健康；它因意识到所爱的对象必然会产生的感激和满足心情而变得更加令人愉快。他们的相互关心使得彼此幸福，而对这种相互关心的同情，又使得他们同其他任何人保持一致。[②]

人类幸福的主要部分来自被人所爱的意识，那么命运的突然改变就很难对幸福产生多大的作用。最幸福的是这样一种人：他逐渐提升到高贵的地位，此前很久公众就预料到他的每一步升迁，因此，高贵地位落到他的身上，不会使他产生过分的高兴，并且这合乎情理地既不会在他所超过的那些人中间引起任何对他的妒嫉，也不会在他所忘记的人中引起任何对他的猜忌

他应该更加同情我们对他幸福的嫉妒和嫌恶之情，而不是我们应该对他的幸福表示认同。他是很难在所有这些方面取得成功的。我们怀疑他的谦卑

---

① 45

② 46

是否真心诚意，他自己对这种拘束也逐渐感到厌倦。因此，一般来说，不用多久他就会忘记所有的老朋友，除了一些最卑鄙的人之外，他们或许会堕落到作他的扈从；他也不会总是得到新的朋友；恰如他的老朋友由于他的地位变得比自己高而感到自己的尊严受到冒犯一样，他的新交发现他同自己地位相等也会感到自己的尊严受到了冒犯。只有坚持不懈地采取谦逊态度才能补偿对两者造成的屈辱。一般来说，他很快就感到厌倦，并为前者阴沉和充满疑虑的傲慢神气、后者无礼的轻视所激怒，因而对前者不予理睬，对后者动辄发怒，直到最后，他习以为常地傲慢无礼，因而再也不能得到任何人的尊敬。如果像我所认为的那样，人类幸福的主要部分来自被人所爱的意识，那么命运的突然改变就很难对幸福产生多大的作用。最幸福的是这样一种人：他逐渐提升到高贵的地位，此前很久公众就预料到他的每一步升迁，因此，高贵地位落到他的身上，不会使他产生过分的高兴，并且这合乎情理地既不会在他所超过的那些人中间引起任何对他的妒嫉，也不会在他所忘记的人中引起任何对他的猜忌。①

> 我们乐意对此表示同情；它使我们感到同样的快乐，并使每一件琐事以其向具有这种幸福心情的人显示的同样令人愉快的面貌出现在我们面前

我们乐意对此表示同情；它使我们感到同样的快乐，并使每一件琐事以其向具有这种幸福心情的人显示的同样令人愉快的面貌出现在我们面前。因此，正是青春——欢乐的年华才如此容易使我们动情。那种快乐的倾向甚至似乎使青春更有生气，并闪烁于年青而又美丽的眼睛之中，即使在一个性别相同的人身上，甚至在老年人身上，它也会激发出一种异乎寻常的欢乐心情。他们暂时忘记了自己的衰弱，沉缅于那些早已生疏的令人愉快的思想和情绪之中，而且当眼前这么多的欢乐把这些思想和情绪召回他们的心中时，它们就像老相识一样地占据了他们的心——他们为曾经离开这些老相识而感到遗憾，并因为长期分离而更加热情地同它们拥抱。②

> 还有什么可以增加一个身体健康、没有债务、问心无愧的人的幸福

---

① 48
② 49

呢？……虽然这种状况和人类最大的幸福之间的距离是微不足道的，但是它和人类最小的不幸之间的距离却大得惊人

还有什么可以增加一个身体健康、没有债务、问心无愧的人的幸福呢？对处于这种境况的人来说，所有增加的幸运都可以恰当地说成是多余的；如果他因此而兴高采烈，这必定是极为轻浮的轻率心理引起的。然而，这种情况可以很恰当地称为人类天然的和原始的状态。尽管当前世界上的不幸和邪恶使人深为悲痛，但这确实是很大一部分人的状况。因此，他们能够毫无困难地激发他们的同伴在处于这种境况时很可能产生的全部快乐之情。不过，人们虽然不能为这种状况再增加什么，但能从中得到很多。虽然这种状况和人类最大的幸福之间的距离是微不足道的，但是它和人类最小的不幸之间的距离却大得惊人。因此，与其说不幸必然使受难者的情绪消沉到远远不如它的自然状态，不如说幸运能够把他的情绪提高到超过它的自然状态。所以，旁观者一定会发现完全同情别人的悲伤并使自己的感情同它完全协调一致比完全同情他的快乐更为困难；而且他在前一种情况下一定会比在后一种情况下更多地背离自己自然的和一般的心情。正是因为这样，虽然我们对悲伤的同情同对快乐的同情相比，前者常常是一种更富有刺激性的感情，但是它总是远远不如当事人自然产生的感情强烈。①

我们会像他们一样幸福，情绪高涨，内心充满真正的欢乐，眼里闪耀着快乐和满足之情，并且脸部的每一个表情和身体的每一个姿态都显得生动愉快

每逢我们热诚地向自己的朋友表示祝贺时，他们的高兴确实使我们同样高兴。这时，我们会像他们一样幸福，情绪高涨，内心充满真正的欢乐，眼里闪耀着快乐和满足之情，并且脸部的每一个表情和身体的每一个姿态都显得生动愉快。然而，当这种做法有损于人类的天性时，我们很少这样做。②

幸运和得意的人对陷入不幸境地的人竟敢在他们面前傲慢无礼，并以其令人讨厌的惨状来扰乱自己的从容享受幸福，会感到惊奇

---

① 54

② 56

幸运和得意的人对陷入不幸境地的人竟敢在他们面前傲慢无礼，并以其令人讨厌的惨状来扰乱自己的从容享受幸福，会感到惊奇。相反，享有地位和荣誉的人举世瞩目。人们都急切地想一睹他的风采，并想象（至少是抱同情态度）他的处境必然在他身上激起的那种狂喜。他的举动成为公众关注的对象，连一句话、一个手势人们也不会全然忽视。①

> 当我们以想象力易于描绘的那些迷人情调来考虑大人物的状况时，这几乎都是对一种完美和幸福状态的抽象的想象

当我们以想象力易于描绘的那些迷人情调来考虑大人物的状况时，这几乎都是对一种完美和幸福状态的抽象的想象。正是这种状态在我们所有的空想和虚幻的梦想之中，被概略地描述成自己一切欲望的终极目标。因此，我们对那些处于这种状态的人的满足抱有一种特殊的同情。……因为，带有偏见的想象喜欢这两种情况有一个胜过其他一切的幸福结局，尽管所有的理智和经验可以告诉我们相反的东西。妨害或制止这种完美的享受，似乎是一切伤害中最残酷的一种。②

> 我们急切地帮助他们去实现一系列如此接近完美的幸福；并希望尽力使他们的虚荣心和荣誉感得到满足，而不想得到任何报答

等级差别和社会秩序的基础，便是人们同富者、强者的一切激情发生共鸣的这一倾向。我们对地位高于自己的人所表现的顺从和尊敬，常常是从对他们的优越境遇的羡慕中，而不是从对他们给予善意的恩赐的任何期待中产生的。他们的恩惠可能只给予少数人；但他们的幸运却吸引了几乎所有的人。我们急切地帮助他们去实现一系列如此接近完美的幸福；并希望尽力使他们的虚荣心和荣誉感得到满足，而不想得到任何报答。我们尊重他们的意愿并不是主要地，也不是全部建立在重视这种服从的效用、考虑到它能很好地维护社会秩序这种想法的基础上。即使在社会秩序似乎要求我们反对他们的意愿的时候，我们也无法这样做。③

---

① 62
② 63
③ 63

> 虽然他们应该为得到自己梦寐以求的地位而感到十分幸运，但是他们对其所期待的幸福总是极为失望

为了获得这种令人羡慕的境遇，追求财富的人们时常放弃通往美德的道路。遗憾的是，通往美德的道路和通往财富的道路二者的方向有时截然相反。但是，具有野心的人自以为，在他追求的那个优越的处境里，他会有很多办法来博得人们对他的钦佩和尊敬，并能使自己的行为彬彬有礼，风度优雅；他未来的那些行为给他带来的荣誉，会完全掩盖或使人们忘却他为获得晋升而采用的各种邪恶手段。……虽然他们应该为得到自己梦寐以求的地位而感到十分幸运，但是他们对其所期待的幸福总是极为失望。充满野心的人真正追求的总是这种或那种荣誉（虽然往往是一种已被极大地曲解的荣誉），而不是舒适和快乐。不过，在他自己和他人看来，他提升后的地位所带来的荣誉，会由于为实现这种提升而采用的卑鄙恶劣的手段而受到玷污和亵渎。……或许，他已享足了天年，但是，如果他希望得到人们的好感，希望把人们视为朋友，但却受到人们极端的仇视，如果他希望得到真正的荣誉，希望享有在同他地位相等的人的尊敬和爱戴之中所能得到的一切幸福，那么，他无疑是活得太久了。①

> 除了感激和愤恨之外，还有一些激情，它们引起我们对别人幸福和痛苦的关心；但是，没有任何激情会如此直接地引起我们为他人的幸福和痛苦而操劳

除了感激和愤恨之外，还有一些激情，它们引起我们对别人幸福和痛苦的关心；但是，没有任何激情会如此直接地引起我们为他人的幸福和痛苦而操劳。由于相识和平常关系融洽所产生的爱和尊敬，必然使我们对某人的幸运表示高兴，他是一个如此令人愉快的感情对象，因而必然使我们愿为促成这种幸运而助一臂之力。然而，即使他没有我们的帮助而得到了这种幸运，我们的爱也会得到充分的满足。这种激情所渴望的一切就是看到他的幸福，而不考虑谁是他的幸运的创造者。但是，感激并不以这种方式得到满足。如果那个给过我们许多好处的人，没有我们的帮助而得到了幸福的话，那么，虽然我们的爱得到了满足，但是我们的感激之情却没有满足。在我们报答他

---

① 77

之前，在我们在促成他的幸福起到作用之前，我们一直感到，对于他过去给予我们的种种服务来说，仍然是欠下了一笔债。①

如果为他的同伴带来幸福的是某一个人的话，情况就更是如此

由于我们同情同伴们交了好运时的快乐，所以无论他们自然地把什么看成是这种好运的原因，我们都会同他们一起对此抱有得意和满足之情。我们理解他们对此怀有的热爱和感情，并且也开始对它产生爱意。如果它遭到破坏，甚或被置于离他们太远的地方而超出了他们所能关心、保护的范围，那么，在这种情况下，虽然除了失去见到它时的愉快之外别无所失，我们也将为了他们的缘故而感到遗憾。如果为他的同伴带来幸福的是某一个人的话，情况就更是如此。当见到一个人得到别人的帮助、保护和宽慰时，我们对受益者快乐的同情，仅仅有助于激起我们同情受益者对使他快乐的人所怀有的感激之情。如果我们用想象受益者必定用来看待为他带来愉快的人的眼光来看待他，他的恩人就会以非常迷人和亲切的形象出现在我们面前。因此，我们乐于对这种令人愉快的感情表示同情，这种感情是受益者对他极为感激的那个人所怀有的；因此，我们也赞同他有心对得到的帮助作出回报。由于我们完全理解产生这些回报的感情，所以从各方面来看这些回报都是同它们的对象相符相称的。②

人类天然地被赋予一种追求社会幸福和保护社会的欲望，但是造物主并没有委托人类的理性去发现运用一定的惩罚是达到上述目的的合适的手段

我们现在不是考察在什么原则下一个完美的人会赞成对恶劣行为的惩罚；而是考察在什么原则下一个像人这样如此软弱和不完美的生灵会真的赞成对恶劣行为的惩罚。很清楚，我现在提到原则对于他的情感具有很大的影响；并且，"恶劣行为应该得到惩罚"似乎是明智的安排。正是社会的存在需要用适当的惩罚去限制不应该和不正当的怨恨。所以，对那些怨恨加以惩罚会被看成是一种合适的和值得赞同的做法。因此，虽然人类天然地被赋予

① 83
② 85

一种追求社会幸福和保护社会的欲望，但是造物主并没有委托人类的理性去发现运用一定的惩罚是达到上述目的的合适的手段；而是赋予了人类一种直觉和本能，赞同运用一定的惩罚是达到上述目的的最合适方法。①

自己的幸福可能比世界上所有其他人的幸福重要，但对其他任何一个人来说并不比别人的幸福重要

除了因别人对我们造成的不幸而引起的正当的愤怒之外，不可能有合适的动机使我们去伤害邻人，也不可能有任何刺激使我们对别人造成会得到人们同意的不幸。仅仅因为别人的幸福妨碍了我们自己的幸福而去破坏这种幸福，仅仅因为别人真正有用的东西对我们可能同样有用或更加有用而夺走这些东西，同样，或者以牺牲别人来满足人皆有之的、使自己的幸福超过别人的天生偏爱，都不能得到公正的旁观者的赞同。毫无疑问，每个人生来首先和主要关心自己；而且，因为他比任何其他人都更适合关心自己，所以他如果这样做的话是恰当和正确的。因此每个人更加深切地关心同自己直接有关的，而不是和任何其他人有关的事情……俗话说，虽然对他自己来说每个人都可以成为一个整体世界，但对其他人来说不过是沧海一粟。虽然对他来说，自己的幸福可能比世界上所有其他人的幸福重要，但对其他任何一个人来说并不比别人的幸福重要。因此，虽然每个人心里确实必然宁爱自己而不爱别人，但是他不敢在人们面前采取这种态度，公开承认自己是按这一原则行事的。他会发觉，其他人绝不会赞成他的这种偏爱，无论这对他来说如何自然，对别人来说总是显得过分和放肆。当他以自己所意识到的别人看待自己的眼光来看待自己时，他明白对他们来说自己只是芸芸众生之中的一员，没有哪一方面比别人高明。如果他愿意按公正的旁观者能够同情自己的行为——这是全部事情中他渴望做的——的原则行事，那么，在这种场合，同在其他一切场合一样，他一定会收敛起这种自爱的傲慢之心，并把它压抑到别人能够赞同的程度。他们会迁就这种自爱的傲慢之心，以至允许他比关心别人的幸福更多地关心自己的幸福，更加热切地追求自己的幸福。至此，每当他们设身处地地考虑他的处境的时候，他们就会欣然地对他表示赞同。②

---

① 95
② 102

虽然这种必要的帮助不是产生于慷慨和无私的动机，虽然在不同的社会成员之中缺乏相互之间的爱和感情，虽然这一社会并不带来较多的幸福和愉快，但是它必定不会消失

但是，虽然这种必要的帮助不是产生于慷慨和无私的动机，虽然在不同的社会成员之中缺乏相互之间的爱和感情，虽然这一社会并不带来较多的幸福和愉快，但是它必定不会消失。凭借公众对其作用的认识，社会可以在人们相互之间缺乏爱或感情的情况下，像它存在于不同的商人中间那样存在于不同的人中间；并且，虽然在这一社会中，没有人负有任何义务，或者一定要对别人表示感激，但是社会仍然可以根据一种一致的估价，通过完全着眼于实利的互惠行为而被维持下去。①

自己的利益与社会的繁荣休戚相关，他的幸福或者生命的维持，都取决于这个社会的秩序和繁荣能否保持

对他来说，有秩序的、兴旺发达的社会状况是令人愉快的。他乐于见到这样的社会。相反，无秩序和混乱的社会状况成了他所厌恶的对象，他对任何造成这种无秩序和混乱状态的事情都感到烦恼。他也意识到，自己的利益与社会的繁荣休戚相关，他的幸福或者生命的维持，都取决于这个社会的秩序和繁荣能否保持。因此，种种原因使他对任何有损于社会的事情都怀着一种憎恨之情，并且愿意用一切方法去阻止这个如此令人痛恨和可怕的事情发生。②

我们对个人命运和幸福的关心，在通常情况下，并不是由我们对社会命运和幸福的关心引起的

虽然看出所有放荡不羁的行为对社会幸福的危害倾向通常无需良好的识别能力，但是最初激起我们反对它们的几乎不是这种考虑。所有的人，即使是最愚蠢和最无思考能力的人，都憎恶欺诈虚伪、背信弃义和违反正义的人，并且乐于见到他们受到惩罚。但是，无论正义对于社会存在的必要性表

---

① 106
② 108

现得如何明显，也很少有人考虑到这一点。

最初使我们注意对侵犯个人罪行的惩罚的，不是某种对保护社会的关心，这一点可以用许多显而易见的理由来证实。我们对个人命运和幸福的关心，在通常情况下，并不是由我们对社会命运和幸福的关心引起的。①

　　　那个干出这种坏事的人对别人的幸福和安全表现出一种蛮横无理的轻视态度

有一种程度的疏忽，虽然没有对任何人造成损害，似乎也应该受到某种惩罚。这样，如果某人事先没有警告可能通过的行人，就把一块大石头抛过墙头落在马路上，而自己并不注意那块石头可能落在什么地方，他就无疑应该受到某种惩罚。即使它没有造成什么危害，一个忠于职守的警察也将处罚这种荒唐的行为。那个干出这种坏事的人对别人的幸福和安全表现出一种蛮横无理的轻视态度，他的行为实属对别人的侵害。他肆无忌惮地使旁人面临着一种神志清醒的人所不愿面临的危险，显然，他缺少那种应当正确地对待同伴的意识——这是正义和社会的基础。因此，从法律的角度来说，严重的疏忽和恶毒的图谋几乎相等。②

　　　不涉及任何非正义行为的人待人如待己，他无意伤害别人，也绝不对别人的安全和幸福抱无礼的轻视态度

另一种程度的疏忽并不涉及任何非正义的行为。犯这种错误的人待人如待己，他无意伤害别人，也绝不对别人的安全和幸福抱无礼的轻视态度。然而，他的行为不像应有的那样谨慎，由此应该受到一定程度的责备和非难，但不应该受到任何惩罚。但是，如果他的这种疏忽引起了对他人的某种伤害，那么我相信所有国家的法律都要责成他赔偿。虽然这无疑是一种真实的惩罚，但是不会有人想到对他施加死刑；虽然这种惩罚并不是因为他的行为引起了不幸的意外事件而施加的，但是人们的天然情感都赞同这种法律裁决。我们认为，最为合理的是：一个人不应为另一个人的粗心所害；这种疏

---

① 110

② 128

忽所造成的损害，应该由造成这种损害的人来赔偿。①

人是倾向于行动的，并且尽其所能地促进自己和别人所处的外部环境的如下变化，即它似乎能够最有利于一切人的幸福

然而，当造物主在人们心中撒下这种情感变化无常的种子时，像在其他一切场合一样，他似乎已经想到了人类的幸福和完美。如果单单伤人的动机，狠毒的感情便是激起我们愤恨的原因，那么，如果我们怀疑某人有这种动机和感情，即使他没有将其付诸于行动，我们也会感觉到对他的全部愤怒之情。

人是倾向于行动的，并且尽其所能地促进自己和别人所处的外部环境的如下变化，即它似乎能够最有利于一切人的幸福。他必定不满足于消极的善行，也不把自己想象成人们的朋友，因为他在内心深处更希望有助于世界的繁荣。造物主教导他：为了达到他欲促其实现的目的，可能要全力以赴，除非他实际上达到这些目的，否则自己和别人都不会对他的行为感到十分满意，也都不会对他的行为给予最高度的赞扬。②

造物主教导人类：要尊重自己同胞的幸福

对肇事者和受害者来说，无意之中干下的坏事都应被看成是一种不幸。因此，造物主教导人类：要尊重自己同胞的幸福，唯恐自己会做出任何可能伤害他们的事情，哪怕这是无意的；如果他无意中不幸地给自己的同胞带来了灾难，他就会担心自己所感到的那种强烈愤恨会冲自己突然爆发出来。③

被人敬爱和知道自己值得别人敬爱是我们多么巨大的幸福啊

美德之所以是和蔼可亲和值得赞扬的品质，不是因为它是自我热爱和感激的对象，而是因为它在别人心中激起了那些感情。美德是这种令人愉快的尊敬对象的意识，成为必然随之而来的那种精神上的安宁和自我满足的根

---

① 129
② 132
③ 133

源，正如猜疑相反会引起令人痛苦的不道德行为一样。被人敬爱和知道自己值得别人敬爱是我们多么巨大的幸福啊。被人憎恨和知道自己应该被人憎恨又是我们多么巨大的不幸啊。①

> 把我们的感觉提高到高于通常的或所谓自然的幸福状态相比，前者几乎总是把它压低到大大低于这种状态

在几乎所有的情况下，痛苦同与之相反和相应的快乐相比，是一种更加具有刺激性的感觉。同后者总是把我们的感觉提高到高于通常的或所谓自然的幸福状态相比，前者几乎总是把它压低到大大低于这种状态。一个敏感的人更容易因受到正义的指责而感到羞辱，而从来不因受到公正的赞美而感到得意。一个明智的人在一切场合都蔑视不该得到的称赞；但是，他常常深切地感到不应有的指责的非正义性。②

> 在许多场合，我们把自己在今世的幸福寄托在对于来世的微小的希望和期待之上

在许多场合，我们把自己在今世的幸福寄托在对于来世的微小的希望和期待之上；这种希望和期待深深地扎根于人类的天性，只有它能支持人性自身尊严的崇高理想，能照亮不断迫近人类的阴郁的前景，并且在今世的混乱有时会招致的一切极其深重的灾难之中保持其乐观情绪。③

> 为神而经受仅只一天这样的辛苦，或许会给你们带来永世的幸福

哎呀！我的弟兄们！为神而经受仅只一天这样的辛苦，或许会给你们带来永世的幸福。某一件事，对人性来说是痛苦的，但它是为上帝做的，或许会使你们得到圣者的称号。不过你们做了这一切，在今世是不会有报应的。④

---

① 140
② 150
③ 160
④ 162

> 当他人的幸福或不幸在各方面都依我们的行为而定时，我们不敢按自爱之心可能提示的那样把一个人的利益看得比众人的利益更为重要

虽然在一些特殊的场合，良心的赞同肯定不能使软弱的人感到满足，虽然那个与心真正同在的设想的公正的旁观者的表示并非总能单独地支撑其信心，但是，在所有的场合，良心的影响和权威都是非常大的……它是一种在这种场合自我发挥作用的一种更为强大的力量，一种更为有力的动机。它是理性、道义、良心、心中的那个居民、内心的那个人、判断我们行为的伟大的法官和仲裁人。每当我们将要采取的行动会影响到他人的幸福时，是他，用一种足以镇慑我们心中最冲动的激情的声音向我们高呼：我们只是芸芸众生之一，丝毫不比任何人更为重要；如果我们如此可耻和盲目地看重自己，就会成为愤恨、憎恨和咒骂的对象。只有从他那里我们才知道自己以及与己有关的事确是微不足道的，而且只有借助于公正的旁观者的眼力才能纠正自爱之心的天然曲解。是他向我们指出慷慨行为的合宜性和不义行为的丑恶；指出为了他人较大的利益而放弃自己最大的利益的合宜性；指出为了获得自己最大的利益而使他人受到最小伤害的丑恶。……当他人的幸福或不幸在各方面都依我们的行为而定时，我们不敢按自爱之心可能提示的那样把一个人的利益看得比众人的利益更为重要。内心那个人马上提醒我们：太看重自己而过分轻视别人，这样做会把自己变成同胞们蔑视和愤慨的合宜对象。品德极为高尚和优良的人不会为这种情感所左右。这种想法深刻地影响着每一个比较优秀的军人，他感到，如果他被认为有可能在危险面前退缩，或在尽一个军人之职时需要他豁出命来或抛弃生命时有可能踌躇不前，就会成为战友们轻视的人。①

> 当别人的幸福和不幸确实没有哪一方面依我们的行为而定时……我们并不总是认为，抑制我们对自己事情天生的或许是不合宜的挂虑，或者抑制我们对他人事情天生的或许是不合宜的冷漠之情，很有必要

当别人的幸福和不幸确实没有哪一方面依我们的行为而定时，当我们的利益完全同他们的利益不相牵连和互不相关，以致两者之间既无关系又无竞争时，我们并不总是认为，抑制我们对自己事情天生的或许是不合宜的挂

---

① 　163～166

虑，或者抑制我们对他人事情天生的或许是不合宜的冷漠之情，很有必要。最普通的教育教导我们在所有重大的场合要按照介于自己和他人之间的某种公正的原则行事，甚至平常的世界贸易也可调整我们行为的原则，使它们具备某种程度的合宜性。但是，据说只有很不自然的、极为讲究的教育，才能纠正我们消极感情中的不当之处；并且据称，为此我们必须求助于极为严谨和深奥的哲学。①

　　一个聪明人的幸福在各方面都和处于任何其他环境所能享有的幸福相同，虽然这样说也许太过分了，然而，至少必须承认，这种自我赞扬之中的全部享受，虽然不会完全消除但一定会大大减轻他对自己所受苦难的感觉

造物主对处于不幸之中的人的高尚行为给予的回报，就这样恰好同那种高尚行为的程度相一致。他对痛苦和悲伤的辛酸所能给予的唯一补偿，也这样在同高尚行为的程度相等的程度上，恰好同痛苦和悲痛的程度相适应。为克服我们天生的情感所必需的自我控制的程度愈高，由此获得的快乐和骄傲也就愈大；并且这种快乐和骄傲绝不会使充分享受它们的人感到不快。痛苦和不幸绝不会来到充塞着自我满足之情的心灵之中；斯多葛学派说，在上面提到的那种不幸事件中，一个聪明人的幸福在各方面都和处于任何其他环境所能享有的幸福相同，虽然这样说也许太过分了，然而，至少必须承认，这种自我赞扬之中的全部享受，虽然不会完全消除但一定会大大减轻他对自己所受苦难的感觉。②

　　幸福存在于平静和享受之中

所有的人都必然会或迟或早地适应自己的长期处境，这或许会使我们认为：斯多葛学派至少到此为止是非常接近于正确方面的；在一种长期处境和另一种长期处境之间，就真正的幸福来说，没有本质的差别；如果存在什么差别，那么，它只不过足以把某些处境变成简单的选择或偏爱的对象，但不足以把它们变成任何真正的或强烈的想望对象；只足以把另一些处境变成简

---

①　167

②　178

单的抛弃对象，宜于把它们放在一边或加以回避，但并不足以把它们变成任何真正的或强烈的嫌恶对象。幸福存在于平静和享受之中。没有平静就不会有享受；哪里有理想的平静，哪里就肯定会有能带来乐趣的东西。但是在没有希望加以改变的一切长期处境中，每个人的心情在或长或短的时间内，都会重新回到它那自然和通常的平静状态。在顺境中，经过一定时间，心情就会降低到那种状态；在逆境中，经过一定时间，心情就会提高到那种状态。[①]

在我们的痴心妄想所能展示的最光彩夺目的和令人得意的处境之中，我们打算从中得到真正幸福的快乐，通常和那样一些快乐相同，这些快乐，按照我们实际的虽然是低下的地位，一直唾手可得

在我们的痴心妄想所能展示的最光彩夺目的和令人得意的处境之中，我们打算从中得到真正幸福的快乐，通常和那样一些快乐相同，这些快乐，按照我们实际的虽然是低下的地位，一直唾手可得。在最为低下的地位（那里只剩下个人的自由），我们可以找到最高贵的地位所能提供的、除了虚荣和优越那种微不足道的快乐之外的其他一切快乐；而虚荣和优越那种快乐几乎同完美的平静，与所有真心的和令人满意的享受的原则和基础不相一致。如下一点也不是必然的，即在我们所指望的辉煌处境中，我们可以带着与在自己如此急切地想离弃的低下处境中具有的相同的安全感，来享受那些真正的和令人满意的快乐。[②]

在自己遇到不幸时，促使我们去节制自己的哀伤和痛苦。这种相同的天性或本能，在旁人得到幸运和成功时，促使我们对他的极大幸福表示祝贺；在自己得到幸运和成功时，促使我们节制自己的狂喜

在自己遇到不幸时，促使我们去节制自己的哀伤和痛苦。这种相同的天性或本能，在旁人得到幸运和成功时，促使我们对他的极大幸福表示祝贺；在自己得到幸运和成功时，促使我们节制自己的狂喜。在两种情况中，我们自己的情感和感觉的合宜程度，似乎恰好同我们用以体谅和想象他人的情感

---

① 180

② 181

和感觉的主动程度和用力程度成比例。①

宗教所引起的恐惧心理可以强迫人们按天然的责任感行事。这对人类的幸福来说太重要了，因而人的天性没有将人类的幸福寄托于缓慢而含糊的哲学研究

早在精于推论和哲理的时代到来之前，宗教，即使还处于非常原始的状态，就已对各种道德准则表示认可。宗教所引起的恐惧心理可以强迫人们按天然的责任感行事。这对人类的幸福来说太重要了，因而人的天性没有将人类的幸福寄托于缓慢而含糊的哲学研究。②

造物主行事的目的都是为了促进幸福，防止不幸

当造物主创造人和所有其他有理性的生物之时，其本意似乎是给他（她）们以幸福。除了幸福之外，似乎没有其他什么目的值得我们必然认为无比贤明和非常仁慈的造物主抱有；造物主无限完美这种想象使我们得出的上述看法，通过我们对造物主的行为的观察而得到进一步的证实，在我们看来，造物主行事的目的都是为了促进幸福，防止不幸。但是，在是非之心的驱使下行事时，我们必然会寻求促进人类幸福的最有效的手段，因此，在某种意义上可以说，我们同造物主合作，并且尽力促进其计划的实现。相反，如果不是这样行事，我们就似乎在某种程度上对造物主为人类的幸福和完善而制订的计划起阻碍作用，并且表明自己在某种程度上与造物主为敌，如果可以这样说的话。因此，在前一种情况下，我们自然会信心十足地祈求造物主赐予特殊的恩惠和报答，而在后一种情况下，则会担心受到造物主的报复和惩罚。③

暴君为了自己狂妄的虚荣心而牺牲人类的幸福，他把人类带到这个世界上来，只是为了把他们作为他空闲时的消遣品或由他任意摆布的玩物

---

① 184
② 200
③ 202

啊，上帝！如果这就是你的性格，如果我们如此敬畏崇拜的上帝就是你，我就不再承认你是我的父亲，是我的保护者，是我悲伤时的安慰者，是我软弱时的支持者，是我的一片忠诚的报答者。那你就不过是一个懒惰而古怪的暴君，这个暴君为了自己狂妄的虚荣心而牺牲人类的幸福，他把人类带到这个世界上来，只是为了把他们作为他空闲时的消遣品或由他任意摆布的玩物。①

> 为了挤进这些阶层，他投身于对财富和显贵地位的追逐之中。……能够对他的幸福和享受作出最大的贡献

那个上天在发怒时曾热望加以惩罚的穷人的孩子，当他开始观察自己时，他会羡慕富人的境况。他发现父亲的小屋给他提供的便利太少了，因而幻想他能更舒适地住在一座宫殿里。他对自己不得不徒步行走或忍受骑在马背上的劳累感到不快。他看到富人们几乎都坐在马车里，因而幻想自己也能坐在马车里舒适地旅行。他自然地感到自己懒惰，因而愿意尽可能自食其力；并认为，有一大批扈从可以使他免去许多麻烦。他认为，如果自己获得了这一切，就可以心满意足地坐下来，陶醉在幸福和宁静的处境之中。他沉浸在这幸福的遐想之海，在他的幻想之中浮现出某些更高阶层的人的生活情景，为了挤进这些阶层，他投身于对财富和显贵地位的追逐之中。……能够对他的幸福和享受作出最大的贡献。……他甚至不认为他们真正比别人更为幸福，但他认为他们拥有更多的获得幸福的手段。引起旁观者钦佩的，正是这些手段能精巧地达到预期的目的。……如果权贵因颓丧或疾病而被废黜，以这样一副可怜的样子出现在每个人的面前，他就会细心观察自己的处境，并考虑什么才是自己的幸福所真正需要的东西。②

> 在构成人类生活的真正幸福之中，他们无论在哪方面都不比似乎大大超过他们的那些人逊色。在肉体的舒适和心灵的平静上，所有不同阶层的人几乎处于同一水平，一个在大路旁晒太阳的乞丐也享有国王们正在为之战斗的那种安全

---

① 207
② 225～228

天性很可能以这种方式来欺骗我们。正是这种蒙骗不断地唤起和保持人类勤劳的动机。正是这种蒙骗，最初促使人类耕种土地，建造房屋，创立城市和国家，在所有的科学和艺术领域中有所发现、有所前进。……在任何时候，土地产品供养的人数都接近于它所能供养的居民人数。富人只是从这大量的产品中选用了最贵重和最中意的东西。他们的消费量比穷人少；尽管他们的天性是自私的和贪婪的，虽然他们只图自己方便，虽然他们雇用千百人来为自己劳动的唯一目的是满足自己无聊而又贪得无厌的欲望，但是他们还是同穷人一样分享他们所作一切改良的成果。一只看不见的手引导他们对生活必需品作出几乎同土地在平均分配给全体居民的情况下所能作出的一样的分配，从而不知不觉地增进了社会利益，并为不断增多的人口提供生活资料。当神把土地分给少数地主时，他既没有忘记也没有遗弃那些在这种分配中似乎被忽略了的人，后者也享用着他们在全部土地产品中所占有的份额。在构成人类生活的真正幸福之中，他们无论在哪方面都不比似乎大大超过他们的那些人逊色。在肉体的舒适和心灵的平静上，所有不同阶层的人几乎处于同一水平，一个在大路旁晒太阳的乞丐也享有国王们正在为之战斗的那种安全。[①]

　　出于某种制度的精神，出于某种对艺术和发明的爱好，我们有时似乎重视手段而不重视目的，而且渴望增进我们同胞的幸福，与其说是出于对自己同胞的痛苦或欢乐的任何直接感觉或感情，不如说是为了完善和改进某种美好的有规则的制度

人类相同的本性，对秩序的相同热爱，对条理美、艺术美和创造美的相同重视，常足以使人们喜欢那些有助于促进社会福利的制度。当爱国者为各种社会政治的改良而鞠躬尽瘁时，他的行动并不总是由对可以从中得到好处的那些人的幸福所怀有的单纯的同情引起的。……政策的完善，贸易和制造业的扩展，都是高尚和宏大的目标。……然而，出于某种制度的精神，出于某种对艺术和发明的爱好，我们有时似乎重视手段而不重视目的，而且渴望增进我们同胞的幸福，与其说是出于对自己同胞的痛苦或欢乐的任何直接感觉或感情，不如说是为了完善和改进某种美好的有规则的制度。[②]

---

① 　230

② 　230～232

幸福经济学选读

　　哪一个政府机构能像智慧和美德的普及那样有助于促进人类的幸福
呢？所有的政府行为只是对缺少智慧和美德的不完美的某种补救

　　人的品质，同艺术的创造或国民政府的机构一样，既可以用来促进也可
以用来妨害个人和社会的幸福。谨慎、公正、积极、坚定和朴素的品质，都
给这个人自己和每一个同他有关的人展示了幸福美满的前景；相反，鲁莽、
蛮横、懒散、柔弱和贪恋酒色的品质，则预示着这个人的毁灭以及所有同他
共事的人的不幸。前者的心灵起码具有所有那些属于为了达到最令人愉快的
目的而创造出来的最完美的机器的美；后者的心灵起码具有所有那些最粗劣
和最笨拙的装置的缺陷。哪一个政府机构能像智慧和美德的普及那样有助于
促进人类的幸福呢？所有的政府行为只是对缺少智慧和美德的不完美的某种
补救。因此，尽管美因其效用而可能属于国民政府，但它必然在更大程度上
属于智慧和美德。相反，哪一种国内政策能够具有像人的罪恶那样大的毁灭
性和破坏性呢？拙劣的政府的悲惨结果只是由于它不足以防止人类的邪恶所
引起的危害。①

　　美德所产生的使人幸福的结果，和罪恶所造成的带来灾难的后果，
那时似乎都浮现在我们眼前，并且好像比上述两者所具有的其他各种品
质更为突出和醒目

　　相反，美德所产生的使人幸福的结果，和罪恶所造成的带来灾难的后
果，那时似乎都浮现在我们眼前，并且好像比上述两者所具有的其他各种品
质更为突出和醒目。②

　　他对自己的利益和幸福所具有的那种似乎控制着他的行动的看法，
确实同我们自然而然地形成的对他的看法相吻合

　　所有的人自然而然地对在节俭、勤劳和不断努力的实践中表现出来的坚
韧不拔品质表示高度的尊重，虽然这些实践除了获得财富之外，没有指向其
他目的。那个以这种方式行动并为了获得某种重大的虽则是遥远的利益，不

---

　①　233

　②　234

仅放弃了所有眼前的欢乐，而且忍受着肉体和心灵上巨大劳累的人，他的坚定不移必然博得我们的赞同。他对自己的利益和幸福所具有的那种似乎控制着他的行动的看法，确实同我们自然而然地形成的对他的看法相吻合。在他的情感和我们自己的情感之间存在着最完美的一致，同时，根据我们关于人类天性的通常弱点的体验，这是一种我们不可能合理地期待的一致。因此，我们不仅赞同，而且在某种程度上钦佩他的行为，并认为他的行为值得高度赞赏。①

> 面对持续的、虽然不是近在眼前的危险而被迫作出长期努力，这种努力会耗尽心力、压抑心情，使得内心再也不能感受到一切幸福和享乐

一座军营不是一个富有思想的人或一个沉思默想的人的活动范围：确实那种人常常是很果断的，并且能够通过某种巨大的努力，以坚定不移的决心面对几乎不能避免的死亡。但是面对持续的、虽然不是近在眼前的危险而被迫作出长期努力，这种努力会耗尽心力、压抑心情，使得内心再也不能感受到一切幸福和享乐。那些纵情逸乐、无忧无虑的人，根本没有必要作出任何努力，他们简直从来不下决心去考虑它们，而只是在不断的享受和娱乐中忘却有关自己处境的一切忧虑，这些人更容易忍受这种境遇。②

> 在文明和有教养的各个时代到处可见的那种歌舞升平和幸福安宁，使人很少有机会磨炼出对危险的无畏和对劳累、饥饿和痛苦的耐心

在文明国家中，以人道为基础的美德得到比以自我克制和对激情的控制为基础的那些美德更多的培养。在野蛮和未开化的国家中，情况完全相反——自我克制的美德得到比有关人道的那些美德更多的培养。在文明和有教养的各个时代到处可见的那种歌舞升平和幸福安宁，使人很少有机会磨炼出对危险的无畏和对劳累、饥饿和痛苦的耐心。贫困可以轻易地避免，因此，对贫困的轻视几乎不再是一种美德。对享乐的节制已没有多大的必要，心儿可以随意放松，并且在各个方面尽情满足出乎本性的各种爱好。③

---

① 236

② 258

③ 259

幸福经济学选读

当我们考虑任何个人的品质时，我们当然要从两个不同的角度来考察它：第一，它对那个人自己的幸福所能产生的影响；第二，它对其他人的幸福所能产生的影响

当我们考虑任何个人的品质时，我们当然要从两个不同的角度来考察它：第一，它对那个人自己的幸福所能产生的影响；第二，它对其他人的幸福所能产生的影响。①

个人的身体状况、财富、地位和名誉，被认为是他此生舒适和幸福所依赖的主要对象，对它们的关心，被看成是通常称为谨慎的那种美德的合宜职责

个人的身体状况、财富、地位和名誉，被认为是他此生舒适和幸福所依赖的主要对象，对它们的关心，被看成是通常称为谨慎的那种美德的合宜职责。②

每个政府或国家殚精竭虑，也能做到，运用社会力量来约束这样一些人，这些人慑于社会力量的威力而不敢相互危害或破坏对方的幸福

每个人的品质，就它可能对别人的幸福发生影响而言，必定是根据其对别人有害或有益的倾向来发生这种影响的。在公正的旁观者看来，人们对我们不义的企图或实际罪行所产生的正当的愤恨，是能够在各方面证明我们危害或破坏邻人幸福的唯一动机。使他愤恨的另一动机，是行为本身违犯了有关正义的各种法律，这些法律的威力应当被用来约束或惩罚违法行为。每个政府或国家殚精竭虑，也能做到，运用社会力量来约束这样一些人，这些人慑于社会力量的威力而不敢相互危害或破坏对方的幸福。为了这个目的而制定的这些准则，构成了每个特定的政府或国家的民法和刑法③

当他们共处在一个家庭之中时，相互之间的情投意合，对这个家庭

---

① 271
② 273
③ 281

的安定和幸福来说是必要的

他自己的家庭的成员，那些通常和他住在同一所房子里的人，他的父母、他的孩子、他的兄弟姐妹，自然是他那最热烈的感情所关心的仅次于他自己的对象。他们当然常常是这样一些人——他们的幸福或痛苦必然最深刻地受到他的行为的影响。他更习惯于同情他们。他更清楚地知道每件事情可能如何影响他们，并且对他们的同情比能对其他大部分人表示的同情更为贴切和明确。总之，它更接近于他关心自己时的那些感受。……当他们共处在一个家庭之中时，相互之间的情投意合，对这个家庭的安定和幸福来说是必要的。他们彼此能够给对方带来的快乐或痛苦，比他们能够给其他大部分人带来的快乐或痛苦要多。他们的这种处境使得他们之间的相互同情，成为对他们的共同幸福来说是极端重要的事情，并且，由于天性的智慧，同样的环境通过迫使他们相互照应，使这种同情更为惯常，因此它更为强烈、明确和确定。①

我们对看作自己感情作用对象的那些人的幸福或痛苦的关心，我们增进他们的幸福和防止他们的痛苦的愿望，既是出自这种习惯性同情的具体感受，也是这种感受的必然结果

被称作感情的东西，实际上只是一种习惯性的同情。我们对看作自己感情作用对象的那些人的幸福或痛苦的关心，我们增进他们的幸福和防止他们的痛苦的愿望，既是出自这种习惯性同情的具体感受，也是这种感受的必然结果。②

男孩子在相隔很远的著名学校里所受的教育、年青人在远方的大学里所受的教育、女青年在遥远的修道院和寄宿学校里所受的教育，似乎从根本上损害了法国和英国上层家庭中的伦理道德，从而损害了家庭幸福

男孩子在相隔很远的著名学校里所受的教育、年青人在远方的大学里所

---

① 283

② 284

幸福经济学选读

受的教育、女青年在遥远的修道院和寄宿学校里所受的教育，似乎从根本上损害了法国和英国上层家庭中的伦理道德，从而损害了家庭幸福。你愿意把你的孩子们教育成对他们的父母孝顺尊敬，对他们的兄弟姐妹们亲切厚道和富有感情的人吗？要使他们能够成为孝敬父亲的孩子，成为对兄弟姐妹们亲切厚道和富有感情的人，就必须在你自己的家庭中教育他们。他们每天会有礼貌懂规矩地离开自己父母的房子去公共学校接受教育，但要让他们经常住在家里。对你的敬重，必然经常会使他们的行为受到一种非常有用的限制；对他们的尊重，也常常会使你自己的行为受到有益的限制。确实，也许能够从所谓公共教育中得到的收获，不能对由这种教育引起的几乎是肯定和必然的损失有任何补偿。家庭教育是一种天然的教育制度；公共教育是一种人为的教育方法。断定哪一种可能是最好的教育方法当然没有必要。①

　　把人们塑造成为了自己的幸福非常有必要彼此以仁相待的造物主，把每一个曾经对人们做过好事的人，变成人们特定的友好对象

在天性所指出的适于得到我们的特殊恩惠的所有人中间，似乎没有什么人比我们已经领受过其恩惠的人更适合得到我们的恩惠。把人们塑造成为了自己的幸福非常有必要彼此以仁相待的造物主，把每一个曾经对人们做过好事的人，变成人们特定的友好对象。虽然人们的感激并不总是同他的善行相称，但是，公正的旁观者对他那优良品德的看法，以及那种表示同感的感激，总是同他的善行相称。其他人对某些卑劣的忘恩负义者的普遍愤慨，有时甚至会加深对他的优良品德的全面认识。一个乐善好施的人从来没有全然得不到他那善行的结果。如果他并不总是从他应当得到它们的人们那里取得它们，他就很少忘记以十倍的增量从他人那里得到它们。好有好报；如果被同道热爱是我们热望达到的最大目的，那么，达到这个目的之最可靠的方法，是用自己的行为表明自己是真正热爱他们的。②

　　社会的安定和秩序，甚至比不幸者痛苦的减轻更为重要

无论是因为他们同我们的关系，还是因为他们的个人品质，或者是因为

---

① 287
② 291

他们过去对我们的帮助，在他们成为我们善行的对象之后，他们并不确实应该得到我们那被称为友情的感情，而是应该得到我们仁慈的关怀和热情的帮助；这些人由于自己所处的特殊处境——有的非常幸福，而有的则十分不幸；有的富裕而有权力，而有的则贫穷而又可怜——而显得与众不同。地位等级的区别，社会的安定和秩序，在很大程度上建立在我们对前一种人自然怀有的敬意的基础上。人类不幸的减轻和慰藉，完全建立在我们怜悯后一种人的基础上。社会的安定和秩序，甚至比不幸者痛苦的减轻更为重要。①

人们的幸福和安全在一定程度上都依赖国家的繁荣和安全

在通常的情况下，我们在其中生长和受教育，并且在其保护下继续生活下去的政府或国家，是我们的高尚或恶劣行为可以对其幸福或不幸发生很大影响的最重要的社会团体。于是，天性极其坚决地把它作为我们的慈善对象。不仅我们自己，而且，我们最仁慈的感情所及的一切对象——我们的孩子、父母、亲戚、朋友和恩人，所有那些我们自然最为热爱和最为尊敬的人，通常都包含在国家中；而他们的幸福和安全在一定程度上都依赖国家的繁荣和安全。因此，天性不仅通过我们身上所有的自私感情，而且通过我们身上所有的仁慈感情，使得我们热爱自己的国家。因为我们自己同国家有联系，所以它的繁荣和光荣似乎也给我们带来某种荣誉。②

在一般情况下，对自己国家的热爱，似乎牵涉到两条不同的原则：第一，对实际上已经确立的政治体制的结构或组织的一定程度的尊重和尊敬；第二，尽可能使同胞们的处境趋于安全、体面和幸福这个诚挚的愿望

在一般情况下，对自己国家的热爱，似乎牵涉到两条不同的原则：第一，对实际上已经确立的政治体制的结构或组织的一定程度的尊重和尊敬；第二，尽可能使同胞们的处境趋于安全、体面和幸福这个诚挚的愿望。他不是一个不尊重法律和不服从行政官的公民；他肯定也不是一个不愿用自己力所能及的一切方法去增进全社会同胞们福利的循规蹈矩的公民。在和平和安

---

① 292

② 294

定的时期，这两个原则通常保持一致并引出同样的行为。支持现有的政治体制，显然是维持同胞们的安全、体面和幸福处境的最好的办法，如果我们看到这种政治体制实际上维护着同胞们的这种处境。①

取得政权的政党的领袖可以担当一个伟大国家的所有改革者和立法者中最优异和最卓越的人物；并且，用他的各种聪明的规定来保证自己的同胞们在国内得到好几个世代的安定和幸福

然而，取得政权的政党的领袖，如果他有足够的威信来劝导他的朋友们以适当的心情和稳健的态度（这是他自己常常没有的）来行事，他对自己国家作出的贡献，有时就可能比从对外战争中取得的辉煌胜利和范围极其广泛的征服更为实在和更为重要。他可以重新确定和改进国体，防范某个政党的领袖中那种很可疑和态度暧昧的人，他可以担当一个伟大国家的所有改革者和立法者中最优异和最卓越的人物；并且，用他的各种聪明的规定来保证自己的同胞们在国内得到好几个世代的安定和幸福。②

我们对另外一些单纯而有知觉的生物——它们的幸福为它的恶意所妨害——身上的不幸和怨恨感到同情的结果

虽然我们有效的善良行为很少能超出自己国家的社会范围，我们的好意却没有什么界限，而可以遍及茫茫世界上的一切生物。我们想象不出有任何单纯而有知觉的生物，对他们的幸福，我们不衷心企盼，对他们的不幸当我们设身处地想象这种不幸时，我们不感到某种程度的厌恶。而想到有害的（虽然是有知觉的）生物，则自然而然地会激起我们的憎恨；但在这种情况下，我们对它怀有的恶意实际上是我们普施万物的仁慈所起的作用。这是我们对另外一些单纯而有知觉的生物——它们的幸福为它的恶意所妨害——身上的不幸和怨恨感到同情的结果。③

神指导着人类本性的全部行为；而且，其本身不能改变的美德使他

---

① 299

② 300

③ 303

注意每时每刻在其行动中给人们带来尽可能大的幸福——只能是不可靠的幸福的源泉

世界上所有的居民，无论是最卑贱的还是最高贵的，都处于那个伟大、仁慈以及大智大慧的神的直接关怀和保护之下，这个神指导着人类本性的全部行为；而且，其本身不能改变的美德使他注意每时每刻在其行动中给人们带来尽可能大的幸福——只能是不可靠的幸福的源泉。相反，对这种普施万物的善行来说，他这种对于一个无人主宰的世界的猜疑，必然是所有感想中最令人伤感的；因为他想到在无限的、广大的无边的空间中人所未知的地方除了充满着无穷的苦难和不幸以外什么也没有。①

　　一个有理智的人都应当这样考虑：他自己、他的朋友们和同胞们不过是奉宇宙的最大管理者之命前往世上这个凄惨的场所；如果这对整个世界的幸福来说不是必要的，他们就不会接到这样的命令；他们的责任是，不仅要乖乖地顺从这种指派，而且要尽力怀着乐意和愉快的心情来接受它

他们心甘情愿地为了一个很大的机体的幸福而牺牲自己微不足道的血肉之躯。他们深情地告别了自己的同伴，祝愿他们幸福和成功，并且不仅是俯首帖耳地从命，而且常常是满怀喜悦地欢呼着出发，前往指定的那个必死无疑但是壮丽而光荣的作战地点。……无论对于最重大的国家的灾祸还是个人的灾难，一个有理智的人都应当这样考虑：他自己、他的朋友们和同胞们不过是奉宇宙的最大管理者之命前往世上这个凄惨的场所；如果这对整个世界的幸福来说不是必要的，他们就不会接到这样的命令；他们的责任是，不仅要乖乖地顺从这种指派，而且要尽力怀着乐意和愉快的心情来接受它。②

　　亘古以来，以其仁慈和智慧设计和制造出宇宙这架大机器，以便不断地产生尽可能大的幸福的那个神的意念，当然是人类极其崇敬地思索的全部对象

---

① 304
② 305

幸福经济学选读

亘古以来，以其仁慈和智慧设计和制造出宇宙这架大机器，以便不断地产生尽可能大的幸福的那个神的意念，当然是人类极其崇敬地思索的全部对象。同这种思索相比，所有其他的想法必然显得平庸。我们相信，倾注心力作这种崇高的思索的人，很少不成为我们极为尊敬的对象；并且虽然他的一生都用来作这种思索，但是，我们所怀有的对他的虔诚的敬意，常常比我们看待国家最勤勉和最有益的官员时所怀有的敬意更进一步。……然而，对宇宙这个巨大的机体的管理，对一切有理智和有知觉的生物的普遍幸福的关怀，是神的职责，而不是人的职责。人们对他自己的幸福、对他的家庭、朋友和国家的幸福的关心，被指定在一个很小的范围之内，但是，这却是一个更适于他那绵薄之力、也更适合于他那狭小的理解力的范围。①

若不得到财产和肥缺，反而拥有更珍贵得多的幸福，只要他知道如何享受这种幸福

爱好虚荣的人就完全不是这样。骄傲的人力求避开地位比他高的人；爱好虚荣的人则力求他们同自己相处。他似乎认为，他们的光彩总会有一些反射到接近他们的人身上。他经常出没于君主们的宫廷和大臣们的招待会，摆出一副就要得到财产和肥缺的神态，而实际上他若不得到财产和肥缺，反而拥有更珍贵得多的幸福，只要他知道如何享受这种幸福。②

一个人早先一定为选择了这些同伴而感到莫大的幸福

但是最后，常常在为时已晚之时，在他应得的地位无可挽回地失去，因他的犹疑不决而被他的一些很热心虽则并不那么有功的同伴所篡夺时，他才变得不耐烦。这样一个人早先一定为选择了这些同伴而感到莫大的幸福，如果在以后的现实生活中，他从那些他昔日对他们友好的同伴中得到的总是相当公正地报答的话，他就会有某些理由把他们作为自己最好的朋友；而且，一个过于谦虚和过于朴实的年青人常常会变为一个不被人看重、整天抱怨和心怀不满的老人。③

---

① 306
② 334
③ 339

最能为当事人带来幸福和满足的那种自我评价，似乎同样也能给公正的旁观者带来最大的愉快

因此，最能为当事人带来幸福和满足的那种自我评价，似乎同样也能给公正的旁观者带来最大的愉快。那个按照应有的程度、只按这种程度来评价自己的人，很少不能从他人身上得到他认为是应当得到的一切敬意。他所渴望的并不多于他所应得到的，而且他对此感到非常满足。相反，骄傲的人和爱好虚荣的人始终不会感到满意。前者对于他认为别人的长处不符合实际感到愤慨和憎恨。后者对于他预先感觉到的随同自己那些没有根据的自我吹嘘被人发觉而来的羞耻一直忐忑不安。即使真正具有高尚品德的人的各种过分的自我吹嘘，因其杰出的才能和美德而得到维护，更主要的是因为他运气好而得到维护，它们也欺骗了群众，这些群众的赞赏他不怎么重视，但是它们欺骗不了那些智者，这些智者的赞同是他不得不加以重视的，他们的敬意是他渴望获得的。他觉得他们看透了他，也怀疑他们鄙视他那过度的傲慢；从而他常常相应地遭受很大的不幸，这些人起先是他留意提防和秘而不宣的敌人，最后是他公开的、狂暴的和极其仇恨的敌人，而他们以前的友谊似乎曾使他无忧无虑地享受最大的幸福。①

对自己幸福的关心，要求我们具有谨慎的美德；对别人幸福的关心，要求我们具有正义和仁慈的美德。前一种美德约束我们以免受到伤害；后一种美德敦促我们促进他人的幸福

对自己幸福的关心，要求我们具有谨慎的美德；对别人幸福的关心，要求我们具有正义和仁慈的美德。前一种美德约束我们以免受到伤害；后一种美德敦促我们促进他人的幸福。在不去考虑他人的情感是什么、应该是什么，或者在一定的条件下会是什么这些问题的时候，那三种美德中的第一种最初是我们的利己心向我们提出来的要求，另两种美德是我们仁慈的感情向我们提出来的要求。然而，对别人情感的关心，会强迫所有这些美德付诸实施并给予指导；而且一个人若在其整个一生中或一生中的大部分时间坚定而又始终如一地仿效谨慎、正义或合宜的仁慈这种思想方式，则其行为便主要是受这样一种尊重的指导，即对那个想象中的公正的旁观者、自己心中的那

---

① 340

个伟大居住者、判断自己行为的那个伟大的法官和仲裁者的情感的尊重。如果在一天之中，我们有什么地方背离了他给我们规定的一些准则；如果我们过于节俭或者放松了我们的节俭；如果我们过于勤劳或放松了我们的勤劳；如果因为感情冲动和粗心大意我们在什么地方损害了邻人的利益或幸福；如果我们忽视了促进那种利益和幸福的某个明显而又恰当的机会，内心的这个伟大的居住者，就会在傍晚要求我们对所有这些疏忽和违反作出说明，而且他的指责常常使我们在心里，为我们做出有损于自己幸福的蠢事和对这种幸福的疏忽感到羞愧，或许也为我们对他人幸福更大的冷淡和漠不关心感到羞愧。①

    用其他人所固有的眼光来考察美德是否存在于对自己真正的和确实的幸福的明智和谨慎的追求之中时，我们就是在考察美德存在于什么地方的问题

当我们像哈奇森博士所设想的那样，考察美德是否存在于仁慈之中时；或者像克拉克博士所假定的那样，考察美德是否存在于适合于我们所处的各种不同关系的行为之中时；或者用其他人所固有的眼光来考察美德是否存在于对自己真正的和确实的幸福的明智和谨慎的追求之中时，我们就是在考察第一个问题。②

    美德存在于对我们的个人利益和幸福的审慎追求之中……美德只存在于以促进他人幸福为目标的那些感情之中，不存在于以促进我们自己的幸福为目标的那些感情之中

按照另一些人的看法，美德存在于对我们的个人利益和幸福的审慎追求之中，或者说，存在于对作为唯一追求目标的那些自私感情的合宜的控制和支配之中。因此，根据这些作者的见解，美德存在于谨慎之中。另一些作者认为，美德只存在于以促进他人幸福为目标的那些感情之中，不存在于以促进我们自己的幸福为目标的那些感情之中。因此，按照他们的看法，无私的仁慈是唯一能给任何行为盖上美德之戳的动机。

---

① 342
② 350

显然，美德的性质不是必然被无差别地归结为人们的各种得到适当控制和引导的感情；就是必然被限定为这些感情中的某一类或其中的一部分。我们的感情大致分成自私的感情和仁慈的感情。因此，如果美德的性质不能无差别地归结为在合宜的控制和支配之下的所有的人类感情，它就必然被限定为以自己的私人幸福为直接目标的那些感情，或者被限定为以他人的幸福为直接目标的那些感情。因而，如果美德不存在于合宜性之中，它就必然存在于谨慎之中，或者存在于仁慈之中。除此三者，很难想象还能对美德的本质作出任何别的解说。[①]

> 这种幸福的平静，这种完美而又绝对和谐的灵魂，构成了用希腊语中的这样一个词来表示的美德，这个词通常被我们译为自我克制，但是，它可以更合宜地被译为好脾气，或内心的冷静和节制

当我们天性中所有那三个不同的部分彼此完全和谐一致时，当易怒的激情和由欲望引起的激情都不去追求理性所不予赞同的任何满足时，当理性除了这些激情自愿做的事情之外从不下令做什么事情时，这种幸福的平静，这种完美而又绝对和谐的灵魂，构成了用希腊语中的这样一个词来表示的美德，这个词通常被我们译为自我克制，但是，它可以更合宜地被译为好脾气，或内心的冷静和节制。[②]

> 整体的幸福不仅应当作为一个原则，而且应当是我们所追求的唯一目标

在天性推荐给我们宜于关心的那些基本的对象之中，有我们家庭的、亲戚的、朋友的、国家的、人类的和整个宇宙的幸福。天性也教导我们，由于两个人的幸福比一个人的幸福更可取，所以许多人的或者一切人的幸福必然是无限重要的。我们自己只是一个人，所以，无论什么地方我们自己的幸福与整体的或者整体中某一重大部分的幸福不相一致时，应当——甚至由我们自己来作出选择的话也是这样——使个人的幸福服从于如此广泛地为人所看重的整体的幸福。由于这个世界上一切事情都为聪颖贤明、强而有力、仁慈

---

① 352

② 354

善良的上帝的天意所安排，所以，我们可以相信，所发生的一切都有助于整体的幸福和完美。因此，如果我们自己陷入贫穷、疾病或其他任何不幸之中，我们首先应当尽自己最大的努力，在正义和对他人的责任所能允许的范围内，把自己从这种令人不快的处境中解救出来。但是，如果在做了自己所能做的一切之后，我们发现没有办法做到这一点，就应当心安理得地满足于整个宇宙的秩序和完美所要求于我们的在此期间继续处于这种境地。而且，由于整体的幸福，甚至在我们看来，显然也比我们自己的微不足道的一分幸福重要得多，所以，如果我们要保持我们天性的尽善尽美存在于其中的情感和行为的完美的合宜性和正确性，那么，我们自己的处境，不管它是一种怎么样的处境，都应当由此成为我们所喜欢的处境。如果任何使我们解脱的机会真的出现了，抓住这个机会就成为我们自己的责任。显然，宇宙的秩序不再需要我们继续滞留在这种处境之中，而且，伟大的世界主宰明确地号召我们离开这种处境，并且清楚地指出了我们所要走的路。对于自己的亲戚们、朋友们和国家的不幸来说，情况也是这样。如果在不违背自己神圣职责的情况下，我们有能力去防止或结束他们的不幸，毫无疑问，我们就有责任这样做。行为的合宜性——丘必特为了指导我们的行为而提供的法则——显然需要我们这样做。但是，如果这样做完全超出了我们的能力，我们就应当把这种不幸事件看成是合理地发生的、最能带来幸运的事件，因为我们应该相信，这件事极其有助于整体的幸福和秩序，而这是我们应当（如果我们明智和公正）想望的一切东西中最重要的东西。正是由于我们自己的根本利益被看成是整体利益的一部分，整体的幸福不仅应当作为一个原则，而且应当是我们所追求的唯一目标。①

符合人类天性的幸福和光荣来自对这种合宜性的关注，人类天性中的苦恼和耻辱来自对这种合宜性的忽视

斯多葛派哲人由于对统治宇宙的仁慈的贤人哲士充满信任，由于对上述贤人认为宜于建立的任何秩序完全听从，所以必然对人类生活中的一切事件漠不关心。他的全部幸福，首先存在于对宇宙这个伟大体系的幸福和完美的思索之中；存在于对神和人组成的这个伟大的共和政体的良好管理的思索之中；存在于对一切有理性和有意识的生物的思索之中。其次，存在于履行自

---

① 360～362

己的职责之中；存在于合宜地完成上述贤人哲士指定他去完成这个伟大的共和政体的事务中任何微小部分的事务之中。他这种努力的合宜性或不合宜性对他来说也许是关系重大的。而这些努力是成功还是失败对他来说却可能根本没有什么关系，并不能使他非常高兴或悲伤，也不能使他产生强烈的欲望或嫌恶。如果他喜欢一些事情而不喜欢另一些事情，如果一些处境是他选择的对象而另外一些处境则是他抛弃的对象，这并不是因为他认为前一种事情本身在各方面都比后一种事情好，并不是因为他认为自己的幸福在人们称为幸运的处境中会比在人们视为不幸的处境中更加完美，而是因为行为的合宜性——这些神为了指导他的行动而给他规定的法则——需要他做出这样的取舍。他的所有感情，被并入和卷进两种伟大的感情之中，即想到如何履行自己的职责时产生的感情；想到一切有理性和有意识的生物得到最大可能的幸福时产生的感情。他怀着最大的安然之感，信赖宇宙的这个伟大主宰的智慧和力量，以满足自己的后一种感情。他唯一的焦虑是如何满足前一种感情，并不是挂虑结局，而是挂虑自己各种努力的合宜性。无论结局会是什么，他都相信那一巨大的力量和智慧在用这个结局去促进整个宇宙的大局，后者是他本人最愿意去促成的结局。这种取舍的合宜性，虽然早已向我们指出，而且这种合宜性是由各种事情本身向我们提出而为我们所理解的，所以，我们由于这些事情本身的缘故而做出取舍。但是，当我们一旦透彻地理解了这种合宜性，我们在这种合宜行为中辨认出来的正常秩序、优雅风度和美好品质，我们在这种行为的后果中所感受到的幸福，必然在我们面前显示出更大的价值，即比选择其他一切对象实际上得到的价值更大，或者比抛弃其他一切对象实际上避免损失的价值更大。符合人类天性的幸福和光荣来自对这种合宜性的关注，人类天性中的苦恼和耻辱来自对这种合宜性的忽视。①

这种情感和行为的合宜性直接构成他的光荣和幸福

一个能控制自己所有激情的人也不会害怕宇宙的主宰认为放到他身上来是合宜的任何环境。神的恩惠已经给予他各种美德，使他能左右各种各样的环境。如果遇到愉快，他就用克制态度去约束它；如果遇到痛苦，他就用坚定的意志去忍受它；如果遇到危险或死亡，他就用高尚勇敢和坚忍不拔的精神来鄙视它。在人类生活的各种事变之中，不会发现他手足无措，或者，不

———————

① 　364

会发现他茫然不知如何维持自己的情感和行为的合宜性。在他想来，这种情感和行为的合宜性直接构成他的光荣和幸福。①

> 把自己的幸福寄托在靠了适当的训练、教育和专注、自己完全有能力去控制、完全受自己支配的东西之上，我们的幸福就完全有保证，并且不受命运的影响

如果我们把自己的幸福寄托在赢得这个赌金上，我们就把它寄托在我们力所不及的、不受我们支配的偶然因素上，我们必然使自己面临无休无止的担心和不安，并且常常使自己面临令人悲伤和屈辱的失望。如果我们把自己的幸福寄托在玩得好、玩得公正、玩得聪明和富有技巧之上，寄托在自己行为的合宜性之上，总之，把自己的幸福寄托在靠了适当的训练、教育和专注、自己完全有能力去控制、完全受自己支配的东西之上，我们的幸福就完全有保证，并且不受命运的影响。如果我们行为的结果，超出了我们的控制能力，同样也超出我们关心的范围，我们就不会对行为的结果感到担心或焦虑，也不会感到任何悲伤甚或严重的失望。②

> 不把幸福寄托于成功，而把它寄托于他所作出的各种努力的合宜性

在斯多葛学派的学者看来，正是因为上述理由，离开生活，对一个智者来说，虽然是十分幸福的，但是这可能是他的本分；相反，继续生活下去，对一个意志薄弱者来说，虽然必定是不幸的，但是这可能是他的本分。如果在智者的处境中，天然是抛弃对象的情况多于天然是选择对象的情况，那么，他的整个处境就成为抛弃的对象。神为了指导他的行为而给他规定的准则，要求他像在特定的情况下所能做到的那样，迅速地离开生活。然而，甚至在他可能认为继续生活下去是合适的时候，他那样做也会感到非常幸福。他没有把自己的幸福寄托于获得自己所选择的对象或是回避自己所抛弃的对象，而总是把它寄托于十分合宜地作出取舍。他不把幸福寄托于成功，而把它寄托于他所作出的各种努力的合宜性。相反，如果在意志薄弱者的处境中，天然是选择对象的情况多于天然是抛弃对象的情况，那么，他的整个处

① 366
② 367

境就成为合宜的选择对象，而继续生活下去就是他的本分。然而，他是不幸的，因为他不知道如何去利用那些情况。假使他手中的牌非常好，他也不知道如何去玩这些牌。而且，在游戏过程中或终结时，不管其结果以什么方式出现，他都不能得到任何真正的满足。①

> 各派的哲学家们，不但非常正确地把美德，即智慧、正直、坚定和克制行为，表述成很有可能去获得幸福甚至是这一生幸福的手段，而且把美德表述成必然和肯定获得这种幸福的手段

各派的哲学家们，不但非常正确地把美德，即智慧、正直、坚定和克制行为，表述成很有可能去获得幸福甚至是这一生幸福的手段，而且把美德表述成必然和肯定获得这种幸福的手段。然而，这种行为不一定使这样做的人免除各种灾难，有时甚至使他们经受这些灾难——这些灾难是伴随国家事务的风云变幻而来的。因此，他们努力表明这种幸福同命运完全无关，或者起码在很大程度上同命运无关；斯多葛学派的学者们认为它们是同命运完全无关的，学院派和消遥学派的哲学家们认为它们在很大程度上是和命运无关的。智慧、谨慎和高尚的行为，首先是最有可能保障人们在各项事业中获得成功的行为；其次，虽然行为会遭到失败，但内心并不是没有得到什么安慰。具有美德的人仍然可能自我赞赏，自得其乐，并且不管事情是否如此糟糕，他可能还会感到一切都很平静、安宁和和谐。他也常常自信获得了每个有理智和公正的旁观者——他们肯定会对他的行为表示钦佩，对他的不幸表示遗憾——的热爱和尊敬，并以此来安慰自己。②

> 对全人类的健康、繁荣和幸福来说，对推行和完成邱必特伟大的计划来说，这些处方不仅是有益的，而且是必不可少的

正是由于抱着可以康复这个很渺茫的希望，病人乐意地忍受着一切。同样，病人希望神这个伟大的医生的最苛刻的处方有助于自己的健康和自己最终的幸运和幸福。他可能充分相信：对全人类的健康、繁荣和幸福来说，对推行和完成邱必特伟大的计划来说，这些处方不仅是有益的，而且是必不可

---

① 370

② 372

幸福经济学选读

少的。①

> 由于所有那些达到了这种尽善尽美的境界的人都是同样幸福的，所以，所有那些稍有不足的人，不管他们如何接近这种完美的境界，都是同样不幸的

由于所有那些达到了这种尽善尽美的境界的人都是同样幸福的，所以，所有那些稍有不足的人，不管他们如何接近这种完美的境界，都是同样不幸的。斯多葛学派的学者说，因为那个仅仅在水下一英寸的人同那个在水下一百码的人一样不能进行呼吸，所以，那个并没有完全克制自己个人的、局部的和自私的激情的人，那个除了追求一般的幸福之外还有别的急切的欲望的人，那个由于热切希望满足个人的、局部的和自私的激情而陷入不幸和混乱之中，而未能完全跨出这种深渊的人，同那个远离这种深渊的人一样不能呼吸那种自由自在的空气，不能享受智者的那种安全和幸福。②

> 按照伊壁鸠鲁的说法，人性最理想的状态，人所能享受到的最完美的幸福，就存在于肉体上所感到的舒适之中，存在于内心所感到的安定或平静之中

如果眼前痛苦的实际感觉就其本身来说小得无须害怕，那么眼前快乐的实际感觉就更不值得追求。快乐感觉的刺激性自然比痛苦感觉的刺激性少得多。因此，如果痛苦的感觉只能稍许减少良好心情的愉快，那么，快乐的感觉就几乎不能给良好心情的愉快增加什么东西。如果肉体没有受到痛苦，内心也不害怕和担心，肉体上所增加的愉快感觉可能是非常不重要的事情，虽然情况可能不一样，但不能把这种情况说成是增加了上述处境中的幸福。因此，按照伊壁鸠鲁的说法，人性最理想的状态，人所能享受到的最完美的幸福，就存在于肉体上所感到的舒适之中，存在于内心所感到的安定或平静之中。达到人类天性追求的这个伟大目标，是所有美德的唯一目的。据伊壁鸠鲁说，一切美德并不是因为本身的缘故而被人追求，而是因为它们具有达到

---

① 379
② 381

· 70 ·

这种境界的倾向。①

> 我们勇敢面对危险和死亡是为了保护自己的自由和财产，保护取得
> 快乐和幸福的方法和手段；或者是为了保护自己的国家

勤劳不懈、忍受痛苦、勇敢面对危险或死亡，这些我们经常坚忍不拔地
去经历的处境，确实是人类天性更不愿追求的目标。选择这些处境只是为了
避免更大的不幸。我们不辞辛劳是为了避免贫穷所带来的更大的羞耻和痛
苦。我们勇敢面对危险和死亡是为了保护自己的自由和财产，保护取得快乐
和幸福的方法和手段；或者是为了保护自己的国家。我们自己的安全必然包
含在国家的安全之中。坚忍不拔能使我们心甘情愿地做所有这一切，做出我
们当前处境中所能做出的最好的行为。坚忍不拔实际上不外是在恰当地评价
痛苦、劳动和危险——总是为了避免更加剧烈的痛苦、劳动和危险，而选择
比较轻微的痛苦、辛劳和危险——的时候表现出来的那种谨慎、良好的判断
和镇定自若。②

> 由于人为了行动而生，所以，人的幸福必然不仅存在于他那些被动
> 感觉的愉快之中，而且也存在于他那些积极努力的合宜性之中

按照伊壁鸠鲁的说法，天然欲望的基本对象就是肉体上的快乐和痛苦，
不会是别的什么东西；而按照其他三位哲学家的说法，还有许多其他的对
象，例如知识，例如我们的亲人、朋友、国家的幸福等，这些东西是因为其
自身的缘故而成为人们的基本需要的。伊壁鸠鲁还认为，不值得为了美德本
身而去追求它，美德本身也不是天然欲望的根本目标，只是因为它具有防止
痛苦和促进舒适和快乐这种倾向才成为适宜追求的东西。相反，在其他三位
哲学家看来，美德之所以成为值得追求的东西，不仅是因为它是实现天然欲
望的其他一些基本目标的手段，而且是因为就其本身来说它是比其他所有目
标更重要的东西。他们认为，由于人为了行动而生，所以，人的幸福必然不
仅存在于他那些被动感觉的愉快之中，而且也存在于他那些积极努力的合宜

---

① 390
② 391

幸福经济学选读

性之中。①

> 有害的行为之所以常常受到惩罚，只是因为这些行为表明对自己邻人的幸福缺乏足够的关注

由于仁慈的感情给由它产生的那些行为以一种高于其他行为的美，所以，仁慈感情的缺乏，而更多的是同这种感情相反的倾向，常常会具有类似倾向的任何迹象带上一种特殊的道德上的缺陷。有害的行为之所以常常受到惩罚，只是因为这些行为表明对自己邻人的幸福缺乏足够的关注。②

> 如果我们相信任何这样一个努力去增进自己幸福的人，他不是出于别的什么意图，而是想做一些有益的事情和对自己的恩人作适当的报答，我们就只会更加热爱和尊重这个人

如果发现这些通常被认为出自某种自私动机的行为是出自某种仁慈的动机时，就会大大增强我们对这些行为的优点的认识。如果我们相信任何这样一个努力去增进自己幸福的人，他不是出于别的什么意图，而是想做一些有益的事情和对自己的恩人作适当的报答，我们就只会更加热爱和尊重这个人。这种考察似乎更加充分地证实了这个结论：只有仁慈才能为任何一种行为打上美德这种品质的印记。③

> 任何有助于促进人类幸福的行为，是正确的、值得称赞的和具有美德的；而相反的行为，就是错误的、应当责备的和邪恶的

在决疑者们就行为的正当性所展开的全部争论中，什么是能合理地说明美德的那种明白无疑的证据呢？他说，公众的利益是参加争辩的各家都不断提到的标准。因此，他们普遍地承认，任何有助于促进人类幸福的行为，是正确的、值得称赞的和具有美德的；而相反的行为，就是错误的、应当责备的和邪恶的。……在特殊利益受到侵犯的情况下，常见的屈服是否有可能带

---

① 394
② 397
③ 398

·72·

来比短暂的抵抗更大的罪恶？总之，最有利于人类幸福的行为是否不会在道德上也是善良的，他认为，这从未成为一个问题。①

个人的幸福只有在不违反或有助于全体的幸福时才能去追求的看法之中

旨在谋求某个大团体的幸福的那些行为，由于它们表明比旨在谋求某个较小组织的幸福的那些行为具有更大的仁慈，所以，它们相应地具有更多的美德。因此，一切感情中具有最大美德的，是以一切有理智生物的幸福为自己奋斗目标的感情。相反，在某一方面可能属于美德这种品质的那些感情中具有极少美德的，是仅以个人的幸福，如一个儿子、一个兄弟或一个朋友的幸福为目标的那种感情。完美的品德，存在于指导我们的全部行动以增进最大可能的利益的过程中，存在于使所有较低级的感情服从于对人类普遍幸福的追求这种做法之中，存在于只把个人看成是芸芸众生之一，认为个人的幸福只有在不违反或有助于全体的幸福时才能去追求的看法之中。自爱是一种从来不会在某种程度上或某一方面成为美德的节操。它一旦妨害众人的利益，就成为一种罪恶。当它除了使个人关心自己的幸福之外并没有别的什么后果时，它只是一种无害的品质，虽然它不应该得到称赞，但也不应该受到责备。人们所做的那些仁慈行为，虽然具有根源于自私自利的强烈动机，但因此而更具美德。这些行为表明了仁慈原则的力量和活力。②

对我们自己个人幸福和利益的关心，在许多场合也表现为一种非常值得称赞的行为原则

对我们自己个人幸福和利益的关心，在许多场合也表现为一种非常值得称赞的行为原则。节俭、勤劳、专心致志和思想集中的习惯，通常被认为是根据自私自利的动机养成的，同时也被认为是一种非常值得赞扬的品质，应该得到每个人的尊敬和赞同。确实，混有自私自利的动机，似乎常常会损害本当产生于某种仁慈感情的那些行为的美感。然而，发生这种情况的原因，并不在于自爱之情从来不是某种具有美德的行为动机，而是仁慈的原则在这

① 398

② 399

种特殊的场合显得缺乏它应有的强烈程度，而且同它的对象完全不相称。因此，这种品质显然是有缺陷的，总的来说是应该受到责备而不应得到称赞的。①

> 不能想象，一个神通广大、无所不能的神——她一切都无求于外界，她的幸福完全可以由自己争取——其行动还会出于别的什么动机

仁慈或许是神的行为的唯一原则。而且，在神的行为中，有一些并不是站不住脚的理由有助于说服我们去相信这一点。不能想象，一个神通广大、无所不能的神——她一切都无求于外界，她的幸福完全可以由自己争取——其行动还会出于别的什么动机。但是，尽管上帝的情况是这样，对于人这种不完美的生物来说，维持自己的生存却需要在很大程度上求助于外界，必然常常根据许多别的动机行事。如果由于人类的天性应当常常影响我们行动的那些感情，不表现为一种美德，或不应当得到任何人的尊敬和称赞，那么，人类天性的外界环境就特别艰难了。②

> 存在于对自己的根本利益和幸福的合宜的追逐之中，其原因就在于我们是被迫服从神的意志的

把美德置于对神的意志的服从之中的体系，既可以归入把美德置于谨慎之中的那个体系，也可以归入把美德置于合宜性之中的那个体系。假如有人提问：为什么我们要服从神的意志——如果因为怀疑我们是否应当服从神而提出这个问题，这就是一个对神极为不敬和极其荒唐的问题——这只能有两种不同的回答。或是这样回答：我们应当服从神的意志，因为她是一个法力无边的神，如果我们服从她，她将无休无止地报答我们，如果我们不服从她，她将无休无止地惩罚我们；或者这样回答：姑且不谈对于我们自己的幸福或对于任何一种报酬、惩罚的考虑，一个生灵应当服从它的创造者，一个力量有限的和不完善的人，应当顺从力量无限和至善至美的神，这中间有着某种和谐性和合宜性。除了这两种回答中的这一个或另一个之外，不能想象，还能对这个问题作出任何别的回答。如果前一种回答是恰当的，那么，

---

① 400

② 401

美德就存在于谨慎之中，或存在于对自己的根本利益和幸福的合宜的追逐之中，其原因就在于我们是被迫服从神的意志的。如果第二种回答是恰当的，那么美德就存在于合宜性之中，因为我们有义务服从的根本原因，是人类情感中的恰当性或和谐性，是对激起这些感情的客体的优势的顺从。①

只有美德才足以保证你获得幸福

由于伊壁鸠鲁把幸福置于舒适和安定的获得之中，所以，他努力用某种特殊的方法表明，美德不只是最高尚的和最可靠的品质，而且是获得这些无法估价的占有物的唯一手段……
只有美德才足以保证你获得幸福。②

我们只是根据自爱，或根据别人对我们自己的幸福或损失的某些倾向性看法来赞同和反对我们自己的行为以及别人的行为

对赞同本能有三种不同的解释。按照某些人的说法，我们只是根据自爱，或根据别人对我们自己的幸福或损失的某些倾向性看法来赞同和反对我们自己的行为以及别人的行为；按照另一些人的说法，理智，即我们据此区别真理和谬误的同样的能力，能使我们在行为和感情中区分什么是恰当的，什么是不恰当的；按照其余人的说法，这种区分全然是直接情感和感情的一种作用，产生于对某种行为或感情的看法所激起的满意或憎恶情绪之中。因此，自爱、理智和情感便被认为是赞同本能的三种不同的根源。③

社会对他来说是必不可少的，并且任何有助于维护社会和增进社会幸福的东西，他都认为具有间接增进自己利益的倾向

以自爱来解释赞同本能的那些人，所采用的解释方式不尽相同，因而在他们各种不同的体系中存在大量的混乱和错误。按照霍布斯先生及其众多的追随者的观点，人不得不处于社会的庇护之中，不是由于他对自己的同类怀

---

① 402
② 405
③ 416

有自然的热爱，而是因为，如果没有别人的帮助，他就不可能舒适地或安全地生存下去。由于这一原因，社会对他来说是必不可少的，并且任何有助于维护社会和增进社会幸福的东西，他都认为具有间接增进自己利益的倾向；相反，任何可能妨害和破坏社会的东西，他都认为对自己具有一定程度的伤害和危害作用。美德是人类社会最大的维护者，而罪恶则是最大的扰乱者。因此，前者令人愉快，而后者则令人不快；如同他从前者预见到繁荣那样，他从后者预见到对他生活的舒适和安全来说是不可或缺的东西的破坏和骚扰。①

根据那些哲学家的说法，我们尊重美德而谴责目无法纪的品质，并不是因为在那遥远的年代和国家里社会的繁荣或颠覆，会对我们现在的幸福或不幸具有某种影响

根据那些哲学家的说法，我们尊重美德而谴责目无法纪的品质，并不是因为在那遥远的年代和国家里社会的繁荣或颠覆，会对我们现在的幸福或不幸具有某种影响。他们从来没有认为，我们的情感会受我们实际所设想的它们带来的利益或损害的影响；而是认为，如果我们生活在那遥远的年代和国家里，我们的情感就会因为它们可能带来的利益或损失而受到影响；或者是，在我们自己生活的年代里，如果我们接触同类品质的人，我们的情感也会因为它们可能带来的利益或损失而受到影响。简言之，那些作家正在探索的、而且绝不可能清楚地揭示的那种思想，是我们对从两种正相反的品质中得到利益或受到损害的那些人的感激或愤恨产生的间接同情；并且当他们说，促使我们称赞或愤怒的，不是我们已经获益或受害的想法，而是如果我们处于有那种人的社会，我们可能获益或受害的设想，此时，他们含糊地指明的正是这种间接同情。②

我们用于对自己同胞的幸福或不幸表示同情的热心公益的感觉

哈奇森博士努力通过说明这种学说适合于天性的类推，以及说明赋予内心种种其他确实同道德情感相类似的反射感觉——例如在外在对象中的某种

---

① 417
② 419

关于美和丑的感觉，又如我们用于对自己同胞的幸福或不幸表示同情的热心公益的感觉，再如某种对羞耻和荣誉的感觉，以及某种对嘲弄的感觉——来更进一步证实这种学说。①

当我们把这类行为看作有助于促进个人或社会幸福的某一行为体系的组成部分时，它们似乎就从这种效用中得到一种美，一种并非不同于我们归于各种设计良好的机器的美

当我们赞成某种品质或行为时，根据前述的体系，我们感觉到的情感都来自四个方面的原因，这些原因在某些方面都互不相同。首先，我们同情行为者的动机；其次，我们理解从其行为中得到好处的那些人所怀有的感激心情；再次，我们注意到他的行为符合那两种同情据以表现的一般准则；最后，当我们把这类行为看作有助于促进个人或社会幸福的某一行为体系的组成部分时，它们似乎就从这种效用中得到一种美，一种并非不同于我们归于各种设计良好的机器的美。②

把美德置于效用之中，并说明旁观者从同情受某一性质的效用影响的人们的幸福，来审视这一效用所怀有的快乐的理由

另外还有一种试图从同情来说明我们的道德情感起源的体系，它有别于我至此一直在努力建立的那一体系。它把美德置于效用之中，并说明旁观者从同情受某一性质的效用影响的人们的幸福，来审视这一效用所怀有的快乐的理由。这种同情既不同于我们据以理解行为者的动机的那种同情，也不同于我们据以赞同因其行为而受益的人们的感激的那种同情。这正是我们据以赞许某一设计良好的机器的同一原则。但是，任何一架机器都不可能成为最后提及的那两种同情的对象。③

他们自我满足于以一般的方式描写各种罪恶和美德，并且既指出某种倾向的缺陷和不幸，也指出其他倾向的正当和幸福，但是不喜欢规定

---

① 427

② 432

③ 433

幸福经济学选读

许多无可指摘地适用于一切特殊情况的明确的准则

一种人始终坚持有关某种美德的考虑自然地引导他们采用的那种不明确的方式；而另一种人则普遍地尽力采用其中只有某些可能具有确定性的戒律。前者像批评家那样写作，后者像语法学家那样写作。……关于前一种人，我们可以把古代一切道德学家计算在内，他们自我满足于以一般的方式描写各种罪恶和美德，并且既指出某种倾向的缺陷和不幸，也指出其他倾向的正当和幸福，但是不喜欢规定许多无可指摘地适用于一切特殊情况的明确的准则。①

① 434

斯密《国富论》（1776）

　　这些同种但不同属的动物，不能把这种种不同的资质才能，结成一个共同的资源，因而，对于同种的幸福和便利，不能有所增进。

　　使各种职业家的才能形成极显著的差异的，是交换的倾向；使这种差异成为有用的也是这个倾向。许多同种但不同属的动物，得自天资上的差异，比人类在未受教育和未受习俗熏陶以前得自自然的资质上的差别大得多。就天赋资质说，哲学家与街上挑夫的差异，此猛犬与猎狗的差异，比猎狗与长耳狗的差异，比长耳狗与牧畜家犬的差异，少得多。但是，这些同种但不同属的动物，并没有相互利用的机会。猛犬的强力，绝不能辅以猎狗的敏速，辅以长耳狗的智巧，或辅以牧畜家犬的柔顺。它们因为没有交换交易的能力和倾向，所以，不能把这种种不同的资质才能，结成一个共同的资源，因而，对于同种的幸福和便利，不能有所增进。各动物现在和从前都须各自分立，各自保卫。自然给了它们各种各样的才能，而它们却不能以此得到何种利益。人类的情况，就完全两样了。他们彼此间，哪怕是极不类似的才能也能交相为用。他们依着互通有无、物物交换和互相交易的一般倾向，好像把各种才能所生产的各种不同产物，结成一个共同的资源，各个人都可以这个资源随意购取自己需要的别人生产的物品。①

　　　　如果劳动者都具有一般的精力和熟练与技巧程度，那么在劳动时，
　　就必然牺牲等量的安乐、自由与幸福

　　等量劳动，无论在什么时候和什么地方，对于劳动者都可以说有同等的价值。如果劳动者都具有一般的精力和熟练与技巧程度，那么在劳动时，就必然牺牲等量的安乐、自由与幸福。他所购得的货物不论多少，总是等于他

————————————
① 　16

幸福经济学选读

所付出的代价。诚然，他的劳动，虽有时能购得多量货物，有时只能购得少量货物，但这是货物价值变动，不是购买货物的劳动价值变动。不论何时何地，凡是难于购得或在取得时需花多量劳动的货物，价必昂贵；凡是易于购得或在取得时只需少量劳动的货物，价必低廉。所以，只有本身价值绝不变动的劳动，才是随时随地可用以估量和比较各种商品价值的最后和真实标准。劳动是商品的真实价格，货币只是商品的名义价格。①

> 有大部分成员陷于贫困悲惨状态的社会，绝不能说是繁荣幸福的社会

下层阶级生活状况的改善，是对社会有利呢，或是对社会不利呢？一看就知道，这问题的答案极为明显。各种佣人、劳动者和职工，在任何大政治社会中，都占最大部分。社会最大部分成员境遇的改善，绝不能视为对社会全体不利。有大部分成员陷于贫困悲惨状态的社会，绝不能说是繁荣幸福的社会。而且，供给社会全体以衣食住的人，在自身劳动生产物中，分享一部分，使自己得到过得去的衣食住条件，才算是公正。②

> 不是在社会达到绝顶富裕的时候，而是在社会处于进步状态并日益富裕的时候，贫穷劳动者，即大多数人民，似乎最幸福、最安乐

也许值得指出，不是在社会达到绝顶富裕的时候，而是在社会处于进步状态并日益富裕的时候，贫穷劳动者，即大多数人民，似乎最幸福、最安乐。在社会静止状态下，境遇是艰难的；在退步状态下，是困苦的。进步状态实是社会各阶级快乐旺盛的状态。静止状态是呆滞的状态，而退步状态则是悲惨的状态。③

> 把学生训练成为有智慧、幸福和公正的人，但对这样重大的功劳，他们只要求四迈纳或五迈纳那么微薄的报酬

---

① 29

② 72

③ 75

在从前还没设置这种奖学津贴，使贫困子弟为从事神学、医学及法学这三种职业而受教育的时候，卓越教师的报酬，似乎就比上面所说的大得多。苏格拉底，在所谓反诡辩学派的演说中，曾谴责当时教师言行不一致。他说："他们对他们学生作极堂皇的诺言，说要把学生训练成为有智慧、幸福和公正的人，但对这样重大的功劳，他们只要求四迈纳或五迈纳那么微薄的报酬。"他继续说："教人智慧，自己无疑地应当是有智慧的。但是，一个人以这样低的价格，出卖这样高的货色，定会被人訾为大愚。"在这里，苏格拉底对当时教师报酬，确没有夸张的意思；我们可相信，当时教师的报酬，正是他所说的那么多。①

在一切生活比较安定的国家里，有常识的人，无不愿用可供他使用的资财来求目前享乐，或求未来利润

在一切生活比较安定的国家里，有常识的人，无不愿用可供他使用的资财来求目前享乐，或求未来利润。如是用来求目前享乐，那它就是留供目前消费的资财。如是用来求未来利润，那未求利润的方法，不是把资财保留在手里，就是把资财花用出去。在前一场合，它是固定资本；在后一场合，它是流动资本。在生命财产相当安全的场合，一个人如果不把他所能支配的一切资财（不管是自有的或借入的）用于这些用途之一，说他不是疯狂，我是不能相信的。②

讲到奢侈，一个人所以会浪费，当然因为他有现在享乐的欲望

讲到奢侈，一个人所以会浪费，当然因为他有现在享乐的欲望。这种欲望的热烈，有时简直难于抑制，但一般来说，那总是暂时的偶然的。再讲节俭，一个人所以会节俭，当然因为他有改良自身状况的愿望。这愿望，虽然是冷静的、沉着的，但我们从胎里出来一直到死，从没一刻放弃过这愿望。我们一生到死，对于自身地位，几乎没有一个人会有一刻觉得完全满意，不求进步，不想改良。但是怎样改良呢，一般人都觉得，增加财产是必要的手段，这手段最通俗，最明显。增加财产的最适当的方法，就是在常年的收入

---

① 127

② 261

幸福经济学选读

或特殊的收入中，节省一部分，储蓄起来。所以，虽然每个人都不免有时有浪费的欲望，并且，有一种人，是无时不有这欲望，但一般平均来说，在我们人类生命的过程中，节俭的心理，不仅常占优势，而且大占优势。①

查理二世复辟以后，英国境况是最幸福最富裕的了

然而，在这各个时期中，私人有很多浪费，政府也有很多浪费，而且发生了许多次费用浩大的不必要的战争，原用来维持生产者的年产物，有许多移用来维持不生产者。有时，在内讧激烈的时候，浪费的浩大，资本的破坏，在任何人看来，都会感觉这不但会妨碍财富的自然蓄积（实际上确是如此），而且会使国家在这时期之末陷于更为贫困的地位。查理二世复辟以后，英国境况是最幸福最富裕的了，但那时又有多少紊乱与不幸事件发生呢？如果我们是生在那时，我们一定会担心英格兰的前途，说它不仅要陷于贫困，怕还会全然破灭吧。②

对于公众幸福，这真是一种极重要的革命，但完成这种革命的，却是两个全然不顾公众幸福的阶级

对于公众幸福，这真是一种极重要的革命，但完成这种革命的，却是两个全然不顾公众幸福的阶级。满足最幼稚的虚荣心，是大领主的唯一动机。至于商人工匠，虽不像那样可笑，但他们也只为一己的利益行事。他们所求的，只是到一个可赚钱的地方去赚一个钱。大领主的痴愚，商人工匠的勤劳，终于把这次革命逐渐完成了，但他们对于这次革命，却既不了解，亦未预见。因此，在欧洲大部分地方，城市工商业是农村改良与开发的原因，而不是它的结果。③

我从来没有听说过，那些假装为公众幸福而经营贸易的人做了多少好事

---

① 315
② 318
③ 379

但每个社会的年收入，总是与其产业的全部年产物的交换价值恰好相等，或者毋宁说，和那种交换价值恰好是同一样东西。所以，由于每个个人都努力把他的资本尽可能用来支持国内产业，都努力管理国内产业，使其生产物的价值能达到最高程度，他就必然竭力使社会的年收入尽量增大起来。确实，他通常既不打算促进公共的利益，也不知道他自己是在什么程度上促进那种利益。由于宁愿投资支持国内产业而不支持国外产业，他只是盘算他自己的安全；由于他管理产业的方式目的在于使其生产物的价值能达到最大限度，他所盘算的也只是他自己的利益。在这场合，像在其他许多场合一样，他受着一只看不见的手的指导，去尽力达到一个并非他本意想要达到的目的。也并不因为事非出于本意，就对社会有害。他追求自己的利益，往往使他能比在真正出于本意的情况下更有效地促进社会的利益。我从来没有听说过，那些假装为公众幸福而经营贸易的人做了多少好事。事实上，这种装模作样的神态在商人中间并不普遍，用不着多费唇舌去劝阻他们。①

> 要是立法机关的考虑，不为片面利益的吵吵嚷嚷的要求所左右，而为普遍幸福的广大见地所指导，那么它为此要特别小心，不建立任何新的这一类独占，也不推广已经建立的独占

大制造业经营者，如果由于在国内市场上突然遇到了外国人竞争，不得不放弃原业，其损失当然不小。通常用来购买材料支付工资的那一部分资本，要另觅用途，也许不会十分困难。但固定在工厂及职业用具上的那一部分资本，其处置却不免造成相当大的损失。对于他们的利益，公平的考虑，要求这种变革不要操之过急，而要徐缓地、逐渐地，在发出警告很久以后实行。要是立法机关的考虑，不为片面利益的吵吵嚷嚷的要求所左右，而为普遍幸福的广大见地所指导，那么它为此要特别小心，不建立任何新的这一类独占，也不推广已经建立的独占。这样的法规，在一定程度上给国家带来紊乱，而后来的救济，也难免引起另一种紊乱。②

> 对于现世生活的维持，以及对于来世生活的幸福，人民是那么关心，政府因此必须听从人民的意见，而且为了确保公共的安宁，必须建

---

① （以下页码为《国富论》下卷）27

② 43

立他们所赞成的制度

对于现世生活的维持，以及对于来世生活的幸福，人民是那么关心，政府因此必须听从人民的意见，而且为了确保公共的安宁，必须建立他们所赞成的制度。也许由于这样，关于这两种大事，我们很少看到合理的制度被建立起来。①

> 同量资本，投在远的用途上，和投在近的用途上，虽绝不能雇用相同的生产性劳动量，但远的用途和近的用途，也许同样为社会幸福所必需

同量资本，投在远的用途上，和投在近的用途上，虽绝不能雇用相同的生产性劳动量，但远的用途和近的用途，也许同样为社会幸福所必需。有许多由远用途经营的货物，就为许多近的用途经营所必需。但若经营此等货物的人的利润，超过了应有的水平，此等货物就将违反应有的程度，以较昂的价格售卖，即以稍稍超过自然价格的价格售卖。此种高价格，就会使一切从事近的用途的人多少受到压迫。②

> 不论怎样的君王，按照事物的本性揣度起来，对于被统治者的幸福或悲惨，对于领土的改进或荒废，对于政府的荣誉或耻辱，总不会像这个商业公司的大部分股东这样漠不关心吧

假若一个股东能享有这权力几年，因而可在公司方面安插若干故旧，那他慢说对股息不大注意，恐怕连对他投票权所根据的股份的价值也是满不在乎的，至于那投票权所给与他权力来参加统治的大帝国的繁荣，他哪里会放在心上呢。不论怎样的君王，按照事物的本性揣度起来，对于被统治者的幸福或悲惨，对于领土的改进或荒废，对于政府的荣誉或耻辱，总不会像这个商业公司的大部分股东这样漠不关心吧。议会依据调查结果，制定种种新规，但这些法规与其说减少了这漠不关心的程度，倒不如说增大了这漠不关

---

① 111
② 199

心的程度。①

> 不仅被视为个人，而且视为一个家族、国家乃至人类社会的一员的人，其幸福与至善何在？古代道德哲学的目的，就是企图研究这个

不仅被视为个人，而且视为一个家族、国家乃至人类社会的一员的人，其幸福与至善何在？古代道德哲学的目的，就是企图研究这个。在古代道德哲学，人生的各种义务，都被视为是为了人生的幸福与至善。但是，当教授道德哲学和自然哲学单是为了神学的时候、人生的各义务，却被视为主要是为了来生的幸福。在古代哲学，德行的尽善尽美，被认为必然会使有这德行的人今生享到最完全的幸福。而近代哲学的观点，却认为尽善尽美的德行，往往或几乎总是与今生幸福有矛盾。天国只有由忏悔、禁欲或者修道者的苦行和自卑才可跨进；一个人单凭慷慨、宽大、活泼的行动，是不能进入天国的。良心学及禁欲道德，简直占了各学校道德哲学的大部分，而哲学一切部门中最重要的部分，就这样成了其中最被曲解的部分了。②

> 有闲暇有意志去研讨他人职业的人如不碰巧占据非常特殊的地位，他们这大能力，纵然对自身是一种光荣，对社会的善政和幸福，却可能没有多少贡献

在文明社会，虽然大部分个人的职业，几乎没有何等变化，但社会全体的职业，则种类多至不可胜数。这各种各样的职业，对于那些自己未从事何等特定职业，有闲暇有意志去研讨他人职业的人，可以说提供无限的研究对象。像这样又多又杂的对象的观察，必然会迫使观察者不断运用心思，比较着、组合着，从而使他的智能，变得异常敏锐，异常广泛。可是，他们这少数人如不碰巧占据非常特殊的地位，他们这大能力，纵然对自身是一种光荣，对社会的善政和幸福，却可能没有多少贡献。尽管这少数人有大能力，但人类一切高尚性格，在大多数人民间，依然可能在很大程度上消失了。③

---

① 313

② 330

③ 339～342

> 罗马教会组织，可以说是反对政府权力和安全，反对人类自由、理性和幸福（这种种，只有在受到政府保护的地方，才能发扬）的旷古未有的可怕团结

在十世纪、十一世纪、十二世纪、十三世纪以及这前后若干时期，罗马教会组织，可以说是反对政府权力和安全，反对人类自由、理性和幸福（这种种，只有在受到政府保护的地方，才能发扬）的旷古未有的可怕团结。在这种制度下，极愚蠢的迷信幻想，得到如此多数私人利己观念的支持，以致任何人类理性的攻击，都不能动摇它。因为，理性虽然也许能够揭穿某些迷信妄想，使普通人也能明白其无稽，但理性绝不能瓦解那基于利己心的结合。设使教会组织没有碰到其他对头，只有无力的人类理性对之施展攻击，它是一定会永远存在的。然而这个广大牢固的组织，这个为一切人类智慧德行所不能动摇尤其不能颠覆的组织，却由于事物的自然趋势，先变成了微弱，然后部分毁灭，而照现在的倾向，不到几百年，恐怕还要全部瓦解。①

> 英国的课税制度应用于帝国各属地，究竟可望得到多少收入，而这一种的统一，究竟于全帝国各地的繁荣幸福有何影响，也许没有什么不当之处吧

如把英国本国税制，扩张到帝国所属各地，而不问那地方的居民是不列颠人或是欧洲人，这一来，收入或可望大有增加。然而，那是很难做得通的。据英国宪法原则，各地方在议会中所占议员席数，与其纳税额保有一定比例，今若扩张税制到一切属地，势必要承认那些属地在议会中，或如果我们要这样说的话，在帝国议会中，按照同一比例，加入其代表，否则就不免失之公允，就不免违背宪法原则。偌大的变革，似和许多强有力者的私人利益与大部分人民的固定成见有所抵触，求其实现，恐是极其困难，甚或万难做到的。然而，这种纯理论的著作，如果不妄来决定不列颠与各属地的统一是否可行，而只考察英国的课税制度，究竟能在什么程度上应用于该帝国一切属地；把它应用于帝国各属地，究竟可望得到多少收入，而这一种的统一，究竟于全帝国各地的繁荣幸福有何影响，也许没有什么不当之处吧。这

---

① 361

样的空论，说得最坏，也只不过是一种新乌托邦，虽没有莫尔的旧乌托邦那
么有趣，但总不致更为无用、更近于妄想吧。①

> 在美洲各殖民地，从无专横贵族存在。但就是他们，如与英国合
> 并，在幸福与安定方面，亦会增益不浅

在美洲各殖民地，从无专横贵族存在。但就是他们，如与英国合并，在
幸福与安定方面，亦会增益不浅。至少，他们可由此免去在小民主政体下必
然会发生的互仇和凶恶的党争，那党争往往分裂人民间的感情，并扰乱政府
的安定。如果美洲完全与英国脱离关系——这脱离，非由这种合并加以防
止，是很容易发生的——那党争一定会比以前凶暴十倍。在目前的扰乱开始
以前，母国的强压力，常能抑制党争，使其不超过暴行及侮辱的范围。若无
此强压力，恐怕不久就要诉诸暴力而演成流血惨剧了。②

---

① 498
② 509

边沁 《道德与立法原理导论》（1789）

　　杰里米·边沁（1748～1832），英国人，功利主义创立者。在《道德与立法原理导论》中，边沁阐述了他主要的哲学思想。其理论包括两个原理：一是功利原理和最大幸福原理，二是自利选择原理。边沁认为，"善"就是最大地增加了幸福的总量，并且引起了最少的痛楚；"恶"则反之。自然将人置于乐和苦两大主宰之下，由此决定我们应当做什么，将会做什么。这种影响体现在两方面：一方面是是非准则；另一方面则是人行为的因果关系。

边沁. 道德与立法原理导论. 时殷弘译. 北京：商务印书馆，2005.

　　　　自然把人类置于两位主公——快乐和痛苦——的主宰之下。只有它们才指示我们应当干什么，决定我们将要干什么。是非标准，因果联系，俱由其定夺

　　自然把人类置于两位主公——快乐和痛苦——的主宰之下。只有它们才指示我们应当干什么，决定我们将要干什么。是非标准，因果联系，俱由其定夺。凡我们所行、所言、所思，无不由其支配：我们所能做的力图挣脱被支配地位的每项努力，都只会昭示和肯定这一点。一个人在口头上可以声称绝不再受其主宰，但实际上他将照旧每时每刻对其俯首称臣。功利原理承认这一被支配地位，把它当作旨在依靠理性和法律之手建造福乐大厦的制度的基础。凡试图怀疑这个原理的制度，都是重虚轻实，任性昧理，从暗弃明。①

　　　　功利原理该名称后来已由"最大幸福或最大福乐原理"来补充或

---

①　57

取代。这是为了简洁的缘故，而不详说该原理声明所有利益有关的人的
最大幸福

功利原理该名称后来已由"最大幸福或最大福乐原理"来补充或取代。
这是为了简洁的缘故，而不详说该原理声明所有利益有关的人的最大幸福，
是人类行动的正确适当的目的，而且是唯一正确适当并普遍期望的目的，是
所有情况下人类行动、特别是行使政府权力的官员施政执法的唯一正确适当
的目的。功利一词不像幸福和福乐那么清晰地表示快乐和痛苦概念，它也不
引导我们考虑受影响的利益的数目；这一数目作为环境，对形成这里所谈论
的标准起最大的作用；而此是非标准，则是每一种情况下人的行为是否合适
可依此得到适当检验的唯一尺度。在幸福和快乐概念与功利概念之间，缺乏
足够显著的联系：这一点我每每发觉如同障碍，非常严重地妨碍了这一在相
反情况下会被接受的原理得到认可。①

它按照看来势必增大或减小利益有关者之幸福的倾向，亦即促进或
妨碍此种幸福的倾向，来赞成或非难任何一项行动

功利原理是指这样的原理：它按照看来势必增大或减小利益有关者之幸
福的倾向，亦即促进或妨碍此种幸福的倾向，来赞成或非难任何一项行动。
我说的是无论什么行动，因而不仅是私人的每项行动，而且是政府的每项
措施。

功利是指任何客体的这么一种性质：由此，它倾向于给利益有关者带来
实惠、好处、快乐、利益或幸福（所有这些在此含意相同），或者倾向于防
止利益有关者遭受损害、痛苦、祸患或不幸（这些也含意相同）；如果利益
有关者是一般的共同体，那就是共同体的幸福，如果是一个具体的个人，那
就是这个人的幸福。②

当一项行动增大共同体幸福的倾向大于它减小这一幸福的倾向时，
它就可以说是符合功利原理，或简言之，符合功利

---

① 57
② 58

幸福经济学选读

不理解什么是个人利益，谈论共同体的利益便毫无意义。当一个事物倾向于增大一个人的快乐总和时，或同义地说倾向于减小其痛苦总和时，它就被说成促进了这个人的利益，或为了这个人的利益。（就整个共同体而言）当一项行动增大共同体幸福的倾向大于它减小这一幸福的倾向时，它就可以说是符合功利原理，或简言之，符合功利。同样地，当一项政府措施（这只是一种特殊的行动，由特殊的人去做）之增大共同体幸福的倾向大于它减小这一幸福的倾向时，它就可以说是符合或服从功利原理。……如果一个人对任何行动或措施的赞许或非难，是由他认为它增大或减小共同体幸福的倾向来决定并与之相称的，或者换句话说，由它是否符合功利的法规或命令来决定并与之相称的，这个人就可以说是功利原理的信徒。①

> 禁欲主义原理是指这样的原理：它像功利原理那样，根据任何行动看来势必增大或减小利益有关者的幸福的倾向，来赞许或非难该行动

禁欲主义原理是指这样的原理：它像功利原理那样，根据任何行动看来势必增大或减小利益有关者的幸福的倾向，来赞许或非难该行动；不过，这是以一种逆向方式来赞许或非难，即行动趋于减小其幸福便予以赞许，行动趋于增大其幸福便予以非难。②

> 我说同情和厌恶原理，是指所以赞许和非难某些行动，并非由于它们趋于增大利益有关者的幸福，亦非由于趋于减小其幸福，而只是因为一个人自己感到倾向于赞许之或非难之

我说同情和厌恶原理，是指所以赞许和非难某些行动，并非由于它们趋于增大利益有关者的幸福，亦非由于趋于减小其幸福，而只是因为一个人自己感到倾向于赞许之或非难之。也就是说，他举出这一赞许或非难作为其本身的充足原因，否定有寻求任何外在理由的必要。在一般道德领域是如此，而在政治这一特殊领域，则依据非难的程度来估出惩罚的分量（以及确定惩罚的理由）。③

---

① 59
② 65
③ 70

边沁《道德与立法原理导论》（1789）

组成共同体的个人的幸福，或曰其快乐和安全，是立法者应当记住的目的，而且是唯一的目的

已经表明，组成共同体的个人的幸福，或曰其快乐和安全，是立法者应当记住的目的，而且是唯一的目的。它是唯一的标准，依此应当在立法者确定的程度上，使得每个人都将自己的行为规范得符合该标准。然而，不管要干何事，除痛苦或快乐外，没有什么能够最终使得一个人去干。在笼统地考察了作为终极原因的这两大目的（即快乐以及无非与之同义的免却痛苦）之后，必须来考察作为有效原因或手段的快乐和痛苦本身。①

追求快乐和避免痛苦是立法者考虑的目的，这就要求他必须了解它们的值

追求快乐和避免痛苦是立法者考虑的目的，这就要求他必须了解它们的值。快乐和痛苦是他必须运用的工具，因而他不能不了解它们的效能，而这从另一个角度看也就是它们的值。对一个人自己来说，一项快乐或痛苦本身的值多大多小，将依据下列四种情况来定：（1）其强度；（2）其持续时间；（3）其确定性或不确定性；（4）其邻近或偏远。……对一群人来说，联系其中每个人来考虑一项快乐或痛苦的值，那么它的大小将依七种情况来定，也就是前面那六种：（1）其强度；（2）其持续时间；（3）其确定性或不确定性；（4）其邻近或偏远；（5）其丰度；（6）其纯度；（7）其广度。②

同一个程度可以应用于估算无论何种快乐和痛苦，不管它们的外表如何，也不管它们靠什么名称被人识别

同一个程度可以应用于估算无论何种快乐和痛苦，不管它们的外表如何，也不管它们靠什么名称被人识别。可以用来估算快乐，无论其名曰善（严格来说这是快乐的原因或手段）、收益（这是远乐，或远乐的原因或手段）、便利、有利、实惠、报酬、幸福或其他等；可以用来估算痛苦，无论

---

① 81
② 87

其名曰恶（与善对应）、危害、不便、不利、损失、不幸或其他等。①

痛苦和快乐可以有一个总称：兴趣知觉

在陈述了所有各种快乐和痛苦的共性之后，我们现在要来一个一个地展示它们的若干类型。痛苦和快乐可以有一个总称：兴趣知觉。兴趣知觉有简单和复杂之分。简单的就是不可再分的，复杂的则可分解为若干项简单的。一个复杂的兴趣知觉可以因此按照下列方式组成：（1）只包含种种快乐；（2）只包含种种痛苦；（3）既包含一种或多种快乐，又包含一种或多种痛苦。决定例如一组快乐被当作一项复杂快乐，而不是若干简单快乐的，是其诱因的性质。由出于同一个原因的行动一并诱发的种种快乐，不管内容如何，都适于被看作共同构成仅仅一项快乐。人性可感觉的若干种简单快乐似有如下述：（1）感官之乐；（2）财富之乐；（3）技能之乐；（4）和睦之乐；（5）名誉之乐；（6）权势之乐；（7）虔诚之乐；（8）仁慈之乐；（9）作恶之乐；（10）回忆之乐；（11）想象之乐；（12）期望之乐；（13）基于联系之乐；（14）解脱之乐。若干简单痛苦似有如下述：（1）匮乏之苦；（2）感官之苦；（3）棘手之苦；（4）敌意之苦；（5）恶名之苦；（6）虔诚之苦；（7）仁慈之苦；（8）作恶之苦；（9）回忆之苦；（10）想象之苦；（11）期望之苦；（12）基于联系之苦。②

> 可以考虑的是当事者恰巧拥有的知识的量与质，亦即他实际藏在头脑中、可不时想起的观念，这些观念以这种或那种方式具有利害性，也就是说以这种或那种方式影响他的或其他人的幸福

谈了那么多体态状况，现在我们要来谈心态状况，以后将会明白讲述这些有什么用处。首先可以考虑的是当事者恰巧拥有的知识的量与质，亦即他实际藏在头脑中、可不时想起的观念，这些观念以这种或那种方式具有利害性，也就是说以这种或那种方式影响他的或其他人的幸福。假如这些观念为数众多，并且重要，他就被称为博识者，假如它们寥寥无几，或无足轻重，

---

① 89

② 90

他就被称为无知者。①

　　同情心应被理解为一个人的这么一种心理倾向：他由于其他有情感的生灵欢享幸福而感到快乐，由于它们遭受不幸而感到痛苦

　　同情心应被理解为一个人的这么一种心理倾向：他由于其他有情感的生灵欢享幸福而感到快乐，由于它们遭受不幸而感到痛苦。同情心越强烈，他因为它们而感到的快乐或痛苦同（据他看来）它们自己感到的快乐或痛苦之间的比例也就越大。……恶心和厌恶偏向恰好是同情心和同情偏向的反面。厌恶心应被理解为一个人的这么一种心理倾向：由于其他有情感的生灵欢享幸福而感到痛苦，由于它们遭受不幸而感到快乐。②

　　政府的业务在于通过赏罚来促进社会幸福

　　政府的业务在于通过赏罚来促进社会幸福。由罚构成的那部分政府业务尤其是刑法的主题。一项行动越趋于破坏社会幸福，越具有有害倾向，它产生的惩罚要求就越大。何谓幸福？我们已经知道幸福即是享有欢乐，免受痛苦。③

　　快乐本身便是善，撇开免却痛苦不谈，甚至是唯一的善

　　快乐本身便是善，撇开免却痛苦不谈，甚至是唯一的善。痛苦本身便是恶，而且确实毫无例外，是唯一的恶。否则，善恶好坏这几个词就毫无意义。每一种痛苦和每一种快乐，都是如此。因此，接下来顺理成章和无可争辩的是，不存在任何一种本身是坏的动机。④ 在喜爱名望之后，看来应当是希望和睦这一动机的命令。前者在倾向于符合仁慈要求的限度内，倾向于符合功利要求。希望和睦这一动机的命令，也在一定范围内趋于符合功利要求。不过，喜爱名望之命令符合的那种仁慈较为广泛，希望和睦之命令符合

---

　　① 103
　　② 106
　　③ 122
　　④ 151

得却较为狭隘。但希望和睦之命令仍然优于自顾动机的要求：前者在一生的这个或那个时期里，促使一个人为许许多多人的幸福作出贡献，后者却从生到死，始终限于照顾那一个人。显然，和睦欲的命令会比较接近于符合名望欲的命令，并因此依照一个人会希望与之和睦相处的人数之多寡，在不同程度上符合功利要求。①

性情同任何别的因素一样，是好是坏取决于效果，取决于它在增大或减小社会幸福方面产生的效果

性情同任何别的因素一样，是好是坏取决于效果，取决于它在增大或减小社会幸福方面产生的效果。因而，一个人的性情可以从两个角度出发予以考虑，即根据它对他自己的幸福或者对他人的幸福的影响来考虑。从这两个角度一起来看，或者从其中随便哪一个角度来看，它一方面可称为好的；另一方面可称为坏的；或者，在罪恶昭彰的场合，可以称为堕落。②

一切法律所具有或通常应具有的一般目的，是增长社会幸福的总和，因而首先要尽可能排除每一种趋于减损这幸福的东西，亦即排除损害。③

一个人的生存和福利、幸福和安全，简言之他的快乐和免却痛苦，全都或多或少地首先依靠他本人，其次依靠他周围的外在客体

在现时代，一个人的生存和福利、幸福和安全，简言之他的快乐和免却痛苦，全都或多或少地首先依靠他本人，其次依靠他周围的外在客体。这些客体要么是物，要么是别的人。显然，能够影响他的利益的每一种外在客体，都必定包括在一类或另一类名下。于是，假如一个人竟在什么场合由于什么罪过而成为受害者，那就必定是按照下面两种方式中的一种：（1）绝对方式，即他的人身直接受害，在此情况下这罪过可说是对他人身的罪过；（2）相对方式，即由于某种实质性关系，上述外在客体可能恰巧以因果联系方式影响到他的幸福。只要一个人以一种方式，从任何属于物一类的客体当中得到幸福或安全，这样的物就称为他的财产，或至他被说成是在其中拥

---

① 173
② 180
③ 216

有财产或利益。因而，一项罪过，若趋于减小他在相反情况下本可有的、从属于物一类的某个客体当中得到幸福或安全的便利，它就可称作侵犯其财产之罪。至于人这一类客体，只要一个人以一种方式从中得到幸福和安全，那就是由于他们的服务，即由于靠这种或那种诱因他们可能立意给他提供的某些服务。现在举任何人为例，他可能持有的给你提供服务的无论何种意向，要么在将他和整个人类连在一起的普遍联系之外，全无别的联系来产生和支持之，要么具有某种较具体的别的联系。在后一类情况下，此等联系可以说构成了对你有利的一种虚构的或无形的财产，它可称作你的身份。因而，一项罪过若趋于减小你在相反情况下本可有的、从与你有如此特殊联系的某人的服务得到幸福的便利，它就可称作侵犯你的社会身份之罪，或简言之侵犯你的身份之罪。社会身份显然必定多种多样，如同它们由以构成的社会关系多种多样。①

　　危害国民幸福增长罪可以理解为倾向于阻碍或误用那么一些权力之运作的罪过，那些权力是用来经营各种各样的机构设施，其用途在于以各种不同方式实在地增加公共幸福的总和

危害国民幸福增长罪可以理解为倾向于阻碍或误用那么一些权力之运作的罪过，那些权力是用来经营各种各样的机构设施，其用途在于以各种不同方式实在地增加公共幸福的总和。②

　　如果有任何行动，看来倾向于以上述一种或数种方式影响国家，损害国家的外部安全或内部治安，或损害公共武力、国民幸福之增长、公共财富、国家人口、国民财富、主权或宗教

如果有任何行动，看来倾向于以上述一种或数种方式影响国家，损害国家的外部安全或内部治安，或损害公共武力、国民幸福之增长、公共财富、国家人口、国民财富、主权或宗教，与此同时不清楚它们以所有这些方式中的哪种方式影响国家最甚，虽然按照偶然性它们可能仅以其中一种或另一种方式影响之。如果这样，此等行动就可以被合在一起，归入一个由它们本身

---

① 253~255
② 263

构成的杂类，称为危害一般国家利益罪。①

　　如果欺骗倾向于损害整个国家，这欺骗就只可能是以每一种构成侵犯国家罪的行动都必然带有的这个或那个特征来起作用，这些特征是危害外部安全、危害公共武力、危害国民幸福之增长、危害人口、危害国民财富、危害国家主权或危害宗教。

　　无论以何种方式带来伤害，无论是否使用了欺骗，易受其影响的个人必定要么是能被认定的，要么是不能被认定的。如果是能被认定的，他们就只能在四个重要方面可能受到影响，亦即他们的人为、财产、名誉和社会身份。如果他们虽然不能被认定，却可以包括在社会全体成员属下的任何类别之中，那么情况也一样。如果欺骗倾向于损害整个国家，这欺骗就只可能是以每一种构成侵犯国家罪的行动都必然带有的这个或那个特征来起作用，这些特征是危害外部安全、危害公共武力、危害国民幸福之增长、危害人口、危害国民财富、危害国家主权或危害宗教。②

　　一项侵扰一个人幸福的行动，其效果要么是简单的，要么是复杂的

　　一项侵扰一个人幸福的行动，其效果要么是简单的，要么是复杂的。他的利益（正如我们已经看到的那样）易于在若干方面或若干点上受到影响。当该行动仅在一个方面或一点上影响他时，可称其效果是简单的，而当它同时在几点上影响他时，则可称其效果是复杂的。效果简单的那种行动必须先予考虑。一个人的幸福容易以简单方式，亦即一个时候以一种方式受到下列两种行动的侵扰：作用于他自身的行动；作用于他的幸福所多少依赖的身外对象的行动。他自身由两个不同部分或据称的部分组成，即他的肉体和他的精神。③

　　要使任何既定的人感到幸福（有如感到来自人类作用的任何其他效果那样），就必须符合三项：知识、性情和体力

―――――――――――

① 265

② 267

③ 286

边沁《道德与立法原理导论》(1789)

要使任何既定的人感到幸福（有如感到来自人类作用的任何其他效果那样），就必须符合三项：知识、性情和体力。因此，由于没有人在所有场合都像你自己那般肯定倾向于促进你的幸福，因而也没有人总的来说能像你必定有那么好的机会得知什么最有助于达到这一目的。因为，谁会像你那么清楚地知道什么使你痛苦，什么使你快乐？而且，就权力来说，局外人在这方面的任何优势，都不可能经久不变地弥补他在知识和性情这两个重要方面必有的大欠缺。于是，如果有这么一种情况，即处于另一个人的权力之下能够是为了一个人的利益，那就必定是因为后者在智力方面或者说（那是一回事）知识或理解力方面存在某种明显的、非常严重的缺陷。发生这样明显缺陷的有两种情况：一个人的能力尚未达到能指引他自己的性情去追求幸福的地步，此即幼年期；由于某种特殊的已知或未知环境，他的智力从未达到这一状态，或者达到后又倒退了，此即精神错乱。①

> 这行为方式应当尽量有利于使被监护人得到他的才能及所处环境将允许他得到的最大量的幸福，除开在所有场合：监护人可以有的对自身幸福的考虑；他可以有、并且必须有的对其他人幸福的考虑

接下来要考虑的，是它的范围可以怎样？因为它的范围应当怎样的问题，不是由一番笼统的简要分析解决的，而需做一篇专门的和详尽的论文。于是，就可能性而言，这一权力拥有的范围能想象有多大就可以有多大。它可以伸展到包括任何下述行为，那确实地说是被监护人可能有权自己做出的，或在由监护人行使的情况下成为其对象。想象一下以此为依据的权力：被监护人身份现在正是依据纯粹的奴隶制。加上这权力据以转变为信托的义务：权力的界限现在大大缩减了。那么，这义务的意义何在？它规定的行为方式是什么性质的？这行为方式应当尽量有利于使被监护人得到他的才能及所处环境将允许他得到的最大量的幸福，除开在所有场合：监护人可以有的对自身幸福的考虑；他可以有、并且必须有的对其他人幸福的考虑。这事实上无非是被监护人（假设他不知其所以然）为审慎起见自己应当维持的行为方式。②

---

① 308
② 310

为了取得这幸福，他必然应当拥有某种权力，得以支配此等幸福有赖其使用的对象

监护人在行使这些义务附着其上的权力时，应当持有的目的足够清楚，那就是为被监护人取得能够为之争取的、与前述其他利益所应得到的考虑相容的最大量幸福，因为这正是被监护人若有能力支配自己的行为便会持有、可以持有、也应当被允许持有的目的。于是，为了取得这幸福，他必然应当拥有某种权力，得以支配此等幸福有赖其使用的对象。这些对象要么是被监护人本身，要么是他身外的别的对象。这别的对象要么是物，要么是人。如果是物，只要一个人的幸福有赖其使用，此类对象便叫做他的财产。任何人（他可能恰巧拥有支配这个人的有益的权力，或恰巧拥有得到其服务的有益的权利）所提供的服务也同样如此。于是，当任何种类的受托财产由于受托者的过失而遭到损害时，这样的罪过不管在其他方面性质如何，都可称作违背信托当中的挥霍，如果它伴有受托者的得益，就可称作挪用。①

以上是一些例子，显示了为用那么多不同方式积极增进国民幸福总量而应当或可以确立的主要法规

以上是一些例子，显示了为用那么多不同方式积极增进国民幸福总量而应当或可以确立的主要法规。要就可能有的所有这些法规作出一番详尽无遗的分析，并非轻而易举，在眼下的场合亦非必要，因为不管它们是什么性质的，也不管它们可以有多少，它们可能受到的侵害在属于侵害信托罪的范围内，就名称而言将是一样的。至于什么取决于每一种信托的特殊性质，那就太专门化了，无法归入本梗概之内。②

任何行为，除了对他本人及其周围人的幸福将会具有的影响外，难道有什么所属情况更能够使他感兴趣

一个对象，除了使他感兴趣外，难道还会靠什么别的办法来吸引一个人的注意力？而任何行为，除了对他本人及其周围人的幸福将会具有的影响

---

① 312

② 327

外，难道有什么所属情况更能够使他感兴趣？或者宁可说，难道还有什么别的所属情况能够使他有任何罪过在体系中所占的位置？或者说，难道他会根据什么别的线索更方便地记起它来？[①]

整个伦理可以定义为这么一种艺术：它指导人们的行为以产生利益相关者的最大可能量的幸福

整个伦理可以定义为这么一种艺术：它指导人们的行为以产生利益相关者的最大可能量的幸福。……有哪些别的载体，它们处于人的支配性影响之下，同时可得幸福？它们有两种：（1）被称作人的其他人；（2）其他动物，其利益由于旧时法学家的麻木而遭忽视，降入物类。就这其他人而言，指导其行为达到上述目的的艺术，便是我们所指的，或至少是根据功利原理我们唯一应指的管理艺术。这艺术在本身据以表现的措施具备持久性的限度内，一般用立法这一名称来表示，而在它们是暂时性的、凭当时事态决定的情况下，则用行政来表示。[②]

一个人的幸福将首先取决于他的行为当中仅他本人与之有利害关系的部分，其次取决于其中可能影响他身边人的幸福的部分

说到一般伦理，一个人的幸福将首先取决于他的行为当中仅他本人与之有利害关系的部分，其次取决于其中可能影响他身边人的幸福的部分。在他的幸福取决于他前一部分行为的限度内，这幸福被说成是取决于他对自己的义务。于是，伦理就它是指导一个人在这方面的行为的艺术而言，可以叫做履行一个人对自己的义务的艺术，而一个人靠履行这类义务（如果要称作义务的话）表现出来的品质，便是慎重。要是他的幸福以及其他任何利益相关者的幸福，取决于他的行为当中可能影响他身边人的利益的部分，那么在此限度内这幸福可说是取决于他对别人的义务，或者用一个现在已多少过时的术语来说，取决于他对邻人的义务。于是，伦理就它是指导一个人在这方面的行为的艺术而言，可以叫做履行一个人对其邻人的义务的艺术。其邻人的幸福，可以用两种方式来对待：（1）负面方式，即避不减损之；

---

① 338

② 348

(2) 正面方式，即试图增长之。因而，一个人对其邻人的义务，部分是负面的，部分是正面的。履行其负面部分，是谓正直，履行其正面部分，是谓慈善。

有人可能会问：按照私人伦理原则而不必谈立法和宗教，一个人的幸福取决于他的行为当中影响、至少是直接影响仅他本人而非任何别人幸福的部分——事情怎么是如此？这等于是问：一个人能够持有哪些动机（与立法和宗教可能恰巧提供的动机无关）来考虑另一个人的幸福？哪些动机，或者说（实际上一回事）哪些责任，能够约束他来服从正直和慈善？回答这些问题时，人们不能不承认一个人无论何时何地都肯定会找到适当的动机来考虑的利益，唯有他自己的利益。但尽管如此，没有哪个场合他是全无动机来考虑他人幸福的。首先，他在所有场合都持有同情或仁慈这纯粹社会性的动机。其次，他在大多数场合持有半社会性动机，即希望和睦与喜爱名望。同情动机将按照他的敏感偏向，以或大或小的效能作用于他；其他两种动机则按照各种不同状况，在不同程度上影响他，主要是按照他的智力强弱、意志坚毅和心理稳定程度、道德敏感性强弱以及他必须与之打交道的人的特性。

私人伦理以幸福为本身目的，立法也不可能有任何别的目的。私人伦理关系到每个成员，即关系到所能设想的任何共同体内每个成员的幸福及其行为。因而，私人伦理和立法艺术至此是并行不悖的。它们的目的，或被期望应有的目的，在性质上相同。它们应当考虑其幸福的那些人，恰恰也就是它们应当负责指导其行为的那些人。它们应当关注的那些行为，甚至在很大程度上是一样的。那么区别到底在哪里？区别在于，它们应当关注的行为虽然在很大程度上一样，但并非完全彻底相同。一个私人无不应当以自己的行为来争取他本人及其同类的幸福，然而立法者有时却不应当（至少是直接地，并以直接对具体的个别行为实施惩罚为手段）试图指导共同体内若干其他成员的行为。每项可望有益于整个共同体（包括他本人在内）的事，每个人都应当去做，但并非每项这样的事立法者都应当强迫他做。每项可能有害于整个共同体（包括他本人在内）的事，每个人都应当避免去做，但并非每项这样的事立法者都应当强迫他不做。①

私人伦理教导的是每一个人如何可以依凭自发的动机，使自己倾向于按照最有利于自身幸福的方式行事，而立法艺术（它可被认为是法

---

① 350~351

律科学的一个分支）教导的是组成一个共同体的人群如何可以依凭立法者提供的动机，被驱使来按照总体上说最有利于整个共同体幸福的方式行事

作为本节的结语，让我们重述并概括一下被认作一门艺术或科学的私人伦理同包含立法艺术或科学的那个法学分支之间的区别。私人伦理教导的是每一个人如何可以依凭自发的动机，使自己倾向于按照最有利于自身幸福的方式行事，而立法艺术（它可被认为是法律科学的一个分支）教导的是组成一个共同体的人群如何可以依凭立法者提供的动机，被驱使来按照总体上说最有利于整个共同体幸福的方式行事。①

> 某些天赋权利，乃系人们缔结社会契约时不可能自其后代剥夺和褫夺者，其中包括以获取，拥有和保护财产，以及追求并取得幸福与安全为手段，享受生活与自由之权利

以《权利宣言》为例，该文约于1788年9月由北卡罗来纳州制宪会议制定，据说是除一处小的例外，照抄了弗吉尼亚州以类似方式制定的一个宣言。这里只谈论第一条，即根本性的一条，其文如下："某些天赋权利，乃系人们缔结社会契约时不可能自其后代剥夺和褫夺者，其中包括以获取，拥有和保护财产，以及追求并取得幸福与安全为手段，享受生活与自由之权利。"且不深究将如此宣告的权利福祉仅限于后代这一疏忽，问其结果如何？与萌于如此意欲提供的保护之下的那些人相对照，任何一项法律或命令，凡褫夺一个人享受生活或自由之权利的，皆为无效。②

---

① 360
② 379

马尔萨斯《人口原理》（1798）

托马斯·罗伯特·马尔萨斯（1766～1834），英国人。1798年，马尔萨斯针对18世纪末英国工业革命所造成的大批工人失业、贫困问题突出等社会问题，匿名发表《人口原理》，与19世纪所盛行的社会富足促成进步的乐观主义相抵触。1805年他成为英国第一位（或许是世界上第一位）政治经济学教授，1819年当选为皇家学会会员。1821年，马尔萨斯与李嘉图、詹姆士·穆勒等人，创立一个经济学会。马尔萨斯与李嘉图在纯学术与公共政策上有许多争论，不过仅限于君子之争，事实上两人在因报章上的论战熟识对方之后还成了挚友。

马尔萨斯除了著作《人口论》外，尚有1814年出版的《谷物条例的结果论》，1815年出版的《地租的性质与进步论》，1820年出版的《经济学原理》，1827年出版的《经济学上的定义》等。《人口论》中，马尔萨斯认为衡量人民幸福和纯真的最正确的标准是人口增加的速度。

马尔萨斯. 人口原理. 朱泱，胡企林，朱和中译. 北京：商务印书馆，1996.

> 人类究竟是从此会以加速度不断前进，前景远大得不可想象呢，抑或注定要永远在幸福与灾难之间徘徊，做出种种努力后，仍然距离想要达到的目标无限遥远

据说，当前争论的重大问题是，人类究竟是从此会以加速度不断前进，前景远大得不可想象呢，抑或注定要永远在幸福与灾难之间徘徊，做出种种努力后，仍然距离想要达到的目标无限遥远。然而，尽管一切人类之友都渴望结束这种悬而未决的状态，尽管勤于探索的人热望得到每一道光亮帮助洞悉未来，可令人深感遗憾的是，就这一重大问题展开争论的双方，却彼此冷眼相视，看法大相径庭。他们从未心平气和地思考对方的论点，总是不着边

际地争论不休,看来根本不可能在理论上取得一致意见。①

> 思辨哲学家同样在做损害真理的事情。他们的双眼只是盯着更美好的社会,用最迷人的色彩描绘这种社会将给人类带来的幸福

思辨哲学家同样在做损害真理的事情。他们的双眼只是盯着更美好的社会,用最迷人的色彩描绘这种社会将给人类带来的幸福,肆无忌惮地用最恶毒的语言谩骂一切现存制度,而不运用自己的才智想一想有没有铲除弊端的最好、最稳妥的方法,他们似乎没有意识到,即便在理论上也仍存在着一些巨大障碍,妨碍人类向自我完善的境地迈进。……我已看到了一些有关人类和社会可完善的理论。这些理论所描绘的诱人图景,使我颇感兴奋和愉快。我热望能实现这种给人带来幸福的改良。但据我看,改良的途中有一些巨大而不可克服的困难。本文就是要说明这些困难,但同时我得声明,虽然这些困难是击败革新派的因素之一,但我对此却丝毫不感到高兴,相反,我最大的快乐莫过于看到这些困难被完全消除。②

> 在能证明人类有可能发生如此奇异的变化以前,说他们变成鸵鸟会如何幸福,说他们能跑得飞得如何快,说他们将蔑视一切小里小气的奢侈品,而只采集生活必需品,因而每个人的劳动将减轻,每个人将享有充裕的闲暇,那肯定是白费时间,白费唇舌

在讨论这一论点以前,我必须声明,我已排除了所有纯粹的假设,所谓纯粹的假设就是无法根据正确的哲学基础推论出的假设。某个著述家也许会对我说,他认为人类最终将变成鸵鸟。我无法适当地反驳他。不过,凡有理性的人都不会同意他的看法,除非他能证明人类的脖子在逐渐变长,嘴唇在逐渐变硬,愈来愈往前突,腿和脚的形状每天在变化,头发开始变成毛管。在能证明人类有可能发生如此奇异的变化以前,说他们变成鸵鸟会如何幸福,说他们能跑得飞得如何快,说他们将蔑视一切小里小气的奢侈品,而只采集生活必需品,因而每个人的劳动将减轻,每个人将享有充裕的闲暇,那

---

① 3
② 4

肯定是白费时间，白费唇舌。①

要使全体社会成员都过上快活悠闲的幸福生活，不为自己和家人的生活担忧，那是无论如何不可能的

人口增殖力和土地生产力天然地不相等，而伟大的自然法则却必须不断使它们的作用保持相等，我认为，这便是阻碍社会自我完善的不可克服的巨大困难。与此相比，所有其他困难都是次要的，微不足道的。这一法则制约着整个生物界，我看不出人类如何能逃避这一法则的重压。任何空想出来的平等，任何大规模的土地调整，都不会消除这一法则的压力，甚至仅仅消除100年也不可能。所以，要使全体社会成员都过上快活悠闲的幸福生活，不为自己和家人的生活担忧，那是无论如何不可能的。②

在某一时期的不同时间，社会下层阶级的安乐与幸福会发生怎样可以观察到的变化

一个主要原因是，我们所掌握的人类历史，仅仅是关于上层阶级的历史，而上面所说的那种摆动却主要发生在另一部分人身上。关于这些人的风俗习惯，几乎没有可靠的记载。要令人满意地记录下一个民族在一段时期内的这方面的历史，需要善于观察的人花费一生很长一段时间，作不间断的细致观察与研究。研究内容包括：成年人数与结婚人数具有什么样的比例；限制结婚会使邪恶的风气盛行到什么程度；社会上最贫穷的阶级与生活较优裕的阶级相比较，具有怎样的儿童死亡率；劳动的实际价格是如何变动的；在某一时期的不同时间，社会下层阶级的安乐与幸福会发生怎样可以观察到的变化。③

估计未开化民族生活的幸福程度时，我们的眼睛不应只是盯着年富力强的士兵

---

① 6
② 8
③ 15

马尔萨斯《人口原理》(1798)

估计未开化民族生活的幸福程度时，我们的眼睛不应只是盯着年富力强的士兵，因为一百个人当中才有一个士兵，他是绅士，是财主，是幸运儿，不知经过多少努力，才产生了这么一个幸运儿，守护神使他免遭无数危险，平安地长大成人。对两个国家进行比较时，须比较两个国家中最为近似的阶层，这才是真正的比较。因此，年富力强的士兵应与绅士相比较，妇女儿童老人应与文明国家的下层阶级相比较。①

> 对于促进全人类的幸福来说，这种刺激似乎是绝对必需的，任何削弱这种刺激的企图，不论其用意多么好，总是会产生事与愿违的结果

应该形成一种风气，把没有自立能力而陷于贫困看作是一种耻辱，尽管这对个人来说似乎很残酷。对于促进全人类的幸福来说，这种刺激似乎是绝对必需的，任何削弱这种刺激的企图，不论其用意多么好，总是会产生事与愿违的结果。……因而可以说，英国的济贫法削弱了普通人储蓄的能力与意愿，从而削弱了人们节俭勤勉度日、追求幸福的一个最强烈的动机。②

> 若去除这种抑制，诱使不能养家糊口的男子结婚成家，则只能从总体上减少普通人的幸福

这对于懒惰和挥霍，是一种最强有力的抑制。若去除这种抑制，诱使不能养家糊口的男子结婚成家，则只能从总体上减少普通人的幸福。毫无疑问，应该把阻碍结婚的每一个障碍都看作是一种不幸。但是，既然按照自然法则，人口的增长总要受到某种抑制，所以，与其鼓励人口增长，然后让匮乏和疾病对其加以抑制，还不如从一开始就让预见与担忧来抑制人口：预见到自己养家糊口有困难，担心丧失自立能力而陷于贫困。③

> 济贫法的弊害也许太大了，无法予以消除，但我确信，如果根本就没有颁布济贫法，虽然非常贫穷的人也许要多一些，但从总体上看，普

---

① 19

② 34

③ 35

幸福经济学选读

通人却要比现在幸福得多

伴随着济贫法而来的这些弊病，在某种程度上是不可避免的。要救济某些人，就得使另一些人有权辨别谁应得到救济，有权执行种种必要的规定，但干预他人的事却是一种暴政，行使这种权力会给被迫要求救济的人带来种种烦恼，穷人普遍抱怨法官、教会执事以及救济款管理人员暴虐无道，但罪过并不在这些人身上，他们在有权处理救济事宜之前，也许并不比旁人坏，罪过是由济贫制度的性质造成的。济贫法的弊害也许太大了，无法予以消除，但我确信，如果根本就没有颁布济贫法，虽然非常贫穷的人也许要多一些，但从总体上看，普通人却要比现在幸福得多。①

这种计划似乎最能增加英国普通人的幸福总量，而实施这种计划的第一步就是废除所有现行的教区法

这种计划似乎最能增加英国普通人的幸福总量，而实施这种计划的第一步就是废除所有现行的教区法。天啊！根除贫穷是人力所不及的。我们徒劳无益地力图做根本不可能办到的事，不仅牺牲了有可能获得的利益，而且牺牲了有把握获得的利益。我们对普通人说，如果他们服从一种暴虐的法规，他们就将永远免除匮乏之苦。他们服从了这种法规，履行了他们应尽的义务，但我们却没有，也不能履行我们的义务，因而穷人奉献了宝贵的天赋自由，却未得到等价的回报。②

人口恰好是按阻碍其增长的两大障碍即贫穷和罪恶被清除的比例增长的，并表明衡量人民幸福和纯真的最正确的标准是人口增加的速度

这些事实似乎表明，人口恰好是按阻碍其增长的两大障碍即贫穷和罪恶被清除的比例增长的，并表明衡量人民幸福和纯真的最正确的标准是人口增加的速度。城市（某些人由于他们的职业的性质必然会被赶到那里）的不卫生，应当看作是一种贫穷，结婚由于人们预料将来难以供养家庭而受到的各种微小阻碍，也完全可以归入这一类。总之，很难想象有哪种对人口增长

---

① 37

② 38

的阻碍不能归于贫穷或罪恶的范畴。①

一国人口的多少随其所生产的人类食物的数量而定，而该国人民的幸福则取决于食物分配的宽裕与否

在其他一切条件相同的情况下，可以断言，一国人口的多少随其所生产的人类食物的数量而定，而该国人民的幸福则取决于食物分配的宽裕与否，或者说，一天的劳动所能换得的食物数量。②

一国的幸福并非绝对取决于其贫富、历史的长短和人口的疏密，而取决于其发展速度，取决于每年食物的增加同每年人口无限制地增加相接近的程度

一国的幸福并非绝对取决于其贫富、历史的长短和人口的疏密，而取决于其发展速度，取决于每年食物的增加同每年人口无限制地增加相接近的程度。③

随着产业的发展和幸福的增加，每一代都将要求得到更多的享受，结果是，人口将因人类体质的增强而增加

如果一切男子都确信能向家庭提供使生活舒适的物品，则几乎一切男子都会成家，而如果下一代能够摆脱贫困的"杀气"，人口必然会迅速增加。孔多塞先生似乎也充分意识到这一点，他在描述进一步的改良以后说："但随着产业的发展和幸福的增加，每一代都将要求得到更多的享受，结果是，人口将因人类体质的增强而增加。这样，必定会出现这样一个时期，使具有同样必然性的法则互相抵消。如果人数的增加超过生活资料的增加，其必然结果或者是幸福和人口持续减少（一种真正的倒退运动），或者至少是在善与恶之间摇摆不定。在已进入这一时期的社会，这种摇摆不定难道不会成为周期性贫困经常存在的原因吗？它不是标出了一切改良不能逾越的界限，指

---

① 42
② 54
③ 54

幸福经济学选读

明了人类完善的时期经过长久的岁月总会到来，但绝不能超越吗?"①

> 这种幸福和永生的"华丽的宫殿"，这种真理和美德的"庄严的神殿"，如果我们了解实际生活，并细心观察人类在地球上的真正处境，它们就会像"空中楼阁"一样消失

葛德文先生所提倡的平等制度，无疑比现已存在的任何制度都更为美好和令人向往。仅仅凭借理性和信念所进行的社会改良，比凭借权力施行和维持的任何变革都将更为持久。无限运用个人判断力是一种极其伟大而有魅力的原则，远远优于那些一切人在某种意义上都是社会奴隶的制度。以仁爱代替自爱作为社会的主要动机和动因，是人们热诚地希望看到的一种成就。总之，看到这一美好的制度的一切，必然会抱有喜悦和羡慕的心情，热望有朝一日它会实现。但是，可惜得很! 这个时刻绝不会到来。这一切不过是一场梦，一个美好的想象的幻影。这种幸福和永生的"华丽的宫殿"，这种真理和美德的"庄严的神殿"，如果我们了解实际生活，并细心观察人类在地球上的真正处境，它们就会像"空中楼阁"一样消失。②

> 这确实是一种幸福的状态。但是，这只是一种想象的情景，与现实毫不相干

"任何人也不会以别人为敌，因为他们之间不存在你争我夺; 结果仁爱将取得理性所授予的最高统治权。人们将不再整天为肉体需要而操心，得以自由地遨游在与人的意趣相合的思想领域之中。在扩大知识的工作上，人人都会帮助我而我也会去帮助他们。"这确实是一种幸福的状态。但是，这只是一种想象的情景，与现实毫不相干，这一点恐怕读者已经充分觉察到。③

> 没有任何城镇大到会对人体发生有害的影响。这一人间天堂的幸福居民大都居住在乡间的小村庄和农场中

---

① 59
② 69
③ 70

马尔萨斯《人口原理》（1798）

我们暂且假设产生贫困和罪恶的一切原因在这个岛国都已消除。战争和你争我夺已停止。有害身心健康的职业和工厂已不复存在。人们不再为宫廷的阴谋、为商业目的、为邪恶的满足而聚集于疫疠丛生的大城市。单纯的、健康的和适度的娱乐代替了饮酒、赌博和放荡。没有任何城镇大到会对人体发生有害的影响。这一人间天堂的幸福居民大都居住在乡间的小村庄和农场中。每座房子都清洁、通风和宽敞，坐落在有益于健康的地点。所有的人都是平等的。奢侈品的生产停止了。必须进行的农业劳动和睦地由一切人分担。这个岛国的人数及其生产物，我们假设同现在一样。仁爱的精神受公平无私的正义的支配，使这些生产物可以按照人们的需要在社会上的一切成员中分配。虽然或许不能做到每个人每天都有肉吃，但植物性的食物和偶尔吃到的肉，已可满足俭朴的人民的需要，并足以使他们保持健康、体力和饱满的精神。①

> 在现在我们所知道的任何国家内，各下层阶级的幸福或苦难程度，主要取决于这种基金的状况。而人口是增加、静止不变还是减少，又取决于这一幸福或苦难程度

在现在我们所知道的任何国家内，各下层阶级的幸福或苦难程度，主要取决于这种基金的状况。而人口是增加、静止不变还是减少，又取决于这一幸福或苦难程度。因此，很明显，一个按照人们的想象力所能设想的最美好的方式组成、以仁爱心而不以利己心作为其活动原则，并且靠理性而不靠势力来纠正其一切成员的有害倾向的社会，很快就会按照我们本性的必然法则（而不是由于人类的任何原始罪恶），蜕变为与目前在我们所知道的一切国家里普遍存在的社会没有本质区别的一种社会；我指的是，会蜕变为分成所有者阶级和劳动者阶级、并以利己心作为那庞大机器的主要动力的一种社会。②

> 倘若这种美好的社会局限于这个岛国，则它本来的纯净必定会不可思议地减损，其所企求的幸福也只有极小一部分能够实现

① 71

② 79

倘若这种美好的社会局限于这个岛国，则它本来的纯净必定会不可思议地减损，其所企求的幸福也只有极小一部分能够实现；总之，在该社会的任何成员愿意自动离开，愿意在目前存在于欧洲的那种政体下生活，或甘受极端困苦移居新开发的地区以前，该社会的根本原则当已完全破坏。我们从日常经验中看得很清楚：人们只有在苦难极其深重时才会下决心离开祖国；即便是最吸引人的开拓新殖民地的计划，濒于饿死的人们也往往拒不接受。①

即有一个拥有非凡力量的神，作为他周围所能看见、所能意识到的一切的造物主，依靠对人类的死亡和毁灭拥有的巨大力量，会以无形的或者至少是肉眼看不见的方式提高思想的本质，使之在另一种状态下更加幸福地生存——而表示相信以前，必然会更加犹豫不决，而要求提供更好的证据和更有力的证明

即有一个拥有非凡力量的神，作为他周围所能看见、所能意识到的一切的造物主，依靠对人类的死亡和毁灭拥有的巨大力量，会以无形的或者至少是肉眼看不见的方式提高思想的本质，使之在另一种状态下更加幸福地生存——而表示相信以前，必然会更加犹豫不决，而要求提供更好的证据和更有力的证明。②

谁也不会否认增加人类的幸福是重要的

谁也不会否认增加人类的幸福是重要的。在这方面，每一极微小的进步都有很大的价值。但有关人的试验与有关无生物的试验大不一样。一朵花胀裂，是小事一桩，马上会有另一朵花顶替。但是，社会的约束力被破坏，却会导致社会各组成部分严重分离，致使千百万人遭受巨大苦难，要经过很长时间，忍受极大痛苦，伤口才能愈合。③

他所拥有的削弱这种反对论点的唯一方法，便是对照比较这两种人，看哪一种人更能促进人为平等的幸福状态的到来，在葛德文先生看

---

① 80

② 94

③ 106

来，我们的两眼应时刻盯着这种平等状态，把其作为我们的北斗星。我想，我在前面已经证明，这样一种社会状态完全是空中阁楼

无论是生产性劳动还是非生产性劳动，什么劳动也不调动。这种区别是本质上的区别，以致如果亚当·斯密博士的观点显然是正确的，那么葛德文先生在其文章中提出的观点就显然是错误的。葛德文先生肯定会想到，把供养劳动的钱锁起来，会带来某些危害。所以，他所拥有的削弱这种反对论点的唯一方法，便是对照比较这两种人，看哪一种人更能促进人为平等的幸福状态的到来，在葛德文先生看来，我们的两眼应时刻盯着这种平等状态，把其作为我们的北斗星。我想，我在前面已经证明，这样一种社会状态完全是空中阁楼。①

我完全同意葛德文先生的看法，现在世界上穷人付出的劳动远远多于实际需要的劳动数量，即使下层阶级一致同意每天工作不超过六七个小时，人类幸福所必需的商品也照样会生产出来，数量丝毫不会比现在少

我完全同意葛德文先生的看法，现在世界上穷人付出的劳动远远多于实际需要的劳动数量，即使下层阶级一致同意每天工作不超过六七个小时，人类幸福所必需的商品也照样会生产出来，数量丝毫不会比现在少。但我们却很难想象这种协议会得到遵守。在人口原理的作用下，有些人必然会比另一些人更贫穷。儿女多的人自然想多干两小时活儿，以换取较多的生活资料。怎样来阻止他们做这种交易呢？若订立明确的规章来干预人类对自己劳动的支配权，那就是侵犯人类拥有的最为基本和最为神圣的财产。②

我并不想从哲学上考察构成人类幸福的各种要素，而只想考察其中两个得到公认的要素，即健康和对生活必需品和便利品的支配权

据亚当·斯密博士公开宣称，写作《国富论》的目的，是研究国民财富的性质和原因。不过，与此同时，他间或还进行了另一种也许更加令人感

---

① 110

② 115

兴趣的研究，我指的是他有时还研究影响国民幸福或下层阶级幸福与安乐的种种因素，无论在哪一个国家，下层阶级都是人数最为众多的阶级。我很清楚，这两个问题是紧密相关的，一般来说，有助于增加一国财富的因素，也有助于增加下层阶级的幸福。但是，亚当·斯密博士也许把这两者的关系看得过于紧密了；至少他未注意到另外一些情况，即有时社会财富（就他给财富下的定义而言）的增加，丝毫无助于增加劳动阶级的幸福。我并不想从哲学上考察构成人类幸福的各种要素，而只想考察其中两个得到公认的要素，即健康和对生活必需品和便利品的支配权。①

> 职业的这种变换对于身体健康是非常不利的，而健康对于人类幸福来说是一个其重要的因素

问题是，由此而增加的财富是否有助于改善穷苦劳动者的生活境况。一个不言自明的命题是，在食物存量保持不变的情况下，劳动价格的普遍提高，只能是名义上的提高，因为食物价格必然也会很快跟着相应提高。所以，我们所假设的劳动价格的提高，将几乎不会或根本不会使穷苦劳动者拥有更多的生活必需品和生活便利品。在这方面，他们的处境将几乎和过去没有什么两样。而在另一方面，他们的处境会更糟。将有更多的穷苦劳动者在制造业中工作，因而农业部门的劳动者将减少。我认为，大家都会承认，职业的这种变换对于身体健康是非常不利的，而健康对于人类幸福来说是一个极其重要的因素，此外，由于人的爱好变化无常，由于战争的爆发或由于其他原困，制造业的劳动同农业劳动相比更加不稳定。②

> 无论在健康上还是在道德上都深受其害，若考虑到以上两点，就不得不承认，近年来财富的增长丝毫无助于增加穷苦劳动者的幸福

其实，济贫税的大幅度提高就有力地证明，穷人掌握的生活必需品和生活便利品并未增加。在这方面，穷人的境况与其说得到了改善还不如说恶化了，此外，现在有比过去多得多的穷人在大制造厂内干活儿，无论在健康上还是在道德上都深受其害，若考虑到以上两点，就不得不承认，近年来财富

---

① 117

② 119

的增长丝毫无助于增加穷苦劳动者的幸福。①

　　富国生产的细丝、棉布、花边和其他用于装饰的奢侈品，会大大有助于增加该国年产品的交换价值，但对于增加社会的幸福总量却作用很小

　　富国生产的细丝、棉布、花边和其他用于装饰的奢侈品，会大大有助于增加该国年产品的交换价值，但对于增加社会的幸福总量却作用很小，因而在我看来，我们估价不同种类劳动的生产性和非生产性时，应着眼于产品的实际效用。②

　　对外贸易几乎无助于增加国内供养劳动者的基金，因而几乎无助于增进绝大多数社会成员的幸福

　　按照亚当·斯密给财富下的定义（而不是按照法国经济学家所下的定义），对外贸易可以增加一国的财富。对外贸易的主要用处，以及人们一般之所以如此高度重视对外贸易的原因，是它可以大大增加一国的对外力量，大大增加一国对其他国家劳动的支配权；但仔细考察一下就会发现，对外贸易几乎无助于增加国内供养劳动者的基金，因而几乎无助于增进绝大多数社会成员的幸福。按财富增长的自然顺序来说，制造业和对外贸易的发展应在农业的高度发展之后。在欧洲，事物的这一自然顺序被颠倒了过来，土地的耕种依赖于制造业的过剩资本，制造业的兴起并非依赖于农业资本的过剩。城市中的工业受到了较多的鼓励，工匠的劳动由此而得到了比农业劳动要高的报酬，欧洲为什么有那么多土地未得到耕种，原因也许正在于此。假如整个欧洲奉行另外一种政策，欧洲的人口无疑会比现在多得多，但又不会因人口较多而陷入困境。③

　　美国较高程度的公民自由对工业和人口的增长以及人民的幸福是有促进作用的

----

① 123
② 127
③ 129

幸福经济学选读

普赖斯博士在谈到文明的不同阶段时说："最初的、纯朴的文明阶段，最有助于人口的增加，最有助于增进人类的幸福。"接着他以美洲殖民地为例，认为这些殖民地当时就处于最初的、最幸福的状态，认为它们非常明显地表明了不同的文明状态对人口所产生的影响。但是，普赖斯似乎没有意识到，美国人的幸福与其说取决于其特有的文明状态，还不如说取决于其作为新殖民地的特有状况，即取决于其拥有大量未耕种的肥沃土地。在挪威、丹麦、瑞典或英国的某些地区，三四百年以前的文明程度和现在美国的文明程度相同，但幸福程度和人口的增长速度却大不相同。他引述了亨利八世颁布的一项法令，抱怨耕地荒芜，食物价格上涨，"大批人因此而无力养家糊口"。毫无疑问，美国较高程度的公民自由对工业和人口的增长以及人民的幸福是有促进作用的，但公民自由无论能产生多么强大的影响，也创造不出新土地来。现在独立了的美国人民，或许可以说要比他们受英国统治时享有更大程度的公民自由，但我们却可以毫不含糊地说，美国的人口绝不会长此以往地迅速增长下去。①

> 所有者的人数愈多，劳动者的人数必然愈少，必然会有更多的社会成员处于拥有财产的幸福状态，必然会有更少的社会成员处于仅仅拥有劳动这一种财产的不幸福状态

尽管每一个文明国家都必然存在所有者阶级和劳动者阶级，但较为平均地分配财产总是会带来永久性利益。所有者的人数愈多，劳动者的人数必然愈少，必然会有更多的社会成员处于拥有财产的幸福状态，必然会有更少的社会成员处于仅仅拥有劳动这一种财产的不幸福状态。但是，方向最正确的努力，虽说可以减轻匮乏的压力，却绝不会消除匮乏的压力。人们只要了解人类在地球上的真正处境，了解大自然的一般规律，就很难认为最卓越的努力会使人类处于普赖斯博士所说的那种状态，即"绝大多数人都会尽享其天年，不知道痛苦和疾病，死亡仅仅是逐渐而不可避免的衰老的结果，会像睡眠那样降临到他们头上。"②

> 在我们前面考察的那些自然法则的作用下，人类又必然会受到各种

---

① 131

② 132

各样的诱惑，由此而使世界显得像通常人们所认为的那样，似乎是考验
和磨炼人的品格与意志的学校，以使人进入较高级的幸福状态

人类困苦不堪地生活着，经常处于贫困状态，且几乎毫无希望在这个世
界上达到尽善尽美的境界，人类生活的这样一幅图景，似乎会使人不可避免
地把希望寄托在来世上。与此同时，在我们前面考察的那些自然法则的作用
下，人类又必然会受到各种各样的诱惑，由此而使世界显得像通常人们所认
为的那样，似乎是考验和磨炼人的品格与意志的学校，以使人进入较高级的
幸福状态。但我希望人们能谅解我，我要对人类在这世界上的处境提出一种
与此有所不同的看法，在我看来，我的这种看法更加符合我们所观察到的各
种自然现象，更加与我们有关全能的、仁慈的、先知先觉的造物主的观念相
一致。①

洛克曾说过，主要是避免痛苦而不是追求幸福刺激了人们在生活中
采取行动

根据我的记忆，洛克曾说过，主要是避免痛苦而不是追求幸福刺激了人
们在生活中采取行动。我们想获得某种快乐时，只有等到对这种快乐思考了
很久，以致没有这种快乐而感到痛苦不安时，才会采取行动以得到这种快
乐。避恶趋善似乎是人类的神圣职责，而这个世界似乎是特意安排来提供机
会让人不懈地做这种努力的，正是通过这种努力，通过这种刺激，才产生了
精神。如果洛克的观点是正确的，如果我们有充足的理由认为洛克的观点是
正确的，那么恶对于促使人类做出努力似乎就是必不可少的，而做出努力对
于产生精神显然也是必不可少的。②

耕地、除草、收割、播种等项劳动，肯定不是帮助上帝来进行创造
的，而是上帝规定的先决条件，只有满足了这些先决条件人类才能享受
生活的幸福，借此促使人类积极行动，按理性的要求塑造精神

为了维持生命而对食物产生的需要，也许要比肉体或精神的任何其他需

---

① 134

② 138

要在更大的程度上促使人类作出努力。上帝下了这样的命令，在人类尚未向地球表面投入大量劳动和才智以前，地球不得向人类提供食物。就人类的理解力来说，种子与产生于种子的草木之间没有任何可以想象的联系。毫无疑问，造物主无须借助于我们称之为种子的那一丁点物质，甚或无须借助于人类的劳动和照管，就能使各种植物生长，供其创造物使用。耕地、除草、收割、播种等项劳动，肯定不是帮助上帝来进行创造的，而是上帝规定的先决条件，只有满足了这些先决条件人类才能享受生活的幸福，借此促使人类积极行动，按理性的要求塑造精神。①

> 造物主在创造出无数个人，使其能享受无限的幸福时，虽然也给人带来了一些痛苦，但同赐予人类的幸福相比，痛苦只不过是天平上的一粒灰尘

从创世过程中产生的那些可爱而完美的人，最终将获得永生，而那些生来有缺陷的人，那些从精神气质上说不适宜过较纯洁、较幸福生活的人，则将死去，注定要再次和产生他们的泥土混合在一些，似乎没有比这更符合我们理性的了。这种永恒的宣判可以看作是一种永恒的惩罚，因而无怪乎这种惩罚有时会表现为受苦受难。但在《新约全书》中，经常相互对照的，却是生与死、拯救与毁灭，而不是幸福与苦难。假如我们认为上帝不仅将使那些天生不适宜过较纯洁、较幸福的人重新陷于原始混沌状态，而且还将永远记恨和折磨那些触犯过他的人，那么上帝在我们眼中的形象就会大不一样了。一般来说，生命是一种恩赐，与未来状态无关，是神授之物，即使是不怕死的恶人也不愿予以放弃。因此，造物主在创造出无数个人，使其能享受无限的幸福时，虽然也给人带来了一些痛苦，但同赐予人类的幸福相比，痛苦只不过是天平上的一粒灰尘。我们有一切理由认为，世间的罪恶只不过是那一产生精神的伟大过程的一个要素，并未超过绝对必需的限度。②

> 政府和人类（社会）制度并不是在消除人口所必然受到的抑制（即人口增长必然会受到抑制，而不致充斥全球，可以有把握地说，这是违反自然规律而不可能发生的事）方面可以发挥巨大作用，而是在

---

① 139

② 149

对这些抑制加以引导，尽量减少给社会道德和幸福造成的损害方面发挥
巨大作用

政府和人类（社会）制度并不是在消除人口所必然受到的抑制（即人
口增长必然会受到抑制，而不致充斥全球，可以有把握地说，这是违反自然
规律而不可能发生的事）方面可以发挥巨大作用，而是在对这些抑制加以
引导，尽量减少给社会道德和幸福造成的损害方面发挥巨大作用。我们从日
常经验中获知，它们的力量是巨大的。然而，尽管如此，必须承认，政府的
力量是间接的，而不是直接的，因为要达到的目的主要靠个人的行为，个人
行为难以凭借法律产生直接的效果，尽管它可能受到法律的强有力的
影响。[1]

当把道德抑制应用在我们现在探讨的论题时，可以给道德抑制下一
个定义，就是出于谨慎考虑，在一定时间内或长久地不结婚，并在独身
期间性行为严格遵守道德规范。这是使人口同生活资料保持相适应并且
完全符合道德和幸福要求的唯一方法

当把道德抑制应用在我们现在探讨的论题时，可以给道德抑制下一个定
义，就是出于谨慎考虑，在一定时间内或长久地不结婚，并在独身期间性行
为严格遵守道德规范。这是使人口同生活资料保持相适应并且完全符合道德
和幸福要求的唯一方法。所有其他的抑制，无论是预防性抑制还是积极抑
制，尽管它们程度上差别很大，但都可以归到罪恶和苦难上去。[2]

不能耐心地默认那种剥夺了他们自己和他们的子女保持体面、道德
和幸福的手段的想法

在观察这些不同的结果时，究其原因显然就是在不同的国家不同的时期
的人民中存在的不同的习惯。在探究这些不同习惯的原因时，我们一般地来
说是能将产生第一种结果的原因追踪到压抑下层阶级的一切因素上去，这些
因素使得他们不能也不愿意进行从过去到将来的推理，他们准备默认其标准

---

[1] 179

[2] 179

十分低的生活上的舒适和体面。我们能将产生第二种结果的原因追踪到有助于提高社会的下层阶级的地位的一切因素上去，这些因素使他们最接近这样一些人，这些人"瞻前顾后"，因此，不能耐心地默认那种剥夺了他们自己和他们的子女保持体面、道德和幸福的手段的想法。①

> 这些抑制以这种那种形式存在并起作用（人类无论作出什么努力都不可能加以防止）。现在已为人类幸福之友进行最令人感兴趣的探索开辟了一个新的天地

按照同样的看法，认识人类的自然增长规律必定更令人感兴趣。可以千真万确地说，我们周围的一切实际现象——各国不同的人口增长率，有的国家增长十分缓慢或者处于静止状态，而另一些国家的增长十分迅速——必定是大量不正常的现象，它们同生物界其他一切动植物的类似情形完全相反，要是人类的自然增长趋势至少不像在条件最有利的情况下发展的那样大，而在其他一切情况下这种自然增长趋势又受土地状况和其他障碍等各不相同的种种困难的制约。当把这个问题应用于人类时，其在道德和政治影响方面的重要性马上增长 10 倍。这些道德和政治影响必定来自对人口增长的那些抑制。这些抑制以这种那种形式存在并起作用（人类无论作出什么努力都不可能加以防止）。现在已为人类幸福之友进行最令人感兴趣的探索开辟了一个新的天地。②

> 那些自然法则的命令显然是事先已计划好的，其目的是为促进社会总体利益并增进人类幸福

但是，作为这种探索的开端，显然我们必须了解要克服的力量大到什么程度，还要了解世界各国实际上需要克服的各种抑制的不同性质。为此，第一步就是要努力弄明白人口的自然规律，或者人口在鲜为人知的各种障碍的作用下的增长率。在随后的探索中，人口的这种增长趋势肯定不会消失。探索的目的是为了提高人们在社会上的道德水平。

肯定地说，不能把人类看作只是没有理性的动物。但是，对于可预见到

---

① 181

② 197

结果的有理性的人，自然法则命令他们耕种土地，以此作为养活个人和增加日益增长的人口所需的供应的手段。那些自然法则的命令显然是事先已计划好的，其目的是为促进社会总体利益并增进人类幸福。正是用同样的方法并为达到同样的目的，自然法则命令人们置办财产，并命令社会绝对必须具有某种能够保护财产的权力。自然法则用如此强烈的语言对人类说话，使人们充分感受到讲话的分量，以至于对有理性的人来说，似乎可以认为没有任何东西像同一社会中普遍存在的最强者的权利那样绝对难以容忍。一切时代的历史都表明，如果人们认为除了建立起个人专权以外没有其他办法可以结束这种状况，那么人们就会宁愿屈从于某个人和他的仆从的暴政、压迫和残酷，也不愿受想要将他人劳动果实据为己有的第一个强者的摆布。当将自然法则必然产生的这种普遍存在的、根深蒂固的感情应用到有理性的人时，其结果就是，无政府主义的几乎确凿无疑的后果就是专制主义。①

由于财产权是由成文法产生的，制定法律的出发点又是为了促进大众的利益和增进人类幸福

由于财产权是由成文法产生的，制定法律的出发点又是为了促进大众的利益和增进人类幸福，因而该法律可以由制定它的同一当局加以修订，以期更完满地实现既定目的。确实可以说，征收供政府使用的一切国税和由郡或教区收取的一切地方税，都是对这种法律进行修订的结果。但是，对财产法没作过修订，其目的仍然是为了增进人类幸福，不能因为承认完全供养所有可能出生的人口的权利而予以废弃。因此，我们可以有把握地说，对这种权利的承认和对财产权的承认是绝对不相容的，是不能并存的。②

向每一个社会幸福之友提出最严重的警告，并作出符合正义与人道的努力以便进行补救

从许多场合发放的不充分的救济品看以及从发放的方法和起抵消作用的各种原因看，尽管像英国那样的济贫法所起的作用和承认穷人享有受供养的权利的影响以及完全履行由于承认这种权利而引起的各种义务所造成的影响

---

① 198
② 199

大不相同，然而，这种情况应该向每一个社会幸福之友提出最严重的警告，并作出符合正义与人道的努力以便进行补救。但是，在这个问题上无论采取什么措施，必须承认，不论为穷人立法成功与否的前景如何，人们必须充分认识到，社会劳动阶级具有这样一种自然趋势，即这些阶级的人口趋于不断增长，以致超过对其劳动的需求，超过充分供养他们所需的手段，并且必须充分意识到，这种增长趋势会给劳动阶级生活条件的不断改善设置最大的障碍。①

　　叫人接受道德磨炼和考验的状态不会是纯粹幸福的状态，因为它必然包含着要克服的困难和要抵制的诱惑

　　人们几乎普遍承认，基督教《圣经·新约》中的《启示录》的表面文字和精神实质把我们这个世界描绘成了一种叫人接受道德磨炼和考验的状态。而叫人接受道德磨炼和考验的状态不会是纯粹幸福的状态，因为它必然包含着要克服的困难和要抵制的诱惑。在一系列自然法则中，现在谁也无法指出哪一个自然法则特别符合圣经对地球上人类状态的这种观点，因为同其他观点相比，这种观点使情况变得更为纷繁复杂，要求人们作出更大的努力，而且还以更普遍、更强烈的方式，向国家和个人展示了道德和罪恶所产生的不同结果——即适当控制情欲和应当受到谴责的纵欲所产生的不同结果。由此可见，人口原理非但不与《启示录》相矛盾，反而应认为人口原理为证实《启示录》的真实性提供了更多的有力证据。②

　　在考验状态中，看来最符合仁慈的造物主的观点的自然规律是这样一些规律，这些规律一方面提供困难和诱惑，这些正是考验状况的本质，同时又在今生和来世用幸福奖励那些克服了困难和诱惑的人

　　人们会承认，在考验状态中，看来最符合仁慈的造物主的观点的自然规律是这样一些规律，这些规律一方面提供困难和诱惑，这些正是考验状况的本质，同时又在今生和来世用幸福奖励那些克服了困难和诱惑的人。而人口规律就特别符合这一点。每个人由于本能和受天启教的鼓励而实行德行，在

---

① 200
② 201

很大程度上具有使自己和社会避免罪恶后果的能力。而且毫无疑问，这种德行大大有助于实行德行的个人改善自己的生活条件并增加舒适品，并通过他们，使全社会的生活条件获得改善并增加舒适品，由此也就完全证实了上帝通过这个伟大的规律对待人类的方式。①

---

① 202

萨伊《政治经济学概论》（1803）

让·巴蒂斯特·萨伊（1767～1832），法国人，19世纪初欧洲大陆最重要的经济学家之一。1803年，出版其代表作《论政治经济学，或略论财富是怎样产生、分配和消费的》（简称《政治经济学概论》），宣扬斯密经济思想。还著有《政治经济学入门》（1815）、《政治经济学精义》（1817）、《关于政治经济学各方面的问题，特别是商业普遍萧条的原因给马尔萨斯先生的信》（1820）、《实用政治经济学全教程》（共6卷，在1828～1829年出版）、《政治经济学杂录和通信》（1833）等。萨伊认为如果政府当局自己不作掠夺，那就是人民最大的幸福。

萨伊. 政治经济学概论. 陈福生，陈振骅译. 北京：商务印书馆，1997.

正确理解政治经济学的原理，和人类的繁荣与幸福息息相关

这门科学，有如斯图亚特所说，"是以改善社会为目的，但不是使用叙述新制定的制度的方法来实现这目的，而是使用开导实际立法者使他们知道什么是正确政策的方法来实现这目的"。因此，正确理解它的原理，和人类的繁荣与幸福息息相关。①

　　继承斯密衣钵最有学问的研究者，被促进人类进步和人类幸福的同一愿望所鼓舞，也遵奉斯密的进步的和仁慈的观点，认为这是扩大国民财富的唯一可靠办法，并雄辩地拥护这观点与坚持这观点

斯密博士说："使一个民族达到富强的最有效计划，莫过于维持自然所

---

① 8

提示的事物的秩序，允许每一个人在遵守公平规则的条件下按照自己意思追求自己利益和使用自己劳动力与资本跟同国人进行最自由的竞争。"继承斯密衣钵最有学问的研究者，被促进人类进步和人类幸福的同一愿望所鼓舞，也遵奉斯密的进步的和仁慈的观点，认为这是扩大国民财富的唯一可靠办法，并雄辩地拥护这观点与坚持这观点。①

> 经济学派的著作，一贯拥护严格的道德，一贯主张每一个人都应该有按照自己意向，处理人身、财产和才能的自由，没有这个自由，所谓个人幸福和国家繁荣，只是无意义的空话

然而，谁都没有否认这一点，即经济学派的著作，一贯拥护严格的道德，一贯主张每一个人都应该有按照自己意向，处理人身、财产和才能的自由，没有这个自由，所谓个人幸福和国家繁荣，只是无意义的空话。仅仅这些意见，就使他们值得普遍的感激和尊重。况且，我不认为，在这些人中间，能够找到一个不正直的人或坏的公民。②

> 当通往国家繁荣与幸福的道路被知道以后，人们就都能选择并将要选择这个道路

伦理科学和政治科学的类似部门的巨大进展，使我们能够很容易探索因果连锁的环节。因此，当我们一旦了解政治事实和经济事实是怎样相互影响时，我们就能够决定，在一定情况下，什么行动方针是最有利的。例如，为要消灭行乞现象，我们必定不采用倾向于增加贫民的措施，而为要谋求富足，我们必定不采用目的在于防止富足的措施。当通往国家繁荣与幸福的道路被知道以后，人们就都能选择并将要选择这个道路。③

> 的确，如果有这么巨大力量的工具，没被用作传播荒谬言论或施行虐政的工具，那将是多么大的幸福啊

---

① 10
② 34
③ 51

幸福经济学选读

通过劳动，最无价值的物质常常变成具有最高度效用的东西。破衣碎布曾被化成又薄又光的纸，它能把商业所要求的东西和学术的底蕴由地球这一端传到那一端。它是有天才的人储藏思想的地方，是前代把经验付给后代的工具。我们通过它得到我们财产权的证据，我们通过它把心坎里最高尚和最亲切的情绪表达出来，而且凭借它来唤起别人心理相应的情感。纸在传达人类知识上所提供的非常的便利，使它有资格可称为改善人类状况的一个最有效东西。的确，如果有这么巨大力量的工具，没被用作传播荒谬言论或施行虐政的工具，那将是多么大的幸福啊！①

> 如果政府当局自己不作掠夺，那就是人民最大的幸福，财产就可得到保护、不遭别人掠夺

如果政府当局自己不作掠夺，那就是人民最大的幸福，财产就可得到保护、不遭别人掠夺。要是没有社会的联合力量保护个人财产，就不能想象人、土地和资本的生产力的巨大发展，甚至不能想象资本的存在，因为资本只不过是在政府保护下所积累的价值。正由于这个原因，政治不上轨道的国家，没有一个达到富裕。文明国家能有许许多多产品以满足人民的需要，能有美术，能有蓄积所赐与的空闲机会，这一切都应该归功于政治组织。没有空闲机会，智力便培养不成，于是人便无以凭借，以达到其本质所能达到的那样高度的尊严。②

> 母国所委任的殖民地长官，对于推广殖民地人民的幸福和财富漠不关心

古代人由于他们所旅行的殖民制度，到处结交了朋友。近代人想把人沦为隶属，到处树立仇敌。母国所委任的殖民地长官，对于推广殖民地人民的幸福和财富漠不关心。他们不打算跟殖民地人民一起过生活，不打算在殖民地人民中间隐居养老，不打算做好官以博得殖民地人民的欢心。他们晓得母国对他们的态度，是看他们能给母国搜刮多少财富，而不是看他们官声的好坏。这些不规则加上母国不能不授与所委派的距离遥远的领土的代表统治者

---

① 82

② 140

便宜行事的权力，便使他们具备了一个极其可憎的政府所应有的一切要素。①

就家庭与国家的幸福说，非生产性消费的影响的强度仅次于财富的实际生产

关于非生产性消费，唯一的研究对象是消费行为本身所产生的满足的程度。本章其余部分将研究一般的非生产性消费，而以下几章将进而分别讨论个人的非生产性消费和公众或一般社会的非生产性消费。唯一目的，在于对比消费者的消费对他所引起的损失和给他所提供的满足。所作的损益估算的正确程度将决定消费是否得宜。就家庭与国家的幸福说，它的影响的强度仅次于财富的实际生产。②

节约与镇静是私人美德，但就国家说，这二者对国家幸福有那么大影响，以至我们对具有这两个美德的国事指导者或管理者不论怎样颂扬与尊崇都不为过

政府的消费，在国家总消费中占那么大的部分，有时达到社会总消费的六分之一、五分之一甚或四分之一，以至政府所施行的制度，必定对国家繁荣的增进或衰退有很大。如果个人认为，花费越多，所得便越多，或认为豪侈是个美德，如果他迷于声色或因感情用事而不计金钱，他必定弄得家败名裂，而他的榜样就对他的小圈子起作用。但是，政府如果犯同样错误，就给千百万人民带来穷困，甚或招致国家的灭亡或衰微。毫无疑问，私人对自己利益应当有正确认识，但政府对自己利益更应当有正确认识。节约与镇静是私人美德，但就国家说，这二者对国家幸福有那么大影响，以至我们对具有这两个美德的国事指导者或管理者不论怎样颂扬与尊崇都不为过。③

随着科学的每一个进展而来的，是社会幸福的增进

---

① 235
② 447
③ 470

幸福经济学选读

政治经济学曾经提出两个问题：公众是否对一切科学的研究都有兴趣？公众有兴趣研究的那些科学部门的教育费用，是否需要公众担负？

不论人在社会的地位是怎样，他总是不断依靠动物界、植物界和矿物界。他的粮食，他的衣服，他的医药，他在工作上或娱乐上所使用的每个物品，都受到固定规律的支配。这些规律懂得越清楚，社会就得到越多利益。……由于这个原因，随着科学的每一个进展而来的，是社会幸福的增进。①

> 一个勤苦工匠，不会了解神圣财产权与社会繁荣的关系，不能设想他能比他的富裕邻人对社会繁荣有更大兴趣，而却把这些主要利益看作对他权利与幸福的侵害

一个勤苦工匠，不会了解神圣财产权与社会繁荣的关系，不能设想他能比他的富裕邻人对社会繁荣有更大兴趣，而却把这些主要利益看作对他权利与幸福的侵害。要使他的头脑开通起来，了解这些概念，并成为更好的父亲、丈夫、兄弟或公民，就需要有一定程度的教育，阅读能力，一面工作一面思维的能力，以及跟他同伴的来往。②

> 当政府从发给彩票或赌场许可证得到收入时，这难道不是对最有害家庭幸福与国家繁荣的罪恶给与奖励金吗

当政府从发给彩票或赌场许可证得到收入时，这难道不是对最有害家庭幸福与国家繁荣的罪恶给与奖励金吗？政府竟以空虚和骗人的希望引诱穷人与贪婪人，煽动他们追求不正当欲望的满足，并仿效别人要是这样做就要加以责罚的欺诈行为，这是多么可耻啊！③

> 当政治科学进展而政府所征的税只以供给国家实际需要为限时，生产技术的改善将大大增进人类的幸福

---

① 485
② 489
③ 515

萨伊《政治经济学概论》(1803)

这种浪费虽证明政治制度和组织的腐败与缺陷，但无论如何却带来一个好处，它使人不得不更好利用自然力，因而使生产技术臻于完善。从这个观点看来，租税确能帮助发展或扩大人的技能；以此之故，当政治科学进展而政府所征的税只以供给国家实际需要为限时，生产技术的改善将大大增进人类的幸福。但如果不良与复杂政治制度使沉重和不平均赋税日益普遍、扩大、增加与巩固起来，现在具有最大生产力的国家，恐怕又将陷入野蛮状态，而占社会绝大部分的劳工阶级，可能要不断地、疲劳地做苦工，以致他们渴望着自由的野蛮生活。野蛮生活虽不能给他们提供舒适，但至少能使他们无须为着供应公共的浪费而不断努力。这种浪费不能给他们带来满足，甚或给他们带来损害。①

> 英国人民的巨大负担、英国政府的滥用借贷权力和英国以纸币替代硬币，至少可产生一些利益，因为它们有助于解决许多对国家幸福有很大关系的问题，同时警告后代要提防类似的无节制行为

哈米敦教授在他的杰出著作中，充分证明这一点，他的论断是决定性论断。他说，英国人民的巨大负担、英国政府的滥用借贷权力和英国以纸币替代硬币，至少可产生一些利益，因为它们有助于解决许多对国家幸福有很大关系的问题，同时警告后代要提防类似的无节制行为。②

---

① 531
② 545

《圣西门选集》（1802～1825）

　　昂利·圣西门（1760～1825），法国人，空想社会主义的著名代表人物之一；1802 年起开始写作，宣传自己的思想，《一个日内瓦居民给当代人的信》（1802）、《十九世纪科学著作导论》（1808）、《人类科学概论》（1813）和《万有引力》（1813）；1817 年后的著作《论财产和法制》中，思想有了新的发展；19 世纪 20 年代，又出版一系列著作，如《论实业制度》《实业家问答》《论文学、哲学和实业》《新基督教》，从哲学、历史、政治和经济等方面进一步阐述了他的思想，形成其思想体系。直到 1825 年 4 月发表《新基督教》这部圣西门最后的著作，标志着他创建的空想社会主义大厦的完成。圣西门认为从事劳动的人是最幸福的人。

　　圣西门选集（第一卷）．王燕生，徐仲年，徐基恩，等译．北京：商务印书馆，1979.

　　圣西门选集（第二卷）．董果良译．北京：商务印书馆，1962.

　　圣西门选集（第三卷）．董果良，赵鸣远译．北京：商务印书馆，1985.

　　　　哲学家们则说过：人在野蛮时期是幸福的，只是在建立了政治的、市民的和宗教的制度以后，人才遭遇了灾难

　　在 18 世纪，哲学家和神学家之间对于人类智力的最初发展所持的见解还没有太大的差异。神学家早就说过，而且目前还在说，亚当和夏娃在没有偷吃禁果以前，他们在地堂里本是幸福的；而哲学家们则说过，人在野蛮时期是幸福的，只是在建立了政治的、市民的和宗教的制度以后，人才遭遇了灾难。卢梭雄辩地指出的信念和达兰贝尔冷静表达的信念，就是这样。孔多塞在他的《人类理性进步的历史概观》一书中所持的观点，正如人们所想

· 128 ·

象的那样，同这一观点并没有多大的出入。① 我们要指出，逻辑分析是生理学、特别是居于我们这一知识部门之冠的人类科学所能采用的唯一方法。我们还要说明，最高等的数学也只能用于与无机体物理有关的现象，同有机体物理现象比较，无机体物理的现象具有极其次要的意义。最后，我们还要证明，为了整个社会的幸福，略微降低人们至今对于数学的重视，应当是很重要的。②

宗教说他们是败坏世俗和腐化时代的罪魁祸首，指责他们硬要在人世创造上帝不准被谪下凡的人享受的那种幸福

宗教观点的虚伪和糊涂的程度，绝不亚于人们的政治观点，因为宗教在教导人们把劳动视为一种义务的同时，又把劳动贬低为卑贱的事情和发财致富的手段。结果，对于发财致富和暂时受到的蔑视，成了与其他宗教戒律同样严格的戒律；而要想拯救自己，只能通过剥夺或节衣缩食来实现。这肯定不能鼓励人们去积极劳动，因为劳动好坏没有差别，不受褒贬。这也肯定不能建立事物固有的正常秩序，使勤劳能干的人感到自己的重要性，因为宗教说他们是败坏世俗和腐化时代的罪魁祸首，指责他们硬要在人世创造上帝不准被谪下凡的人享受的那种幸福。③

人们只有在满足自己的身心需要之后，才能成为幸福的人

在目前情况下，人们认为政府的经常的和唯一的职责，就是为社会造福。但是，用什么手段来为社会造福呢？……什么是为社会造福的一般手段呢？我们敢于不揣冒昧地指出这些手段，而一切知情达理的人也不难证明：除了科学、艺术和工艺外，再无其他手段了，因为人们只有在满足自己的身心需要之后，才能成为幸福的人，而满足这些需要，正是科学、艺术和工艺的唯一宗旨或近乎直接的目的。一切对社会真正有益的工作，都与这三个部门有关，而且也只能也它们有关。④

---

① 57
② 125
③ 178
④ 242

幸福经济学选读

> 唯有我们出身的这个阶级的活动，完全是以提高民族的实力、康乐和幸福为目的的

行政管理机构的这种缺陷，从另一方面来看更为严重。这就是：行政管理官员出身的阶级无力管理好社会，他们出身的社会阶级的利益在许多方面都与我们生产阶级的利益相反。唯有我们出身的这个阶级的活动，完全是以提高民族的实力、康乐和幸福为目的的。①

> 实证主义的道德家们，主要应当探索组织社会的方法，以使社会倾注最大的热心让其成员获得上述两条所明确提到的精神幸福和物质幸福

我认为，如果在上述的这样国家里，人们的智力得到了广泛的发展，以致使他们能够欣赏艺术、知道支配自然现象的规律和掌握改造自然的方法，而且他们在精神方面受到了关怀，则他们的幸福就是最美满的。

因此我又认为，实证主义的道德家们，主要应当探索组织社会的方法，以使社会倾注最大的热心让其成员获得上述两条所明确提到的精神幸福和物质幸福。

最后我认为，道德家应当动员下述三种力量去达到这个伟大的目标。

鼓励从事艺术工作并谙于引导人们想像的人去激发社会成员在实证的精神方面和物质方面争取普遍的幸福。

促使学者致力于国民教育工作，让他们通过教学传播关于支配自然现象的规律和可以按照人们的意志改造自然的方法的知识，特别是让他们证明，可使个人获得最大幸福的办法是尽量为他人造福。

最后，应当使实业活动的领袖们相信，无论同学者和艺术家合作来为他们大家共同造福，还是同他们经常联合来为他们各自造福，都将对他们大有好处。②

> 人们只有一个目的、一个志向和一个希望，那就是使人人幸福

希望进行这一种造福人类的改革的思想，激动了所有的人。国王、大人

---

① （第二卷）3

② 14

物和人民，都愿意支持这一改革。人们只有一个目的、一个志向和一个希望，那就是使人人幸福。人们下定决心，不管要付出任何代价，都要使个人利益服从全体的利益。①

为了得到这种幸福，必须尽可能大力鼓励和保护农业、工业和商业的活动

现在，我们来确切说明一个民族的精神幸福和物质幸福的概念。

我们会同意，人们生活在吃得好了、穿得最美、住得最好、能够随意旅行、到处都可以得到生活必需品和生活上的美好东西的国家里，在物质方面是最为幸福的。

你们也会同意，在这样的国家里，如果人们的智力发展水平很高，如果人们有鉴赏美术的能力，如果人们了解支配自然现象的规律和自然现象的变化方式，而且，如果人们都彼此善意相待，那么，他们精神方面的幸福也是最美满的。

现在，我们来研究研究应当用什么方法使法国人得到双重幸福，即在精神和物质方面都得到幸福。

为了得到这种幸福，必须尽可能大力鼓励和保护农业、工业和商业的活动。应当以私人利益为刺激去推动开凿运河、修筑道路和架设桥梁等事业，以及促进排水、开垦和灌溉等工作。不要打主意去捞取公益活动的收益，而应该把这种收益完全让给进行这种活动的个人。至于民族的精神幸福，则应当让具有强大的实证性有益知识的学者去教育青年和人民。……我再补充一点：采取这种改革办法的所有民族，必然去完成共同的事业，团结自己的力量去提高共同的幸福。②

只有人的本性才敢想望的各种个人幸福和公共幸福

实业家将成为社会的第一阶级；最卓越的实业家将无偿地担负管理公有财产的职责，他们将制定法令和规定其他阶级各自应居的地位，他们将按照每个阶级对于实业的贡献的大小而给予每个阶级以不同的评价。当前革命的

---

① 33

② 45～47

必然结局，将来只会如此。在达到这个结果的时候，社会的安宁将会完全有了保证，国家的繁荣昌盛将以最快的速度得到发展，人们将会享有只有人的本性才敢想望的各种个人幸福和公共幸福。我对于实业家和社会的未来的看法就是如此。[①]

建立一个使社会的一切成员都能够得到最大幸福的政治社会，是人们面临的一项最重大的和最难于完成的事业

建立一个使社会的一切成员都能够得到最大幸福的政治社会，是人们面临的一项最重大的和最难于完成的事业。因此，尽管我们的先驱者已经做了很多工作，但是我们仍然处在直接着手建立以提高人数最多阶级的福利为目的制度的大道上的出发点，这是不足为奇的。[②]

在缺乏一种我们认为是我们的幸福所必需的东西时，我们就会感到困难

在缺乏一种我们认为是我们的幸福所必需的东西时，我们就会感到困难。我们把对困难的担忧叫做需求，而由需求又产生出愿望。这种需求随着情况一再重复，而且往往由此产生出新的需求，从而使我们的知识和能力得到发展。[③]

这种能力与产生观念和组合观念的能力结合之后，就产生人与人之间的权利和义务关系，这些关系又必然与我们最宝贵的幸福和最大的灾难息息相关

感觉有的带来快乐，有的带来苦痛；人也能把这些瞬间的印象转变成持久的、甜蜜的或苦痛的感受；并且在看到或想起其他可感事物而快乐或苦痛时，还能回味这种感受。最后，这种能力与产生观念和组合观念的能力结合之后，就产生人与人之间的权利和义务关系，这些关系又必然与我们最宝贵

---

① 71

② 310

③ （第三卷）31

的幸福和最大的灾难息息相关。①

> 历史概观要指出变化的程序，说明每一断代对下一断代所起的影响，进而根据无数世纪以来不断更新的人类所发生的变化来解释人类走过的路程和人类走向真理或幸福所迈出的步伐

这是对人类理性进步的历史概观，因为它是通过对过去不同时代的人类社会进行连续观察而形成的，而且一直是叙述其变化的。这个历史概观要指出变化的程序，说明每一断代对下一断代所起的影响，进而根据无数世纪以来不断更新的人类所发生的变化来解释人类走过的路程和人类走向真理或幸福所迈出的步伐。对人类的过去和现状进行的这种观察，将会使我们指出保证和加速人类的本性可望得到的新进展的方法。②

> 一俟这种联合在整个有教养人的阶级中实现，这些人就只能推崇那些同心协力加速人类的进步和增进人类的幸福的人类之友了

今天在我们看来似乎是虚幻的希望，将要通过一些什么阶梯才会逐渐变成可能和甚至变成现实；尽管某些偏见可以得到暂时的胜利；大自然是用什么纽带把文明的进步同自由的进步、美德的进步、对天赋人权的尊重的进步紧密地联系在一起的。这些进步是人类的唯一真正利益，它们好像是彼此分离的，甚至被认为是互不相容的；但在大多数民族的文明同时达到一定程度，其中一个伟大民族的语言为世界所通用，以及它的商业扩展到全球的时候，我们可以看到这些民族是如何变成不可分离的。一俟这种联合在整个有教养人的阶级中实现，这些人就只能推崇那些同心协力加速人类的进步和增进人类的幸福的人类之友了。③

> 为了对大革命带来的幸福少付代价，……难道我们不需要根据人类理性史去研究我们应当预防什么障碍和应当用什么方法去克服它们吗

---

① 33
② 34
③ 37

幸福经济学选读

一切都在表明，一次新的人类大革命的时代即将来临。除了概观为这次大革命做好准备的历次革命以外，又有什么能向我们十分清楚地指出我们应当期待于这一大革命的东西呢？又有什么能在革命运动中给我们提供一个最可靠的向导呢？文明的现状向我们保证，这次大革命肯定是顺利的。然而，我们应当全力以赴，不也是一个先决条件吗？为了对大革命带来的幸福少付代价，为了使大革命更加迅速开展，为了使大革命的成果更为丰硕，难道我们不需要根据人类理性史去研究我们应当预防什么障碍和应当用什么方法去克服它们吗？①

专心为他个人和人类的幸福运用他的天才

假如孔多塞在回顾人类理性进程的时候注意到这个问题，他必然会得出如下的结论：第一，不管是从事政治活动，还是从事理论工作，要想作出惊人的成绩，都有困难；第二，在两方面取得成就所需的能力和才干是大不相同的，而且是互相排斥的。因此，他不得不退出政界，独居斗室，专心为他个人和人类的幸福运用他的天才。他决不能用他的杰出创见去写迎合时尚的著作，以免降低创见的价值。他要用自己的创见去为有机体物理学的一般奠定基础。②

现代人要比将来各代人幸福得多，而我们的皇帝也将是最能干的人

三十五到四十五岁是一个人最幸福的岁月：他既可以概观，又具有进行总结的能力。就人类的寿命而言，现代人已经到达人类理性可以充分发挥想象和推理两大能力的时代。我们的子孙将认为他们很有想象力，其实他们只是进行回想；我们的祖先曾错误地认为自己很会推理，其实他们的推理还很幼稚，因为他们没有把各项推理联系起来，还未能建立推理的一般体系，而仍以杂乱无章的想象产物作为科学体系的基础。

现代人要比将来各代人幸福得多，而我们的皇帝也将是最能干的人。③

---

① 39

② 40

③ 86

《圣西门选集》（1802～1825）

任何宗教起初都是造福人类的

任何宗教起初都是造福人类的。只要神职人员不再受反对派的牵制，只要他们不再遵循创建人指出的科学方向去进行发现，神职人员就要滥用职权，而宗教也就变成压迫人的工具。宗教变成压迫人的工具以后，就要受到人们的蔑视，而神职人员已经获得的威望和财富也要丧失殆尽。①

从事劳动的人是最幸福的人。……闲散人员最少的国家是最幸福的国家

从事劳动的人是最幸福的人。所有成员都会有效利用时间的家庭是最幸福的家庭。闲散人员最少的国家是最幸福的国家。假如没有游手好闲的人，人类一定能够享受到他们所追求的一切幸福……在科学园地耕耘的人，是道德最高尚的人，而且也是最幸福的人，因为他们的工作对全人类都有益处。②

我享有培根和牛顿没有享受过的幸福，即生活在所有君主中最宽宏大量的人和所有帝王中最聪明的人的统治之下

我享有培根和牛顿没有享受过的幸福，即生活在所有君主中最宽宏大量的人和所有帝王中最聪明的人的统治之下，伟大的拿破仑的政绩使法国赢得了各种荣誉，光照四方。皇帝既是人类的政治领袖，又是人类的科学领袖。他一手掌握着准确的罗盘定向，一手拿着宝剑消灭反对文明进步的人。最杰出的学者应像最英勇的将领那样集结在他的周围。我要预告的科学发明，将在皇帝的幅员辽阔的国家的首都创造出来，这一发明的规模和价值都将超过以前的发明，并使后代为之惊异。③

富人增进穷人的幸福，同时也会改进自己的生活

---

① 105

② 109

③ 143

幸福经济学选读

僧侣阶级在向上帝的儿女宣传教义时，在向自己的信徒讲道时，在向上帝祷告时，以及在作各种宗教仪式和讲解教理时，都要把听众的注意力集中到一个重要问题上。这个重要问题就是：绝大多数居民将要享受的精神和物质生活，会比他们至今享受的更能令人满意；富人增进穷人的幸福，同时也会改进自己的生活。①

真正的基督教不仅应当使人在天堂上得到幸福，而且也应当使人在世间得到幸福

你们的先驱者充分地改进了基督教理论，充分地传播了这种理论，欧洲人也充分地理解了这一理论。现在，是全面应用你们应当掌握的这种理论的时候了。真正的基督教不仅应当使人在天堂上得到幸福，而且也应当使人在世间得到幸福。

你们不应当把信徒的注意力吸引到抽象观念上去，而应当适当地运用具体观念，即把这些观念同抽象观念结合起来，使人类获得他们在世间能够达到的最大幸福，从而建立起真正的基督教，即建立起普遍的单一的世界宗教。②

每个社会都应当为改进最穷苦阶级的精神和物质生活而工作，应当把社会组织得最容易走向这一伟大目标

神给他的教会指定的道德原则——人人都应当兄弟相待，包括着您借这句名言表述的一切思想：每个社会都应当为改进最穷苦阶级的精神和物质生活而工作，应当把社会组织得最容易走向这一伟大目标。③

宣称民族的幸福是新社会的基本原则的人，最能接近真理

人们联合起来成为社会，绝不是为了保证取得自由，因为他们处于各自为政的分散状态是最为自由的。自由思想作为社会组织的宗旨，是空洞的和

---

① 170
② 184
③ 195

形而上学的思想。这种思想适应于封建神学体系解体的过渡时期的需要。同样地，把秩序当作社会目的的形式主义的思想也是荒谬的。对于社会来说，维持秩序只是手段，而不是目的。这是社会赖以进行任何一种活动的基本条件，而绝不是活动的内容。宣称民族的幸福是新社会的基本原则的人，最能接近真理。但是，这个说法也是含混的，因为对民族的幸福可能作出极不相同的解释，任何一个统治者都可以按照自己的需要来解释它。如果统治者好大喜功，他就要把征服他人看作是民族的幸福，诸如此类。①

组织一个能为所有成员带来最大幸福的政治团体；……以增进社会上最下层和人数最多的阶级，即最贫困的社会阶级的福利

在实业体系中，平等就是在这样的范围内实现的。然而圣西门却宣称，按上述方法组织起来的活动将给绝大多数人带来最大的福利。在他活动后期的所有著作中，反复谈到这个问题。有时，圣西门谈到组织一个能为所有成员带来最大幸福的政治团体；有时，他又说应成立一些机构，以增进社会上最下层和人数最多的阶级，即最贫困的社会阶级的福利。最后，我们还看到圣西门有过这样一个十分明确的说法：建立一种社会组织，使它的一切主要机构都去促进无产者福利的增加。②

直接的目的是为大多数人谋幸福，多数人不再敌视现存的制度，所以不必花费精力去维持对这些多数人的统治

在大多数人已经成熟，不再需要监护的时候，就可能向新的体系过渡，而这一过渡就可以使维持秩序的职能缩小到最低限度。实业体系最不需要对人进行管理，因为在这种体系下，直接的目的是为大多数人谋幸福，多数人不再敌视现存的制度，所以不必花费精力去维持对这些多数人的统治。"由此可见，在实业体系下，一般所说的统治权力将受到最大程度的限制"。③

关于整个社会的工作计划和按才分级制的思想，关于为人数最多的

① 225
② 227
③ 228

阶级谋求最大幸福的原则。这些论点可以成为，而且后来也的确成了社会主义体系的来源

圣西门在要接近他的人生旅程的终点时，把那些可以证明他的体系具有社会主义倾向的论点表述得越加明确，并且越来越明显地把这些论点提到首位。属于这种论点的有：关于整个社会的工作计划和按才分级制的思想，关于为人数最多的阶级谋求最大幸福的原则。这些论点可以成为，而且后来也的确成了社会主义体系的来源。我们已经说过，圣西门本人并没有从这些论点中作出彻底的社会主义的结论。在圣西门的体系中，这些论点始终是所谓潜在的社会主义论点。然而，圣西门坚持这些论点的毅力和热情，对于培养进步人士去接受社会主义思想起了不小的作用。从这个意义上来看，他的这种毅力和热情也是符合于正在成长的工人阶级的利益的。①

圣西门对他的伟大使命——为人类开辟一条新的道路，即走向普遍幸福的道路

圣西门对他的伟大使命——为人类开辟一条新的道路，即走向普遍幸福的道路，却越来越具有信心。……圣西门最后产生一种信念，认为除了他以外，任何人也不能实现他的理想——为改造欧洲社会开辟新的道路，即开辟走向人类幸福的大道。②

---

① 238

② 245

《傅立叶选集》（1803～1830）

　　法朗斯瓦·马利·沙利·傅立叶（1772～1837），法国人；1803年，发表一篇题为《全世界和谐》的论文，包含着其学说的基本原理的雏形；1812年后，专注于空想社会主义的设计。傅立叶认为和谐制度才能创造幸福。

　　傅立叶选集（第一卷）．赵俊欣，吴模信，徐知勉，汪文漪译．北京：商务印书馆，1979.

　　傅立叶选集（第二卷）．赵俊欣，吴模信，徐知勉，汪文漪译．北京：商务印书馆，1981.

　　傅立叶选集（第三卷）．汪耀三，庞龙，冀甫译．北京：商务印书馆，1982.

　　从此人们可以依稀地看到不能期待从已有的认识中得到任何幸福，而应该在某种新的科学里面寻求社会幸福，应该为政治才能开辟新的道路。

　　自从"哲学家"们在法国大革命中初显身手就表现出自己的低能以后，大家一致认为他们的学术是人类精神上的迷误。政治上和道德上的光辉的洪流，只不过是幻想的洪流而已。唉！这些博学之士花了25个世纪的时间来使他们的理论臻于完善，并汇集了古今所有智慧之大成，可是一开始，他们所产生的祸害就不比他们所许诺的幸福来得少些，并且使社会堕落到野蛮状态。除此以外，在他们的著作中还能看到什么别的东西呢？……自1793年大灾难以后，种种幻想都一一破灭了，政治科学和道德科学都均可挽救地受到了贬斥和摒弃。从此人们可以依稀地看到不能期待从已有的认识中得到任何幸福，而应该在某种新的科学里面寻求社会幸福，应该为政治才能开辟新的道路。显而易见，不论是哲学家或是他们的竞争者都没有医治社会疾苦的灵丹妙药。在前者或后者的教条的影响下，所看到的不外是连绵不绝的诸如贫穷之类的可耻的灾难。①

---

　　① （第一卷）2

幸福经济学选读

> **只是在同政教没有任何关系、而单单同产业与家庭方面的措施有关的各种活动中寻求幸福**

我有意避免对有关王位及祭坛的问题进行任何研究，因为哲学家们自从建立他们的学说以来，一直不停地探讨这些问题，他们总是在宗教革新与行政革新这两方面寻求社会幸福。恰恰相反，我要努力做到的，只是在同政教没有任何关系、而单单同产业与家庭方面的措施有关的各种活动中寻求幸福。这些活动不违反任何政府制度，也不需要政府出面干预。①

> **智慧，功业以及其他的幻想都不能导致幸福，因为幸福首先在于拥有财富**

荣誉与学问，无疑地都是人人所追求的对象，但若没有财产相伴，就会美中不足。智慧和功业以及其他的幻想都不能导致幸福，因为幸福首先在于拥有财富。在文明制度下，学者们之所以往往遭受不幸，正是因为他们贫穷的缘故。他们只有在替代文明制度的协作制度下，才能享有财富。在新的社会制度下，任何学者和艺术家，只要具有真才实学，就会拥有大量财富。②

> **自从有了政治与道德科学的 25 个世纪以来，这些科学对人类的幸福毫无贡献**

自从有了政治与道德科学的 25 个世纪以来，这些科学对人类的幸福毫无贡献。随着经过革新的科学的日益完善，它们反而使人类变得格外狡黠，它们所做到的，只是使贫穷与欺诈持久化，并且使过去同样的一些灾害以各种形式重新出现。在经历了为改进社会秩序而进行的各种各样无效的尝试之后，哲学家们只是感到困惑和失望。公共幸福问题对它们来说是个不可克服的暗礁。只要看一看城市中充满赤贫的居民，难道这还不足以说明启蒙哲学的巨浪就是一股黑暗的洪流吗？

可是，大家都感到一种普遍的不安，这说明人类还没有到达大自然要引导他们去的目的地。这种不安似乎预示着即将发生某种可以改变人类命运的

---

① 5

② 14

・140・

重大事件。一切民族，由于受到不幸的煎熬，都如饥似渴地追求着能向他们预示一线幸福之光的政治的或宗教的理想。这些民族酷似一个指望得到妙手回春的治疗的垂危病人。大自然似乎向人类窃窃私语，说幸福在等待着他们而他们却不认识幸福之路。它又对他们说，一种奇妙的发现会把文明制度的黑暗一举驱散。

不论理性如何夸耀自己的进步，只要它不能向人类提供人人需求的社会财富，它就对幸福毫无贡献而言。所谓"社会财富"的意思，是指能使穷人不虞匮乏的那种不同程度的富裕，它至少能保证人类享有通常称为市民生活水平的那种极其平常的生活水平。人们说，财富对社会上的人来说，是仅次于健康的主要幸福源泉。如果说这句话确是言之有理，那么，没有能够给我们带来相对富裕或不同程度的福利的那个理性，就其夸夸其谈的理论来说，只不过是一番毫无目的的冗长的废话而已。我所宣告的发现，假使它只谈科学，永远只谈科学，而不给我们带来人人更需要的财富，那么，它就会同那些政治和道德的学说一样，只不过是理性的又一次出丑罢了。[①]

> 二者必居其一，要么大自然不愿意人们得到幸福，要么你们的方法受到大的摒弃，因为这种方法没能从大自然那里发掘出你们所追求的秘密

哲学家先生们，只有你们一天不能拔除社会不幸的老根（这里指的是同上帝意旨背道而驰的经济上的分散状态），那么，你们纵然为了追求幸福而著书立说，典册浩如烟海，也是枉费心机。你们埋怨大自然向你们关闭了洞察自然规律的大门，唉！既然直到今日你们还没有能够发现自然规律，那为什么还迟迟不承认自己在方法上有错误、不去寻找新的方法呢？二者必居其一，要么大自然不愿意人们得到幸福，要么你们的方法受到大的摒弃，因为这种方法没有能从大自然那里发掘出你们所追求的秘密。[②]

> 只要文明制度在延续，科学奇迹对于人类幸福总是害多于利

至于谈到协作制度的特征以及它带给我们的种种享受，我要再次说明，

[①]　16
[②]　17

应该要有分寸、有节制地向文明制度的人宣布这一切。由于受到生活在不幸之中的习惯以及哲学成见的束缚，文明制度的人总以为上帝注定他们要受苦受难，或者只能享有极其平凡的幸福，因此，他们不能突然适应幸福在等待着他们的这一想法；如果贸然地向他们展示不久即将享有的种种欢乐情景，他们在精神上是不能接受的。……只要文明制度在延续，科学奇迹对于人类幸福总是害多于利。因为虽然增加了享乐的资料但同时也加倍扩大了绝大多数无衣无食的人的贫困。科学奇迹只能给大人先生们增添很少的乐趣（这是由于他们的消遣单调无味的缘故），却日益刺激人们贪婪的欲望，越来越加深腐败堕落之风。①

> 是当我向全人类宣布他们即将享有无限幸福生活的时候将要碰到的第一道障碍，因为生活在公认为无法摆脱的社会穷困之中长达五千年之久，人们早已对这种幸福不抱任何希望了

当我指出，我的发现将使人类从蒙昧、野蛮、文明制度的混乱状态中解脱出来，保证人类享有的幸福比他们敢于想象的还要多，并向他们敞开宇宙之谜的大门（他们本以为永远被排斥在这座大门之外）；当我这样说的时候，绝大多数人一定会说我在卖狗皮膏药，而"明智之士"们则称我为幻想家，却还自以为是采取克制的态度呢！……

第一，普遍的厄运。如果一项发明向人们许诺幸福，而人们总是担心自己所盼望的是　件不能到手的财物，并且摒弃这样一种前景：它能唤起尚未完全熄灭的希望和因被过于美好的诺言而增加对现在贫困的感觉。因此，出乎意外地赢得财富或继承权的穷人，总是不相信第一个好消息，不欢迎第一个传递佳音的使者，并且指责他在挖苦穷小子。

以上所述，是当我向全人类宣布他们即将享有无限幸福生活的时候将要碰到的第一道障碍，因为生活在公认为无法摆脱的社会穷困之中长达五千年之久，人们早已对这种幸福不抱任何希望了。假使我宣布的是一种平常的福利，那就会比较容易被人接受。因此，我决心大大冲淡未来的幸福远景。当人们获悉幸福的全部内容时，就会感到奇怪：我竟然有这样的耐心迟迟不加宣布，竟然能够如此克制，而又用如此冷淡的语调来宣布这个使人人欢腾的事件！

---

① 19

　　第二，学究的傲慢。学究的傲慢是必须克服的第二道障碍。任何光辉灿烂的发明创造都会受到本来能够胜任这项工作的人的嫉妒。他们为一个无名小卒一举成名而感到愤慨。一个同时代的人竟然揭穿了人人能够在他之前能够揭穿的秘密，这是一件难以容忍的事。人们也不能容忍他一下子使已有的智慧之光黯然失色，并把最杰出的学者们远远抛在后边。这样的成功是对当今一代人的侮辱。人们忘记这一发现即将带来的幸福，而只想到它对未拥有这种发现的那个时代所引起的混乱，而且，每个人在进行推断这个辉煌的发明以前，人们总是嘲笑和迫害发明者。①

牛顿派只掌握了一个对幸福毫无裨益的片断

　　对天体理论的全部认识还只不过涉及宇宙运动规律的一个分支，还有别的分支需要解释，其中如社会运动或情欲运动。而人类的统一组织，人类的社会命运之发现，则有赖于社会运动或情欲运动。要发现这类运动，只有对运动的全部规律都加以研究才行，而牛顿派只掌握了一个对幸福毫无裨益的片断。②

头两篇论文不涉及这一方面，它们的目的只在铺路，以便使人类在精神上习惯于接受正在酝酿中的大量幸福

　　至于那些大公无私的人，他们只是极少数。他们的怀疑正中我的下怀，而且是我招致他们怀疑的，但请他们稍等片刻，请他们等到我研究进步谢利叶的机构时再下断语。头两篇论文不涉及这一方面，它们的目的只在铺路，以便使人类在精神上习惯于接受正在酝酿中的大量幸福。③

文明制度下的极少数的人享有幸福而使绝大多数人的负担特别加重

　　又如我说文明制度下的极少数的人享有幸福而使绝大多数人的负担特别加重，这是因为财富的宠儿经常是一些最不应该享有财富的人，那么，在这

---

① 20

② 22

③ 24

句话里，也有八分之一或九分之一的例外。因为八次中总有一次，人们会看到财富占有者对所占有的财富当之无愧的。这种公平的影子，只能用来证实在文明制度下命运一贯不公平而已。①

由于宗教的启发因而向往的永恒幸福，是同其他星球上的幸福分不开来的

这种对其他星球的命运的认识，并不像你们所想象的那样是同你们漠不相关的。通过社会运动的规律可以得到证明：你们的心灵将永远环绕这些星球旋转，你们由于宗教的启发因而向往的永恒幸福，是同其他星球上的幸福分不开来的。在这个我们共同居住的星球上度过八万年之后，你们的心灵所萦怀的东西在其他星球上还是实现的。

那么，你们将会认识在各个星球上占统治地位的社会机构及其居民可能由易到难的幸运的或不幸的变革。你们会知道，我们这个小小地球五六千年以来是处在某个世界所能由易到难的最不幸的地位。但是我的研究向你们展示别的星球上所享有的幸福，这就同时使你们有可能把同最幸运的星球上所享有的幸福十分类似的福利，引进到你们的星球上来。②

只有在知道非常的幸福正等待我们的时候，才能体会到我们现在所遭受的苦难是何等深重

如果想到我们已经饱尝辛酸，未来的事情似乎是无足轻重。但社会运动的理论会向你们证明：你们的灵魂会在未来的世纪里，以某种方式分享那时活着的人的命运；在七万年期间，你们将分享地球上正在酝酿着的幸福。正是从这个角度考虑，你们应该关心社会运动在地球上将在遭遇的种种变革的图景。……社会的历程——估计大约八万年之久——可以分为四个阶段，再细分为三十二个时期。……两个分散性阶段或社会失调阶段包括不幸时期在内。两个协调性阶段或社会统一阶段代表幸福时代，其时间的长度将超过不幸时期的六倍。由这张图表可以看出，正如个人的历程一样，在整个人类的历程中苦难时期在头尾。我们现在处在第一阶段，处在进入"命运"以前

---

① 26
② 30

的分散性上升时期，因此，自从有史可载的五六千年以来，我们都非常不幸。人类仅仅度过七千年左右，而在这个时期中，我们总是由苦难走向苦难。只有在知道非常的幸福正等待我们的时候，才能体会到我们现在所遭受的苦难是何等深重！而通过运动规律的发现，我们即将毫无迟延地进入这种非常幸福的境界。于是我们进入第二阶段，即协调的上升阶段。①

我们只须想到即将到来的幸福，亦即全球从来没有象现在这样迫切需要的幸福就行了

进步谢利叶之所以不能再组成，是由于其机构受到第十八个也是最后一个创造活动的阻挠、肢解因而归于消灭。这最后一个创造活动为害之大不亚于我们目前所看到的创造活动。……此外，正和六七岁的儿童不必为在八十岁左右时会患疾病感到不安一样，我们只须想到即将到来的幸福，亦即全球从来没有象现在这样迫切需要的幸福就行了。②

谢利叶的社会……其所以幸福，是因为这一类社会能够发展各种情欲

从上帝手中创造出来的最初的人是幸福的，因为他们能够组织一种谢利叶的社会，而所有这一类社会或多或少总是幸福的。其所以幸福，是因为这一类社会能够发展各种情欲。③

在原始谢利叶存在的整个时期，同蒙昧制度及宗法制度下的人的遭遇相比，人类享有幸福的命运

在原始谢利叶存在的整个时期，同蒙昧制度及宗法制度下的人的遭遇相比，人类享有幸福的命运。因此，在看到谢利叶制度解体时，他们陷入绝望之中。……在到达这一极端的地步以前，为了维护原始制度，人们曾采取过各种措施。但这些措施或多或少总是无济于事。当人们终于认识到不可能恢

---

① 32
② 35
③ 36

复这一美好的社会制度时，部族首领们也已发现缅怀过去的幸福会使人民产生疲塌不振和厌恶劳动的心情，于是竭力冲淡那对一去复返的幸福的回忆，因为追叙这种幸福，只能破坏接替原始制度的那个社会制度。……由此也产生了其他许多想入非非的故事，目的在于篡改部族首领们存心加以掩盖的那些真传说。所有这些故事就成为古代宗教的基础，其实是一个伟大真理的残骸。那不是在现有社会建立之前，曾经存在过一个更加幸福的秩序，这个回忆仍然依稀地保存在曾享受过这种秩序的快乐的东方人民心中。[①]

在谢利叶社会里，公众幸福同个人情欲相符合

在后四个时期，公众的福利同个人的情欲互相对立，以致政府在为谋求公众福利而有所作为时，就不得不使用压力，而这种情况在谢利叶社会里是不会发生的。因为在谢利叶社会里，公众幸福同个人情欲相符合，行政机关只限于把公众所同意的措施，如赋税、徭役等，通知公民就行了。一切都是按照谢利叶指定的日期，以简单通知书的方式来缴纳和履行的。……第七社会强有力地吸引着所有富有阶级与中产阶级，尽管它仅仅不过朝着只有在第八社会才开始享有的真正幸福的方向开始前进。可是第七社会和文明制度相比，已经是够幸运的了。如果这个社会突然组成的话，很多体弱善感的人猝然看到这样多没有享受过而本该早就享受到的幸福来临时，就会感悔交集，支持不住。[②]

如果没有谢利叶主义的干预，奢侈欲和小组欲之间便会经常失调。三者之间的协调就会产生幸福，并保证统一欲（即种种情欲的干和根）的高涨

我们的任务，用最简单的话来说，就是确立谢利叶主义或第三种首要情欲的作用。这个任务使其他两种情欲，即奢侈欲和小组欲保持平衡。如果没有谢利叶主义的干预，两者之间便会经常失调。三者之间的协调就会产生幸福，并保证统一欲（即种种情欲的干和根）的高涨。这种发扬会产生各个

---

① 39

② 45

级别的全部分枝。①

> 在新社会制度下，最贫穷的人，不论男女，都会比现时最伟大的国王还要幸福，因为真正的幸福仅仅在于能满足自己的一切欲望

虽然第十、第十一、第十二、第十三种情欲全部受到文明制度习惯的压抑，可是它的萌芽还是存在我们的心灵之中。这个萌芽存在每个人身上，按照它活动的强度，纠缠我们，压迫我们。因此，大多数人都在烦恼中度日，即使他们占有能够满足情欲的全部财富也是枉然。……从此，他就难以享受幸福，尤其因为位及至尊，就不会再有什么值得垂涎的东西能够为他解闷，或者为他驱散那纠缠不休的第十三种情欲。

文明社会中大人先生们也普遍遇到同样的不幸。他们的心灵深深地受到无从发展的四种情欲的干扰。毫无奇怪，人们常常看到村夫俗子对平庸的幸福比大人先生们对其豪华的享受更容易得到满足。经常受到赞扬的荣誉，例如王位、统治权等，不论哲学家们怎样说法，无疑是真实的幸福。但是这些荣誉的共同特性是唤起而不是满足四个受到压抑的情欲。由此可知，中产阶级以较少的财富可以获得更大的满足，因为它的市民习惯仅仅唤起在文明制度下允许发展的九种首要欲望，相反，它不让三种分配性情欲，也不让和谐情欲有任何发展的机会。……总之，人类之所以只有在小组谢利叶或协调制度下才能有完美的幸福，那是因为小组谢利叶能保证十二种根本情欲的充分发展，因而也保证了作为七个主要情欲的组成部分的第十三种情欲得到充分发展。因此可以得出结论：在新社会制度下，最贫穷的人，不论男女，都会比现时最伟大的国王还要幸福，因为真正的幸福仅仅在于能满足自己的一切欲望。②

> 通过这种深谋远虑，上帝为你们在协调制度下铺平无限幸福的道路

当你们通过引力论，认识到文明制度的功能在于向相反的方面发展十二种根本情欲，并且不断产生不义与恶行，而按照正确方向的协调发展的方式，这十二种情欲就会产生同样多的正义与善举。当你们认识到这一切的时

---

① 62
② 65

幸福经济学选读

候，你们就会看出，这些暂时的混乱是最高智慧的安排。你们将会赞叹上帝经常不断地用这些灾难来折磨你们。只要你们现在或未来执迷不悟地生活在经济分散的状态下，那么上帝就总是用这些灾难来折磨你们。你们将会认识到，这些所谓情欲游戏的怪事，是建立在深谋远虑的基础上的。通过这种深谋远虑，上帝为你们在协调制度下铺平无限幸福的道路。你们将会懂得，被哲学家们指责为邪恶和腐败的情欲引力，是在上帝的所有造物之中最明智、最值得赞美的一部分。因为情欲引力无须采取强制的手段，而且除了以快乐作为诱饵以外，并不需要任何的支持，单靠情欲引力，就可以建立地球上的普遍的统一，并且在我们即将进入整个七万年存在社会协调制度的期间，消灭战争、革命、贫困和不义。①

真正的幸福在于享有巨大的财富以及无限的乐趣

那时，我们关于幸福、智慧、美德和博爱的无益的学术争论将告结束。那时，将会证明，真正的幸福在于享有巨大的财富以及无限的乐趣。而这正是我们的哲学家所否认的真理，因为他们的科学并不能把这种幸福给予任何人，甚至也不能给予骄奢淫逸的人。……因此，巴黎的骄奢淫逸之徒的生活是非常低贱的，是疲疲塌塌的。在协作制度下最没有钱、最不走运的人也将比巴黎的骄奢淫逸之徒更幸福，因为他们将能够痛痛快快地满足自己的十二种情欲，而这十二种情欲互相配合的发展乃是完美的幸福的唯一保证。②

如果贫民、工人阶级在协作制度下不能过幸福的生活，他们就要用恶意、盗窃、叛乱等方法来扰乱这种制度

如果贫民、工人阶级在协作制度下不能过幸福的生活，他们就要用恶意、盗窃、叛乱等方法来扰乱这种制度。这种制度就达不到目的。因为这种制度的目的在于既要使属于情欲的东西协作化，也要使属于物质的东西协作化，要使多种情欲、性格、嗜好、本能和不平等协调一致。③

---

① 67
② 80
③ 86

《傅立叶选集》（1803～1830）

> 人类的命运是：要么在上帝恩赐的协作制度下享受无限的幸福，要么就在人为的法律的支配下，在分散的、欺骗的经营制度下遭受无穷的苦难

大家谈到关于划分为情欲谢利叶的协作结构的那篇论文时，就会确信这一点。那时候，每个人都将高呼：这就是我所希望的东西。对我说来，这将是最大的幸福。……因此，我们的希望太小了，——这就是引力计算将要向我们证明的。上帝为我们准备的幸福大大超过我们平凡的企求。让我们要求那能够给予人们很多东西的上帝多多给予吧！只希望从他那里得到平常财富和平常愉快，这是对他的慷慨大方的一种侮辱。人类的命运是：要么在上帝恩赐的协作制度下享受无限的幸福，要么就在人为的法律的支配下，在分散的、欺骗的经营制度下遭受无穷的苦难。这种经营制度与协作制度比较起来，还不能够提供实际收入的四分之一和享乐的四十分之一。[①]

> 文明制度的工业只能创造幸福的因素，而不能创造幸福

证明了文明制度的人民遭受厄运的必然性之后，让我们再注意这一点：工业的发展使富人的幸福增加得很少，或者完全没有增加。现在巴黎的资产阶级拥有比十七世纪的高官显贵更漂亮的家具，更美丽的小玩物，这增加了什么幸福呢？难道那披着开士米羊毛披巾的太太比谢温叶和尼侬这类人更幸福吗？现在我们看到巴黎的小资产者桌上摆着镀金瓷器，难道他们比路易十四的大臣，如考尔贝、卢甫瓦等有陶瓷器皿的人更幸福吗？……

总之，我重复一遍，文明制度的工业只能创造幸福的因素，而不能创造幸福。相反，事实将会证明，如果不能发现循着社会发展阶梯真正前进的办法，则工业的过分发展会给文明制度带来极大的不幸。我曾经说过，我们的政治家，一方面夸耀飞速的进步，另一方面却象虾类那样爬行前进。对两个派别——自由主义者和工业主义者、蒙昧主义者和专制主义者所促成的这种倒退运动进行分析，将是一个很耐人寻味的题目。[②]

> 社会保障时如果文明制度能够从它的第三阶段，即现在它所处的阶

[①]　108

[②]　124

段，进入还未诞生的第四个阶段，那么，这会是一种极端有利的转变。因为我们便会接近下一个时期，社会保障时期，即同文明制度连接的最高阶段。保障乃是一切哲学家所幻想的幸福。可是，他们在任何方面都无法达到这种幸福。为了获得保障，必须越出文明时期，上升到下一个阶段。我们的科学不能使我们这样从一个时期进入另一个时期，甚至无法使我们循着文明制度发展的道路前进，也就是说无法使我们至少从第三阶段进入第四阶段。① 这个理论将使人获得财富和幸福，而且这种幸福并不是仅仅由于财富就能够得到的。这种幸福在于情欲的全面发展

我转而谈到这个理论时，只有向读者讲这个理论会使我们达到的目标，这样才能更好地引起读者们的注意！这个理论将使人获得财富和幸福，而且这种幸福并不是仅仅由于财富就能够得到的。这种幸福在于情欲的全面发展。这是一种文明制度最富有的人还远远不能得到的幸福。人们将会深信，文明制度下最幸福的人，像有权有势的年轻、漂亮而又强壮的君主这样的人，都无法获得协作制度下同样年龄和同样健康的人们中最贫苦的人所享受得到的那种幸福。在这里，所有关于真正幸福的哲学的学术争论都会宣告结束。必须承认，这种幸福不是为文明制度创造的，即使最受人夸耀的骄奢淫逸之徒距离这种幸福仍然是十万八千里。②

　　　　每个人都这样倾向于建立情欲的外部结构，并且还使自己相信自己是在为屈从于他的任性的人创造幸福

每个人都希望群众的情欲同自己的情欲协调起来。每个人都这样倾向于建立情欲的外部结构，并且还使自己相信自己是在为屈从于他的任性的人创造幸福。同样，每个人也希望有种内部结构来使他的情欲达到本身的和谐。由此可见，引力的第三个目的是情欲的内部结构和外部结构。③

　　　　给予巴黎的骄奢淫逸之徒的幸福的一部分是建筑在轻浮情欲的充分发扬之上的。这部分幸福就是：生活过得很轻松愉快的艺术、娱乐的多

---

① 125
② 136
③ 140

样性和连贯性，以及变化迅速

给予巴黎的骄奢淫逸之徒的幸福的一部分是建筑在轻浮情欲的充分发扬之上的。这部分幸福就是：生活过得很轻松愉快的艺术、娱乐的多样性和连贯性，以及变化迅速。这种幸福一般巴黎人离它十万八千里（和谐制度的人过的日子与文明制度的人所仅能希冀的最幸福的日子的对比，文明制度的人要想在一辈子中那怕过一天和谐制度的人中最不富裕者每天所过的那种幸福生活都不可能）。①

坏人得到的是加倍的幸福，好人得到的是加倍的不幸

在协作制度下会获得财富和荣誉的正直人，在哲学制度即文明制度下，只会得到贫困和诽谤。这是一种现在令人愤慨的结果。可是当人们理解了社会运动的规律时，却会发现这种结果倒是非常合理的。因为既然上帝给予我们意志自由，给予我们在它的规律和哲学家的规律之间进行选择的自由，我们就只能期待从人为的规律中得到与从上帝的规律中得到的结果相反的结果——坏人得到的是加倍的幸福，好人得到的是加倍的不幸。这就是文明制度或者哲学家的制度的始终不变的效果。②

哲学家们一方面具有这种特点，但又忽略了为一切人谋幸福的引力研究计算，这是否应该使人感到惊奇呢

试验性法郎吉，即使是小规模的，也必须向它提供招募来帮助工作的一百年雇佣工人的福利。通过各种多样化的活动和其他办法把他们提高到协作制度的半幸福地位，保证他们加入即将建立的第一批法郎吉，或者加入他们原来的法郎吉，如果这个法郎吉只不过规模缩小，但能够从九百人扩充到一千八百人的话。必须使这个团体中的任何人，甚至家畜都是幸福的。他们的福利是协作和谐制度的一个重要部分，是它的财富源泉之一。如果这个制度陷入柏拉图式的利己主义，就会使自己变穷，把自己的机构搞糟。因为柏拉图不是在寻求摆脱人类苦难的手段，而是感激上帝使他逃避了一般的不幸；

---

① 160

② 184

幸福经济学选读

感激上帝使他身为男子，而不是生为女人；生为希腊人，而不是生为野蛮人；生为自由人，而不是生为奴隶。我以后还要再谈柏拉图及其喽啰们的这种利己主义。哲学家们一方面具有这种特点，但又忽略了为一切人谋幸福的引力研究计算，这是否应该使人感到惊奇呢？①

> 道德和引力是两种水火不相容的东西：一个希望靠扼杀情欲来表现出社会的一致，而另一个则靠发展情欲来达到这一点

文明制度机构的这一根本缺点，人们把协作的理论全部读完后，会更加感觉得出来。这里顺便提出这一点是适当的，即道德所运用的方法总是与自然界意向背道而驰。这是在关于情欲引力的论文中必须加以证明的主要论点，因为道德和引力是两种水火不相容的东西：一个希望靠扼杀情欲来表现出社会的一致；另一个则靠发展情欲来达到这一点。②

> 继承者考察了有益的和愉快的两个部门。其中一个导向社会的幸福，而社会的幸福，就另一种意义来说，当然比科学本身更宝贵

虽然如此，他们的科学由于具有数学的准确性，仍然是很卓越的。不过，这门科学只是一种限于说明后果，不能说明原因的萌芽而已。当发现这个因果关系的理论的时候，就应该或者谴责牛顿，因为他只不过开始研究引力，或者庇护比他更值得支持的继承者，因为这个继承者考察了有益的和愉快的两个部门。其中一个导向社会的幸福，而社会的幸福，就另一种意义来说，当然比科学本身更宝贵。③

> 现在被剥夺了生活必需品的大众的处境，还不如那幸福地生活在自由的、无忧无虑的状态中的野兽

我们今天的律法师们还是耶稣时代的那种样子。牛顿向他们提供了引力科学的钥匙，他们把它夺去了，但自己却没有本领深入到里边去，比牛顿更

---

① 206

② 244

③ 265

向前迈进一步；没有本领来研究这种几何学所不曾考察过的部门。他们现在却希望窃取这些部门的知识，并且对那些给世界带来了使牛顿的计算学得以继续发展的理论的人，带来了情欲引力的协作统一理论的人，带来了这种如果没有它，则所有其他科学便只不过是理性的耻辱的科学的发现者，竟公然加以诽谤。现在被剥夺了生活必需品的大众的处境，还不如那幸福地生活在自由的、无忧无虑的状态中的野兽。只要这种现象存在，这些科学的成就对我们又有什么用处呢？[1]

为了使富人幸福，就必须让穷人们享受各种不同程度的幸福

富有阶级首先就会对文明制度政治的下列基本论点表示愤慨：为了几个富人，就必须有许多穷人。这个论点很快就会被下面的这一论点所代替：为了使富人幸福，就必须让穷人们享受各种不同程度的幸福。[2]

他们用来哄骗我们的道德幸福或政治幸福的前景，也永远只能是简单的和欺骗性的幸福

我们要对哲学学科的基本错误——简单化——提出批评。这些哲学科学总是用简单的方式去考察人类的本性和命运；他们固执地掩盖社会的不幸，把它只是看作一种灾难或简单的贫困，其实这种贫困通常是双倍的、四倍的、十倍的。至于他们用来哄骗我们的道德幸福或政治幸福的前景，也永远只能是简单的和欺骗性的幸福，如爱美德的幸福只是为了美德本身，而没有任何与实践这种美德相联系的收入、光荣和崇敬。这样一种卑劣行为是与人格格不入的。人的命运，无论幸与不幸，本质上都是复杂的。[3]

欧文派在大谈人类的幸福时，回避人口平衡的问题

诡辩家们回答说，地球并未住满人，而且也不会这么快就住满人。这是

---

① 271

② 傅立叶选集（第二卷）. 赵俊欣，吴模信，徐知勉，汪文漪译. 北京：商务印书馆，1981，136.

③ 145

欧文派的一种诡辩。欧文派在大谈人类的幸福时，回避人口平衡的问题，并且说，至少需要三百年，全球才会有人满之患。他们搞错了，其实只需要一百五十年。不管怎样，要把问题的解决推迟到三百年，而且并没有保证到那时会提供什么解决办法，这就是逃避问题。况且，纵然整个地球住满人需要三百年的时间，而关于幸福或所谓的幸福的理论总还有一种残缺不全的理论。因为三百年之后，由于社会政治的缺点和人口过剩，这种幸福或所谓的幸福也就化为乌有了。①

我只看见过文明制度的一位作家稍微接近关于真正幸福的定义

我只看见过文明制度的一位作家稍微接近关于真正幸福的定义。此人就是要求真实而不要幻想的边沁。其他所有的人距离目标十万八千里，以致都不值得批判。在罗马，在发禄时代曾有过二百七十八种关于真正幸福的互相矛盾的见解；在巴黎还会发现更多的这一类互相矛盾的见解，特别是从我们的论战家们遵循两条截然相反的途径的时候起，情况就更是如此。一些人鼓吹轻视财富，而喜爱住在茅屋所体验到的那种快乐；另一些人则鼓励毫无节制的贪财欲望。道德家们主张维护庄严的真理；经济学家们则主张维护商业和诺言。②

只有建立介乎文明制度和保障制度的中间制度时，人们才会走上幸福的道路

只有建立介乎文明制度和保障制度的中间制度时，人们才会走上幸福的道路。这是一种应该与自由主义、与停滞精神相对立的行动。因为自由主义即停滞精神，是丝毫不能前进的。③

在近代人中间，如同在古代人中间一样，政治学从来没有为人民的幸福发明过任何东西

---

① 209

② 225

③ 245

未来的后代人不能不感到惊奇的是，在科学和艺术方面已达到顶峰的这个十八世纪，在完全次要的科学方面，即政治方面，却仍然是个侏儒。在近代人中间，如同在古代人中间一样，政治学从来没有为人民的幸福发明过任何东西。①

　　当人们以个人的不幸来谴责它时，它总是拿共同幸福的远景来掩饰，并且依据这个理由来宽恕它对个人的压制

如果政治学不能关怀被社会契约所扰乱了的个人安宁，他还关怀到国家的繁荣吗？现在我们仅就这点来对它提出责难：当人们以个人的不幸来谴责它时，它总是拿共同幸福的远景来掩饰，并且依据这个理由来宽恕它对个人的压制。但是，在其抽象议论为个人带来牺牲时，它是否会保证大众的幸福，是否会保障国家免于发生革命呢？不会，当然不会。革命会接踵而来，愈来愈高涨，也会愈来愈看得清楚：革命是如何在远处酝酿着，在缺少任何可以逃避革命的办法的情况下，革命的不可避免性证明了政治学丝毫也不了解制度所能够遭遇到的改革。②

　　发现新的社会制度，保证参加生产者中的不甚富裕的人以充分的幸福

把社会制度的全部期望归结为唯一的一个任务：发现新的社会制度，保证参加生产者中的不甚富裕的人以充分的幸福，使他们永远地、热烈地喜爱自己的劳动，而放弃他们在文明制度下所全力以赴的掠劫行为和无为的状态。③

　　在管理制度中去探寻幸福的根源，而不是在生活制度的变化中去追寻幸福

在管理制度中去探寻幸福的根源，而不是在生活制度的变化中去追寻幸

---

① （第三卷）133

② 137

③ 205

幸福经济学选读

福——这是哲学的第二个缺点。①

> 每个人的幸福在于满足他的情欲，使它得到完全的发展

在傅立叶看来，上帝是通过吸引而不是通过强制来管理世界的：享乐乃是上帝的打算中的一种十分重要的因素。每个人的幸福在于满足他的情欲，使它得到完全的发展。为了得到普遍的幸福，必须找到满足一切人的情欲的手段。②

> 和谐欲是人使自己的幸福与整个周围世界、整个人类的幸福一致的愿望

人的情欲的完全发展会造成第十三种情欲——和谐欲或统一欲。和谐欲是人使自己的幸福与整个周围世界、整个人类的幸福一致的愿望。"这是普遍的互利的好意，它只是在全人类都富足、自由和公正的时候才能发展"。正如白色的花朵是由许多花朵组成的，和谐欲也是各种情欲的结合。③

---

① 206
② 332
③ 333

《欧文选集》（1812～1820）

罗伯特·欧文（1771～1858），英国人；1824年，以其全部财产在美国印第安纳州买下1214公顷土地，建立"新和谐村"，进行共产主义"劳动公社"的实验；主要论著有《新社会观》《新道德世界书》《论工业制度的影响》《关于新拉纳克工厂的报告》《致工业和劳动贫民救济协会委员会报告》等；1820年的《致拉纳克郡报告》标志着他的空想社会主义思想体系的形成。欧文认为，人类的幸福只有在身体健康和精神安宁的基础上，才能建立起来；人类一切努力的目的在于获得幸福。

欧文选集（三卷本）. 柯象峰，何光来，秦果显译. 北京：商务印书馆，1984.

好好地留心培养这些完全由各位掌握的人的性格并增进其享受的做法，非但不会造成任何金钱损失，反而会真正增进各位的利益、繁荣和幸福。

如果各位的金钱利益由于采用本书所提出的管理方针而有一些损失的话，那么各位之中有许多人都是非常富有的，在自己的企业里花费一点钱，设立和维持改善活机器所必需的设施，这也算不了一回事。但是只要各位亲眼见到，好好地留心培养这些完全由各位掌握的人的性格并增进其享受的做法，非但不会造成任何金钱损失，反而会真正增进各位的利益、繁荣和幸福，那么，除掉由于各位不明白自身利益所在而产生的理由之外，将来就没有任何理由能阻止各位把注意力首先放在自己所雇用的活机器上。各位这样做，将防止人类苦难的加深，而这种苦难目前已是难以充分想象的了。[①]

个人幸福只能按照个人为增进并扩大周围一切人的幸福所做的积极努力的程度而增进并扩大

对于可怜的、遭到诋毁和屈辱的人性来说，幸运的是，我们现在所主张

---

① （第一卷）8

的原理可以把历代的愚昧一直裹在它身上的一切荒谬可笑的神秘东西迅速地剥除干净。同时，已经增加到几乎无限多的各种错综复杂而互相抵制的善良行为的动机将归结为一条唯一的行为原则；这一原则由于其明显的作用和充足的力量，将使这种错综复杂的体系成为不必要的东西，最后将在世界各地取而代之。这一原则就是世人明确地理解了的并在实践中一贯体验了的个人幸福，只有通过必然促进社会幸福的行为才能得到。

这是因为支配宇宙并充沛在宇宙间的那种力量所塑造的人类显然是定要从愚昧逐步走向智慧的，而智慧的限度则不是人类本身所能规定的；同时，在走向智慧的进程中，人类还要发现，个人幸福只能按照个人为增进并扩大周围一切人的幸福所做的积极努力的程度而增进并扩大。这一原则是无从排斥也无可限制的；公众的心情看来也很明显，他们想要马上掌握这一原则，把它当作自己从来没有能够得到的最宝贵的东西。一切违背这个原则的动机都会将其错误的本来面目暴露无遗，造成这些动机的愚昧无知也将十分显眼，以至于最无教养的人也会很快地加以摈弃。①

> 消除这种无知状况之后，我们马上就会从经验中学习怎样培养个人的性格和一般的性格，使个人和全体人类得到最大的幸福

这是因为现在大家都很清楚，这种制度使被排斥者看到别人正在享受他们自己享受不到的东西，因此这种制度必然破坏被排斥者的幸福；同时大家也很清楚，这种制度使得完全有理由感到自己受了伤害的被排斥者产生对抗情绪，排斥愈厉害，对抗愈强烈，因此，这种制度也会减少甚至享有特权者的幸福：前一种人便没有任何合理的动机要让这种制度继续存在下去。……

特权阶级的真正明智的做法是和那些丝毫不想触动特权阶级现有的、为世人所重的利益的人真心诚意地合作；后者一心希望的是增进自己阶级的幸福，同时也增进整个社会的普遍幸福。享有特权者只要稍微思考一下，就一定会采取这种方针；这样一来，毋需国内革命——毋需战争或流血——甚至毋需过早地扰乱任何现在事物，世界就可以准备接受唯一能建立幸福制度的、消灭急躁情绪的原理——长期以来社会为急躁情绪所苦，原因仅仅是社会至今还不知道有什么正确的方法可以形成最有用和最可贵的性格。

消除这种无知状况之后，我们马上就会从经验中学习怎样培养个人的性

---

① 16

格和一般的性格，使个人和全体人类得到最大的幸福。①

人的幸福只有在身体健康和精神安宁的基础上才能建立起来

必须拟定这些计划，使儿童从最小的时候就养成各种良好习惯（它们当然会防止他们养成说谎和骗人的习惯）。往后儿童必须受到合理的教育，他们的劳动必须用在有益于社会的方面，这种习惯和教育将使他们深深地怀有积极热忱的愿望，要促进每一个人的幸福，不因教派、党派、国家或风土气候而有丝毫例外。这些原理还将极少例外地保证每一个人身强力壮、生气勃勃，因为人的幸福只有在身体健康和精神安宁的基础上才能建立起来。

为了使每一个人在青年、成年以至老年时期始终保持健康的身体和安宁的精神，这就同样有必要对一些压制不住的癖性加以指导，使之增进而不是抵消人的幸福；这些癖性是人性的一部分，它们制造出无数的、不断增加的、折磨着人类的祸害。

然而上面介绍的知识将使人们清楚地看出：包围着人类的苦难绝大部分是能很容易地加以清除的，而且人类也能像数学一样准确地得到必然会逐步增进其幸福的环境。②

由于具有这种品格而必然会体验到的快乐，将同样鼓舞他作出最积极的努力来消除任何一部分人所遇到的包藏着苦难因素的客观环境，并代之以能增进其幸福的环境

一个人在其品质形成时期是处于被动的地位，无法防止其品质的形成的，因此对于一个人的品质感到愤怒是不合理的。这就是这些原理在每一个受到上述教育的儿童的心中所留下的印象；这样一个儿童感到某些人具有破坏他们自己的享受、欢乐或幸福的习惯或情感时，这些原理不会使他对那些人感到恼怒或不快，而会表示同情和怜悯；这些原理还会使他产生一种愿望，想要消除那些不幸的原因，从而使自己的同情和怜悯也得到宽解。由于具有这种品格而必然会体验到的快乐，将同样鼓舞他作出最积极的努力来消

---

① 18
② 19

幸福经济学选读

除任何一部分人所遇到的包藏着苦难因素的客观环境，并代之以能增进其幸福的环境。那时他也会热烈地希望"为所有的人谋福利"，甚至要为那些自认为是他的仇敌的人谋福利。

这样，人类就可以很快地、直接地、肯定地学到以往一切道德与宗教教育的真谛，并达到它们的最终目的。①

> 人的幸福主要地（如果不是全部地）取决于自己的以及周围旁人的情感与习惯；同时人们可以使所有的幼儿养成任何一种情感和习惯。因此，最重要的是，使他们养成只能增进其幸福的情感与习惯

人的幸福主要地（如果不是全部地）取决于自己的以及周围旁人的情感与习惯；同时人们可以使所有的幼儿养成任何一种情感和习惯。因此，最重要的是，使他们养成只能增进其幸福的情感与习惯。所以每一个儿童进入游戏场的时候，都要用他们所听得懂的话告诉他们说："绝不要伤害跟你一块儿玩的小朋友，相反地，要尽力使他们快乐。"只要人们不把相反的原则强加于幼弱的心灵，这条简单的格言（如果它的全部意义都为人所理解）加上早年实行这一格言所养成的习惯，就可以彻底清除迄今使世界陷于愚昧与苦难之中的一切错误。同时，这样一条简单的格言既容易教，又容易学，因为管理员的主要任务就是防止任何背离这条格言的行为。年纪较大的儿童认识到了根据这一原则行动所获得的无穷好处之后，就可以通过自己的榜样很快地驱使新来的小孩遵守这一原则：于是一群一群的儿童由于行为合理而得到的幸福将保证大家都能迅速地、自愿地接受这个原则。他们在这样幼小的时候不断地根据原则行动，养成了习惯，从而使这条原则牢牢地巩固下来；他们将感到它是自己所熟悉的、容易实行的原则，用常用的字眼来说，便是一条自然的原则。②

> 现世生活中压倒一切的、要求幸福的原则将驱使他们把这个道理始终不渝地贯彻到行动中去

一旦孩子们有条件接受这种教育，老师就应该抓住一切机会使孩子们深

---

① 22

② 42

深地认识到个人的利益与幸福同所有其他人的利益与幸福之间显然存在不可分割的关系。这应当是一切教导的全部要义；学生们也会逐步地理解透彻，以致深信其中的真理就像熟习数学的人深信欧几里德的证明一样。孩子们领悟了这人真理以后，现世生活中压倒一切的、要求幸福的原则将驱使他们把这个道理始终不渝地贯彻到行动中去。……因此，十分重要的是，人的头脑从出生时起所应当接受的观念只能是彼此一致的、和世间已知事实相符合因而是合乎真理的观念。然而现在的情形是：从呱呱坠地之日起，儿童就被灌输了一套关于自己和整个人类的错误观念；人们非但不引导儿童走上通往健康与幸福的康庄大道，反而费尽心机驱使他们往相反的方向走；那样，他们只能得到矛盾和错误的东西。①

> 为了你们自己未来的幸福请相信我：我们如果正确地观察周围的事实，就可以看清（甚至可以得到确证），所有这一类的教义必然都是错误的

受骗的同胞们，为了你们自己未来的幸福请相信我：我们如果正确地观察周围的事实，就可以看清（甚至可以得到确证），所有这一类的教义必然都是错误的。因为人的意志绝不能控制自己的看法。他在过去、现在和将来都必然会相信前辈或周围的环境曾经、正在或将要留在他心里的东西。这样说来，如果认为从开天辟地直到现在的任何人应当由于早年教育所造成的偏见而受到荣辱赏罚，那便是地地道道的不合理的看法了。②

> 人生来就具有谋求幸福的欲望，这种欲望是他一切行为的基本原因，是终身都有的；用一般人的话来说，这便是人的利己心

人生来就具有谋求幸福的欲望，这种欲望是他一切行为的基本原因，是终身都有的；用一般人的话来说，这便是人的利己心。

同时，人也生来就具有动物性倾向的幼芽，也就是具有维持生命、享受生活和繁殖生命的欲望。这些欲望在成长和发展的时候，就被称为人的自然倾向。

---

① 52
② 56

幸福经济学选读

人还生来就具有官能，它们在成长的过程中接受、传达和比较各种观念，而且使人意识到他在接受和比较各种观念。像这样被人接受、传达、比较和理解的观念构成了人的知识或智慧；随着个人的成长，这种知识或智慧也就增加和成熟起来。

人的享受幸福的欲望、自然倾向的幼芽以及获得知识的官能，都是在母胎中形成的，他自己是不知道的。不论完善与否，这一切都是造物主直接创造的，无论幼儿还是日后的成人都无法加以控制。①

> 如果人所接受的知识达到了最大限度，而且是真实无误的，那么就可以，而且将要享受他的天性所能享受的一切幸福

人所经历的苦难和他所享受的幸福取决于他所接受的是哪一类知识，接受的程度如何，同时也决定于他周围的人所具有的知识。

如果他所接受的知识是真实无误的，那么纵使知识有限，只要他生活所在的社会具有同一类和同一程度的知识，他就会享受和他的知识程度相当的幸福。反过来说，如果他所接受的观念是错误的，他生活所在的社会也具有同样错误的观念，他就会遭受和他的错误观念程度相当的苦难。

如果人所接受的知识达到了最大限度，而且是真实无误的，那么就可以，而且将要享受他的天性所能享受的一切幸福。②

> 人的享受幸福的欲望，也就是人的利己心愈是受到正确的知识的指导，人的高尚的和造福他人的行为也就愈多

人的享受幸福的欲望，也就是人的利己心愈是受到正确的知识的指导，人的高尚的和造福他人的行为也就愈多；这种欲望受错误概念的影响愈大，或正确的知识愈是缺乏，犯罪的行为就愈多，因之也就产生无穷无尽的各种苦难。这样说来，我们现在就应该采取一切合乎理性的方法来识别谬误并增加人们的正确知识。

把这些真理弄明白以后，每一个人必然会在自己的行动范围内努力促进

---

① 58
② 59

其他一切人的幸福，因为他必然会明确无疑地理解到这种行为是自己利益的真正所在，也就是自己幸福的真正因素。

这样我们就有了一个牢固的基础来建立纯正无邪和不可或缺的宗教，也就是没有任何起着反面作用的流弊的、唯一能给人类带来和平与幸福的宗教。①

政治的目的是使治人者和治于人者都幸福

政治的目的是使治人者和治于人者都幸福。

因此，能够在实际上为最大多数的治人者和治于人者创造最大的幸福的政治，便是最好的政治。②

任何社会的成员所遭遇的苦难或幸福的性质和程度，取决于该社会各成员所形成的性格

我们不防考察一下远古时代的成就，探索这些成就自古到今的发展，看看其中除开实际增进世人幸福的东西以外，还有什么真正有价值的东西。

以往写成的汗牛充栋的书籍以及目前仍然逐日印出来的无数书籍尽管炫示了那么多的学问，然而关于人类走向幸福的第一步的知识大众还是一无所知，或者是根本不加考虑。

我们所指的关系重大的知识是："年老的一代可以把年轻的一代培养成愚昧和不幸的人，也可以把他们培养成聪明和幸福的人。"我们如果加以考察的话，就会看出这项知识是经验所发现和证实的、简单而又伟大的宇宙规律之一。它一旦为人们所熟悉，就再也没有否认或争论的余地。首先从理论上掌握这项知识并在实践中加以采用的政府，便是最幸运的政府。③

任何社会的成员所遭遇的苦难或幸福的性质和程度，取决于该社会各成员所形成的性格。这样说来，培养各个国民的性格便是每一个国家的最高利益所在，因之也就是它的首要任务。如果任何一种性格，从最愚昧、最可悲的到最合乎理性、最幸福的性格都可以形成，那么采取能形成后一种性格并

---

① 61

② 67

③ 68

防止前一种性格的办法，便值得每一个国家最郑重地加以采纳。

从这里可以得出结论说，每一个要求治国有方的国家应该把主要注意力放在培养性格方面。因此，治理得最好的国家必然具有最优良的国家教育制度。……必须事先指出的是：为了形成一个教育良好、团结一致和生活幸福的民族，这种国家制度在联合王国境内就必须是全国一致通行的；它必须以和平和理智的精神为基础。此外，我们也绝不能有排斥帝国境内任何一个儿童的思想，理由是不言而喻的。……但是国家教育的要义是使青年一代养成有助于个人与国家的未来幸福的观念与习惯；要做到这一点，唯一的办法是把他们教导成为有理性的人。①

　　　　这种兼容并包的贫民教育制度……它将巩固地建立起理性和幸福的统治

这几篇论文所主张的原理绝不容许我们对任何一类人使用任何欺骗办法；这些原理只许我们在实践中采取无限诚恳和坦率的办法。这些原理不会造成任何不符合人类幸福的情感；它们所传授的知识会使人们看清楚，唯有把大人强制小孩接受的教育中一切虚伪和欺诈的成分铲除无遗之后才能获得人类的幸福。

因此，让我们根据这一精神向国教会公开宣言，全国性兼容并包的贫民教育计划将毋庸置疑地肃清各种体系中所存在的一切谬见。在这一计划完全奠定之后，任何违反事实的信条都不能长久维持下去。

这种兼容并包的贫民教育制度已经推行，而且已经在支持者的心中生了根，甚至连计划的草议人也无法再加以控制了。它将很快地得到显著的改进，以致迅速地加快步伐后，它将巩固地建立起理性和幸福的统治。②

　　　　世界上土壤肥沃的地区的任何居民都可以经过教育而过富裕幸福的生活，不受邪恶和苦难的挫折

在明智而正当的法律和培育下，所有的人都很容易获得一种知识和习

---

① 79～81

② 86

惯，从而能够（只要他们得到许可）生产出远远超过生活与享受所需的产品。所以世界上土壤肥沃的地区的任何居民都可以经过教育而过富裕幸福的生活，不受邪恶和苦难的挫折。①

根据我们所主张的原理建立起来的政府制度下，全人类都可以继续过着富裕幸福的生活，没有任何苦难或邪恶的行为来阻碍我们享受这种生活。

所以我们可以有把握地说，世界人口还可以听其自然地增长好几千年，而在那种根据我们所主张的原理建立起来的政府制度下，全人类都可以继续过着富裕幸福的生活，没有任何苦难或邪恶的行为来阻碍我们享受这种生活；在这些原理的指导下正确利用人的劳动，就可以绰绰有余地使全世界人民得到人生的最高享受。②

> 自然已经提供了条件，使人们可以永远维持适当的生活水平，使每个人都可以得到最大的幸福而不会受到邪恶和痛苦的任何阻挠

人们对于千年王国这个词怎么看法，我不知道。但我所知道的是，社会的结构将可以使生活中没有罪恶和贫困，健康将大大地增进，痛苦，如果有的话，为数也极少，智慧和幸福将成百倍地增长。现在除了愚昧以外，没有任何障碍在阻挡着这种社会状态普遍实现。③

自然已经提供了条件，使人们可以永远维持适当的生活水平，使每个人都可以得到最大的幸福而不会受到邪恶和痛苦的任何阻挠。

把有关原理加以适当的组合之后，任何社会便都可以安排得不仅能消除世界上的贫困和邪恶，在很大程度上消除痛苦，而且还能为每个人造就一种环境，使他所享受的幸福比迄今为止的社会指导原理所能给与任何人的幸福都要牢靠。④

> 在你们按照这种方式行动以前，你们自己便不可能享受充分的幸福，同时也无法使旁人幸福

---

① 94
② 95
③ 117
④ 121

幸福经济学选读

如果你们不愿意——如果你们不能这样做并坚持到底——那么你们就没有宽宏精神，你们就不能有宗教，甚至连普通的公道精神也没有；你们不认识自己，而且对于人性根本没有一点点有用和有价值的知识。

在你们按照这种方式行动以前，你们自己便不可能享受充分的幸福，同时也无法使旁人幸福。

这里面包含着哲学的精义，包含着正确的德行，包含着摆脱了穿凿附会的邪说谬见的纯正的基督教信仰——包含着一种纯洁无邪的宗教信仰。①

只要略微坚持实行这种单纯而容易养成的实际习惯，就可以很快地为你们和你们周围的每个人铺平道路，使大家真正地获得幸福

一个新的时代今天在我们眼前展开了。那么，就让这个时代从你们诚恳而彻底地消除彼此之间或对其他人的一切不愉快的感情的时候开始吧。你们所受的教育和你们的环境都将使这些有害的情绪反复出现，当你们感到它们开始抬头的时候，就马上想一想这些人的思想是怎样形成的，他们的一切习惯和情感是从哪里产生的。这样你们的愤怒就平息下去了，而且会冷静地观察你们中间的差别的成因，你们将学会怎样爱他们和为他们谋福利。只要略微坚持实行这种单纯而容易养成的实际习惯，就可以很快地为你们和你们周围的每个人铺平道路，使大家真正地获得幸福。②

每一行业中都养成了一种精神，破坏了坦率、诚恳和本质，而没有这种本质，人们便无法使他人幸福，并且连自己也无法享受幸福

每一个国家的人民都是由国内现存的主要客观条件熏陶和培养起来的。不列颠低级阶层的人的性格现在主要是由各行业与工商业所造成的环境熏陶形成的，而各行业与工商业的指导原则则是直接的金钱利益，其他原则在很大程度上都对这一原则让步。现在所有的人都孜孜不倦地学会了贱买贵卖。要在这种生意经中取得成功，交易双方必须学会十分厉害的骗人本领。因此每一行业中都养成了一种精神，破坏了坦率、诚恳和本质，而没有这种本

---

① 130

② 132

质，人们便无法使他人幸福，并且连自己也无法享受幸福。①

　　没有这方面的知识，高额的名义工资并不能给他们带来多少享乐，而且在劳动阶级中没有这种知识也不能享受多少家庭幸福

　　强迫孩子过早地到那种环境中去劳动，就等于把他们的子女送到一种准会妨碍发育、准会使身体特别容易生病、使脑筋特别容易受伤的环境中，同时也会使他们无法获得本来应有的强壮体格；没有这种体格他们就享受不了多少幸福，反而必然会成为自己、朋友和国家的负担。父母这样的做法还使孩子没有机会养成操持家务的习惯；没有这方面的知识，高额的名义工资并不能给他们带来多少享乐，而且在劳动阶级中没有这种知识也不能享受多少家庭幸福。②

　　人性就可以改善，并且可以形成全人类的利益和幸福所要求的性格

　　因此，问题很清楚，只要引导人们注意采取理应能使年青一代养成最好的习惯和最公正、最有用的情感的立法措施，并格外注意那些处境不良、没有这种措施旁人就容易教他们养成最坏的习惯和最无用、最有害的情感的人——只要这样做，人性就可以改善，并且可以形成全人类的利益和幸福所要求的性格。③

　　工业体系产生了一种环境，使人们在其熏陶下认为自己的天职，用一句行话来说，便是要占一切人的便宜，而且要把个人幸福和社会福利贡献在个人利得的祭坛上

　　能理解工业体系并有一步步追溯它的兴起、发展和后果的人可以清楚地看出：这种体系产生了一种环境，使人们在其熏陶下认为自己的天职，用一句行话来说，便是要占一切人的便宜，而且要把个人幸福和社会福利贡献在个人利得的祭坛上。但在用了这种办法之后，他们之中最幸运的人也都没有

---

① 　136
② 　140
③ 　143

幸福经济学选读

真正如愿以偿。他们拼命地沿着错误的方向努力，结果他们所想望的东西就越来越脱离了他们的掌握。①

　　改善你们生活状况的那些措施必然会、也肯定能使他们获得重大利益，并提高他们的幸福和精神享受

　　但是我要提醒大家不要采取非特权阶层中广泛存在的那种错误看法。对今天整个欧洲的特权阶级产生影响的，主要不是（那种错误看法却认为是）一心想把你们压下去的那种欲望，而是急于保持条件、使自己得到舒适和体面的生活享受的这种心情。让他们清楚地认识到，他们将要体验到的改良并不打算、也不可能使他们或他们的后代受到任何真正的损害。恰恰相反，改善你们生活状况的那些措施必然会、也肯定能使他们获得重大利益，并提高他们的幸福和精神享受。这样，他们很快就会得到他们的合作来实现计划中的措施。有一点你们听了一定会感到满意，这就是我从特权阶级中许多高级人士方面获得了最清楚的证明，说明他们现在真心诚意地希望改善他们的生活状况。但是由于他们出生在那样一个不幸的环境里，所有就不能自己出来提供措施，使你们获得益处，并使他们的环境获得改善，这种改革必须由有实际经验的人来进行。②

　　必须审慎地把这些真理介绍给那些生来就一直在错误迷津中彷徨的人，否则他们幼嫩的理性胚芽就同样会受到摧残，而愚昧与苦难就必然会继续压倒知识与幸福

　　长期以来我一直致力于阐明真理，目前公开宣布这些真理对于人类的福利具有莫大的意义。我也一直在逐步地使群众做好心理准备来接受这些真理。在始终笼罩着浓厚黑暗的地方，如果突然透进强烈的光线，就会损害人们很弱的视力。在利益无穷的真理和历代相沿的偏见对立时，必须审慎地把这些真理介绍给那些生来就一直在错误迷津中彷徨的人，否则他们幼嫩的理性胚芽就同样会受到摧残，而愚昧与苦难就必然会继续压倒知识与幸福。③

---

① 165
② 174
③ 175

　　智慧的部分本质加以适当的指导时就能发现还有多少东西可以实际用来促进人类的幸福

　　根据联合劳动和联合消费的原则、以农业为基础组成的五百至一千五百人的公社，可以给劳动贫民带来下列各种好处，并且可以通过劳动贫民把这些好处推广到其他各个阶级，因为社会各阶级的各种真正利益都必然来自劳动贫民。在这个制度下一切个人的劳动都将在自然的和有利的方式下加以支配；首先是为他们自己的舒适生活丰富地取得一切必需品；其次他们就将获得条件，使自己改正目前不健全的社会制度强使他们养成的许多恶习（实际上几乎是全部恶习）；接着就可以使年青的一代只获得最好的习惯和性情，这样就可以消除社会上造成人与人之间的隔阂的条件，并代之以另外一种条件，其整个趋势将使人们团结在大家都能清楚地理解的总利益之下。往后他们就可以培育自己本质中远为可贵的部分——智慧的部分。这一部分本质加以适当的指导时就能发现还有多少东西可以实际用来促进人类的幸福。①

　　人们就会感到一种迫切的需要，他们会自然而然地要求支出大笔费用，以便迅速推进这些为劳动阶级和年青一代增进健康、安乐、进步和幸福的救济机构的兴建工作

　　在我们现有的知识中，没有任何办法能像这个计划这样为个人和国家产生无穷的利益。有了这种信念以后，人们就会感到一种迫切的需要，他们会自然而然地要求支出大笔费用，以便迅速推进这些为劳动阶级和年青一代增进健康、安乐、进步和幸福的救济机构的兴建工作。②

　　让劳动阶级为了共同的目标而进行联合劳动和消费，对他们的后代进行适当的教育，同时又把他们安置在事先为全体居民安排好的环境下，便可以创造并保持当前社会的安全、个人的现在与未来的安乐与幸福，以及全体人类的终极福利

---

① 201
② 206

让劳动阶级为了共同的目标而进行联合劳动和消费，对他们的后代进行适当的教育，同时又把他们安置在事先为全体居民安排好的环境下，便可以创造并保持当前社会的安全、个人的现在与未来的安乐与幸福，以及全体人类的终极福利。因此，我可以深信不疑，现在不论人们怎样勾结起来，都无力阻挡这种制度的巩固建立。①

人类的一切努力的目的在于获得幸福

人类的一切努力的目的在于获得幸福。

除非人人身体健康、具备真正的知识和财富，就不可能获得和享受幸福，而且也不可能保全这种幸福。

至今，身体的健康和真正的知识却一直被人忽视，人们都一味追求财富和其他纯粹个人的目的。但是，当这些东西即使是十分满足地追求到手的时候，它们也往往破坏了而且今后也必然会不断地破坏幸福。

现在，世界上充满了财富，而且有无穷无尽的手段来继续增加财富，但到处是苦难深重！人类社会的目前状况就是这样。任何意图明确、为达到所希望的目的而设计出来的制度，都不会比世界各国现行的制度设计得更坏。能够用来轻而易举地从一切方面造福人类的巨大而无法估价的力量，还没有发挥作用，或者运用得极其不当，因而达不到人类所向往的任何目的。②

在整个未来，它应当能满足日益进步的、经过良好教育而趋于成熟的每一个人，使他们确信这个上层建筑乃是最卓越的才智指导下的正确行为所酿成的幸福的源泉

比起人类历史开始有记载的远古时代，现在任何一个人丝毫也没有更接近幸福。生来无知的人最初总以为自己行为的动机出于自己的意志，此后，别人也一直这样教导他们。他们的思想就是在这个基础上形成起来的；这个基础过去是，而且现在仍然是他们的一切观念的依据；这种观点与他们的一切想法都有联系；由此只能产生怀疑、混乱和神智不清！

有人正确地指出，为了使人变得明智和幸福，人的头脑"应当新生"，

---

① 209
② 221

应当摆脱一切根深蒂固的不正确的观念；基础应当重建；然后，应当建立正确而有用的上层建筑，它的各个部分应当经受住最符合科学的调查研究：在整个未来，它应当能满足日益进步的、经过良好教育而趋于成熟的每一个人，使他们确信这个上层建筑乃是最卓越的才智指导下的正确行为所酿成的幸福的源泉！①

　　各国的政治家还应当研究那种能使他们把国家治理得使自己和本国人民都很幸福的科学的原则

各国的政治家还应当研究那种能使他们把国家治理得使自己和本国人民都很幸福的科学的原则。②

　　工业城市是贫穷、邪恶、犯罪和苦难的渊薮；而所筹划的新村将是富裕、睿智、善行和幸福的园地

工业城市是贫穷、邪恶、犯罪和苦难的渊薮；而所筹划的新村将是富裕、睿智、善行和幸福的园地。③

　　支配我的行为的唯一动机，是希望看到你们和全体同胞到处都能实际享受到大自然所赋予我们享受的极其丰厚的幸福

支配我的行为的唯一动机，是希望看到你们和全体同胞到处都能实际享受到大自然所赋予我们享受的极其丰厚的幸福。这是我终身抱定、至死不移的愿望。

世人如果具有智慧的话，在以往许多世代中早就会发现：人们一向追求的这种恩惠，这种非财富所能购买的天赐，一直是掌握在世人手中，甚至连那些历来最不受尊敬的人也能具有这种幸福。幸福的条件虽然遍地皆是，但愚昧却挡住了我们的视线，它用荒谬绝顶的精神环境重重围住这些条件，这种环境严密万分，而且牢牢地挡住了任何大胆的冒险者，因此连世代积累的

---

① 224

② 227

③ 232

经验也一直未能突破它的重重阴影。①

 我们必须做好安排，使劳动阶级在稳健和公平的法律下通过自己节制有度的劳动获得这一切幸福

我们必须做好安排，使劳动阶级在稳健和公平的法律下通过自己节制有度的劳动获得这一切幸福。在广大人民的品行和知识提高时，这种法律就将相应地扩大他们的自由。②

从今以后，我将无须敦促你们实际推行我所提出的这个计划。这种计划必能为你们和你们的子女以及子孙万代提供幸福，你们希望实际享有这种幸福的迫切心情将远远不是人们目前为实现这个计划而进行准备的一切力量所能满足的。但这些考虑不应当妨碍我们作出一切可能的实际准备，来消除我们现存的祸害和困苦，并毫不迟延地用一种新环境来代替它们。毫无疑问，这种环境定能产生世界上从未有过的幸福，你们当中任何一个人现在都不能对它作出明确的估价。③

 目前整个世界正沉沦在这一切状况之中，受到它们的压迫，使各界和各阶层的人都受到严重损害，他们在整个社会迄今所根据的根本错误的概念下是无法获得幸福的

由于考虑到这些情况，同时我又不愿使任何方面感到惊异，所以我认为对于这个问题、对于国家、对于某些只要这计划证明具有我所提出的优点便急于要加以提倡的人来说，这计划都应当分别在细节上进行最严格的考查；并且要作为适于形成全国性和世界性的大规模体系、使人类摆脱愚昧、邪恶、贫穷、犯罪和苦难的整体计划，进行最严格的审查；目前整个世界正沉沦在这一切状况之中，受到它们的压迫，使各界和各阶层的人都受到严重损害，他们在整个社会迄今所根据的根本错误的概念下是无法获得幸福的。④

---

① 233

② 237

③ 241

④ 246

当人们所受的培育还在使他们彼此仇恨、彼此完全不了解的时候，幸福就无法取得，也无法保持

当人们所受的培育还在使他们彼此仇恨、彼此完全不了解的时候，幸福就无法取得，也无法保持。①

在适当的安排下，社会上有能力可以独立生活的成员不久就会得到一种环境，可以提供他们所向往的一切，也就是提供真正有益于他们的幸福或者能不断增加其幸福的一切

以上所说的一切，是现有的贫民中必将产生的一种有益的变化，而且费用也将大大减少。但在适当的安排下，社会上有能力可以独立生活的成员不久就会得到一种环境，可以提供他们所向往的一切，也就是提供真正有益于他们的幸福或者能不断增加其幸福的一切。②

光是从这种行为中所得到的快乐，就足以补偿他们离开自己那健康、智慧、积极和幸福的新村住所而受到的损失

他们有了像这样经过改善的品质以后，各种偏见就都可以克服了；他们将知道怎样发扬每个人的心灵中最优良的品质，克服最恶劣最低级的品质；他们将根据自己的知识采取行动。他们将进而从事有益的事情；光是从这种行为中所得到的快乐，就足以补偿他们离开自己那健康、智慧、积极和幸福的新村住所而受到的损失。这样一来，社会只须遭受最小的不便就可以从丧失理性的状态转到具有理性的状态。③

自利原理迫使所有的人在容易取得幸福时不愿再继续忍受卑污和痛苦的状况。

变革总是会实现的。如果有人问我这句话所根据的原理是什么，我的答复是：根据众所周知的自利原理；这一原理迫使所有的人在容易取得幸福时

① 273
② 281
③ 282

不愿再继续忍受卑污和痛苦的状况。①

在新社会中，世界则是健康、节制、智慧、美德和幸福的乐园

以上所说的是旧社会与新社会中的人的基本区别。在旧社会中，人一直是恶劣的、轻信的、迷信的和虚伪的。在新社会中他必然会变成有理性的、聪明的、颖慧的、诚恳的和善良的。在旧社会中，世界是贫困、奢侈、邪恶、罪恶和苦难的渊薮，而在新社会中，世界则是健康、节制、智慧、美德和幸福的乐园。但是从一种社会变成另一种社会千万不能操之过急。我所要求的一切只是：让变化逐渐发生，并以纯真的仁慈精神来实行，不让任何人的心灵、身体和财产受到损害。②

在所有的人中，真理、纯正宗教和人类幸福的真正敌人，是每种宗教中直接和明显地跟现有事实相矛盾的部分

任何明智的人都决不会根据我所说的话就认为我是一切宗教的敌人。相反，我以往一直、而且将来也会努力维护真正宗教的利益，并使它在全世界巩固地建立起来。我很清楚，而且现在也能证明，在所有的人中，真理、纯正宗教和人类幸福的真正敌人，是每种宗教中直接和明显地跟现有事实相矛盾的部分，这些都是由懦弱的、错误的或居心叵测的人物加到纯正宗教中去的。把这一切从基督教体系中除去以后，基督教就将变成博爱的宗教，可以而且也会使人变得有理而幸福了。只要实现了这种变革，我就会变成一个名副其实的基督徒。③

人们有了这种知识……可以使健康、节制、亲密的关系、愉快的工作和日益增进的智慧和幸福等来代替疾病、放纵、互相对立、残酷的劳动、愚昧和痛苦

人们有了这种知识就必然会清楚地认识到这些方法，用这些方法可以通

---

① 289
② 296
③ 297

过人人都获益的方式使贫民和劳动阶级解脱目前的苦难，使国家摆脱济贫税和贫穷现象的一切流弊，并且还可以使健康、节制、亲密的关系、愉快的工作和日益增进的智慧和幸福等来代替疾病、放纵、互相对立、残酷的劳动、愚昧和痛苦。总之，人类通过这些方法就可以用最简单的方式获得人们根据目前世界上的经验和知识所能获得的最大利益。①

　　　　要完成这样一个牵涉到我们当代和子孙万代的安乐、福利和幸福的科学安排，就需要充分的冷静考虑和各种精通每一细节的人的合作

　　但要完成这样一个牵涉到我们当代和子孙万代的安乐、福利和幸福的科学安排，就需要充分的冷静考虑和各种精通每一细节的人的合作，以便使最为无依无靠的弱者得到一般的公平待遇；同时也可以向人们证明促使我们行动的真正动机完全是一尘不染的纯正宗教，也就是宽宏的宗教、真正爱同胞的宗教，并不杂有任何利己而不惠及他人的动机。②

　　　　随着新生产力的提高和管理得当，社会的财富和幸福也成比例地增加，各方面都因此而得到丰厚的利益

　　报告人认为，像这样从知识与科学中取得帮助的自然后果应当是：随着新生产力的提高和管理得当，社会的财富和幸福也成比例地增加，各方面都因此而得到丰厚的利益。然而大家都知道，造福世人的这种后果并不存在。相反，我们必须承认，在人口中占绝大多数的劳动阶级甚至无法取得他们的劳动先前所能赚得的生活享受；他们的苦难似乎并不能使任何方面得益，反而使所有的人都受害。③

　　　　改变价值标准可以大大地改进人类的本性，提高大家的幸福和福利，所以任何人都不会受到伤害和压迫

　　人类劳动就可以获得它的自然或内在价值。这种价值将随着科学的发展

---

① 　300
② 　301
③ 　305

而增长；事实上，科学的唯一真正有用的目标就是增加这种价值。……改变价值标准可以提供条件使各阶层的生活状况逐步改善到无法估计的程度。

改变价值标准可以大大地改进人类的本性，提高大家的幸福和福利，所以任何人都不会受到伤害和压迫。①

关怀人性最大的利益，而不保持一种错误的、使个人只想用违背公众福利的方式为自己和自己的党派谋利益的感情和策略，这样就能使每一个人都获得更高的利益

提出这种变革的时候也正是经验开始在某种程度上使人们慢慢地理解到这一事实的时候，即关怀人性最大的利益，而不保持一种错误的、使个人只想用违背公众福利的方式为自己和自己的党派谋利益的感情和策略，这样就能使每一个人都获得更高的利益。②

人们想尽了一切办法使天性中可以产生美德和幸福的最令人喜爱的万分变得乖谬无能、卑不足道

目前的社会制度是可能想出来的最反社会、最失策和最不合理的制度，在这种制度的影响下，人性中一切优良和宝贵从婴儿时代起就受压抑，而且人们使用最违反天性的方法来发展最有害的个性倾向。总之，人们想尽了一切办法使天性中可以产生美德和幸福的最令人喜爱的万分变得乖谬无能、卑不足道。③

所有的人的性格都是在完全不利于培养他们的习惯、性情、才艺和幸福的现实环境下形成的

这种科学的确可以称为防止愚昧、贫困、犯罪行为和苦难的科学。它诚然可以为人类开创一个新的世纪，那时真正的幸福就会出现并随着人类的子孙万代不断增长。

---

① 311
② 322
③ 331

所有的人的性格都是在完全不利于培养他们的习惯、性情、才艺和幸福的现实环境下形成的——尽管如此，当代人，尤其是青年人学到了这种科学之后，就可以处在一种完全适合于人类天性并完全适合于公认的人生目的环境之下，因而每一个人都可以像数学一样丝毫不爽地达成以往各世纪人们如饥如渴地追求的目标。①

使各个国家理解到，它们的权力与幸福唯有在其他国家的权力与幸福同样增进的条件下才能得到充分和自然的发展

在目前的制度中，劳动阶级各个人的脑力与体力劳动划分得十分细致；私人利益永远和公共利益相冲突；在每一个国家中，人们从小就被人有目的地加以培育，使他们认为自己的利益同其他国家的进步与繁荣不能并存。这就是旧社会追求人生所想望的种种目标的方法。报告人现在提出的细节所根据的原理，却导致完全相反的做法——也就是使劳动阶级各个人的脑力与体力广泛地结合起来；使私人利益与公共利益完全等同起来；使各个国家理解到，它们的权力与幸福唯有在其他国家的权力与幸福同样增进的条件下才能得到充分和自然的发展。这些也就是现有的和应有的情形之间的真正差别。②

研究环境对人类福利与幸福的影响的科学，以及人们现在可以获得的充分支配和控制环境的力量，有了这种力量人们就可以掌握环境，既容易又有把握地使天下人人为善或人人为恶

下面报告人将讨论第三个问题最有趣的部分——同时他还要说，这是人生经济学中最重要的一部分。这一部分所涉及的是研究环境对人类福利与幸福的影响的科学，以及人们现在可以获得的充分支配和控制环境的力量，有了这种力量人们就可以掌握环境，既容易又有把握地使天下人人为善或人人为恶。③

---

① 336

② 338

③ 343

旧制度下的任何阶级的人纵使处在最有利的环境下，也绝不可能像他们这样幸福

报告人只是根据与新制度的原理相近似的一些原理行事，他同时还遭到旧制度无数谬误的强大阻挠，可是他已成功地使原来处在最不利的环境下的最不幸的人养成了某些习惯、感情和性情，从而使他们所享受的幸福比世界任何地方的处境相同的人都多。其实旧制度下的任何阶级的人纵使处在最有利的环境下，也绝不可能像他们这样幸福。[①]

人在为了保障人类幸福所做的一切尝试中，时常犯下严重的错误

人在为了保障人类幸福所做的一切尝试中，时常犯下严重的错误。人犯了很多错误，但是始终没认识到：他选择的道路是不正确的，他采取的措施只会造成罪恶和灾祸，而不会产生美德和幸福，在这种情况下，他的行动总是缺乏任何可靠的依据，处事总是盲目不清的。

古往今来，人们在追求幸福方面所犯的错误，莫过于在哪些人应该彼此结合和哪些人不应该彼此结合的问题上所采取的人为的和反自然的措施。之所以采取这种措施，是由于受了全世界的僧侣所制造的妄诞观念和习惯的影响。[②]

僧侣阶级的谬见……使人类变得矫揉造作，缺乏理性，以致人们现在不相信自己可能成为诚实的、善良的和幸福的人

产生僧侣阶级的谬见，僧侣在长期统治中借助于他们所玩弄的玄妙、虚伪和各种荒谬行为所制造的谬见，使人类变得矫揉造作，缺乏理性，以致人们现在不相信自己可能成为诚实的、善良的和幸福的人。他们说，这种恶将永远存在下去，因为"人就其本性来说是有罪的"。……尽管全世界的僧侣过去已经表明是一种非常有害于人类和破坏人类幸福的势力，而且现在仍旧是这样，但是其中个别的教士，由于僧侣制度在一向有僧侣阶级的各国占统治地位而感到十分苦恼。教士们变成装腔作势很不自然的人，头脑里装满许

---

① 365
② （第二卷）1

多虚假的和无用的观念，而且有一套专门用来迷惑僧侣本身和欺骗他人的非常有害的辞令。①

　　爱经常变成一种卑贱的感情，并且由于力图牺牲其他各界人们的利益以保障自己持久的幸福和权势的僧侣阶级的错误行径，也在使人变得卑贱

　　现在，爱经常变成一种卑贱的感情，并且由于力图牺牲其他各界人们的利益以保障自己持久的幸福和权势的僧侣阶级的错误行径，也在使人变得卑贱。在理性社会中，这种爱将成为一种使人的性格高尚起来的感情，教人们把高尚的精神和品格作为一种美好的东西接受下来，从而使人有能力把赞美与爱结合起来，而不必担心和害怕遇见别人的某种抵触或厌恶的情绪。

　　如果采取合理的措施生产和分配现在就能够生产和分配的足够供所有人享用的大量财富，如果每个人的性格用现在就能够用来培养一切人的性格的那种方法进行培养，如果对人们的管理用现在就能够实行的那种管理人们的办法进行，那么就会到处产生使人类幸福的情感，就会产生一种完美的爱，这种爱会把各种惊恐、各种畏惧和人与人关系中的疑虑心理一扫而空；人类将不知嫉妒心和复仇心为何物。因此，人们将在历史上第一次成为有理性的人，他们的情感、思想和行为将永远彼此和谐。这种情感、思想和行为，与目前住在地球上可居地区并且滥施人力、极尽骨肉相残之能事的无理性的人的情感、思想和行为是截然不同的。②

　　他一有机会使一切有生命的东西得到为其本性所能接受的幸福就感到快乐；他将保证人人获得依靠我们自然知识所能达到的最大幸福

　　现在，谁从这种欺骗、荒谬和疯狂的制度中得到好处呢！任何一个人和任何一个动物都没有！这种制度使人对自己、对同类、对其他动物都很残酷无情；废除这种制度以后，人很快就会变成圣人，对待一切创造物都怀着知、慈、善、爱。他一有机会使一切有生命的东西得到为其本性所能接受的幸福就感到快乐；他将保证人人获得依靠我们自然知识所能达到的最大

---

① 2
② 6

幸福。

　　不要向人们灌输怕死的思想（这是幼年教育的一个问题），而要教导他们正确地认识死亡，即把它看作自然界普遍规律。这一规律是无法排除的，大概不仅是必要的，而且可能对于一切有生命的东西的最终结果也是极其有利的。因此，从幼年时期起，就要使人们理解一切与我们所知道的各种规律有关的东西，让他们熟悉直接影响个人和人类的规律，教导人们不要害怕不可避免的东西，甚至要感到高兴，因为他们已经度过充满理性、幸福的一生，在自己沉沦之后，将要经历无穷无尽的更新，成为完善的存在。因此，不要无目的地和无理性地虚度一生，不要有破坏理性生活的可能性，而要使每个人的这种生活成为更有自觉、更有兴趣的和更加充满高尚快乐的生活。①

　　　　在有科学根据的社会制度下，终生可以保证得到一切对人真正有用的和可以创造永久幸福的东西，而且比为了取得和保存私有财产而使用斗争和竞争的方法所能获得的东西要充裕得多

　　在合理组织起来的社会里，私有财产将不再存在。即使对它有过某种需要，或者它在机器和化学开始占支配地位以前有过用处，可是现在，它就完全没有用处了，而成为一种无可置辩的邪恶，因为从地位最高到地位最低的每一个，在有科学根据的社会制度下，终生可以保证得到一切对人真正有用的和可以创造永久幸福的东西，而且比为了取得和保存私有财产而使用斗争和竞争的方法所能获得的东西要充裕得多。②

　　　　只有人与人联合起来，民族与民族联合起来，人类才会获得高度而持久的繁荣和幸福，或者成为有理性的人类

　　自然法本身决定着应当施用于人类的唯一公正的奖惩；自然法在一切情况下都足以达到自然界所提出的目的，足以保障一切国家和各种气候条件下的人民得到幸福；它们与毫无意义而没有远见的人为的法律不同，始终符合于为它们所提出的目的。这一目的显然在于增进人的知识和幸福。人靠自然

---

　　① 9

　　② 13

法获得了现在拥有的知识。人在体验到痛苦和感受到或设想到快乐的时候，经常觉得身上有一种追求新的发现和发明的动力。

但是，人是在用自己制定的法律来培养自己的性格和管理自己的条件下成长起来的。人的习惯、作风、思想和思想体系，都直接或间接来自这种人为的和有害的本源。结果，人们的意识、语言和生活习惯就陷入混乱状态。这种在个人的性格和行为上的混乱，引起了一切社会事业方面的更大的混乱；最后在整个世界上，人与人彼此仇视，民族与民族互相敌对。但是，自然界本身却使人们相信：只有人与人联合起来，民族与民族联合起来，人类才会获得高度而持久的繁荣和幸福，或者成为有理性的人类。①

> 人的最重要事情就在于发现苦难的根源和幸福的根源，消除苦难的根源，牢牢地创造幸福的根源

人类的灾难的根源，正如已经一再指出的，是三种主要谬见：认为人的性格是自己形成的，认为人能够随心所欲地相信什么或者不相信什么；认为不能够随心所欲地对人和事物表示爱憎、爱好、不关心或嫌恶。只要这些谬见和由此而产生的行为继续成为社会制度的基础，邪恶的根源就要永远存在下去，继续发生作用，不断制造苦难。人的最重要事情就在于发现苦难的根源和幸福的根源，消除苦难的根源，牢牢地创造幸福的根源。……

如果只对社会制度进行局部改革，那就不能消除邪恶，人也不能达到愉快享受理性的幸福的生活的境地。现存的制度及其全部机构、社会划分和个人奖惩办法，如果不是同它所造成的痛苦、灾难、争夺、堕落、无数的惊恐和混乱一起继续存在下去，就得完全废除，以便让位于具有正确原则和良好作用的新制度。这种新制度一旦完全实现，就不是使少数人、一个民族或地球上一部分居民永久幸福，而是使全人类世世代代永久幸福，并且使幸福一代代地提高，永远不会倒退。②

> 奖惩本身是人所创造的一种环境，用来促使他的同胞在违背他们的本性和自身幸福的情况下去感受、思考和行动

---

① 15
② 17

幸福经济学选读

奖惩本身是人所创造的一种环境，用来促使他的同胞在违背他们的本性和自身幸福的情况下去感受、思考和行动。但是，这些个人奖惩，在从无理性制度向理性制度过渡期间，还要继续存在。而当人人自幼就学会理解自己本性的规律时，当人人受到教育能够始终按照这种规律行事时，当他们周围的环境符合这种理性规律时，引起必须应用个人奖惩的原因就会消失。从此以后，个人奖惩的不义性质和有害影响将为人所共知，以致它们要被永远消灭……①

当人人都受到真正愿意帮助他人获得幸福的教育和培养，并为此而掌握了广泛的机会和知识的时候，生活就会变成饶有兴趣的娱乐

当人人出生以后就受到教育，培养出良好的习惯、爱好、作风和善良的行为的时候，当人人都获得有用而宝贵的渊博知识的时候，当人们都被纯洁的博爱精神所鼓舞，同时不只表现在口头上，而且每日每时都付诸实施的时候，当人们用自己的受到合理指导的辛勤劳动为大家生产出丰富物资的时候，当出现大家都清楚理解的一致利益的时候，当目光所及的任何地方一切都处在十分完美的外部条件和事物之中的时候，当人人都受到真正愿意帮助他人获得幸福的教育和培养，并为此而掌握了广泛的机会和知识的时候，生活就会变成饶有兴趣的娱乐。②

谬见是如此严重，使人类不可避免地在他们的相互关系方面，变得至今一直比任何一种禽兽都更加缺乏理智。用这种谬见教育出来的人，自然要敌视这个极其简单的真理，好像这个真理对于他们的幸福毫不相干似的

谬见是如此严重，使人类不可避免地在他们的相互关系方面，变得至今一直比任何一种禽兽都更加缺乏理智。用这种谬见教育出来的人，自然要敌视这个极其简单的真理，好像这个真理对于他们的幸福毫不相干似的。正因为如此，才出现各种各样的说服力不大的而且往往十分矛盾的意见，反对用真实的原则代替虚伪的原则，或者反对用最有利的实践措施代替最有害的实

---

① 18
② 20

践措施。①

　　所有的人和一切生物一样，都希望获得他们的本性或体质所能容许的最大幸福

所有的人和一切生物一样，都希望获得他们的本性或体质所能容许的最大幸福……

人对于自己的幸福应当有信心，应当相信自己永远不会缺乏生活必需品和合理的舒适享受。但在目前的畸形社会里，却没有保证人们具有这种信心的条件。

人要想得到幸福，就必须使自己所有的才能、力量和志趣按照自己的本性得到很好的发展，并在自己一生各个相应的阶段得到适当的应用。然而直到现在，还没有采取过什么措施以保证任何一类人得到这种幸福。

只有建立拥有足够数量土地的联合大家庭，很好地利用它们成员的辛勤劳动，才能获得这种幸福，因为辛勤劳动使它们本身就能始终保证一切联合家庭得到必需品和合理的生活条件，使它们免除穷困的忧虑。②

　　任何社会的第二个重要而不变的生活要素，就是分配所生产的财富，以维持生活和增进幸福

任何社会的第二个重要而不变的生活要素，就是分配所生产的财富，以维持生活和增进幸福。一切民族都有自己的分配方式，它在各个国家因时代不同而有变化。③

　　由于具有这种性格，人便想为一己一家的利益攫取一切财富，从而丧失了美德、知识和幸福，人处于孤立的状况下，甚至是无法正确地理解美德、知识和幸福的

在现代的社会制度下，一切文明国家的财富分配，从生产者、分配者和

---

① 21
② 25
③ 27

幸福经济学选读

消费者的观点看来，都是用挖空心思想出来的最荒谬而恶劣的方式进行的。这种财富分配制度，是从一切社会至今所依据的错误的基本原则逐渐产生出来的；这是上述谬见在各国所造成的复杂的、混乱的和没有秩序的社会生活状况的必然结果。这些谬见使人们在情感和利益上彼此发生隔阂，把他们变成极其无知和利己主义的动物。由于具有这种性格，人便想为一己一家的利益攫取一切财富，从而丧失了美德、知识和幸福，人处于孤立的状况下，甚至是无法正确地理解美德、知识和幸福的。①

> 处在优越的环境中，这种优越环境是为了使人们直到晚年、直到这种环境所能延长的生命的尽头始终都能身体健康和生活幸福而创造的

在新的生活制度下，人人都要受到好好生产财富和传播知识的教育。到那时候，人们能够有益地享用各种最好的财富，从高度的认识中得到快乐，而且处在优越的环境中，这种优越环境是为了使人们直到晚年、直到这种环境所能延长的生命的尽头始终都能身体健康和生活幸福而创造的。②

> 为了全人类的幸福，应该到处都采用划分合乎自然和理性因为它可以消除各种恶劣的欲念，终止一切争端

阶级和社会地位的差别是人为造成的；这种差别是人们在蒙昧无知、没有经验和缺乏理性的时期构思出来和确定下来的。由于划分产生的谬见和灾祸，我们已在本书的前几篇作了说明。现在，我们建议采取一些措施，借助于合乎自然和理性的社会划分，来逐渐克服这些谬见和灾祸，经验将会证明，为了使人人受益和幸福，应当对社会进行这种划分。应该作为一项基本的正义原则这样规定："任何一个人不曾为别人服务，也就没有权利要求别人为他服务。"换句话说，就是"一切人生下来就有平等的权利"。

如果对社会实行合乎自然和理性的划分，就可以永远保证这种权利不被破坏。为了全人类最广泛的利益，为了全人类的幸福，应该到处都采用这种划分，因为它可以消除各种恶劣的欲念，终止一切争端（私人的和社会的，个人之间的和各国之间的），并使人类的一切事业秩序井然和明智合理，而

---

① 29
② 32

不致杂乱无章和没有理性。

人与人之间和国与国之间，将不会为了对社会康乐没有实际意义的事情而发生无谓的争端；正义、仁慈和善良的新精神将会产生，并普及于全世界一切民族，将来一年内为人类的持久康乐和幸福所做的事情，会超过在现有的社会划分情况下一个世纪或任何一段时期内所能做的事情。①

> 人的才能发展的方向，使人只能想起悲惨之乡，而不能想到幸福之国

由于受到良好教育的人们的联合努力，大地会很快变成有良好水利设施的、经过精心垦殖的美丽大花园，它将以无穷无尽的多种方式保证人人健康和快乐，而且生活的康乐甚至是人们的智力在目前这种低下而受限制的状态下所不能设想的。人的才能发展的方向，使人只能想起悲惨之乡，而不能想到幸福之国。没有理性的人以前所梦想的天堂，不过是荒诞的和单调的生活场所，很难使明智而有理性的人感到满足。②

> 渴望看到人类进入明智、善良和幸福时代的一切人，都应该感到高兴

很久以来就渴望看到人类进入明智、善良和幸福时代的一切人，都应该感到高兴，因为这个强大的武器已经找到，它的名字就叫做真理。现在当它首次完全展现在人们面前时，任何一个凡人都会受到它的光辉的照耀。这个武器直接来自支配宇宙的最高力量，即来自真理的发源地。人们永远从这里获得真理，也只有这里才能产生真理。③

> 推行理性的制度和以亲睦、和平、不断完善、普遍幸福的精神改造人的性格与管理世人的方法的时期即将到来

推行理性的制度和以亲睦、和平、不断完善、普遍幸福的精神改造人的

---

① 33
② 46
③ 48

性格与管理世人的方法的时期即将到来；任何人力都抗拒不了这一变革。①

> 迫切希望建立使人人康乐和幸福的人类生存的新制度的时代即将到来的征兆，到那时候必须建立领导人类事业的理性制度，以便根除人类现今的不合理性的行为方式

国家的财富和民族的威力不断增长，而群众的贫困、屈辱和疾苦却日益加深，这是一个时代即将到来的可信征兆，社会改造已经成为必然趋势，成为过一个短时期后就无法遏止的必然趋势，因为每个人的个人幸福是合乎理性的社会目的。……而在现存制度下，财富却变成了奴役大众的根源和人人竞逐的对象，成为各种各样的虚伪、暴力、不义和压迫的原因，从而把人们分成各个彼此仇视的阶级，使一切人的行为非常没有理性。凡是掌握了各种各样的知识而智力发达的人都能够了解，为全人类造福的伟大的根本变革时代就要来临了。……一切人的大目标，都是不断获得财富和积累财富，然而由于全世界的人现在所采取的错误的行为方式，人类实际上却在大规模地滥用、浪费和毁坏财富。这一谬误的发现，也是一个时代——迫切希望建立使人人康乐和幸福的人类生存的新制度的时代即将到来的征兆，到那时候必须建立领导人类事业的理性制度，以便根除人类现今的不合理性的行为方式。②

> 人的性格今后应当根据已被证实的真理来培养，以便造就出有理性和有高度思维能力的人，这种人能够创造保证子孙幸福的条件，并使他们的生活长期幸福

不能这样下去！现在必须教育人。但是怎样教育呢？人不应该再在身心方面成为无端恐惧的奴隶；灵魂、家神连同产生它们的迷信，已临近末日了；人的性格今后应当根据已被证实的真理来培养，以便造就出有理性和有高度思维能力的人，这种人能够创造保证子孙幸福的条件，并使他们的生活长期幸福。③

---

① 49

② 53

③ 58

人应该有充分发展的人的才能，合理地利用自己的体、智、德、行
的能力，在周围一切人得到高度康乐和幸福的基础上保证自己得到康乐
和幸福

人应该有充分发展的人的才能，合理地利用自己的体、智、德、行的能
力，在周围一切人得到高度康乐和幸福的基础上保证自己得到康乐和幸
福。……

要求组织新社会的时代即将来临的另一个典型的重要征兆，是全世界各
地受过去和现在一切政府统治的人们的普遍不满。再三试行过形形色色的政
体，可是它们对于培养被统治者的高尚性格，对于创造他们的幸福都无所裨
益。政府理应为人们创造高尚的性格和幸福，但是它们没有做到，而且也不
可能做到这一点。它们没有一个例外，都不能解决摆在自己面前的任务。究
竟为什么会这样呢？显然因为现今的社会组织，在人们和民族仍处于没有理
性的状态，以致甘愿接受虚伪的原则统治的时候，是不容许达到上述目的
的。专制、立宪君主制、寡头统治、贵族政体、共和政体或民主政体在什么
地方，在地球上的哪一洲，曾为它们统治的人民培养过人的高尚性格，或创
造过幸福呢？

在这些政体中的任何一种政体下，整个社会制度都是无知、不义和荒谬
的集合体。因此，不论实行哪一种政体，被统治者都必然看到，它不能保证
人民明智和幸福。[①]

我们本性中的一切能使人们得到快乐的高贵品质遭到藐视，为的是
使有助于获得财富的能力得到无限制地发展

财富即个人的财富，成了全世界的上帝；获得财富成了人们活动的最大
的动力；我们本性中的一切能使人们得到快乐的高贵品质遭到藐视，为的是
使有助于获得财富的能力得到无限制地发展。其实，这一切都是明显的狂暴
举动和直接的无理性行为。[②]

为了获得人为的财富或捕捉被当作幸福的缩影而付出的这一切努

---

① 60
② 62

力，都是无益的消耗

举世都在力图获得黄金和白银，而不顾在追逐金银时或得到金银后所发生和遭到的各种灾难；然而人类可以为自己提出的唯一合理的目的，是为本身和他人谋取幸福。为了获得人为的财富或捕捉被当作幸福的缩影而付出的这一切努力，都是无益的消耗。①

　　这些阶级立法会议本来具有很多的手段，可以使各国的居民得到高度的发展，精诚团结，拥有丰裕的财富，生活在美好的环境中，怀有真正善良的心地，享受永久的幸福

这些阶级立法会议本来具有很多的手段，可以使各国的居民得到高度的发展，精诚团结，拥有丰裕的财富，生活在美好的环境中，怀有真正善良的心地，享受永久的幸福；但是，它们却通过了各种法律和使用了其他方法，使千百万居民处于无知状态，造成了各个阶级之间和个人之间的分裂，使群众生活在极端恶劣的条件下，使所有的人养成最不仁慈、最不善良和最不正义的品性。因此，它们只是使人们经常贫困，而不去制定简单易行的实际办法来消灭这种灾祸的根源，也不去为世人创造最好的生存条件。②

　　为了保证这种繁荣和幸福，并使人有理性、有见识和生活美满，现在需要的是个人之间和民族之间精诚团结和合作

个人之间和民族之间的竞争为奠定社会未来的繁荣和幸福的基础所能做到的一切，都已经做到了。为了保证这种繁荣和幸福，并使人有理性、有见识和生活美满，现在需要的是个人之间和民族之间精诚团结和合作。③

　　虚伪在制造痛苦，而真理将产生幸福

因为现在的一切人，从地位最高的到地位最低的，都希望以最低的价格

---

① 63

② 65

③ 66

购买他人的劳务，而以最高的价格出卖自己的私有物，所以人人都感到不满，而且不满情绪像这种行动本身那样普遍。真理和虚伪是不能共同来管理社会的；其中的一方必须为另一方让路；虚伪在制造痛苦，而真理将产生幸福。因此，必须首先反对鼓励人们贱买贵卖的教育，然后才能把人们的感情、思想和行为培养得合乎理性，也就是使理性的社会制度能够得到实施。[①]

> 谨以本书献给……那些深知只有依靠真理才能得到并永久保住人类幸福的人

谨以本书献给那些理解自然界或上帝的神圣法则并认为它们胜过有害的人为法律的人，献给那些具有道义的勇气敢于公开保卫真理而毫无隐讳、毫无谬见和恐惧的人，以及那些深知只有依靠真理才能得到并永久保住人类幸福的人。[②]

> 从愚昧的、可憎的、无组织的和悲惨的现在过渡到文明幸福的、令人向往的和组织良好的未来，如果依靠对某一部分人施加暴力或者发怒和仇视的办法，这种过渡是绝不能实现的

从愚昧的、可憎的、无组织的和悲惨的现在过渡到文明幸福的、令人向往的和组织良好的未来，如果依靠对某一部分人施加暴力或者发怒和仇视的办法，这种过渡是绝不能实现的。不能这样。全部人类事业的这一伟大变革，只能通过发展伟大的基本真理，由那些能够得到人性和社会的实际知识的人以和平、善意、仁慈的精神向人们传播这些真理，耐心不懈地、坚定不移地向人们解释这些真理的办法，才能最后完成。

具有这种知识的人知道，一切资源大部分都已具备，足以建成幸福的未来；为了取得成果，这些资源得到合理利用，以便建成一个以符合于人性的真实知识的科学原理为基础的社会。

具有这种知识在目前十分重要，但是人民至今还受蒙蔽，无法得到这种知识，因为过去和现在，有人一直不让人们知道自己的本性，不知道自己的

---

① 67

② 68

幸福经济学选读

本性，人们就不能建成合理的社会制度，或采取可以保证人类过幸福生活的实际措施。①

> 为了使这一伟大的和乍一看来有些突然的改革能够实现，而造福于现正受苦的世界各国人民，就必须使世界上所有的人完全认清旧制度的虚伪和缺陷，完全明了所拟议中的新制度的真理性及其将要带来的幸福

为了使这一伟大的和乍一看来有些突然的改革能够实现，而造福于现正受苦的世界各国人民，就必须使世界上所有的人完全认清旧制度的虚伪和缺陷，完全明了所拟议中的新制度的真理性及其将要带来的幸福。②

> 新环境就是促使它将来为一切居民阶级的永久幸福而合理地感受、思考和行事

只有环境才能按照应当的方向改变政府行事的方式，才能持久地改善它们的处境，因为环境可以改变它们目前的错误观点，从而改变它们的性格。正因为如此，我才打算对不列颠政府提出一套供作实行的切实而有价值的新思想，以便使它得到创造新环境所必要的知识，而新环境就是促使它将来为一切居民阶级的永久幸福而合理地感受、思考和行事。③

> 人民的祸福操在你们手里，但是你们由于缺乏知识，至今给予人民的只是无知和不幸，而不是知识和幸福，这一点不能向人民隐瞒了

人民的祸福操在你们手里，但是你们由于缺乏知识，至今给予人民的只是无知和不幸，而不是知识和幸福，这一点不能向人民隐瞒了。

现在各国政府和人民正经历着严重而深刻的转变时机。旧的不合理

---

① 69

② 70

③ 73

的制度正在崩溃，在人类没有知识和经验的时候，这种制度控制着人类，而且一开始就败坏人的品德。人类即将经历的最伟大的改革开端了。这将是从那种在一定程度上为所有的人制造相互仇视和不幸的极不合理的制度向着那种使人人相互友好和幸福的合理制度过渡。这将是从那种万恶之源的不合理的恶劣环境向那种经常成为富裕和幸福之源的完善得多的新环境过渡。①

善的因素直接引致真理、团结和幸福

善的因素直接引致真理、团结和幸福。②

人类现在需要解决的两大问题，解决这两大问题是为使各民族都能得到和平和幸福，并保证后代的幸福不断增进

目的在于证明和发展下列原理："人应该养成他自己所需的本性"；适当地应用机械力和化学力就"能够创造出极丰裕的财富，在数量上绰绰有余地满足一切人的合理愿望，而且使生产财富的人优先得到满足"。这就是人类现在需要解决的两大问题，解决这两大问题是为使各民族都能得到和平和幸福，并保证后代的幸福不断增进。③

我为他们所做的事情，比起各国政府可以而且应当为整个社会做的事情要少得多。实际上，这种成果是不难取得的，并可从创造出强有力的新的幸福源泉

这种幸福生活的真正原因，居民本身和社会都不知道；但是，效益卓著的成果就连偶然来访的局外人也都看得十分清楚，以至于本企业及其附属设施开始以"幸福之乡"而著称。居民健康状况的改善，他们的丰衣足食和幸福生活，使我感到了惊讶，因为必须看到，我为他们所做的事情，比起各国政府可以而且应当为整个社会做的事情要少得多。实际上，这种成果是不

---

① 77
② 78
③ 80

难取得的，并可从创造出强有力的新的幸福源泉。

政府不正视关于环境影响人的本性这门科学所具有的好的和坏的强大力量，并从而忽视培养和妥善形成本国人民的性格，而使人类失去多少财富和幸福，这一点是没有受过合理教育的人无法正确估计出来的。……实际上，社会由于不知道本身在生产财富方面和培养全人类的体、智、德、行的高尚品质方面具有无限的力量而每天受到十分令人惋惜的损失，并在全世界居民范围内破坏人们走向高度的完善和幸福的可能性，倘非如此无知，人类是肯定可以得到这种可能性。……一个伟大的真理由此证实了。这个真理就是：合理组织的社会从今以后可以通过一种途径，就是环境对人类的神造材料施加适当影响的途径，而使一切人从出生之日起就得到一种教导，从而变成善良、有用、聪明、知足的人，并且能够根据神造材料特定的优劣高低而享受不同程度的幸福。同时，社会也能防止人们变成无用、有害和不幸的人，而目前到处都有许许多多这样的人，他们成了世界的沉重负担。①

　　　　抛弃虚伪求真实，抛弃妄诞求真理，抛弃压迫求正义，抛弃欺骗和灾难求正直和幸福的革命，已经开始了

抛弃虚伪求真实，抛弃妄诞求真理，抛弃压迫求正义，抛弃欺骗和灾难求正直和幸福的革命，已经开始了。现在，世界上没有任何力量可以阻止事件的这一进程，而且只要充分了解这一进程的实质，就可以确信它对于每个人都具有永恒的好处。②

　　　　在这种美好的生活中，由于团结一致，人们将处于合乎理性和美好的环境之中，变为善良、明智和幸福的人

因此，我在这个没有理性的世界上虽然不重视声望，但是不得不把解决这个问题的责任承担起来；我不打算从这里获得什么，而只希望由于能把没有理性的世界变为思想健全的世界，或把没有理性的、充满对抗的不幸生活变为美好的生活而感到快乐。在这种美好的生活中，由于团结一致，人们将处于合乎理性和美好的环境之中，变为善良、明智和幸福的人，而不把实现

---

① 98

② 106

自己生存条件的这种变革的功过归于任何个人。

解决这项任务的唯一困难在于：全世界的人所受到的是耗费巨大人力、财力而不断学习虚伪的那种教育，并且一到成年就因此而变得毫无理性，以致完全不能理解自己的可悲处境，并且对研究他们的幸福所系的至关重要求的真理抱有很深的成见。①

如果现在就人人真诚地协助实现这项最重大的改革，那么普遍和平和幸福生活就会很快到来

必须迅速根绝这些灾难，迅速挽救千百万饥饿待毙的无知人民，必须不再徒然拖延时间而建立思想健全和普遍幸福的新王国。如果现在就人人真诚地协助实现这项最重大的改革，那么普遍和平和幸福生活就会很快到来。②

整个规章必须着眼于在村庄的人口达到最大限度时也能保证村民得到最大的幸福

整个规章必须着眼于在村庄的人口达到最大限度时也能保证村民得到最大的幸福。这项任务可以通过认真消灭各地的一切恶劣现象来解决。③

不平等制度使合理的人类生活的和谐和幸福遭到破坏

美德和真理的原则一旦被人们认识，要想在这一部分人或那一部分人中间仍然保持任何不平等制度，将是不可能的，因为那时会立即看出，不平等制度使合理的人类生活的和谐和幸福遭到破坏。④

在新秩序下，人人都将依靠自己的、妥善分派的劳动而安享幸福生活

---

① 108
② 110
③ 117
④ 120

幸福经济学选读

在新秩序下，人人都将依靠自己的、妥善分派的劳动而安享幸福生活；从这以后，享受幸福生活应当成为每个人即使是爱尔兰居民的不可剥夺的权利。①

> 执政当局要公开地放弃至今建立社会所依据的那种基本谬误，还要同样公开地接受那种为使社会成为合理和幸福而必须据以建立社会的伟大的和唯一的基本真理

执政当局要公开地放弃至今建立社会所依据的那种基本谬误，还要同样公开地接受那种为使社会成为合理和幸福而必须据以建立社会的伟大的和唯一的基本真理。

这一伟大变革的实现，只要求社会放弃那种从来没有被任何一件事实肯定过的谬误，并接受那种与谬误相对立的、被人类共知的一切事实所肯定了的真理。

在那种情况下，欧美各国政府将会多么轻而易举地把本国人民现在遭受的苦难一变而为永久的康乐和幸福啊！②

> 在新的制度下，竞争、不睦和战争将永远绝迹，人们从幼年时期起就养成彼此促进幸福的习惯

实行永恒的理性社会制度的时代很快就要来临，这种社会制度是以人们所探明的自然法为基础的，它的宗旨是改造人的性格，用团结与和平的精神管理地球上的居民，使他们不断完善和幸福；任何人力都不能长期阻止这种改革。……这一改革将在全世界从根铲除并彻底消灭那种传播无知、贫困、个人竞争、纠纷和国际战争的陈腐、无用而可鄙的制度。代替这种旧制度的，将是理性的社会制度。在新的制度下，竞争、不睦和战争将永远绝迹，人们从幼年时期起就养成彼此促进幸福的习惯。③

> 有理性的政府一心谋求治下居民的幸福

---

① 122
② 125
③ 127

　　有理性的政府一心谋求治下居民的幸福。为了达到这一目的，它首先要知道人的本性是什么，本性形成的规律及其在人的一生中存在的规律是什么，为了使新制度培养和发展起来的人们幸福所需要的是什么，为了取得这些条件和永远保证人人都有这些条件所需的最好手段是什么。

　　这种政府要研究和创造各种秩序，借以充分而可靠地保证治下的全体居民得到为人类幸福所必需的条件。这种政府的法律一定很少，容易为治下的全体居民所理解，而且同人性的规律完全相符。

　　政府将会知道：每个人的本性和器官以及身心方面的能力和志趣，都是生来由"不可思议的宇宙创造力"造好了的；一切器官、能力和志趣，对于种族的延续以及对于个人和社会的发展、健康、成就、良好状况和幸福都是必需的；如果人们随着本性的改善，在按照自然法即神法培养自己身心的天赋品质和能力方面取得足够的经验，就可以取得成绩。

　　但是，由于社会还缺乏经验，这些品质和能力可能遭到不正确的理解，受到错误和歪曲的指导，以致成为犯罪和灾难的根源，而没有成为成功和幸福的源泉。由于我们的远祖及其后裔缺乏知识，这种对于人的天赋能力的歪曲，都是非常普遍的，而且延续到今天。

　　因此，有理性的政府会了解到人的天赋特性从出生以后既可得到社会的正确指导，也可得到社会的错误指导，会了解到由于对这些天赋特性抱有错误的看法而使它们一下受到错误的指导，所以这种政府将在人类历史上首次采取合理的措施，使这些天赋特性在人的一生中都得到正确的指导。

　　有理性的政府知道人的本性及其形成和存在方式，是出生时具有的那些天赋能力的综合作用的结果，知道这些能力从出生之日起，既可受到社会的良好的指导，也可受到社会的错误指导。因此，它将认为只有自然界和社会应对每个人的性格和行为负责。

　　有理性的政府也会了解人的幸福所必需的条件，并采取各种措施，以保证每个人在社会所拥有的知识水平和手段的范围内得到这些条件。

　　这种政府知道，为使人人获得幸福，要具备下列条件：

　　（1）生来就有好身体，以后要取得自己的器官、能力、志趣和品质的实际知识。

　　（2）有可能合乎愿望地获得维持身体健康所必需的一切东西，并知道如何生产和分配满足人人需要的生活资料。

　　（3）出生后就有可能很好地发展自己的天赋能力——体、智、德、行方面的能力，并善于正确地指导和教育他人。

（4）拥有必要的知识、能力和志趣，以便始终不渝地促进他人的幸福。

（5）拥有经常增进自己知识的志趣和能力。

（6）有可能享受美好社会的快乐，特别是有可能按照自己的意愿同自己最尊敬和最爱慕的人交往。

（7）有可能随时愉快地出外旅行。

（8）对一切事情有发表自己意见的充分自由。

（9）有最大的个人行动自由，但须符合公共利益。

（10）我们的性格是本着这样的目的培养成的，即在一切情况下我们用观点、言论和行动只是表达真理，以宽容的态度对待他人的感情、思想和行为，对一切人都有真挚的善意。

（11）不迷信，不怕超自然的东西，不怕死。

（12）生活在建立得良好、组织得良好和治理得良好的社会里，这个社会的法律、制度和秩序都符合于人的本性的规律；知道利用什么方式能够真正把为建设这种社会所必需的一切条件结合起来。①

> 完全实现本条规定和下面将要阐明的各条法律，必定使每个人成为幸福的人

完全实现本条规定和下面将要阐明的各条法律，必定使每个人成为幸福的人，因为人们的天赋品质使他们有可能扩大自己的快乐的范围。这种情况在人们的才能和知识水平所能想到的并能够实现的最有利的条件下将会发生。②

> 在这个天堂里，每个人都充满热望，力求消除产生任何灾祸的原因的可能性，力求促进其他一切人真诚而主动的善行、福利和永久的康乐

知道怎样科学地处理人的天生素质（这是人们接受各种知识、向善和追求幸福的无限能力中最灵活的素质），不等于知道怎样改变现在的普遍混乱、沮丧、窘迫、恶习、犯罪和贫困的状态，成为人间的天堂。在这个天堂里，每个人都充满热望，力求消除产生任何灾祸的原因的可能性，力求促进

---

① 129

② 132

其他一切人真诚而主动的善行、福利和永久的康乐。那时，将不再需要只顾自私自利的感情了，每个人的兴趣和高度理性的快乐将在最广泛的实际可能达到的程度上得到保证。①

　　只有逐步在人类中间推广公正而绝对的平等，完全实行慈父般的民主，才能使人人得到并且保证得到互相关心、一切美满、进步和愉快的幸福

太古之初，上帝就做了这样的决定："要么人人都幸福；要么谁也不幸福。"这是一项慈悲、英明而善意的决定，值得景仰和尊重；这是千古不移的宪章，它既保证人类的进步和幸福，又保证一年之间的进步比以往一百年间所能取得的进步，或者严格点说，比现在的无理性制度的在理论上和实践上的谬误统治整个世界时无论多长时期内所能取得的进步更广泛、更重大和更持久，因为只要理论上的谬误存在，这种谬误必然会在实践上导致一系列巨大而深重的灾难。因此，目前在全世界范围内犯罪和思想冲突不断增多，丧失理智的行为也日益加剧。这样下去是不行的！只有逐步在人类中间推广公正而绝对的平等，完全实行慈父般的民主，才能使人人得到并且保证得到互相关心、一切美满、进步和愉快的幸福。"要么人人都幸福，要么谁也不幸福"，将在最近首先成为民主的口号，然后成为一切国家和不同气候地带的人民的共同口号。②

　　在以无知为基础的人为法律统治下，没有一个立法者在现行的任何一部法典中采取过使两性之间的结合能为整个社会带来美德和幸福而不致造成罪行和苦难的措施

在以无知为基础的人为法律统治下，没有一个立法者在现行的任何一部法典中采取过使两性之间的结合能为整个社会带来美德和幸福而不致造成罪行和苦难的措施；在现在的法律制度下，本来就不可能实行这种措施。……但是，如果这种保证男女婚姻幸福的良好制度，在某种个别情况下没有达到目的（有时可能发生这种情况），那就要采取措施，在不破坏双方友谊的条

①　133

②　134

件下离婚，要使双方不受到最小的损失，而使社会得到最大的好处。^①

　　私有制不是鼓励人们为个人发财致富而活动，而是促进人们为普遍幸福这一神圣的目的而每天发挥自己最大的能力

有人断言私有制是增强个人力量的刺激因素，而在人为法律必然造成的不合理制度下，也确实需要这种刺激因素。但是，在根据神圣法则建成的制度所诞生的新秩序下，将经常存在另一种力量强大得多的刺激因素：它不是鼓励人们为个人发财致富而活动，而是促进人们为普遍幸福这一神圣的目的而每天发挥自己最大的能力。^②

　　受到对人性本质的理解所指导的善行，比人的任何其他品质或特性具有强大得多的力量促进人们的幸福

只是现在，人才开始相信：受到对人性本质的理解所指导的善行，比人的任何其他品质或特性具有强大得多的力量促进人们的幸福；可以借助于受到明智而审慎地指导的善行，在人出生以后就按照神法教导和教育他们，使他们尽可能不依靠自己创造的能力而永远成为善良、明智、有用和幸福的人。然而，按照人为法律使用暴力和惩罚来治理社会时，永远不能使人达到神法统治下人人都能得到和人人都能享有的那种善良、明智和幸福；神法将经常毫无例外地产生善良意志，产生对于后天的教育或先天的差异的应有关怀，从而产生宽宏大度和无限善良。实现这种改革以后，一切个人惩罚将不仅被认为是非常残暴和非正义的，而且也被认为是管理那些希望成为善良、明智、幸福的有理性的男男女女的一种最错误的方式。^③

　　推广善行的正确途径在于首先采取一些措施，使人们变为有理性而幸福的人，因为人们有了幸福，就容易成为善良的人

笔者曾得到一个特别良好的机会，在三十年期间内按照与人为善的原则

---

① 139～141

② 146

③ 148

管理过两千五百人。尽管试验是在人为法律所造成的极端不良条件下开始和实行的，但是获得了成功，使人们得到的知识、德性和幸福的总和远远超过对它所抱的最热烈的希望。一旦试行依据符合神法的原则来管理社会，则采用人为法律的必要性就将迅速消失，而幸福就将在受上述方式明智管理的居民中间产生善行。推广善行的正确途径在于首先采取一些措施，使人们变为有理性而幸福的人，因为人们有了幸福，就容易成为善良的人。这条途径所以正确，就在于它既是最简捷的而又是最使人愉快的。……神圣法则预防犯罪的原因的产生，从而使惩罚不但成为无用，而且变得非常有害。导源于神圣法则的新宪法可以公正地称为预防犯罪和生活贫困、创造美德和幸福的宪法。①

> 这部民主宪法的主要目的，在于根据神圣法则把人类联合成一个亲如兄弟的联盟，以谋求大家的共同福利

这部民主宪法的主要目的，在于根据神圣法则把人类联合成一个亲如兄弟的联盟，以谋求大家的共同福利。本条所列的职责，是为了促进实现这一目的，同时为了保证参加理事会的人员获得幸福，以及为了逐步改善联合起来组成联盟的每个新村的状况而规定的。②

> 妨害人们产生善意和好感的障碍将被消除，团结的关系将要建立起来，普遍和平将要到来，而幸福也将不断增进

人力不能改变的宇宙的创造本原，将不再是人们之间的憎恨、愤怒、思想分歧和感情不和的原因。那时，妨害人们产生善意和好感的障碍将被消除，团结的关系将要建立起来，普遍和平将要到来，而幸福也将不断增进。因此，同任何一定的理性思想没有联系的抽象原则，将不再像直到现在这样抑制人们之间的爱，抑制人们之间的善意和团结的萌芽。没有善意、团结和爱，人类生活就失去康乐，变成可咒诅的东西。③

------

① 149
② 156
③ 164

幸福经济学选读

改进人类的现状和使他们直接走向团结、有理性和幸福的道路的第一步，应该是断然抛弃这种引起灾难的虚伪，消除它所造成的一切实际苦难

人类的一切制度都是在这个引起灾难的基础上建立起来的。宗教、政府、法典、社会划分、不合理的奖励和不公正的残酷惩罚、现世对于死后受到魔鬼的永恒惩罚的恐惧和对于彼岸世界的幸福的希望，也都是在这一基础上产生的。其实，人们所希望的彼岸世界的幸福，如果没有这种谬见，是能够在今世安然享受到的，而且日后的世世代代也会继续不断地和更加充分地享受到的。简而言之，这个基础是人们没有理性、彼此分裂、互相不睦和遭受灾难的原因，然而人们本来是可以成为十分有理性、仁慈、善良、团结和幸福的人们。

改进人类的现状和使他们直接走向团结、有理性和幸福的道路的第一步，应该是断然抛弃这种引起灾难的虚伪，消除它所造成的一切实际苦难。①

纯洁、真实和普遍的善良是唯一的真正动力，它可以指导这些万能的手段去达到合理的目的，并保证尘世生活永远幸福

从知识中产生的难以胜数的新力量，将帮助人们的有限的天赋能力，使人们成为把我们地球建成人间天堂的参加者。纯洁、真实和普遍的善良是唯一的真正动力，它可以指导这些万能的手段去达到合理的目的，并保证尘世生活永远幸福。人们将由此不再反对自己的创造者，不再把自己的无知和没有经验同自然界的明智对立起来。②

人类一切成员的未来幸福或苦难，都取决于这种知识，而且现在正处在这种知识的直接影响下

在人类至今获得的一切知识当中，关于环境对于人的本性具有极大影响的科学知识，毫无疑问是最重要的。人类一切成员的未来幸福或苦难，都取

---

① 165
② 167

决于这种知识，而且现在正处在这种知识的直接影响下。①

　　克服这种不敢发现真理的精神上的懦弱和找到真理时又不敢宣布真理的恐惧心理，使人们颇有可能成为坚持到底的、有理性的和幸福的人

人的性格是根据关于人的本性的极其错误而荒诞的概念形成的，社会本身也是根据这种虚伪的概念建立起来的，因此，一直没有人能够按照上述方法和即将介绍的精神来研究事实。人们至今仍然认为，不论是为了他们个人的利益，还是为了公共的福利，都要协助维护旧的见解，而不管这种见解是怎样虚伪和有害。即使个别人发现了人类幸福所赖的某些最重要的真理，他们也是没有可能公开说出来的；假如他们想要这样做，也会由于心直口快而遭到不幸。例如，我们在关于世界政府、组织法和法典的草案中提出了神圣的真理，尽管公布和采用这个真理决定着整个人类的康乐和幸福，但是，当考虑到自己的个人利益或者害怕自幼就受虚伪观念影响的无知而有偏见的群众的时候，谁还敢公开出来捍卫这个真理呢？……必须克服这种不敢发现真理的精神上的懦弱和找到真理时又不敢宣布真理的恐惧心理，使人们颇有可能成为坚持到底的、有理性的和幸福的人。②

　　现在的政府可以通过和平的途径，依靠英明预见，轻易地、经济合理地、合乎目的地、卓有成效地创造这种良好的条件，以保证普遍的安全和幸福

现在，有必要表现出理性，抛弃恶劣的和有害的条件在一切阶级和国家中的各种各样形式的结合，而代之以良好和高尚的条件。现在的政府可以通过和平的途径，依靠英明预见，轻易地、经济合理地、合乎目的地、卓有成效地创造这种良好的条件，以保证普遍的安全和幸福。③

　　以虚伪为基础的现存社会制度，始终不能使人们养成高尚的性格，在这种制度的统治下，不能保证人们得到永久的幸福

---

① 167
② 170
③ 172

幸福经济学选读

以虚伪为基础的现存社会制度，始终不能使人们养成高尚的性格，在这种制度的统治下，不能保证人们得到永久的幸福，或使人的本性得到合理的发展，也就是不能使每一个人和人类全体得到合理的发展。①

尽可能性使大家幸福是一切理性宗教的基础

在这项变革正在进行而这种幸福的日子还没有来临的期间，体、智、德方面有毛病的人将受到细心的照顾。在当时的条件所能允许的范围内，他们将被安排得在生病时也能享受到幸福，因为尽可能性使大家幸福是一切理性宗教的基础。②

全面地了解事实，则是他们最重要的事情，因为这种了解对于他们本身的永久幸福和整个人类的康乐都是十分必要的

人们受全世界的僧侣的愚弄，变成愚蠢的精神上的懦夫，害怕观察和研究事实，而全面地了解事实，则是他们最重要的事情，因为这种了解对于他们本身的永久幸福和整个人类的康乐都是十分必要的。使人们出生以后就受到理性的教育，将保证每个人获得高尚的知识和良好的情操，而这种知识和情操，可以促使人们在静观自然界时对于整个自然界并通过整个自然发生作用的不可思议的力量产生极其崇高而纯结的感情，并在言行上表现出来。③

人们出生以后就处在良好的环境中，成为有理性而幸福的人，从而产生出难以形容的虔敬和欢喜的感情

理性宗教的实践和崇拜，就在于不分阶级、教派、性别、党派、国家和种族，全力促进男女老幼的康乐和幸福，并使人们出生以后就处在良好的环境中，成为有理性而幸福的人，从而产生出难以形容的虔敬和欢喜的感情。④

---

① 173
② 174
③ 175
④ 175

> *人人将只有一个愿望，那就是热烈地希望得到普遍的康乐和幸福。理性宗教的直接使命就是促进人们产生这种感情，而它的最终结果则是保证人类永久幸福*

人人将只有一个愿望，那就是热烈地希望得到普遍的康乐和幸福。理性宗教的直接使命就是促进人们产生这种感情，而它的最终结果则是保证人类永久幸福。但是，根据自然规律所固有的可靠性，现在就可以知道，要实现这一光荣的变革，只能依靠创造良好的条件，并把这些条件结合起来，使人们在这些条件下受教育和管理。这种条件能使人们永远创造丰裕的财富，并很好地把财富分配给所有的人。①

> *人都可以为他人效劳，这就会开辟出一条道路，使人人都可以沿着它前进，成为明智、善良而幸福的人，换句话说，就是成为有理性的人*

这种知识使作者消除了对他人的任何愤怒感情，在精神上产生了对众人的纯真的善意、不断增进的战胜谬见和尽力为人们效劳的愿望。人都可以为他人效劳，这就会开辟出一条道路，使人人都可以沿着它前进，成为明智、善良而幸福的人，换句话说，就是成为有理性的人。②

> *人类在理性制度下未来幸福的光明远景，这就是不断鼓励作者展开活动的有力动因*

一方面，人类在最残忍而有害的非理性统治下普遍的日益深重的苦难情景；另一方面，人类在理性制度下未来幸福的光明远景，这就是不断鼓励作者展开活动的有力动因。③

> *我们的目的，即一切有理性的人的共同目的，是谋求幸福*

---

① 176

② 180

③ 183

幸福经济学选读

我们的目的，即一切有理性的人的共同目的，是谋求幸福。①

我们认为不问自明的是：追求幸福永远是激励人们的动力

我们认为不问自明的是：追求幸福永远是激励人们的动力。②

只有当人们联合起来共同行动的时候，他们的活动才有效率，他们的工作才有成果，他们的社会生活才有幸福

我们从人类的活动中看到，只有当人们联合起来共同行动的时候，他们的活动才有效率，他们的工作才有成果，他们的社会生活才有幸福。……只要有决心和手段，所得的结果就与所用手段的效果成正比；我们根据实际的经验得知，理性的增长在作用上等于幸福的提高。因此，我们要像追求自己的幸福那样去追求理性。……我们看到，真理总是产生幸福，谬误一向造成灾难，所以真理可使我们达到目的，而我们也只愿意遵循真理。③

让目前活着的人能够稍稍领略一下现代人在新条件产生后为后代人预先准备的那种不断完善的生活和快乐

我们知道和觉得，无知和谬见使人们成了没有理性和不幸的人；我们现在清晰地感到灾祸临头；我们深信，根据以往的经验，我们能够使人们成为善良、有理性和幸福的人，而且他们的一切需要也会得到充分的满足；我们也知道促其实现的实际措施。这项最庄严的任务，现在就要解决。我们敦请你们以热烈关怀自己的康乐和幸福的精神彼此联合起来，并同我们联合起来，以便毫不迟缓地着手实行这一伟大的福利事业：让目前活着的人能够稍稍领略一下现代人在新条件产生后为后代人预先准备的那种不断完善的生活和快乐。④

---

① 187
② 187
③ 188
④ 193

一个人如果不修自己的德行，他就不可能成为一个幸福的人

我们知道，人人都希望成为幸福的人。

我们知道，任何一个人只要自己的自然需要不能无忧无虑地得到满足，就不可能成为幸福的人。

我们知道，一个人如果不修自己的德行，他就不可能成为一个幸福的人。

我们知道，一个人只要没有习惯于因促进同胞的幸福（绝不因为个性差异或其他理由有任何的例外）而感到最大的快乐，就不可能成为有德行的人。①

人类的和平和幸福，在各国现今政府（如果它们有正确的认识，而且愿意采取这样的行为方式）的领导下，通过伟大的光荣改革，可以比较容易和比较迅速地实现，并得到政府的保证

人类的和平和幸福，在各国现今政府（如果它们有正确的认识，而且愿意采取这样的行为方式）的领导下，通过伟大的光荣改革，可以比较容易和比较迅速地实现，并得到政府的保证。②

由于在合理指导下的辛勤劳动受到尊重，由于联合一切人的力量来为每个人造福，正在把人的性格由坏变好

公共合作制度最有利于消除这一切祸害的根源；这种制度利用正确制定的措施，通过把人们联合起来的途径，由于丰衣足食，由于在合理指导下的辛勤劳动受到尊重，由于联合一切人的力量来为每个人造福，正在把人的性格由坏变好。③

错误的货币制度直到目前仍然是全世界的许多恶习和痛苦的根源，而这个新的完善的流通手段将成为全人类美德和幸福的源泉

---

① 195
② 198
③ 199

幸福经济学选读

为了消除产生灾难的一个最直接的原因，为了准备有助于正确指导体力和智力的手段，我们提议在不列颠帝国的各个部分创办公平交易的交换银行。

我们建议，把创办这种银行作为旨在短期内促进英国实现居民中各个阶层的普遍幸福的手段。其他国家的居民也将仿效这个榜样，而且要比仿效至今向人类提出的各种措施都来得热烈。错误的货币制度直到目前仍然是全世界的许多恶习和痛苦的根源，而这个新的完善的流通手段将成为全人类美德和幸福的源泉。①

> 当选为领导者的人，应当利用一切方法向全体社员灌输这一原则，并经常提醒他们认识自己面临任务的重大意义。这个任务就是：使人们摆脱贫困和痛苦，走向独立和幸福

当选为领导者的人，应当利用一切方法向全体社员灌输这一原则，并经常提醒他们认识自己面临任务的重大意义。这个任务就是：使人们摆脱贫困和痛苦，走向独立和幸福。……因此，这里摆着两条可走的道路：一条是走向富裕和幸福的道路；另一条是走向贫困和痛苦的道路。如果走上第一条道路，就可以永远消除敌意和灾难。②

> 我们祖先曾力图使人们养成最完美的性格，保证他们生活幸福。为了这一目的，他们创立了无数以神学原则为基础的制度

可以设想，我们祖先曾力图使人们养成最完美的性格，保证他们生活幸福。为了这一目的，他们创立了无数以神学原则为基础的制度。从几千年来的经验可以清楚地看到，在现有的一切制度中，根据任何一个神学的原则建立起来的制度，即使是实施得非常顺利，也一定使人们失去理性。现在已经明白，只要还让这种制度存在下去，人类的生活条件就不能得到可靠的改善。神学和虚伪必然结下不解之缘，因为神学必不可免地制造虚伪；而当社会制度必然地产生欺骗和虚伪的时候，期待德行、理性或幸福的出现，那是

---

① 200
② 206

徒劳的。①

　　人们只有在真理的帮助下，才能得到改造，甚至能够脱胎换骨，得
到充满着经常不断的新幸福的再生

　　这种制度将完全符合人类的已经形成的本性完全适应人类的改造事业，
完全有利于把一切人都毫无例外地变成有理性、有思想和品格高尚的人；这
种制度也将保证人人终生都拥有比他们在目前这种包藏着谬误和灾祸的没有
理性的制度下高得多的智慧和大得多的幸福。既然这个使一部分人十分恐惧
而使另一部分人特别快乐的时代即将来临，那么现在就应当向人人说明这个
真理，因为人们只有在真理的帮助下，才能得到改造，甚至能够脱胎换骨，
得到充满着经常不断的新幸福的再生。②

　　用另一种制度，即保证现在的和将来的各代人生活富裕、有知识、
聪明和幸福的制度，来代替现存制度和消除它的一切谬误，是可能而合
理的，是容易而有很大好处的

　　在请愿书中应当声明，必须立即审议这样的一个问题：用另一种制度，
即保证现在的和将来的各代人生活富裕、有知识、聪明和幸福的制度，来代
替现存制度和消除它的一切谬误，是可能而合理的，是容易而有很大好
处的。③

　　只要财富的生产不超过每个国家人民的幸福的需要，各种商品与财
富的生产和交换，就应有无限的自由

　　只要财富的生产不超过每个国家人民的幸福的需要，各种商品与财富的
生产和交换，就应有无限的自由。④

---

①　215

②　232

③　234

④　238

幸福经济学选读

人从本性上显然要在某一发展阶段获得幸福，并且应当经常享受幸福

五十多年以前我就发现，一种严重的错误根深蒂固地成为社会的基础，这种错误在制造灾祸，妨碍着幸福的实现；人从本性上显然要在某一发展阶段获得幸福，并且应当经常享受幸福。①

只有真实知识和真正幸福的结合，才称得起善行

只有真实知识和真正幸福的结合，才称得起善行。②

我们应当事先提出宗教和政治的意见分歧以及个人打算历来所发生的破坏性影响，这些意见分歧和打算妨碍了为人类幸福而制定的最高尚和最善良的计划的实现

我们应当事先提出宗教和政治的意见分歧以及个人打算历来所发生的破坏性影响，这些意见分歧和打算妨碍了为人类幸福而制定的最高尚和最善良的计划的实现。③

只要社会的领导权仍属于不创造财富或知识的人，人们就得不到良好的工作，受不到良好的教育，不能为了自身的长远幸福而团结起来，不能成为有理性或有知识的人

人类中的这一部分人是我国和其他国家所要实行的一切重大和长远改革的真正障碍。只要社会的领导权仍属于不创造财富或知识的人，人们就得不到良好的工作，受不到良好的教育，不能为了自身的长远幸福而团结起来，不能成为有理性或有知识的人。不管过去的政权怎样，现在的政权都不能促进财富的生产、知识的传播和行政的合理管理。在现存的制度下，各国的政

---

① 241
② 242
③ 248

权都是财富生产和知识传播道路上的最严重的障碍。①

　　在我们这个科学昌明的时代，仍然有人对于本身的利益，本身的幸福以及同胞的利益和幸福一无所知

十分遗憾，在我们这个科学昌明的时代，仍然有人对于本身的利益，本身的幸福以及同胞的利益和幸福一无所知。甚至还有人愿意支持这样一种社会管理制度：这种制度以显然不理解或歪曲最常见的确凿事实为基础，在原则上是虚伪的，而且每天都在实践中制造最有害的和最可悲的后果……②

　　社会如果认清自己的真正利益，就一定会促使新设施代替有害的旧设施。用欧文的话来说，计划将保证"全人类的幸福"

在1817年的报告里，欧文宣传劳动公社是消灭失业的手段的思想。但是，这个思想在他的意识中不知不觉地发展成为一项根据新的原则改造整个社会的计划。在他看来，公社制度是完全符合人的本性的制度。在继这个报告之后写给伦敦各报的信里，他已经从这个论点作出实际的结论。他把公社说成是一种"新社会体系"。他承认，大批成立起来的公社对于现存制度是危险的。但是，社会如果认清自己的真正利益，就一定会促使新设施代替有害的旧设施。用欧文的话来说，计划将保证"全人类的幸福"。由此可见，早在1817年，欧文就已经提出他的理想社会体系的主要论点。1820年，这个体系具备了完整的形式。③

　　在欧文看来，谬误和无知是一切罪恶的根源，而理性和知识则是幸福的源泉

在欧文看来，谬误和无知是一切罪恶的根源，而理性和知识则是幸福的源泉。归根结底，他把人的一切道德上的缺陷都归结为愚昧无知。在他著书立说的全部活动期间，欧文始终坚信这一"简单的真理"。根据这个观

---

① 256
② 258
③ 279

点，欧文认为过去时代的全部历史都是人类无理性的历史。因此，无怪乎说"比起人类历史开始有记载的远古时代，现在任何一个人丝毫也没有更接近幸福"。按照欧文的意见，人类没有能够实现自己的幸福，是因为他们的理智被种种严重的谬见束缚住了。①

　　　　为了人们的幸福，就应当把他们的思想从错误的观念中解放出来

　　为了人们的幸福，就应当把他们的思想从错误的观念中解放出来，或如欧文所说，应当使思想"新生"。人们思想觉醒的时代就要来到了。任何有理性的观察者都一定清楚地看到：伟大的变革正在酝酿成熟，人类就要向前迈出一大步。不论愚昧无知的势力怎样力图阻碍真理，最后势必在经验面前让步。通过经验得来的知识将驱散无知的黑暗，把人从理智上处于沉迷状态中解放出来；研究自然法将会破除迷信，保证人类的理性获得自由。对宗教的敬意将逐渐消失，合乎真理的知识将日益推广。欧文确信，我们正在走向理性的时代，人类精神复兴的日子就要来到。理性的力量将粉碎目前占有统治地位的虚伪，确立自然法或神法，以取代不公正的人为法律。②

　　　　欧文坚信人都向往幸福。社会环境促使人们牺牲他人的幸福来谋取
　　　自己的幸福

　　欧文坚信人都向往幸福。社会环境促使人们牺牲他人的幸福来谋取自己的幸福。于是，人们为了谋取幸福而进行斗争。在现在的条件下，这个斗争起着破坏作用，因为个人的幸福和其他一切人的幸福之间存在不可分割的联系。因此，必须把人们的教育和生活组织好，使他们意识到：每个人的幸福只有随着他人的幸福和整个社会的幸福的增长才能得到增长。③

　　　　人类的目的是谋取幸福，可是就实现这个人们向往的目的的制度来
　　　说，再也没有比世界各国现行的制度更坏的了

---

① 281

② 282

③ 283

　　人类的目的是谋取幸福，可是就实现这个人们向往的目的的制度来说，再也没有比世界各国现行的制度更坏的了。在现行制度中占统治地位的个人主义和竞争，是违背人性的。在"神法"面前，人不是单独的个体，而是大集体的一员。自私自利的原则已经过时了。社会陷入无政府状态，根据自私自利的原则拯救不了社会，因为这个原则是一切灾难和恶欲的根源。只要还有人离开他人独自生活，社会罪恶就会加深。在欧文看来，人类的一切设施都在证明社会制度缺乏理智。其中占据首位的要算私有制。私有制是敌对、欺骗、舞弊、卖淫、贫困、犯罪和不幸的根源。私有制是不公平和不合理的。欧文确信，私有制对于上中下各阶级都是有害的。只要私有制存在，人类就不能得到幸福。①

　　　　新制度是建立在真理和科学的基础之上的合理制度，以保证人人享受物质生活和精神生活的幸福为目的

　　欧文认为，旧制度是建立在谬见的基础之上的，充满着虚伪和无知、贫困和压迫、暴行和犯罪，他提出一种新制度来取代它，这种新制度是建立在真理和科学的基础之上的合理制度，以保证人人享受物质生活和精神生活的幸福为目的。在这种制度下，虚伪没有立足之地；在这种制度下，将不知贫困和非人道行为为何物；在这种制度下，既不会有奴隶和农奴，又不会有剥削关系。新制度的原则是共同劳动、共同占有、权利平等和义务平等。在新制度下，个人利益将同公共利益一致，脑力劳动和体力劳动之间不会再隔着一条鸿沟。新制度将根除笼罩着社会的混乱和无政府状态，破天荒第一次组织有计划的经济活动。欧文说："至今，人们只会在战争中联合行动，以保卫自己的生命和消灭他人的生命；而现在，为了维持生命的和平目的而共同进行生产，也同样是必要的。"②

　　　　宗教的真正而主要的内容不在于词句、公式和仪式，而在于积极参与的爱的实践，在于主动地协助他人获取幸福

　　宗教应当宣传热爱他人，即使他不是信教的。欧文宣称，宗教的真正而

① 286
② 289

主要的内容不在于词句、公式和仪式，而在于积极参与的爱的实践，在于主动地协助他人获取幸福。①

统治机构对一切阶级的幸福都起破坏作用

从欧文的唯理论观点来看，这种用和平方法向新社会制度过渡的可能性，是不容置疑的。欧文认为，问题的实质在于使正确的原则获得胜利。而在欧文看来，任何党派里面都有能够领会这些正确原则的明智的、深谋远虑的人士。真理是人人都能接受的。人们为他们所错误理解的利益分离开来。实际上，富人和穷人、统治者和被统治者是有着共同的利益的。统治机构对一切阶级的幸福都起破坏作用。②

> 在现存的社会机构下，任何一种政体（专制制度也罢，君主立宪制也罢，共和制也罢，民主制也罢），都不能保证人民的幸福

在现存的社会机构下，任何一种政体（专制制度也罢，君主立宪制也罢，共和制也罢，民主制也罢），都不能保证人民的幸福。欧文认为，能否组成劳动公社，并不取决于争得政治权利或普选权。③

> 他们觉得优良和高超的性格是为缔造幸福所必需的。他们认为财富是为他们享受幸福所必需的。他们希望兼而有之。他们急不可耐地寻找它们

今天，他们在全世界的一切活动，就其力求达到大家心目中的目标即他们自己的幸福来说，是极其荒谬。为了造福于人类，经常需要有两个前提。

第一，从出生到死亡，所有的人都养成一种真正优良的性格。

第二，无论何时，所有的人都能分配到绰绰有余的真正财富。

这是因为，为产生和获取这些结果所必需的安排或条件（或者有些人常常所说的"环境"）将永远使人类享有他们在地球上作为凡人而能想望的

---

① 292

② 294

③ 296

一切东西。

然而，从有史可稽的最早时期起，世界上的一切当局历来都不知道怎样作出那种能够赖以达到这两项结果的安排，或者造成那种条件或环境。这是目前全世界之所以到处可见人类的贫困、堕落和痛苦的唯一原因。所有国家的各方面的人士现今正像在追逐猎物时失去嗅迹的猎犬。他们觉得优良和高超的性格是为缔造幸福所必需的。他们认为财富是为他们享受幸福所必需的。他们希望兼而有之。他们急不可耐地寻找它们。另一方面，全世界的教士由于他们自己的错误教导把人类的才智引入歧途，从而使世界各国的当局难以发现他们的错误所在，也不可能知道怎样去走上那条单独通往他们所寻求的知识的道路。

能够赖以取得上述两项结果的科学的发现，使人生的这个时代成为最光荣的时代。这是因为它将引导人类直接走上通往幸福的道路，而幸福则是人的天性所急切追求的，并且是至今他们显然已经努力寻找而徒劳无功的。①

全世界的教会当局和政府当局都是希望获得幸福的

现今存在于各国的很大缺点是那些在教会或政府中负有管理职责的人所受的不正确的指导；这一重大弊害现在必须得到克服。但克服的方法不应当采用武力或谩骂。理智和常识是无往而不利的唯一真正的武器。过着自觉生活的人总是生来就希望享受幸福的。全世界的教会当局和政府当局都是希望获得幸福的。任何教会或政府中的各个成员在他们大家目前所处的虚伪环境下是不可能享受到近乎持久幸福的生活的。另一方面，在以真正理解人性规律为基础的其他条件下，每一个成员却可以得到启迪，从出生之日起便富于理性，做到理论和实践前后一致，在其一切的活动和行为方面顺其自然，终身享受持久幸福的生活。②

变革现今就在我们的面前，它将成为革命中的革命，必将保证人类永远事事顺遂，幸福无涯

现在的政府由于灌输了现代政治经济学家们的一切不成熟的想法，开始

---

① （第三卷）185

② 188

幸福经济学选读

采取最严格的措施来制定反对贫民和劳动阶级的自然权利、袒护有财有势的人的法律。这样一些法律必然会增加贫困、犯罪、不满和苦难，最后使原理和做法不可避免地要发生变革。那种变革现今就在我们的面前，它将成为革命中的革命，必将保证人类永远事事顺遂，幸福无涯。[①]

一旦人们为了达到高度卓越和幸福的境界……真理将成为人们中间唯一的语言，有见识的宽宏和仁爱的纯洁精神将弥漫于整个人类

一旦人们为了达到高度卓越和幸福的境界，懂得人类的优美而很了不起的器官、才能、癖性、能力和品质，并由一代人把这种知识合理地传授给下一代人时，真理将成为人们中间唯一的语言，有见识的宽宏和仁爱的纯洁精神将弥漫于整个人类。[②]

在这种社会制度里，人性将在实际上能够享受最大的个人自由。正因为它将必然使每一个人都很善良、明智和幸福，这样的人才会富有充分的个人自由

自由这个词儿沿用至今，但任何地方的人都并不了解它的意义。这是因为，真正的自由只能存在于这样的社会，即它以人们对人性的正确理解为基础，其上层建筑同那基础的各个部分或全部相一致。这将构成合理的社会制度，在这种社会制度里，人性将在实际上能够享受最大的个人自由。正因为它将必然使每一个人都很善良、明智和幸福，这样的人才会富有充分的个人自由。

这是预示世界上将出现新的生活状态的宣告，我这宣告如果得到正确理解并合理地见诸实践，必将真正把全人类联合成为一个出色的、进步的大家庭，必将使所有的人在知识和才智方面有迅速的发展，并不断地享受人类所能获得的世间最高的幸福。[③]

要改变这种使所有的人蒙受苦难的、虚伪的、邪恶的和十分残酷的

---

① 221
② 235
③ 254

社会制度，代之以真实的、公正的、仁慈的和善良的社会制度，这种社会制度将使所有的人终于在知识和智慧方面不断取得进步，生活上的幸福和合理的物质享受日益增长

第一次大会之后我曾再三推敲，应当怎样力求最后实现那个不可磨灭地铭刻在我心中的、我决心不惜冒任何风险要达到的伟大目标，那就是，要改变这种使所有的人蒙受苦难的、虚伪的、邪恶的和十分残酷的社会制度，代之以真实的、公正的、仁慈的和善良的社会制度，这种社会制度将使所有的人终于在知识和智慧方面不断取得进步，生活上的幸福和合理的物质享受日益增长。[1]

　　　纯洁的爱和宽宏精神是人类中间得以享受真正的利益和幸福的唯一基础

我宁可坚持不包含这些教派信条的巧妙有效的做法，而不肯接受任何鄙弃这种能带来利益的幸福的做法的宗教信条。

纯洁的爱和宽宏精神是人类中间得以享受真正的利益和幸福的唯一基础，世界上的一切宗教根据历来的教导是直接同这种精神背道而驰的；基于这一深切的体会，我作出这样的规定：对于我们的人类，不论其属于何种肤色、国籍、阶级、宗派、性别和党派，也不论其天然机体或素质如何，要逐渐用那种充满着爱和宽宏精神的能收到实效的宗教，代替这些与那种精神相反的、充斥着不合理的可憎信条的宗教，从而达到全体人类以及一切生物的伟大目标——幸福。

全世界的各种宗教历来和现在都是一切虚伪、倾轧与罪恶的真正根源，也是人类种种苦难的真正根源，对于这一点，凡是能够观察、思考并根据这样的观察和思考推断出正确的或合理的结论的人现在都看得很清楚。

现今大家必须正视这个问题，丝毫也不能偏离直接通往真知、善行和幸福的大道；这是因为，在虚伪、倾轧、罪恶以及这些弊害必然使人类蒙受的一切苦难的这种长期存在的根源被排除以前，企图采取或侈谈什么给予人类以智慧、财富、利益和幸福的措施，乃是绝对徒劳无益的。[2]

---

① 260

② 326

> 这种新的生活状态可以称为"太平盛世"，或"人生的合理状态"，或"由于身心能力获得合理发展而出现的人的自然状态"，或"为了所有的人的幸福而实行的人类大团结"

这种新的生活状态可以称为"太平盛世"，或"人生的合理状态"，或"由于身心能力获得合理发展而出现的人的自然状态"，或"为了所有的人的幸福而实行的人类大团结"，或"人类的兄弟般的关系"，或其他任何含意更丰富的名称。但是要避免冠以个人的名字，正如你避开一条毒蛇或一条饥饿的大蟒蛇一样。①

> 所建议的以真理为基础的新社会制度便于陶冶性格、创造财富、改造社会和管理人们的一切事务，它将万无一失地保证人类持久的福利、善行以及财富、知识、智慧、团结和幸福的不断增长

我所以满怀信心地做这样的论断，是因为我完全了解到：现有以谬误为基础的社会制度在原理、精神和实践上始终十分有害于从最高到最低、从最有学问到最无知的每一阶层和阶级的每一个人；所建议的以真理为基础的新社会制度便于陶冶性格、创造财富、改造社会和管理人们的一切事务，它将万无一失地保证人类持久的福利、善行以及财富、知识、智慧、团结和幸福的不断增长。②

> 这是世界各国如今所探求的并且经过探求它们肯定会发现的真理。这个真理一旦被人们充分了解和始终如一地应用于实践，就会使所有的人变得善良、明智和幸福。这一伟大的真理是："无论是具有神性还是具有人性的人的性格，是由外力在他不知不觉中为他形成的，并且现在完全可以为所有的人从出生之日起就形成的。"

不，那种在精神、原理和实践会在全世界推广并确立绵延千年的至善和至福生活的制度是不能靠显要人物的恩赐而推广和确立起来的。这些人不会去助长虚妄或谬误，也不会去巩固任何以虚妄或谬误为基础的制度。然而，

---

① 334

② 337

由于真理能够经受考验和最后抵抗一切反对它的力量，它就不需要一些人的恩赐或任何装模作样的帮助。真理要想永世流传，就必须依靠它自己的基础巍然存在。如果它需要一些人的帮助，它就不成其为最终将控制人心、指导未来漫长时期世界各国人民的永恒的真理了。

这是世界各国如今所探求的并且经过探求它们肯定会发现的真理。这个真理一旦被人们充分了解和始终如一地应用于实践，就会使所有的人变得善良、明智和幸福。这一伟大的真理是："无论是具有神性还是具有人性的人的性格，是由外力在他不知不觉中为他形成的，并且现在完全可以为所有的人从出生之日起就形成的。"

这个真理不需要任何名人给予支持。一切事实都表明这一点。人类的全部历史也确认和证实这一点。它将克服千百年来所形成的同它对立的根深蒂固的偏见。正是那种灿烂辉煌的真理将使各国人民得到解放，并将保证我们人类在未来享有幸福。①

促使我们天性中的一切动物嗜好健康地和有益地服从于较高级的器官、品质和能力，以便使整个人类身心健康、善良、明智、坚忍不拔、明辨事理和幸福

这是第一次公诸于世的新理论，它即使只列出一个大纲，但也说明了关于社会的实用科学的范围：为全人类陶冶一种优良而高超的性格；为全人类创造绰绰有余的优等财富；使所有的人作为一个进步的优秀大家庭的成员而团结起来；为人类形成优良的物质和精神条件或者那种能够激发和高质量地培养人类的一切卓越才能的环境；促使我们天性中的一切动物嗜好健康地和有益地服从于较高级的器官、品质和能力，以便使整个人类身心健康、善良、明智、坚忍不拔、明辨事理和幸福。②

---

① 353
② 368

李嘉图《政治经济学及赋税原理》（1817）

　　大卫·李嘉图（1772~1823），英国古典经济学理论的完成者；发表的著作有《金块高价论》《谷物低价对于资本利润的影响》《通货之调剂与稳定》《政治经济学及赋税原理》《基金制度论》《农业保护论》《国家银行计划》等，这些著作中，最重要的，当属《政治经济学及赋税原理》（1817）。他的理论达到古典经济学的高峰，对后来的经济思想有重大影响。李嘉图认为财富并不是人类幸福的唯一根源。

李嘉图著作和通信集（第一卷）．郭大力，王亚南译．北京：商务印书馆，1981.

李嘉图著作和通信集（第二卷）．蔡受百译．北京：商务印书馆，1979.

　　《李嘉图著作和通信集》由斯拉法主编。第一卷是李嘉图的《政治经济学及赋税原理》，第二卷是李嘉图对马尔萨斯《政治经济学原理》的评注。

　　　　当劳动的市场价格超过其自然价格时，劳动者的景况是繁荣而幸福的

　　当劳动的市场价格超过其自然价格时，劳动者的景况是繁荣而幸福的，能够得到更多生活必需品和享受品，从而可以供养健康而人丁兴旺的家庭。但当高额工资刺激人口增加，使劳动者的人数增加时，工资又会降到其自然价格上去，有时的确还会由于一种反作用而降到这一价格以下。①

　　　　只要刷新政治、改良教育，便可以增进他们的幸福

---

① 78

李嘉图《政治经济学及赋税原理》(1817)

有些国家肥沃土地很多，但由于居民愚昧、懒惰和不开化而遭受着贫困与饥馑的一切灾害，人们说这里的人口对生活资料发生了压力。有些定居已久的国家，则是由于农产品供给率递减而遭受着人口过密的一切灾害。前一种情形所应当用的补救方法和后一种情形所必需的补救方法是大不相同的。在前一种情形下，灾害来自政治不良、财产不安全和各阶层人民缺乏教育。只要刷新政治、改良教育，便可以增进他们的幸福；因为照这样办，资本的增加便必然会超过人口的增加。人口不论怎么增加都不嫌过多，因为生产力更大。在后一种情形下，人口的增加比维持人口所必需的基金增加更快。每一努力勤劳，除非伴随着人口繁殖率的减退，否则便适应以助长灾害，因为生产赶不上人口的增殖。①

> 以上所说的就是支配工资的法则，也就是支配每一社会绝大多数人的幸福的法则

以上所说的就是支配工资的法则，也就是支配每一社会绝大多数人的幸福的法则。工资正像所有其他契约一样，应当由市场上公平而自由的竞争决定，而绝不应当用立法机关的干涉加以统制。济贫法直接产生的明显趋势和这些明确的原理是南辕北辙的。与立法机关的善良意图相反，它不能改善贫民的生活状况，而只能使贫富都趋于恶化；它不能使贫者变富，而使富者变穷。当现行济贫法继续有效时，维持贫民的基金自然就会愈来愈多，直到把国家的纯收入全部吸尽为止，至少也要到把国家在满足其必不可少的公共支出的需要以后留给我们的那一部分纯收入全部吸尽为止。②

> 如果贫民自己不注意、立法机关也不设法限制他们的人数的增加，并减少不审慎的早婚，那么他们的幸福与享受就不可能得到巩固的保障

如果贫民自己不注意、立法机关也不设法限制他们的人数的增加，并减少不审慎的早婚，那么他们的幸福与享受就不可能得到巩固的保障。这一真理是无可置疑的。济贫法制度所起的作用和这刚好相反。由于将勤勉谨慎的

---

① 82
② 88

人的工资分一部分给他们，所以就使得节制成为不必要而鼓励了不谨慎的行为。①

> 对人类的幸福说来，其意义就和我们的享受由于利润率的提高而得到增进是完全一样的

虽然市场的扩张可以同样有效地增加商品的总量，从而使我们能够增加维持劳动的基金和在其上使用劳动的原料，但利润率的提高却不是市场扩张的结果。如果由于更好地安排劳动，由于使各国都生产与其位置、气候和其他自然或人为的便利条件相适应的商品，并以之与其他国家的商品相交换，因而使我们的享受得到增进，这对人类的幸福说来，其意义就和我们的享受由于利润率的提高而得到增进是完全一样的。②

> 在商业完全自由的制度下，各国都必然把它的资本和劳动用在最有利于本国的用途上。这种个体利益的追求很好地和整体的普遍幸福结合在一起

在商业完全自由的制度下，各国都必然把它的资本和劳动用在最有利于本国的用途上。这种个体利益的追求很好地和整体的普遍幸福结合在一起。由于鼓励勤勉、奖励智巧、并最有效地利用自然所赋予的各种特殊力量，它使劳动得到最有效和最经济的分配；同时，由于增加生产总额，它使人们都得到好处，并以利害关系和互相交往的共同纽带把文明世界各民族结合成一个统一的社会。③

> 他们不知道一切商业的最终目的都在于增加生产；增加生产即使会带来局部损失，却会增进普遍幸福

究竟是应该放弃旧机器、安装更完善的机器，从而丧失旧机器的全部价值呢，还是应该继续利用其较弱为生产力呢，对这一资本家来说，完全是一

---

① 89

② 111

③ 113

个需要考虑的问题。在这种情形下，谁会劝他不要采用新机器，说这样做将会减损甚至消灭旧机器的价值呢？可是那些希望我们禁止谷物输入的人的说法正是这样。他们说这会减损或消灭农场主永久投在土地上不能撤出的那部分资本。他们不知道一切商业的最终目的都在于增加生产；增加生产即使会带来局部损失，却会增进普遍幸福。如果要言行一致，他们就应当努力阻止一切农业上和工业上的改良，并阻止一切机器的发明。因为这一切虽然会有助于一般的富庶因而能增进普遍幸福，但在初被采用时必然会减损或消灭农场主和制造业者一部分现有资本的价值。①

> 亚当·斯密主张优先采用可以推动最大量劳动的投资方式的理由，并不是因为人口较多能产生任何想象中的利益，也不是因为它可以使更多的人享受幸福

亚当·斯密主张优先采用可以推动最大量劳动的投资方式的理由，并不是因为人口较多能产生任何想象中的利益，也不是因为它可以使更多的人享受幸福。他的理由显然是因为这样能使国家强盛。因为他说，"每一个国家是否富足必然取决于其年产品的价值；由于强盛取决于富足，所以每一国家是否强盛也要取决于其年产品的价值；年产品就是最后支付一切赋税的基金。"然而十分明显的是，纳税能力只和纯收入成比例，而不和总收入成比例。②

---

① 231

② 298

《李嘉图著作和通信集》
（第二卷）（1820）

把财富说成是人类幸福的唯一根源，我们也绝不会认可这个说法的

如果把财富这个词应用到人们可以想不到的一切利益或欲望的满足，那就显然是对这个词的一个隐喻而不是精确的用法。同样情况，如果把财富说成是人类幸福的唯一根源，我们也绝不会认可这个说法的。

因此，我认为可以爽直地说，在政治经济学这门科学里谈到的财富，是以物质对象为限的。①

目前我只想说，人们感到有多大幸福，是以他们所需要的商品的富足程度为准的

目前我只想说，人们感到有多大幸福，是以他们所需要的商品的富足程度为准的。②

在没有降低利润的情况下，占最多数因此是最重要的那部分人类的幸福将大大增加

虽然谷物价值对所有这些事物说来都相对地下降，而工资却不下降；这仍然是一个较好的局势，因为在没有降低利润的情况下，占最多数因此是最

① 22
② 28

重要的那部分人类的幸福将大大增加。①

地租对人类的幸福是至关重要的

因此，从可以用来考虑这个问题的任何观点来说，出于土地属性，根据自然规律，最后必然产生地租；看来这是一种恩惠，对人类的幸福是至关重要的。我相信，只有对地租的性质及其社会影响仍然抱着错觉的人，才会贬低地租的价值。②

幸福的双方都将得到更多的供应和更多的享受

有人认为，如果若干农场主与若干制造商一向以其剩余食物和衣着互相进行交换，后来他们的生产力突然增长，他们双方都能够以同样的劳动，在原来所生产的以外，再生产一些奢侈品，那时在需求方面是不会发生什么困难的，因为农场主所生产的部分奢侈品，可以与制造商所生产的部分奢侈品相交换。那时唯一的结果是，幸福的双方都将得到更多的供应和更多的享受。

但是，在这个互相满足的交往中，有两点被认为不成问题，而这正是争论的所在。他们认为不成问题的一点是，人们所喜欢的必然是奢侈而不是懒散，还有一点是，双方都会把利润作为收入而加以消费。③

不论是在年产品中所得的份额，或者是可以认为是这一份额所给与的健康和幸福，总得把靠劳动工资过活的那些人看成社会中最重要的部分

从任何方面看，不论是在年产品中所得的份额，或者是可以认为是这一份额所给与的健康和幸福，总得把靠劳动工资过活的那些人看成社会中最重要的部分。任何为财富所下的定义，假使为了供应全部人口，要求他们获得

---

① 177

② 219

③ 307

较少的年产品，从而涉及他们人数的减少，那就必然是错误的。①

> 我只是在应答斯密关于缴税力量等方面的论证，不是在考虑在任何
> 别的场合无疑是极其值得考虑的多数人幸福的问题

"亚当·斯密所以偏重足以最大限度地激发勤劳的那种资本的使用方式，并不是由于大量人口可以产生任何想象中的利益，也不是由于可以使较多的人享受，而显然是由于这样才能增加国家的力量。"

马尔萨斯先生认为不需要七百万人，这是改变而不是反驳我的命题。萨伊先生对这一段也曾有所评论。虽然我曾小心翼翼地表明，这里我只是在应答斯密关于缴税力量等方面的论证，不是在考虑在任何别的场合无疑是极其值得考虑的多数人幸福的问题；可是，他却把我说成是，在我的意念中，认为这方面的考虑是完全不重要的。我明确告诉他，他做出的判断对我是不公道的。我对这个问题一时一刻也没有心头放下，也没有不把它放在适当的分量上来考虑。②

---

① 366
② 369

西斯蒙第《政治经济学
新原理》（1819）

西斯蒙第（1773~1842），法国古典政治经济学的完成者；1803 年出版其第一部经济学著作《论商业财富：或商业立法中应用的政治经济学原理》；1819 年发表其代表性著作《政治经济学新原理，或论财富同人口的关系》；1837~1838 年，出版两卷集的《政治经济学研究》。西斯蒙第认为政治经济学的目的是为人类谋求幸福，政府所应考虑增加的，不是财富，而是人以及人的幸福。

西斯蒙第. 政治经济学新原理. 何钦译. 北京：商务印书馆，2007.

西斯蒙第. 政治经济学研究（两卷本）. 胡尧步，李直，李玉民译. 北京：商务印书馆，1989.

政治学的目的是，或者应当是为组成社会的人类谋求幸福

政治学的目的是，或者应当是为组成社会的人类谋求幸福。它寻求使人类得到符合他们本性的最大福利的手段；同时，它也要寻求尽可能使更多的人共享这种福利的方法。任何一种政治科学都不应当忽视立法者努力奋斗的双重目的，即一方面要全面考虑人通过社会组织可能获得的幸福，另一方面要使所有的人共享这种幸福。如果立法者为了使所有的人得到同等的享受，而不能使某些杰出的个人得到充分的发展，如果他不允许任何人出类拔萃，如果他不能为同类找出一个模范，作为寻求公共利益的先驱，那么他就没有完成立法任务。如果只是以造成一些特权的人为目的，使一小撮人高高在上，而使其他一切的人因此受苦受难，那就更不能说他完成任务了。在某些国家里，人们并不受苦，但是他们也没有相当的余暇或相当的安闲去尽情享乐和钻研学问，这种国家即使给予下层阶级很多的幸福的机会，它也只算是一个半文明国家。在某个国家里，如果广大人民群众经常感到匮乏，生活极

不稳定,意志被挫折,精神被斫丧,人格被贬低,即使上层阶级获得至高无上的人类幸福,充分发挥一切才能,享有一切公民权利,极尽人间的乐事,这个国家仍然是一个被奴役的国家。①

> 如果立法者既不忽视少数人的发展,又不忽视所有的人的幸福……毫无疑问,这是天下最崇高的一项任务

相之,如果立法者既不忽视少数人的发展,又不忽视所有的人的幸福,如果他组织成这样一个社会,其中不但少数人享尽荣华富贵,他们的聪明才智得到充分的发展,而且,其他所有的社会成员都能得到保护,受到教育,精神焕发,物质充裕,那他才算完成了自己的任务;毫无疑问,这是天下最崇高的一项任务。正是由于抱着这样一个神圣的目的,立法学才成为谋求福利的至高无上的学问。它既考虑全民族,又考虑每个人;它保护那些由于我们一切制度的不完备而不能自保的人;它所维护的不平等不再是一种不合理的事情,因为,它所以特别重视某一些个人,那只是为了把他们培养成新的为全人类造福的人。②

> 政治学依照它要达到的目标——普遍的幸福所使用的方法,分为两大部门。人有精神需要,也有物质需要,所以他的幸福是由物质条件和精神条件两方面构成的

政治学依照它要达到的目标——普遍的幸福所使用的方法,分为两大部门。人有精神需要,也有物质需要,所以他的幸福是由物质条件和精神条件两方面构成的。人的精神幸福是他们的政府努力奋斗的目标,它与政府的完善程度具有密切关系;高级政治学就以这种幸福作为研究的对象,它的职责是使全国所有各阶级普遍得到自由、文化、德行和希望的恩泽。高级政治应当教导各国制定一种宪法,通过宪法所赋与的自由,使公民意气风发,精神高尚起来;它应当教导各国举办教育,以资陶冶公民的心性,启迪他们的聪明;它应当教导各国建立宗教,使公民期待来生享福,以补偿现世所受的痛苦。它所追求的不该是一个人或一个阶级的利益,而应当是使所有的人守法

---

① 19

② 20

奉公，日益善良，获致更大的幸福。①

政府的目的正是使全体公民都能享受财富所代表的物质生活的快乐

抽象地说，积累国家的财富绝不是成立政府的目的，政府的目的正是使全体公民都能享受财富所代表的物质生活的快乐。社会的当局的使命是帮助上帝关怀世人的伟业，提高人间幸福的质量，并且按照当局所能为人们增加幸福的可能鼓励自己制度下的人繁殖人口。②

立法者应该考虑的绝不是条件的均等，而是在一切条件下的幸福

如果我们能够摆脱世界上的痛苦，那我们也就会摒除世界上的道德束缚；同样，如果我们能够摆脱在世界上的需要，也就会赶走世界上的工业。所以，立法者应该考虑的绝不是条件的均等，而是在一切条件下的幸福。立法者绝不是用平分财产的方法来使人获得幸福，因为这样可能破坏唯一能创造一切财产的劳动的热情，而且劳动只在这种不平均的情况下才能受到鼓舞，劳动热情才能通过劳动而不断恢复。相之，要通过经常保证一切劳动得到报酬的方法，也就是说，要用维持灵魂的精力和希望的方法，要使穷人和富人同样享有稳定的生活，并且要使人们尝到完成自己任务以后的人生乐趣。③

说什么财富对于人类的幸福没有好处，很少给政府指出促进财富增长的法律，而是给政府制定了妨碍财富增长的法律

古代的哲学家，主要是专心教他们的弟子，说什么财富对于人类的幸福没有好处，很少给政府指出促进财富增长的法律，而是给政府制定了妨碍财富增长的法律。④

---

① 22
② 23
③ 23
④ 26

幸福经济学选读

农业是农家的幸福源泉

色诺芬在他的《经济学》一书中,讲到经济学的定义时,把经济学说成是改善家庭的艺术,并且声称他所指的家庭包括家庭所拥有的和使用的一切东西,他主要是从哲学观点、而不是从立法观点来阐明这种经济学。他在物品分配和劳动分配方面特别强调秩序的重要性;他特别注意应该在家庭秩序中起主导作用的妇女性格的培养;他用管理奴隶的方法来培养妇女的性格,尽管他提到奴隶的教育使奴隶变得越来越像牲口,而不像人,并一再强调用温和与奖励的办法来教导奴隶。然后,他把工艺和农业这两种引起发财致富的职业做了对比;他说当时普遍轻视工艺的情况是正确的,因为工艺使人们的身体衰退,破坏健康,毒化灵魂,削弱毅力。他把农业描绘得非常美妙,说农业是农家的幸福源泉,他指出农业和勇敢、好客、慷慨以及一切美德有密切关系。这部著作表达出作者爱美、爱诚实的情感,洋溢着温雅的慈爱、热诚和真挚的同情心,读起来颇引人入胜,然而,这决不是我们所要探讨的政治经济学。[1]

无论如何他们从未忽略只有财富对国民幸福有利,只有财富有价值

古代的人们有时由于自己的幻想而想入非非,他们过于用纯理论的论文代替他们所缺乏的实际经验。然而,无论如何他们从未忽略只有财富对国民幸福有利,只有财富有价值;并且正因为他们永远不抽象地对待财富,他们的观点才有时比我们更正确些。[2]

财富应该保证人们的生活,或者使人们幸福

我们讨论过财富与人口的关系;因为财富应该保证人们的生活,或者使人们幸福,一个国家并不只是使资本增加就算得上富裕,而是在资本增加的同时,也使本国的人民能够生活得更富足的时候才算富足。[3]

---

① 27

② 29

③ 45

西斯蒙第《政治经济学新原理》(1819)

亚当·斯密认为政治经济学是一门实验科学：他始终竭力根据社会状况中的每一桩事实来进行研究。他永远不忽略与事实具有联系的各种客观情况，他永远不忽视足以影响国民幸福的各种结果

亚当·斯密认为政治经济学是一门实验科学：他始终竭力根据社会状况中的每一桩事实来进行研究。他永远不忽略与事实具有联系的各种客观情况，他永远不忽视足以影响国民幸福的各种结果。在今天对他进行评论的时候，我们可以指出：他并没有始终忠于这种综合推理的方法；他并没有始终保持他所决定的主要宗旨——财富与人口的关系，或者财富与国民享受的关系。①

人一生下来，就给世界带来要满足他生活的一切需要和希望得到某些幸福的愿望，以及使他能够满足这些需要和愿望的劳动技能或本领

人一生下来，就给世界带来要满足他生活的一切需要和希望得到某些幸福的愿望，以及使他能够满足这些需要和愿望的劳动技能或本领。这种技能是他的财富的源泉；他的愿望和需要赋予他一种职业。人们所能使自己享有价值的一切，都是由自己的技能创造出来的，他所创造的一切，都应该用于满足他的需要或他的愿望。②

只有财富的增长才能使全国各阶层的人获得更多幸福的人们却会完全赞成

根据同样的精神，立法者还必须使穷人得到某种不受普遍竞争影响的保障。这些保障和休息日的制度一样，将遭到那些只想无止境地增加财富的人们的谴责，而那些认为只有财富的增长才能使全国各阶层的人获得更多幸福的人们却会完全赞成。③

宗教、科学和艺术都能给人类带来幸福。为了人人都获得这种幸

---

① 47

② 49

③ 61

福，那些从事这种职业的人必须劳动

社会需要生产精神享受的劳动，几乎完全是非物质的；满足这种享受的东西，是绝对不能积累的。宗教、科学和艺术都能给人类带来幸福。为了人人都获得这种幸福，那些从事这种职业的人必须劳动；但是，这种劳动不生产任何物质收入，因为人们不能积攒只属于精神的东西。人们也许愿意把任何享受都称为财富，但是这些人所生产的财富在创造出来的同时就消费掉了；这种财富是片刻不能保存，立刻就被人用掉的。所以，创造这种财富和为自己享受而付款购买这种财富，这两种过程是由同一个消费这种财富的人进行的。和前面的劳动一样，这种劳动只能进行一次交换，而且必须同收入交换；因为这种劳动果实在创造和消失之间丝毫没有资本从中发生作用的机会，既不能购买又不能转售。①

护理人身体的劳动也为某个国家增加幸福，却永远不能成为国家的资本

社会不仅需要有保护财产的劳动，而且需要有护理人身体的工作。这种劳动可以被看作最高尚的事业，也可以被看成最卑贱的事情，这要看他们的要求和对于这一工作性质的认识，以及掌握这种工作秘密的情况而定，例如医生的劳动，只是专门使一个人的意志得到满足或使它屈服，像一个仆人那样服侍主人。所有这些劳动都是在于享受，这些劳动与生产性的劳动的区别在于：这种劳动的果实不能积累。因此，虽然这种劳动也为某个国家增加幸福，却永远不能成为国家的资本；而这个阶层的收入或其劳动价值总是用收入来交换，而不是用其他各阶层的资本来交换的。②

不论任何政治经济部门，它的好坏都是根据它与人民大众的幸福的关系来评定的

不论任何政治经济部门，它的好坏都是根据它与人民大众的幸福的关系

---

① 96

② 98

来评定的；造成绝大多数居民遭受苦难的社会组织永远是不好的。①

没有一个社会组织能够保证国内人数最多的阶级得到更多的幸福和具有更多的美德

没有一个社会组织能够保证国内人数最多的阶级得到更多的幸福和具有更多的美德，能够保证全体得到更大的满足，保证社会制度更为巩固。②

改善了自己属下人的生活状况使乡下人的人口、财富和幸福都迅速增加了

罗马帝国灭亡以后，整个欧洲的地主开始改善了自己属下人的生活状况；这种恢复人性的情况，收到了应有的效果；它使乡下人的人口、财富和幸福都迅速增加了。③

对分制的经营方式或平分收获的经营方式使低层阶级得到的幸福

对分制的经营方式或平分收获的经营方式，可以说是中世纪最卓越的发明：这是使低层阶级得到的幸福、使土地经营达到最高阶段和积累更多财富的最有效的方式。④

靠自己双手为生的下层阶级从土地上收获大量供给人类享用的丰硕果实，从而变得十分幸福

在一块面积不大、不太肥沃的土地上，聚集着大量的居民，这种种情况足以证明，这种经营方式既有利于国家，又有利于农民。总之，它可以使靠自己双手为生的下层阶级从土地上收获大量供给人类享用的丰硕果实，从而

---

① 103
② 108
③ 122
④ 123

幸福经济学选读

变得十分幸福。①

> 由生活富裕的地主农民所组成的广大人民，都过起幸福的日子

奥国政府就是凭上述方法来援助这个社会阶层的，要是任凭这个阶层的人自流，他们就一定会受到压迫，奥国政府为了自己臣民的幸福和它本身的巩固，弥补了这种制度的大部分缺陷。于是，在这个被剥夺自由的、财政管理不善的国家，灾难性战争连年不断的国家（因为顽固和无知总是分不开的），几乎完全由生活富裕的地主农民所组成的广大人民，都过起幸福的日子；广大人民群众由于感到自己幸福而害怕任何变革，便扑灭了一切革命的火焰，打垮了侵略这个帝国的阴谋。②

> 构成全国公民中绝大多数的农民阶级过富裕生活，有希望和幸福，对于富人本身的安逸和安全是多么重要

爱尔兰的情况以及这个饱尝忧患的国家连连发生的变乱足以证明，使构成全国公民中绝大多数的农民阶级过富裕生活，有希望和幸福，对于富人本身的安逸和安全是多么重要。③

> 财富只不过是普遍富裕和每个人幸福的标志

无论是土地财富或者商业财富，都不是纯产品，国家所最需要的既不是某些私有者（土地主人）或者企业主的富足，也不是与报酬不相称而取得的产品数量，而是普遍的富足和每个人的幸福，财富只不过是普遍富裕和每个人幸福的标志。④

> 只要商业财富按照决定它的形成的需要而增加，每个参加生产这种财富的人就会从它获得幸福

---

① 124
② 135
③ 143
④ 193

西斯蒙第《政治经济学新原理》(1819)

只要商业财富按照决定它的形成的需要而增加，每个参加生产这种财富的人就会从它获得幸福；反之，一旦这种财富超过需要，它就只能引起贫困和破产，至少会使社会的低层阶级处于贫困的境地。农夫和地主都需要穿衣，他们毫不吝惜地把自己田地里的一部分产品供给提供他们衣服的人，使他能够过优裕生活；因为他们经过比较，认为这一部分产品比他们所需要消费的产品价值小。但是制呢商和成衣匠制造出的衣服要比地主和农夫所能消费或愿意消费的数量多了，如果很多制呢商和成衣匠彼此争夺一个买者，并且以低价供应自己的商品，他们所得到的一份生活需要就微不足道了，所以，商业财富过剩会使商人陷于贫困。①

> 以商业财富为生的这个第三个阶级的收入也减少了，他们的享受和幸福也降低了

超过需要的资本，不仅刺激商人发挥极大积极性，而且在工人身上也会发生同样的影响：人们因为有足够的资本作长期的垫支，而建立了新工业，却不顾是否一定能够出售这些产品；他们向家长们要求子女；许下给他们一项不能连续支付的工资。由于他们给人指出可以找到一个不会永远有人需要的工作，新的人口便诞生下来。劳动力的数目很快就会超过需要，同时也会很快超过资本的数目；于是，工人的工资普遍减少了，以商业财富为生的这个第三个阶级的收入也减少了，他们的享受和幸福也降低了。②

> 只要它能够付出更多的衣服费、家具购置费、房屋费以及为以后诞生的居民准备种种享受的费用，这个国家就是幸福的

因此，积累资本的节约，即唯一创造新财富的节约，如果不能作为任何有利的投资来运用，并非永远是一件好事，它有时会脱离常规。只要一个国家处在各方面都能同时向前发展的情况下，只要它能够同时向一个新的领地发展，或者能够开发它以前所忽略的地区，向本国的居民大量供应充足的生活资料，并且给后来诞生的更多的居民准备粮食；只要它能够付出更多的衣服费、家具购置费、房屋费以及为以后诞生的居民准备种种享受的费用，这

---

① 193

② 195

个国家就是幸福的。只要这个国家处于这种情况下，它就可以毫无顾虑地积累资本。它的节约将会使下一代普遍享受新的恩惠。但是，如果一个国家停滞不前，一些有进步作用的活动和获利的行动也必然陷于停顿。如果它在缩减使每个人过低于温饱生活的部分，或必须付出过量的劳动才能增加粮食的总量的话，它就不应该使农业劳动发展太快，或者把土地分得过于零碎；如果它只能依靠每个人拿同样多的工资而进行更多的劳动来增加自己的商业人口，那么它就一定会害怕自己的工业人口增加起来。如果它只能用自己的产品换取不如生产增加得那么快的收入，它就应该限制本国的生产；如果它应该用资本来保证的工程已经不能应用更大的数目时，它就应该限制本国资本的积累。一个停滞不前的国家，是不应该进行节约的。①

　　　工厂主的市场可以通过野蛮民族的开化、富庶、安全和幸福的逐步发展而扩大，这也是政治家的崇高理想

　　工厂主的市场可以通过野蛮民族的开化、富庶、安全和幸福的逐步发展而扩大，这也是政治家的崇高理想。②

　　　不管货币所代表的劳动价格怎样低，工人的生活却是幸福的

　　因为只有富裕才能感觉到生活愉快，只有感到生活愉快，生活才有价值，劳动才会产生快乐。一个国家应该希望工人都能通过自己的劳动获得这种富裕的生活：因为不管货币所代表的劳动价格怎样低，工人的生活却是幸福的。③

　　　短工的人数最多，保证他的幸福，就是保障全国广大群众的幸福

　　国家的利益决不是工厂主的利益，而是把生产所得的利益在一切参加生产的人中进行合理分配。国家的利益要求劳动所产生的国民收入，由各个阶级来分享。如果政府有意为了一个阶级的利益而捐害国家其他阶级的利益，

---

① 196
② 218
③ 225

那就应该首先维护短工的利益。在那些应该分享生产价格的人中，短工的人数最多，保证他的幸福，就是保障全国广大群众的幸福。①

只有当加强劳动就能够提高各个阶级的享受的时候，这种劳动本身才是国民的幸福

富足并不是社会组织的目的：社会的财富只有当它能为每一个阶级造福，才是人们所期望的。只有当加强劳动就能够提高各个阶级的享受的时候，这种劳动本身才是国民的幸福。反之，如果不考虑从事劳动的人，而只考虑那些应该享受的人，这种劳动就会变成可怕的灾难。②

热爱秩序、节约、俭朴和正义，正如促进社会的幸福一样，对于财富的增加也是有效的动力

同样，当国家还只是遵循自然界的指示（吩咐）并利用气候、土壤、位置、原料所提供的自然界的优点时，它没有使自己处于反常状态，它并不去寻求那些使人民群众真正贫困的虚假财富。对于国家来说，国家成员的高超的能力，是一种天赋的优越条件。对于某些地区来说，大自然似乎很大方，似乎给这里的居民保留了劳动的技巧、智慧、体力和恒心，甚至不需要通过教育就能得到发挥。但是，另一些特点或道德，即热爱秩序、节约、俭朴和正义，正如促进社会的幸福一样，对于财富的增加也是有效的动力。这些道德几乎永远是由公共组织来培养的。宗教、教育、政府和荣誉感，在改变人的本性；因此，它既能培养出优秀的公民，也能够产生不良的公民，它们可以使这些人靠近或者远离政治经济学所应追求的目标。③

只要不忽略需求和劳动之间的基本比例，就会成为最幸福的民族

聪明而勤劳的民族用同样多的力量可以做出更多的工作，俭朴而廉洁的民族用同样的收入可以得到更多的享受；自由和热爱秩序的民族用同样的资

---

① 226

② 232

③ 245

幸福经济学选读

本可以获得更多的安全保障。只要人们不利用社会道德沽名钓誉，任何一种社会道德都会行之有效。一个有良好组织的民族，只要不忽略需求和劳动之间的基本比例，就会成为最幸福的民族。如果它们堕落下去，利用压低工资的卑鄙手段掠夺同自己竞争的民族的主顾，那么，无论智慧、俭朴或自由，都不能保证使自己免于苦难。①

> 我们还从未见过这样美好的社会：土地财富或者商业财富能够满足本国居民希望从这些财富中得到的一切幸福

我们还从未见过这样美好的社会：土地财富或者商业财富能够满足本国居民希望从这些财富中得到的一切幸福。在每个国家里，我们都可以看到严重的错误和明显的不合理现象，可以说人们所受的灾难都是由于这些错误和不合理现象引起的；要确切地划出它们的恶劣后果的范围，不是一件容易的事，而且经验还不能使我们充分了解这两种财富之一，如果没有另一种将会产生怎样的结果，或其中之一怎样在适当的时机由另一种产生出来的。但是，今天被认为比其他任何国家都繁荣的国家，无疑地要算是北美联邦，那里人们的幸福却完全是依靠迅速发展土地财富。②

> 过于活泼的民族的思想只关心为它开辟幸福的职业……从而使他们产生一向过清闲生活的人的欲望

如果由于根深蒂固的偏见，而不顾一切有益和勤劳的职业，如果一个国家认为只有在高尚的悠闲中才有地位，如果科学家本身在舆论的影响下不敢大胆采取实用他们发现的科学知识，也许应该对人们所要建立的工业给予完全特殊的优待，不断地使一个过于活泼的民族的思想只关心为它开辟幸福的职业，使它把科学发现和技术紧密地结合起来，最后使人们产生追求他们能够凭自己的财富和自己的勤奋劳动所能争取得的巨大财富，从而使他们产生一向过清闲生活的人的欲望。③

---

① 246
② 268
③ 272

西斯蒙第《政治经济学新原理》(1819)

消费者的幸福和整个民族的幸福却是一致的

政府一旦要保护商业，往往操之过急；并且不理解真正的利益所在，往往利用专横的暴力危害大部分私人的利益，同时几乎一贯完全不考虑消费者的利益，而消费者的幸福和整个民族的幸福却是一致的。但是，我们不应该从此得出结论说，政府永远不会对商业做出有益的事情。[①]

即使灾难对我们有利，我们也决不应该寻求灾难，我们要寻求国民的财富、健康、自由、幸福

国家所维护的正义和所保护的国家荣誉，以及改进国家卫生状况，使所有居民获得幸福或快乐的公共工程，对他和对其他公民一样，人人都同样享受一份。

在饥饿时期，对于活下来的人来说，瘟疫可能是一件好事，因为瘟疫使注定要死的人所消费的生活资料节省下来，但是，怀着这种希望、使自己的同胞遭受灾难的人是不幸的！同样，有时为了恢复创造性的劳动必须破坏现有的财富。这时，国家可能向前发展，但是，为了达到这个目的而把祖先建筑的城市烧毁的人是不幸的！促使政府强占财产和挥霍无度的人是不幸的！即使灾难对我们有利，我们也决不应该寻求灾难，我们要寻求国民的财富、健康、自由、幸福。如果贫困、疾病、压迫、灾难是为了使人们恢复勤劳、恢复人口、恢复他们的勇气和陶冶他们的性格所不可缺少的东西，没有我们，强大的自然规律就会给他们造成足够的不幸。[②]

政治经济学才能真正成为造福于整个人类的学说，这门科学决不包括最后不能给人类带来幸福的任何问题

我们给政治经济学下的定义是：研究一定的国家绝大多数人能够最大限度地享受该国政府所能提供的物质福利的方法的科学。事实上，有两个因素是立法者必须永远同时考虑的，即如何大量增加幸福和如何使幸福普及到各个阶级中去。如果财富对人口有利，立法者就应该设法谋求财富，如果人口

---

① 273

② 413

幸福经济学选读

可以分享财富，立法者就应该设法增加人口；立法者只有能够普遍提高所属人民的福利，他才能够寻求财富和人口。也只有这样，政治经济学才能真正成为造福于整个人类的学说，这门科学绝不包括最后不能给人类带来幸福的任何问题。①

人们对于幸福的看法各不相同，都根据自身经历的愉快生活来衡量

当一个男人结婚并且希望从夫妻之爱和子女之爱中获得幸福的时候，他必须考虑这些由他决定命运的人也能获得幸福。我们在别的地方已经谈过，有一个共同的标志——财富，说明一个人对另一个人所能提供的全部物质幸福；但是，人们对于幸福的看法各不相同，都根据自身经历的愉快生活来衡量。毫无疑问，还有很多其他条件也是必要的，其中有一些可能更重要，例如道德、健康、气质等；但是，我们不能明确判断任何一个条件，要了解我们能不能得到某种条件也不由我们决定。贫穷可以降低任何人的既有地位，贫穷是一个非常真实、人人知道的不幸，一个人如果希望从情爱中得到幸福，决不肯故意使他所爱的人受穷；如果他是出于自私来保证自己幸福的，他决不会使本人陷入贫困。②

为了使人们获得幸福，最主要的是使人口随着收入的变化而增减

国民收入可能是静止的、逐渐减少的、或是逐渐增加的，人们不只是应该希望人口自然地随着这种变化而变化，而且，只要社会组织没有缺陷，人口自然就会这样；但是，为了使人们获得幸福，最主要的是使人口随着收入的变化而增减，如果由于社会组织有某种缺陷，某些阶层公民不能了解自己的收入，立法者至少应该关心这些变化，不能刺激应该停止不动或应该减少的人口，不要使人口在国内引起人们所经常看到而且最害怕的灾难。③

国民的幸福决定于劳动的需求，而且是决定于不间断的经常的需求

---

① 414

② 416

③ 417

西斯蒙第《政治经济学新原理》(1819)

国民的幸福决定于劳动的需求，而且是决定于不间断的经常的需求。因为，如果不是这样，如果需求是时断时续的，它就会在培养起工人以后，紧接着又会使他们遭受痛苦和死亡。还不如根本不使他们诞生。①

只要一个社会所占据的国家有养育新人口的资源，能使这种人口过富裕幸福的生活，而这些资源却没有被利用起来，社会的目的就可以说根本没有达到

根据事物的自然发展进程，增加一份财富，就应增加一份收入，增加一份收入，就应增加一份消费，随后是应该增加一份再生产的劳动，和增加一定的人口；最后，这种新的劳动反过来又增加财富。但是假使措施不当，以致这活动中的某一环节加快了速度，不能同其他环节相配合，就会打乱整个系统，于是，预期使穷人获得怎样的幸福，反而给他们造成了同样深重的灾难。只要一个社会所占据的国家有养育新人口的资源，能使这种人口过富裕幸福的生活，而这些资源却没有被利用起来，社会的目的就可以说根本没有达到。对全世界广施幸福是上帝创造万物的宗旨；一切受造物都有它的用途，人和人类社会必须适合造物的这个宗旨。②

以增加财富为目的的立法者不是尽心竭力提高人类的幸福，而是一心想尽少地使用人类的劳动力来完成所需要的工作量

我们的政府在一种盲目的热情驱使下，破坏了自然建立的平衡。宗教的规矩、法律、社会组织都曾努力使社会毫不需要的人口诞生，同时，以增加财富为目的的立法者不是尽心竭力提高人类的幸福，而是一心想尽少地使用人类的劳动力来完成所需要的工作量。甚至在消费量已经大大减少、市场停顿的时候，仍然常常看到政府还在以同样的热情，一方面增加出生的人口，一方面继续缩减各行业所需要的劳动力。于是，有关社会各方面进步的比例遭到破坏，形成了普遍的灾难。③

---

① 434

② 435

③ 437

幸福经济学选读

> 一旦有新的劳动需求提高了他们的工资，增加了他们的收入，他们很快就会为满足这种头等自然要求，而在婚姻中寻求新的幸福

这些不幸的人在生活没有保障的时候，既不考虑结婚，也不打算为供养他人而增加自己的负担。但是，一旦有新的劳动需求提高了他们的工资，增加了他们的收入，他们很快就会为满足这种头等自然要求，而在婚姻中寻求新的幸福。如果工资只是临时提高了，例如，政府大力扶植的一种企业突然大大发展起来，临时增加工资的工人有了富裕，都会享受一下结婚的幸福；可是不久以后，当企业不能维持而开始衰落的时候，他们的家庭由于与劳动需求不相适应，紧接着就会陷入最可怕的穷困。①

> 使农业工人分享土地收入，使产业工人分享自己产品的时候，英国才能安定，产业阶级才能幸福，才有实际而持久的繁荣进步

只有当人们能够设法建立一个彼此关心的集体，来代替工业企业家和被他们雇用者彼此对立的制度，使农业工人分享土地收入，使产业工人分享自己产品的时候，英国才能安定，产业阶级才能幸福，才有实际而持久的繁荣进步。一旦老板体会到他和他所雇用的工人有相互连带关系，他就会看出：降低工人工资对他没有任何利益，而且会自动同工人合作，与工人分享企业的利润。但是，尽管我们看到了人们应该追求的目标，却不敢冒昧地指出具体实践的方法。②

> 希望得到这种升迁的工人不成为合作者就永远不结婚的话，这个产业阶级当然是更为幸福的

如果产业阶级像营业店员们那样经过一个见习期后就能在他们老板的商店得到一笔利益，也能在它献出自己血汗的企业中得到一份权利和一份财产，如果一半利润分给出资者而一半利润由参加合作的工人平分，而且希望得到这种升迁的工人不成为合作者就永远不结婚的话，这个产业阶级当然是

---

① 443
② 446

更为幸福的。①

　　穷人善良的表现所能使他达到的一种有休息和温饱的时代，这时，
人们或许就为穷人的幸福做了很多的事情

　　不幸，要使穷人避免一切忧虑、一切痛苦，甚至一切不合理的依附，并
不取决于任何法律；但是，当人们为穷人恢复希望的时候，以及当人们给穷
人指出作为穷人愿望的目标并不是穷人今天所处的这种单调的、不稳定的地
位，而是穷人善良的表现所能使他达到的一种有休息和温饱的时代，这时，
人们或许就为穷人的幸福做了很多的事情。②

---

① 466

② 477

西斯蒙第《政治经济学研究》（1838）

在创造财富中寻求他们的幸福

在十九世纪，聚集成社会的人，把他们的思想转向他们结合的理论与条件，这种情况恐怕比任何世纪都突出。他们不再继续遵循他们认为是定论的东西，因为那些东西不过是定论，他们要认识的是每种事物的道理。他们要求政权证明其存在的权利；他们以人性的名义，要求享有造物主曾经赐予人的那些幸福、保障与权利。在他们看来，劳动犹如人的乳母；但是，他们想要了解这种劳动的成果如何分配，财富根据什么原则产生和积累。他们也将自己的信仰进行同样的剖析；他们从哲学的道德角度判断他们的宗教。最后，他们还查阅历史卷帙，以便用人类的经验照亮他们要寻求的理论。因此，他们在政治中寻求他们的权利，在创造财富中寻求他们的幸福，在道德哲学中寻求他们的义务，在历史中寻求他们的经验。这就是人类怀着十分的好奇心，在最近六十年所涉猎的社会科学的范围。①

我以平生的气力，潜心全面地论述这些科学，我认为，这些科学对人类幸福来说是最重要的科学

另一方面，我不是按照写作的顺序，而是按照思想顺序把我的论文编成一个集子，我分别抽出每篇当成素材；我毫不留情地增删修改，我还是把这部书看作我的书，因为，公众很难了解其中情况。因此，我把一贯持有的思想或者长期来零散思想串起来；我新写一些章节填补空白，这些章节几乎同

---

① （第一卷）1

我原来引用的一样多；总而言之，我以平生的气力，潜心全面地论述这些科学，我认为，这些科学对人类幸福来说是最重要的科学。①

人类通过革命改善命运的可能性是多么微小，因此，我竭力规划一条循序渐进的道路，人类才可能获得更多的智慧、更多的美德、更多的自由和更多的幸福

第一卷，也就是关于自由人民的政体研究，旨在阐述我认为的真正的自由政策，并拿它同现今在理论家占主导地位的民主思想以及同在实践家占主导地位的蒙昧主义对照。我同理论家一致的地方，就是只承认国家本身具有主权；然而，我所提出的主权，是体现智慧的主权，而不是体现物质力量或数字的主权。这是既持久、又明智的意志的统治。我还力图阐明为什么全体人民应该和衷共济，为什么少数人要抵制，为什么所有的权利、所有的感情都必须有它们的代表机构，以便使国家作出明智的决定之前，能够达到成熟、净化与冷静的程度。同时，我还观察了人类的现状，它的自由与权利，几乎在各地都被剥夺了。我还设法让人们理解，人类通过革命改善命运的可能性是多么微小，因此，我竭力规划一条循序渐进的道路，人类才可能获得更多的智慧、更多的美德、更多的自由和更多的幸福。②

寻求人类的最大利益，这种最大利益的本身，始终包含提高道德品质与获得幸福

在政体研究与经济研究之间，至少在我看来，具有的共同点比人们惯常承认的要多。政体研究与经济研究，两者的目的都是社会的最大利益，为了社会的幸福与进步；无论哪种研究，在抽象地观察社会时，如果无视组成这个社会的成员，如果只见政体不见人，只见物不见人，都必然要背离它们的目标。立法者、行政官员、政论家，应该立意为全体人民尽量谋取最多的福利。……因此，在这部著作的不同章节中，只有一种思想指导我们：寻求人类的最大利益，这种最大利益的本身，始终包含提高道德品质与获得

---

① 3

② 4

幸福经济学选读

幸福。①

> 财富改变人们的社会地位，只有给人类带来幸福时，人们才能对它有个明确概念

当人们竭力抽象地看待财富时，往往会迷入歧途。财富改变人们的社会地位，只有给人类带来幸福时，人们才能对它有个明确概念。财富就是人类劳动生产出来的大量物品，而人类的需要又将它消费了。真正富有的国家应该有丰富的物品，它既给富人又给穷人最多的物质享受。

对于与社会的幸福相关联的人类需要、愿望和享受，我们要找寻一个比较明确的概念。穷人的享受包括丰富、多样化和卫生的食品；与气候相适应、数量足够的干净的衣服；同时考虑到气候和取暖需要的卫生的、舒适的住宅。最后，通过同样的劳动，穷人至少将得到同样的享受，确信未来的生活决不会低于现在。如果哪一个国家穷人没有达到上述四个方面，这个国家就不能算是繁荣发达的国家。达到这种标准的生活条件是人们的共同权利，对所有使共同劳动取得进展的人们来说，这种生活都应该得到保障。穷人生活宽裕了，全体国民才能安居乐业，国家也就愈能兴旺发达。

可是，在估计国家的幸福、财富给予富人的幸福时，哲学家重视的不是为了虚荣的享受而是声色之乐。在对待人类的需要，满足人类的那种变化无常的享受时，哲学家们可能也不怎么重视财富的第三种特性。……要估计富人的享受对国家幸福的影响，不仅要考虑到享受的程度，还要考虑到参与享受者的人数。如果我们假设，在为全体国民提供必需物品后，国家的积余作为储备授与富人，那么人们要问，怎样的比例最为理想。首先，这是一个很容易回答的问题，使很多人幸福比使一个人幸福好得多，将保证十个家庭的安逸舒适生活的十份财产，合并到一个家庭，那这个家庭也就会像那十个家庭一样，它本身也不见得会是幸福的。……在我们就财富的正确价值设法估量其给予穷人或富人的好处后，我们也许可以更清楚地懂得，无论是对幸福或精神文明，分配财富怎样才是最理想的。但是，判断什么效果会使国家致富或贫困，辨认那些效果首先显露出来，财富的哪种进步对全面繁荣起作用，这些问题还没有向我们提出来。②

---

① 5
② 13～15

西斯蒙第《政治经济学研究》(1838)

> 幸福的小康生活，长期来曾是才智之士祝愿的目标

更多的财富集中于一个人手里，财富就更能发挥作用，在所经营的事业中，能生产更多的廉价商品中。这个原则曾为财富学派所采纳，为个人利益驱使而拼命追求，由于集中原则的实施，导致一切中间地位不能再维持，并将它所驱逐的人们推到无产者的行列，以致无产者的人数与日俱增。实际上，这个原则在极端富裕和极端贫困之间挖了一条鸿沟，它在一切实业中同样被实施了，并到处追逐难能可贵的独立性，而这种幸福的小康生活，长期来曾是才智之士祝愿的目标。①

> 我们打算研究的是社会上各种身份的人，目的是鉴定每种身份的人的幸福

我们并不阐述新的理论，我们打算搜集的也就是这些事实；这些事实与人相关联而不是与财富相关联；我们打算研究的是社会上各种身份的人，目的是鉴定每种身份的人的幸福，不仅是研究物质方面得到满足，同时也与人的情趣和习性有关，与日常生活所产生的智慧与道德的发展有关。实际上，我们的目的是要确定关于社会的物质利益和它的生活资料的规则究竟是什么，我们将只是对财富本身对人类幸福和人类道德尊严的关系加以鉴定，而不是对价值和真实价格抽象的概念进行研究，这样，我们自信最终能认识到每一种身份的人的享受和痛苦，认识到社会能给予每个阶级的智慧发展有多少，最后，社会秩序的改变，从政治经济学角度来看，究竟有多少价值值得赞扬或加以谴责。②

> 建立政府就是为了这些政府所治理的人民的幸福，是为全体的幸福而不是只为了一个阶级的幸福

古代的立法者对比了很多自由的国家，比我们要做得好得多，他们更长久得多地考虑了这种想法，即认为建立政府就是为了这些政府所治理的人民

---

① 31
② 37

的幸福，是为全体的幸福而不是只为了一个阶级的幸福。①

> 社会不过是人和人的财产的结合物，确信凡是使每一个人得到幸福的，也能使所有的人幸福

科学的真正改革家亚当·斯密过去就给科学指出过一条新的道路，他感觉到我们的眼光不够敏锐，或者不够全面，不能囊括整个社会；他觉得我们总是需要把我们的目光固定在单一个对象上来充分地认识它，于是，他便设法让我们了解社会的组织，他的做法不是去调查社会的职能是什么，不是抽象地论述社会的劳动和商业，而是不断地从社会上走下来，同人接触，考虑到他复杂的地位，他和他的同类之间的关系，并且确信，社会不过是人和人的财产的结合物，确信凡是使每一个人得到幸福的，也能使所有的人幸福。②

> 幸福有赖于长期在人口和收入之间保持一个不变的比例

从我们以上的阐述，还可以得出另一个定理，是同人们所接受的学说相矛盾的；所谓个人利益的斗争足以给所有人带来最大的好处，这是不确实的。正如家庭的兴旺要求家长想到量入为出，生产多少要看消费的需要而定，同样，在管理公共财富上，最高当局必须时常监督和约束个人，使他们为大家的利益而努力，当局永远不要忽略了财富的构成和分配，因为正是这一收入应该使所有阶级分享富裕和繁荣的好处；当局特别要保护贫穷的劳动阶级，因为它最没有能力自己保卫自己，往往为了别的阶级而牺牲掉，它的痛苦成为最大的困难。最后，当局应该特别关心的不是国家财富或收入的增长，而是使之恒久和均衡，因为幸福有赖于长期在人口和收入之间保持一个不变的比例。而当前者或后者遇到变幻莫测的情况时，某些人意想不到的暴富，永远不能被看作可以补偿另一些人的破产和悲惨的死亡。③

> 在领土财富的分配上，哪种方法给社会带来最大幸福

---

① 70
② 81
③ 103

西斯蒙第《政治经济学研究》(1838)

政治经济学应该从更为广泛得多的范围来考虑领土财富问题。应该把这一财富看作国家的最大利益，因为整个国家都是从这上面取得生活资料的，而在一个管理得好的国家里，人口的大部分是把自己的劳动用于土地上，并从土地得到自己的酬劳的。正是在这双重的观点下，我们提出应该讨论这个问题：在领土财富的分配上，哪种方法给社会带来最大幸福？①

我们所设想的幸福，莫过于一个民族从事耕种土地，亲自劳动，并且懂得赋予自己一个相当有力、相当自由的政治组织，保证从事耕作的人能够享有土地的果实

我们所设想的幸福，莫过于一个民族从事耕种土地，亲自劳动，并且懂得赋予自己一个相当有力、相当自由的政治组织，保证从事耕作的人能够享有土地的果实。这就是大部分新生的小民族的命运。②

凡是可以找到自耕农的地方，就可以找到这种富裕生活，安定的环境，对前途的信心和独立性，既保证幸福，又保证各种美德

历史上曾在意大利和希腊呈现过的光辉灿烂时代的美景，也就是田园幸福，在我们这个世纪也不是找不到的。凡是可以找到自耕农的地方，就可以找到这种富裕生活，安定的环境，对前途的信心和独立性，既保证幸福，又保证各种美德。③

国家没有能力充分地发展社会科学以保持自己的幸福

在我们看来，富人阶级是必要的，因为精神上和智慧上的才能只有在完全空闲时才会得到发展，因为物质活动使其他的才能变得迟钝，经常不断地关心金钱利益使人的心胸狭窄。人的最美好的精神进步应该超脱个人私心，而不应该是为了私利的，如果一个国家的人民都是平等的，虽然他们都吃得好、住得好、穿得好，但要是他们不能把自己提高到美术、高级科学和崇高

---

① 108

② 113

③ 115

的哲学的水平，在我们看来，这个国家便被剥夺了上苍赐给人类的最美好的礼物。更有甚者，它就没有能力充分地发展社会科学以保持自己的幸福。我们并不认为，成为人类先锋的人总是出身于富有阶级，但是，只有富有阶级赏识他们和有空暇去享受他们的工作，富人更主要地可以被视为智慧财富的消费者而不是生产者。没有他们，那么，除了眼前有用的东西，就不再会有艺术、文学和社会进步的需求，在人的发展上，一切先验的东西都会遭到抛弃。①

国家的幸福和力量应该从农民的幸福和安定那里去寻找

我们还没有接触到实施的办法和看看应该对法律作出那些改变；我们只是根据对社会有什么好处和财富对一切人的幸福会产生什么影响去寻找指导原则。我们设法去认识一个兴旺的国家应该希望得到什么，然后才放胆给它规划应该做什么。就我们所见，这些指导原则同今天的实践相去甚远。简直可以说，法学家甚至不相信应该探讨一下，哪种分配财富的办法对所有人的进步和幸福最为合适。一些人仍然认为，私人利益是通过公众利益的最好途径。他们要求放任调节分配财产的一切贸易，听其自然，让穷人和富人自己去争夺，这就是他们所说的自由制度。另一些人则确信民主从四面八方威胁着权力和所有权，他们一心只想保护和增加财富；他们为此发明了长子继承法、代理继承法，以及分配上种种不平等的办法，给予古老的财产以种种特权，他们认为，这些办法最能保证他们的财富万世长存，这就是他们所说的保存制度。

然而，人类并非任何时候都看不见这种社会幸福的，我们就是从那里得出指导土地财产立法的原则的。人们曾多次体会到国家主要是由广大农人群众组成的；国家的幸福和力量应该从农民的幸福和安定那里去寻找。②

贫苦农人由于分享一份财产而幸福

我们已经看到，贫苦农人由于分享一份财产而多么幸福，例如，在所有这些古代小民族，罗马人的同时代人中，就是这种情况；我们已经看到，所

---

① 117
② 119

有权如何使乡村充满众多而好斗的居民,他们利用丰硕的农业果实,把富裕带到每一个地方;我们已经看到,今天在瑞士,农人仍然那么幸福,而在不如那里自由和管理得不如那里好的国家,农人也接近于这种幸福;然而,当专制一旦压迫一个国家,农民就成为最先的受害者。①

人们从农民身上要节省的生产费用,就是幸福

财富学派在农业上只考虑到靠这种垄断力量行事的人的利益;他们所说的利润就是这些人从生产费用中省下来的钱,也就是从维持他们的工人的费用中省下来的钱。在我们看来这些人就是国家,因为农民不仅人数上占绝大多数,而且也是物质生产和保卫国家的基本力量;人们从他们身上要节省的生产费用,就是幸福,就是穷人的盈余,代表着他们的全部物质享受;吃得好,住得好,穿得好,这种物质上的富裕同身体健康是息息相关的;还有适当休息、空暇,有了这些,生活才能有点乐趣,有点愉快,才能有点时间用来培养情操,有点时间来培养才智。②

凡是农民的生活得到一定的保障、享有一定的幸福、有一定的前途,那么,它的繁荣本身就会对人口的无限度增长筑起一道屏障,这甚至是唯一有效的屏障

毫无疑问,在城市和乡村,特别是在乡村,它的人口不宜超过一定的限度,否则相互之间就不得不进行竞争,贱价出卖劳动力,或者是花费更大一部分劳动,而比以前生产得却小了,因此得不到充分报酬;但是每一个国家,凡是农民的生活得到一定的保障、享有一定的幸福、有一定的前途,那么,它的繁荣本身就会对人口的无限度增长筑起一道屏障,这甚至是唯一有效的屏障……经济学家和农学家希望通过引进大农场和彻底科学的耕作方法进行一场革命,因而又从另一方面威胁着全民的幸福;这场革命使农人看不见多么需要在消费需求和生产之间保持一定的关系。③

---

① 121
② 127
③ 128

> 在收入相等的情况下，穷人在那里要比在城市里能生活得更健康，
> 更幸福

看来应该有一些比利润更为高尚的考虑来指导立法者。他应该设法为农人在其生产的财富中，保留最大的、而又不妨碍他继续生产劳动的一部分，去造福于人数最多的阶级；他应该把最大多数的公民固定于田地上，让他们从事农业劳动；因为，在收入相等的情况下，穷人在那里要比在城市里能生活得更健康，更幸福。立法者应该在相当粗重的个体劳动所容许的范围内发挥他们的才智，最后，尤其是应该培养和加强他们的积极性。为此目的，他应该保证农人生活稳定，赞助一切能使他们得到土地永久权的契约，反对威胁他们的地位和前途的契约；因为积极性是同回忆和希望紧密地结合在一起的，它是用时间来哺养的，只顾眼前的人无积极性可言。根据相同的道理，立法者要避免农人之间，或农人同国家的其他阶级之间斗争和竞争增多起来，他应该看到，最有利于所有人的团结和幸福的经营方法，不是把最多的收入送给地主，而是最紧密地把地主和农人的利益结合起来。

为进一步了解立法者如何能完成这一任务，怎样能够不仅照顾到抽象地说的财富的增长，而且也照顾到公民人数最多的阶级的幸福和积极性的增长，我们相信，应该把我们的目光轮番地投向这样一些国家，那里农人的命运将会告诉我们应该为他们寻求什么，应该避免什么。①

> 如果人们将毁灭幸福、自由，甚至毁灭国家本身的存在作为进步，
> 作为财富的好处，那是多么荒谬和令人愤慨的事情

挣得多，支出少，这样财富就会增长，财富学派是把它作为原则提出的；它的信徒们很快得出结论，他们用来创造财富的所有人的一切享受就是支出；珍视享受的人类智慧和为享受提供便利的自由就是支出的原因，最后，国家和人民也都是支出，随着国家削减这些费用，它也就会致富。如果人们将毁灭幸福、自由，甚至毁灭国家本身的存在作为进步，作为财富的好处，那是多么荒谬和令人愤慨的事情，虽然这些都来源于财富学的首要原则，但是人们从来也没有说明它的后果。人们不敢说的，干起来却不怕。为了取得财富，人们减少穷人的生活资料，减少到仅够维持生命和能够从事劳

---

① 134

动。在理论上，人们把大企业看作此类进步的体现；在农业上是大农庄，在商业上是大手工场，大工厂；巨大资本到处都有，并由一个人掌握，使用成千上万的劳动力；但是，要使这些劳动力从某一个人的意志中摆脱出来，就应该使他们从属于其他的人，听从别人的命令，在别人的资本中劳动；这些人成为短工、无产者后，虽然一无所有，一无所依，只是靠出卖体力对生产品作出贡献，但是对整个社会秩序仍然是威胁。①

> 采取这种野蛮的设想，只管国家的得失，不管人的幸福和死活

当财富学派为了发财要节约人力时，我们则毫不迟疑地说要为了人类而牺牲财富，人们向我们证明，从经济观点来说，我们拒绝的每一种新发明是很有利可图的，可是这是白费气力，而我们要说，假如这种发明减少了享受幸福生活的人数，即那些生活在特定空间的有智慧有道德的人，那么这种发明也是坏的；正是由于我们抱着这种观点，我们过去进行了斗争，而且将来也永远向把活的劳动降价的工业主义制度作斗争。但是，我们不能放过这个机会，使人们重新认识这个制度是多么地错误，它居然采取这种野蛮的设想，只管国家的得失，不管人的幸福和死活。②

> 在人类生存中，它是最需要的，也是最容易使他们生活得到幸福的阶级

长期以来，财富学派总是用概念或抽象的东西使我们产生幻觉，财富学派认定的只是用事实和数字表明的这种具体的学问，长期以来，他们使我们的目光转向漫无边际的海角天涯。相反，我们认为，应该把目光盯住一个国家、一个时期、一种职业。首先，我们应该研究农民阶级，因为它一般总是人数最多；也因为在人类生存中，它是最需要的，也是最容易使他们生活得到幸福的阶级；他们的爱好秩序固然是国内和平的保证，而他们的尚武禀性也是国家的独立和权力最好保障。③

---

① 135
② 139
③ 158

幸福经济学选读

在一个全国都已实行这种制度的国家里考虑这种制度的效果，对整个欧洲文明，对人类的幸福都是有很大好处的

很久以来，财富学派的作家们想要我们确信短工们的状况是农民的正常状况；如果人们要在农业生产上使用资本、智慧或科学时达到高效率，那土地就应该划分成大农场，并由一个富有的、有文化教养的人来经营，这个人自己不劳动，但是，他发明、或使别人发明最先进的工具，他预付资金、管理市场，只有他一个人是他使用的数千名劳动力的意志和智慧，财富学派正是把这种理论用在工业技术上。今天，在整个欧洲，这种学派的说教到处传播；虽然它还没有通过实践，但公众舆论在理论上已接受它；土地所有者和资产者相信这种说教符合他们的利益，规模宏大的农业以及它所产生的无产者，已经危及那些至今还过着幸福生活的农民的国家。在已经普遍实行这种制度的国家里，去研究这种制度效果是有充分理由的。不列颠帝国就是那种被财富学派已经完全控制舆论的国家，在这个国家，财富学派在立法上也有最强大的影响，它把几乎整个劳动阶级处于财富学派认为正常状况的唯一国家。在一个全国都已实行这种制度的国家里考虑这种制度的效果，对整个欧洲文明，对人类的幸福都是有很大好处的。①

掌握着许多人的生命和幸福的富人的劣迹，同时也是富人们任性所为而犯的错误

在欧洲其他地方，农夫、工业家、苦力的生活富裕或贫困与否，基本上是看是勤俭持家还是挥霍无度。一个人如果好好劳动，勤俭节约，奉公守法，要提高生活也就不需求助别人。但是，在爱尔兰，在某种程度上，在英国某些地方也是如此，由于富裕人们掌握一切财产，他们对穷人的命运应负有责任；这不仅是掌握着许多人的生命和幸福的富人的劣迹，同时也是富人们任性所为而犯的错误。富人们在事业上的失败，他们的幼稚无知，以及各种疾病，加之富人又不在本地生活，这都是过去繁荣地区的人们沦为乞丐的原因。②

---

① 159
② 172

西斯蒙第《政治经济学研究》（1838）

要保证农民生活幸福，在国家里能够生存

地主与农民间的契约，也就是人类社会的最大的契约，应该使它建立在实在的基础上，农民用他的劳动养活整个国家，他的生活权利不应被剥夺；要保证农民生活幸福，在国家里能够生存；现在文明进步了，他们的生活条件总不应该比声名狼藉的封建制度更坏吧！① 重要的问题是要知道，他们的唯一财富是什么，那就是劳动，与那些和他们一样只有一双手作为全部财富的人相比较，他们的唯一财富，即创造了幸福的劳动。②

幸福的生活条件将对分制佃农与土地紧密相连

幸福的生活条件将对分制佃农与土地紧密相连，他们热爱土地，对它寄予希望并精耕细作，这种幸福的生活条件使佃农与他人几乎不会引起冲突。③

估量穷人的幸福时，既要看他们吃什么，也要看他们享受乐趣还是感到厌恶

工作的多样性使对分制农民对生活产生了经常性的兴趣和乐趣。在其他的国家，干苦力活的人被笨重的劳动压得喘不过气来，以致别人也没有考虑过这些人是喜欢或者是讨厌他的工作，而他们甚至不敢公开承认厌恶单调乏味的工作。然而，讨厌还是喜欢决定于生活是享受还是劳累；而我们估量穷人的幸福时，既要看他们吃什么，也要看他们享受乐趣还是感到厌恶。④

政治经济学的目的是用人们劳动所创造的物质资料来保证大多数人的幸福

人们还有什么需求？政治经济学的目的难道不是用人们劳动所创造的物

---

① 178
② 187
③ 188
④ 193

幸福经济学选读

质资料来保证大多数人的幸福吗？当这个目的达到了，人们是否还会说，这种农业体制是否把最大的纯收入作为结果，是否很好地促进了商业，是否给政府提供可征税的物资呢？是的，可能人们会这么问，而我们准备回答这些问题。

　　人民不仅有权得到幸福，而且还要知道为什么会幸福，以及要掌握幸福的保证。……我们不仅可以研究使广大民众幸福的手段，还可以逐步改善上苍给予的条件。生产发展、财富增加，各种生活状况的人都得到利益，而且并不因此失去平衡，无论在什么地方，众人的利益不靠某些人痛苦来获得。这种将来的进步现在已经开始了，它是爱国主义与忠诚相联系的高贵典范，并且值得详细地加以阐述。①

　　　　为了农民的幸福和国家的昌盛，究竟应该向他们作出什么必要的保证呢

　　为了农民的幸福和国家的昌盛，究竟应该向他们作出什么必要的保证呢？那就是当全体人民都承认土地产权时他们为谋生的技艺所争取的保证。全体人民感到只有考虑子孙万代的农业，才是好的农业，才是土壤不断改良的农业。他们希望使土地结出果实的人，应当把土地看成永远是属于他的。②

　　　　最令人憧憬的社会状态，就是广大耕者有其田的社会状态。……就是能够维持更多的人幸福的社会状态

　　最令人憧憬的社会状态，就是广大耕者有其田的社会状态。不是那种提供最大的纯收入、最大的利润的社会状态，而是有最大的总收入、最大的就业机会，并给予较高劳动报酬的社会状态。就是能够维持更多的人幸福的社会状态，因为，生活幸福的人不增加，人口增长只能是一场灾难。也是能够最有效地制止人口无计划增长的社会状态。……实际上，自耕农具备了贵族的品德、谨慎，以及对秩序与安定的喜爱，可是另一方面，他们的财产微薄，却又防止他们象贵族那样染上恶习，追求醉生梦死的享乐。如果拿欧洲

---

① 206

② 228

各国的自耕农的数量做一比较，就不仅会找到最广泛幸福的尺度，而且会找到人民拥护现秩序和政府中长久因素的尺度。①

> 如果为了这个社会的半数人利益，牺牲另一半人的利益，如果让一部分人享尽幸福，让另一部分人受尽痛苦，那就是抛弃了人类社会的首要原则

我们曾讲过，而且还要不断地重复这一点，一个民族的昌盛，不能根据在它的领土上积聚财富的数量来估价，只能根据财富在组成这个民族的人中间分配幸福的大小来估价。政治经济学的真正目的，就是在财富分配方面，保证所有的人都受益，尽管有些人比其他人受些优待。必须让全体人都能享受到财富所能提供的娱乐、身体与精神的发育；随着民族逐渐富裕，必须让全体人吃得更好，穿得更好，住得更好；必须使全体人在生活中有更多的安全保障，对前途抱有更大的希望，同时对各自的欲望也有更大的克制力；必须让全体人能有更多的闲暇来发展智力，解除疲劳，休养身体；最后，还必须让全体人民在享受逐渐增长的财富中，能发现相互友善的新理由，而不是激起更大的仇视。

但是，随着民族财富的增长，也必须单独给最富有的人一些好处，并且只给他们，而其他人起码要等到这一措施有了成果才能享受到好处。在一个民族中，必须让一些富人能够集中精力，专门从事人类追求的最崇高的目的，必须使他们能够培育他们的智慧、想象力与情感，不为物质的利益分心；还必须让他们分散居住在国内，以便使全国各个地方都能得到他们的教育，使他们在理性、科学、艺术、道德与博爱等领域取得的专门成就，有益于全体人民。必须同时关怀贫富两个阶级的幸福，必须在他们中间维持适当的比例关系，以便最大限度地促进全体人民的幸福与进步，对于这些，我们永远不能掉以轻心。

只要阐明社会科学的这一伟大目的，就能使人感到奴隶制是多么荒谬，多么不公正，多么不公道。人类社会的创建，是为了共同的利益；如果为了这个社会的半数人利益，牺牲另一半人的利益，如果让一部分人享尽幸福，让另一部分人受尽痛苦，那就是抛弃了人类社会的首要原则。然而，人们一旦抽象地看待财富，而不是同参加分配财富的人数联系起来看待，就几乎会

---

① 229

幸福经济学选读

立刻导致这样的观点，即认为财富数量的增加，可以建筑在它本来应该使之幸福的那些人的穷困与痛苦上；因为这样一来，人们就会失去主见，思想陷入混乱，结果竟追求与自己愿望直接对立的目的。这样，人们确实再也不能把社会取得的财富，与损害社会而取得的财富区别开来，就会把人从大自然的收获，与人在身上夺取的东西混为一谈；人们把在生产中所做的一切节省算成进步，即使这些节省是从同一个社会里的成员中夺食也在所不惜。然而，如果有人计算一下，在所谓节省生产费用之前和之后的社会财富，就会发现它减少了，并没有增加；因为，这种节省的后果，恐怕不是增加了富人的财产，而是使穷人倾家荡产。节省给富人多带来一点净利，却更多地侵吞了在穷人之间分配的总收益：因此，它毁掉了财富本身，而财富学派的整个学说，正是旨在增加这种财富。①

> 政府所应考虑增加的，不是人以及人的幸福，而是财富，这是错误的学说

我们也认为说明奴隶制的后果是重要的，奴隶制更加专横，更加野蛮，后果更加悲惨，而它恰恰说明了同一个原则，即"国家通过多生产，或者少消费的办法来富裕，通过节省一切可以节省的劳动力的办法来富裕，通过尽量压低工资，尽量逼劳动者多出产品的办法来富裕"；也就是说，政府所应考虑增加的，不是人以及人的幸福，而是财富，这是错误的学说；财富不是全体人民的利益，而是少数人实现的纯利润，这是这种学说更加严重的后果。②

> 各种语言的诗人都向我描绘了田园生活的幸福

几乎在整个地球上，人们都可见到农民阶级陷入痛苦贫困的境地，这是一件既古怪又令人痛心的事情。土地生产的财富，是人懂得追求的第一批财富，是人生存最需要的财富；而生产这些财富的人，不仅有资格受到人的怜悯，而且有资格得到人的承认。在各种历史时期的开始阶段，我们都能了解到农民生活在自由、安宁与纯真中。在我们的想象中，那种生活景象十分甜

---

① 240

② 242

西斯蒙第《政治经济学研究》（1838）

美，各种语言的诗人都向我描绘了田园生活的幸福。黄金时代的寓言、各民族的田园诗歌，也向我们叙述了田间劳动与消遣相交替的富裕生活，好像那就是我们渴望的目的。在任何一个耕者是自由人，又是土地所有者的国家里，我们都能目睹到这种幸福景象。①

政府的职责，就是让所有的居民，或者它的大部分居民，享受政府赐予的最大幸福

政府要全力促使百姓安居乐业。政府的职责，就是让所有的居民，或者它的大部分居民，享受政府赐予的最大幸福。最广大的阶层，也就是农民阶层，它最容易得到幸福，对其他所有阶层的幸福也贡献最大；在殖民地，只有这个阶层创造财富；在那些特别的国家里，只有这个阶层是整个社会的基础。因此，立法者确定的目的，应该让自由而幸福的农民开发殖民地，让他们过上丰衣足食的生活。②

为了黑人的幸福，为了他们的道德，为了他们的智慧，一定要把他们提高到农民的水平

为了黑人的幸福，为了他们的道德，为了他们的智慧，一定要把他们提高到农民的水平。立法者应当把他们的利益放在第一位；因为他们是绝大多数，他们的作用最重要，由于他们养活了其他所有的人；他们受到极不公正的迫害，受到天主与人的法规都不同意的一种罪恶的迫害；那种罪恶不仅剥夺了他们在人间的一切幸福，而且剥夺了他们的全部智慧、全部品德、人类的神圣品格，也许把他们的整个前途都剥夺了。从他们遭受的所有痛苦考虑，社会应当向他们作出全部补偿，社会必须把他们的利益置于其他任何利益之前。③

为了农业人口的幸福，就必须希望他们全都处在同样的地位上

---

① 263
② 265
③ 269

为了农业人口的幸福，就必须希望他们全都处在同样的地位上；希望他们人人劳动，人人安乐；希望参加劳作的人不要分成两个阶级，让一个阶级谋利，而另一个阶级受穷。我们认为人类的祈愿，不是几个农场主发财，而是全体农民富裕。[①]

人类社会都切实地关心整个人类社会基础的那个阶级的幸福

我们不再是以建议，而是以祝愿结束这一章和这一卷，祝愿所有的基督教国家一致摈弃它们法律还允许的最大罪恶，摈弃它们的贪婪还把它们拖进去的最大谬误；祝愿受它们欺压最深的那个民族，从它们那里得到它有权要求的赔偿，并由它们引导重新获得智慧、道德和自由；最后，祝愿整个人类社会都切实地关心整个人类社会基础的那个阶级的幸福，并祝愿无论什么肤色的农民，都能在风俗习惯、法律、所有人的同情中，得到对他的富裕、他的独立、他的前途的保障；他的这种保障被剥夺的时间太久了。[②]

西尼尔本人承认，在他的科学中是不谈人的幸福的

我们是这样区分财富学和政治经济学的：财富学把财富当作目的，或像人们期望的那样，抽象地看待财富；而政治经济学则把财富看作获得社会幸福的手段。我们看到，这种区分已开始为人们所承认。我们也看到，财富学派有位杰出作家纳索·西尼尔，他本人承认，在他的科学中是不谈人的幸福的。他说："立法的主题不是财富，而人类的幸福；政治经济学（应读作财富学）的主题不是幸福，而是财富。而经济学家所要得到的结论，不管这些结论是否真实和全面，也不能允许经济学家提出一种实际可行的建议。提这种建议是政治家和研究立法的作家们的任务。"当然，如果这种沉默是经济学家的职责，那么，他们迄今很少尽到责任；他们向来也没有得到过这样一种结论，即他们的要求能立即实行，也从来没有安排或相信安排过这样一系列活动，这些活动既能增加财富，又不会贬低那些具有错误和落后思想的人们和那些固执已见的人们的名声，这些人就是指出上述理论弊病的人。此外，我们还要问西尼尔先生本人，他对这个问题保持沉默，与他的先驱者的

---

①　277

②　285

说教不是一样令人失望吗？他是否相信，当他承认某种经济活动正在增加财富并毁掉幸福时，而且在增加财富与毁掉幸福二者之间只是强调前者，这就算是对人类尽了职责吗？当他说"这样干才能多挣钱"时，他是否相信，对他所说的"必须这样干"这句话，任何人都不会听吗？

撇开增加财富的目的不谈，我们坚持将财富学或对增加财富方法的研究看作一门骗人的科学；我们坚持将政治经济学看作应是对上帝为维护人的善心与和蔼而赋予人类社会的伟大律法的探讨和应用；我们坚持将我们的努力用于人类的进步而不是物的进步，用于谋求人类的幸福而不是用来获取财富；对于人们向我们宣称的那些传闻，我们既不相信也不同意；我们相信，我们还应该重复过去向全世界各国发出的呼吁：多关心你们的农民吧！因为他们既是国家中人数最多的又是最重要的阶级；审慎的政治经济学应该满足这个阶级最大的幸福；农民又是这样一个阶级，有时在危险的财富学的驱使下，贪财使之蒙受过很多痛苦！①

> 在人类的劳动分工中，没有一种其他的职业能得到如此多的幸福，社会分工中任何其他的部分也不能陷于这样的贫困，甚至连生活也无法维持

我们把研究农村居民的命运看成政治经济学的重要部分，也可能是最重要的部分。确实，在我们看来，在一个有条不紊的社会里，很大程度上，农民是国民中人数最多的部分。我们知道在所有的国家中，甚至在制造业活动和商业活动占优势的社会，农村居民生产的价值总数是最大的。我们还知道，在人类的劳动分工中，没有一种其他的职业能得到如此多的幸福，社会分工中任何其他的部分也不能陷于这样的贫困，甚至连生活也无法维持。对于经济学家来说，无论出于哪种考虑，都应该特别关心农民，直到如今，农民从来也未曾得到这种关切。②

> 他们不应该抽象地计算在一定的土地上能使多少人幸福地生活，而应该想想世界各地能有多少人幸福地生活

---

① （第二卷）2

② 47

幸福经济学选读

我们相信，有效地为同类行善的人应该限制他们的善心；他们不应该抽象地计算在一定的土地上能使多少人幸福地生活，而应该想想世界各地能有多少人幸福地生活；应该想到在罗马的罗马人，在希腊的希腊人，在非洲的非洲人，要想到大自然和上帝安排到大地上的人们，和那些从上帝那里接受传宗接代和改进种族的人，而不是想那些为世界贸易、为权力所激励而引入新的实业和新的组成部分的那些人。社会工艺原则本身还笼罩着阴影，人们能够和愿意干的好事也经常夹杂着不可知的恶念，为了使人们审慎行事，为了使人们能人道地自愿地承担上帝的职责，承担按照上帝意愿创造一个还不存在的种族的命运：作为社会的成员，我们中间的每一个人都要把一切力量、一切智慧用于改善已经存在的人的生活，人们应该致力于消灭贫困、痛苦、压迫的原因，并使每个人以智慧和个人活动来开辟一条走向幸福的更为方便和平坦的道路。但是，我们永远也不应该为空想而忘记人；我们永远也不能允许作出这样的判断，认为某一种族是无法改进的，也不应该把取消这种人当作进步，并以我们设想的另一种更有活动能力、更聪明和更容易接受教育的人种来代替。①

> 我们知道，真正的财富、真正的力量以及国家的幸福都系于农村人口

我们知道，真正的财富、真正的力量以及国家的幸福都系于农村人口。②

> 人是社会科学研究的目的，而事物应该是那些研究事物的人的目的，事物应该是为人类提供进步和幸福的手段

在我们整个体系中，有这样一种打算或一种观念，人们可以在这个体系中找到连贯性：我们要把对事物的注意转移到人的身上；我们时刻也不能忘记，人是社会科学研究的目的，而事物应该是那些研究事物的人的目的，事物应该是为人类提供进步和幸福的手段。我们的先驱者，由于受到比较科学的空想的迷惑，曾确信能够将财富作为科学研究的对象，只考虑财富的兴

---

① 51

② 75

衰，而不考虑对分配这些财富的人产生的效果，特别是道义方面的效果。相反，我们对这种令人失望的玄奥的理论是持反对态度的；我们要避免运用这种玄奥理论的语言，以及它那种往往使人造成谬误的定义；我们应该将目光转向人类社会，尽一切可能注视这种学说造成的痛苦的种种迹象，并追溯到由此产生的人类社会已感受到的灾难。[①]

让农民过幸福生活就是目的，是社会的最大目的

我们认为政治经济学，即家庭和城市的规律，基本上应该是政府的科学。毫无疑问，政治经济学思考和研究的对象，应该是最普通的老百姓也是能够接受的，但是，它总是化为对权力机构的意见，付诸行动计划或产生对社会最有利的影响的计划。人们可能会说，今天人们向政府提的符合民意的意见，是继续有利于工业的发展的，为此目的，大家集中了所有的研究成果和政治经济学的影响。但是，按照我们的看法，还应该把目光放得更远一点，还应该看到整个民族的幸福，应该看到存在于各种社会地位、各个阶级的比例，各种关系，使得各种人都能相互帮助，相互提供必需品，都能发挥聪明才智、安居乐业。繁荣的迹象可能是骗人的；人口、生产、出口、货币的增长并不能证明国家是幸福的，甚至是富有的；这要看为所有的人获得福利的进步的比例和合理的关系；这就像社会不同职业的比例，它给予社会以活力和健全的机体。

当我们着眼于各种职业的人的关系来看社会时，我们才能寻找为所有人谋幸福的社会组织应该是什么样子的，我们才能承认，只有当作为社会结构基础的农民人数很多和生活幸福时，社会结构才得以巩固。当然，国家需要庄稼人生产的粮食，但是，它更需要庄稼人本身。任何一个阶级，只要幸福生活得以保证，就会安分守己，因为稳定性和生活条件很好地结合，这种生活必然要求公共秩序能保证他的劳动果实，从最遥远的年代起，情况都是如此。任何一个阶级也不像农民那样对祖国爱得那样深，农民阶级是与祖国相依为命的；在保卫祖国时，任何其他阶级也比不上农民那样重要，因为劳动增强了体魄并使他勇猛威武。因而，问题不在于节省体力来完成他的工作，而在于什么样的生活条件能够使这个阶级人数更多，并使他留在田间劳动，达着丰衣足食的生活。与其他从事体力劳动的阶级相比，现在，社会秩序应

---

① 84

幸福经济学选读

该保证农民过幸福生活，对将来感到放心，别的阶级不靠他们的劳动过活。如果只是把农民看成创造财富的工具，那是很片面的和错误的。相反，让农民过幸福生活就是目的，是社会的最大目的；而合理地分配财富不应该只是保证他们的人数、他们的幸福和使他们热爱祖国的手段。^① 穷人阶级需要靠劳动来养活自己，对穷人的教育应该是使他们摆脱这种处境；如果教育对他们来说是使之抛弃体力劳动的手段，而通过脑力劳动交上红运，这种教育就会使提供教育的人上当受骗，它带来的痛苦比幸福还多。这种想把体力劳动阶级转变为脑力劳动阶级的慈善心是令人失望的。如果没有体力劳动，社会就不可能存在。如果人们号召许多农民进神学校、法律学校或医学校念书，那就得招其他农民来耕种被抛弃的土地，或者是出走的农民家庭生养很多孩子来代替他们的父母；因为庄稼人不补充，社会就无法生存。如果把上层人士的彩票给一些农民，这也不能使农民获得幸福。对城市或制造业的工匠来说，情况也是如此。^②

> 人们同样有生存的愿望，同样渴求幸福，他们相信在家庭的组合体中，也像在城市组合体中一样，这些要求都受到保障

人类在造物主的面前都是自由的、独立的和具有才干的，如果才干不是相等的话，至少本性是一样的。人们同样有生存的愿望，同样渴求幸福，他们相信在家庭的组合体中，也像在城市组合体中一样，这些要求都受到保障。^③

> 社会也为他们获得物质资料和享受提供了保证，最后，他们之间的相互帮助产生了幸福，或者说是产生了众人的福利

在我们看来，人们在人类的组合体中有共同的责任，因为他们在这种组合中有共同的利益。……这种互惠的利益关系，就像是公共权利和宪法权利的基础一样，也是政治经济学的基础。在一个国家，为了要谨慎地建立政治结构，人们应该研究社会的秩序，社会组织的或人们承认的权力机构应该对

---

① 141
② 152
③ 155

西斯蒙第《政治经济学研究》(1838)

共同利益作出贡献，同时也相应地接受那为了维持自身生存的支柱和保证；因此，当人们愿意提供劳动产生的生活资料和享受时，那就应该研究各种生活条件的人，人类社会分工形成的各种职业的人，这些人是社会感到必需有的或者是社会所产生的，他们为其他人的生存和享受作出了贡献，反过来，社会也为他们获得物质资料和享受提供了保证，最后，他们之间的相互帮助产生了幸福，或者说是产生了众人的福利。①

公共教育应该使所有的公民幸福

最后一个阶级，如果人们愿意这么说的话，也可称为社会上最高级的阶级，这个阶级是靠脑力劳动生活的，它和商业财富也并不是毫无关系的；因为，对商业财富来说，他的工作也是交换对象，当这些工作确实找到相应交换的机会时，它们才有交换价值。我们相信还应该提醒，如果他们人数的增长过于迅速，如果这种增长与其他阶级需求不成比例，对智力工人来说，也会有危险和苦难。因此，我们要求社会注意，人的智慧应该与人所处的地位相协调；公共教育应该使所有的公民幸福，他们的生活条件应该得到改善并日趋完善，但是，我们也要求，不要鼓励穷人通过脑力劳动改变生活地位，只有当他是出类拔萃，他本身自动上升时，人们才能在脑力劳动者的行列里接受他们，但是，人们不必去找他们，将他们弄到脑力劳动的行列里来，因为竞争是如此激烈，这样做的结果不仅不能使他们幸福，而且可能带来更大的痛苦。②

进口货，对这些东西在构成国家的财富、力量和幸福方面所起的作用，我们的估价是并不高的

大家已经看到，我们并不赞同对工业主义的普遍热忱。我们对今天被人们认为是人类天才的最完善的发展的制造业、全面文明的代表的商业，作为战胜竞争对手的泊来品，即进口货，对这些东西在构成国家的财富、力量和幸福方面所起的作用，我们的估价是并不高的。然而，我们并不想低估人类为这些成就所付出的努力，特别是在如此严肃，并和人们普遍的幸福相联系

---

① 156

② 160

的物质中，我们对以各种办法来支持荒谬绝伦的意见，或想以这种新鲜玩意儿来制造骇人听闻的言论，是引以为耻的。①

打算为一个人的幸福或改善生活，还是像政治经济学所祈求的那样，为所有人的幸福或改善生活呢

毫无疑问，人们可以理所当然地对征服大自然的威力感到骄傲，对迫使蒸汽完成人类的工作感到骄傲；但是，无论是人类从物体本原取得的力量，无论是人们由于应用了它而取得的熟练技巧，都不过是证明它对社会带来更多的好处。人类变得更强大了，但是人类的力量是为了他的同类还是反对他的同类呢？在一千人中间，他只是打算为一个人的幸福或改善生活，还是像政治经济学所祈求的那样，为所有人的幸福或改善生活呢？②

对新的工业，国家只应这样衡量其利益，国家应经常地保证它号召生存的人们过幸福生活

确实，还能找到另一种动机，它的本质是与财富学派的动机完全不同的，即为生活必需品和国防而鼓励工业。国家的存在和安全应该比财富还重要，在战时，为了不让外国人发号施令，人民不惜牺牲；但是，至于对人民可以省掉的产品，对人民来说只是享受的产品，接受它也不会产生依赖或感到羞辱，在国内生产要想到两个条件，将要产生的工业家阶级要有足够维持其幸福和体面的生活的报酬，要和国家应该养活的所有人一样，得到持久的而不是暂时的好处。对新的工业，国家只应这样衡量其利益，国家应经常地保证它号召生存的人们过幸福生活。③

当人们只享有微薄工资，而且别无所有时，这些人对国家来说就不是带来力量、幸福和稳定的因素

就结果而言，我们并不说制造业总是一种病患，尽管它的飞速发展是一

① 162
② 164
③ 181

西斯蒙第《政治经济学研究》(1838)

种危险。如果制造业产生了贫困的人民，一种对前途感到迷茫，对生存感到不安，对现状感到不满的人民，如果它产生一些无产者，那么，人们称作繁荣的东西对民族来说反而是一种灾难。在建立这种制造业以前，在产生为它劳动的阶级以前，总的来说，国家是富裕的，对它的命运是满意的，对既定社会秩序是放心的。确实，国家的人口并不多，劳动的总收益也并不多，但是，这个产品中每人得到的份额，每个人消费的份额是比较多的，在人口和财富的比例方面，其结果是有较多的物质享受；当人们只享有微薄工资，而且别无所有时，这些人对国家来说就不是带来力量、幸福和稳定的因素。①

　　政治经济学和政府行动的目的是为了人类的幸福，是为了所有人的幸福

如果人们承认政治经济学和政府行动的目的是为了人类的幸福，是为了所有人的幸福，而不是为了物的积累，人们自以为为了推动工业主义的政府的行动也将会停止；于是，所有的科学研究院，工业和农业社会对那些最会搅乱生产和消费之间的必要的平衡的人、对那些使人类劳动成为无用的人，使只有靠劳动才能活命的工人成为多余的人，社会不给他们优惠；总之，那些高贵的公民、那些爱国者也不再会相信抛弃道德发展和精神享受，而去创造那种数量增长而交换价值却是下降的所谓的财富，不再相信这种做法是为祖国效劳。②

---

① 193

② 213

詹姆斯·穆勒《政治经济学要义》（1821）

詹姆斯·穆勒（1773~1836），苏格兰人，系约翰·斯图亚特·穆勒的父亲。穆勒主要经济著作为1821年发表的《政治经济学要义》。书中，詹姆斯·穆勒以最为简明和抽象的形式复述了李嘉图理论，并仿照萨伊的模式（生产、分配和消费的"三分法"），提出生产、分配、交换和消费的"四分法"，认为享有最大幸福的人是有中等财产的人，是为社会的改良作出了最大贡献的人。

詹姆斯·穆勒. 政治经济学要义. 吴良健译. 北京：商务印书馆，2010.

> 为了幸福，为了把我们的自然装点得更加美丽，让这样的阶级在每一个社会里占有尽可能大的比例，这是特别令人想望的

来自我们本性的恢宏与卓越特性的全部赐福，它的进步属性，它不断推动人类知识和掌握幸福手段一步步前进的力量，在很大程度上看来有赖于一群有时间供自己支配那种人的存在；也就是，这些人有钱，足以免除为获得过一定富裕生活的生活资料而担心。就是依靠这批人，知识才得以提高和扩大；也由于这批人，知识得以普及；就是这批人的孩子接受最好的教育，资金积累承担社会高等和困难的职责，如议员、法官、官员、教师、各种技艺的发明家、重要工程的指挥者，有了这些人才，人类支配大自然的力量才能扩展。

那些想要弄清如何才能最大限度地增加人类幸福的人，还应思考一下什么样的人享有最大幸福。不容争辩，享有最大幸福的人是不必为生活资料与社会地位操心，同时又没有被万贯家财腐蚀的人，是有中等财产的人，总之，是为社会的改良作出了最大贡献的人，他们有可由自己安排的时间，没有必要去做体力劳动，不受任何人权力的支配，从事最愉快的职业，因而作

为一个阶段，得到的享受最多。所以，为了幸福，为了把我们的自然装点得更加美丽，让这样的阶级在每一个社会里占有尽可能大的比例，这是特别令人想望的。为了这个目的，在土地给予资本的报酬降到极小之前，不应使用强制积累资本的办法使人口继续增加，这是绝对必要的。为了使社会上相当一部分人能够享受闲暇，资本的报酬必须明显地增大。有一定的人口密度，对于社会交往和增加劳动产量的诸力量的联合都有好处。但是，当这些有利条件实现时，似乎没有什么理由希望人口继续增加。如果人口继续增加，不但不会增加得自这个国家的土地和劳动的净收入，或者增加一年产量中替代已消耗资本和维持劳动者生活外的超额部分，反而会减少重要基金，这个基金的多寡在很大程度上决定社会幸福与否。

如果我们由此而推断：不可能采用强制办法使资本增加得和人口一样快来保证人类幸福，同时如果可以肯定，若人口出生过多，超过保持人口与资本平衡所要求的数字，人类幸福就会受损害，则可以清楚地看出，重大的实际问题是找出限制生育数字的办法。情况还表明，人口密度超过一定限度，也就是超过充分提供社会交往和联合劳动的利益的限度，人口再增加就不合需要了。因此确切地说，问题是找到限制生育人数的办法，使出生人数保持现有人口不再增加为准。要是能做到这点，不但从土地上取得的盈余。如果让分配的自然规律自由地起作用，这个净产量的大部分将以中等数量进入许许多多人手中，使他们免除劳动之苦，使他们在最有利的环境中享受幸福和达到最高的知识与道德水平。①

就人的感情和幸福而言，这种损失是巨大的不幸，这种损失涉及严重破坏从正义这个词的角度理解的保护幸福的那些规律。但是它不破坏财产，从而也不使财产受损失

关于降低货币价值的第二个影响，所要说的是，在文明国家里，任何时候都存在许多支付一定数目货币给个人的契约，或者一次付清（如债务）；或者分期陆续支付（如年金）。一个与另一个人有契约可收入 100 镑的个人，当货币贬值他依旧收到 100 镑时，显然他蒙受损失。同样明显的是，那个支付这笔钱的一方得到同一数量的利益。但当情况正好相反，即货币价值上升时，上述的损益双方就倒了过来。在后一种情况下，那个要付钱的人承受损失，而收钱的人得到好处。就人的感情和幸福而言，这种损失是巨大的不幸，这种损失涉及严重破坏从正义这个词的角度理解的保护幸福的那些规

---

① 　36

律。但是它不破坏财产，从而也不使财产受损失。①

① 91

汤普逊《最能促进人类幸福的财富分配原理的研究》（1824）

威廉·汤普逊（1775~1833），英国人，1824年出版其主要著作《最能促进人类幸福的财富分配原理的研究》，以边沁的功利主义哲学和李嘉图的劳动价值论为依据，研究一切公平的财富分配应该依据的自然原理、原则或法则。分配财富的目的和用劳动来生产财富的目的一样，就是尽可能地给那个生产财富的社会以最大量幸福，也就是给以最大量的感官的或者道德的或者知识上的快乐。

威廉·汤普逊. 最能促进人类幸福的财富分配原理的研究. 何慕李译. 北京：商务印书馆，1986.

> 政治经济学家的主要研究对象是财富或资本的积累，特别是大量积累的问题。对于他们来说，幸福问题仅居于次要地位

当时人们一般认为（现在仍然这样想），对"最能增进人类幸福的财富分配原则"进行探讨，并不是被称为"政治经济学家"的那一类作者的任务。他们的研究目光还完全没有达到如此通情达理、如此远大和崇高的地步。他们的主要研究对象是财富或资本的积累，特别是大量积累的问题。对于他们来说，幸福问题仅居于次要地位。①

> 我们有力量……成为有高度才智、德行和幸福的人

我们有力量——如果把它们很好地组织起来——既生产出丰富的物质财富，而同时又能使全体人民有充分的闲暇和机会来养成优良的习惯和作风，

---

① 1

幸福经济学选读

获得最有用和最有意思的知识，培养和享受最高尚的趣味——总而言之，成为有高度才智、德行和幸福的人。①

在财富分配的问题上，明智和博爱的伟大目标应该是，使社会的每一个成员都成为资本家兼劳动者，成为共同幸福的贡献者

在财富分配的问题上，明智和博爱的伟大目标应该是，使社会的每一个成员都成为资本家兼劳动者，成为共同幸福的贡献者，并且为此设想出一种安排，在这种安排下，既可以顺利实现上述伟大目标，又尽可能不给任何人带来不便——这不仅对于已经积累起的资本所有者是如此，而且对于那些目前只是生产劳动者的负担同时对他们自己也很少有好处的游手好闲者也是如此。②

精神学派宣称人口要依靠自己的精神力量，差不多不必凭借物质的从属作用，就能够得到幸福

迄今以来，一切考察、研究政治经济学及其有关各学科并在一方面有所著述的人，都可以被分为两派——精神学派和机械学派。……精神学派的玄想们，由于他们切身体会到同情心和文化素养带来的那种永不枯竭、令人感到满足的和高尚的喜悦，由于他们本身的物质需求全都得到了愉快的满足，从而使这些方面很少引起他们的注意，由于他们感觉到自己能够自我克制，压抑在他们看来是我们天性中比较粗鄙的那些癖好，或许还由于他们很少注意研究自然界的物质规律、研究人及其周围各种生物的物质本性，——由于这一切，所以他们宣称人口要依靠自己的精神力量，差不多不必凭借物质的从属作用，就能够得到幸福。③

除了比较这两种活动产生人类幸福的趋势大小以外，还有什么标准能衡量哪一种活动更优越呢

---

① 5
② 7
③ 11

汤普逊《最能促进人类幸福的财富分配原理的研究》（1824）

不论人类在谋求社会幸福的技术上可能有什么进展，这些都要归功于他们对周围物质世界和他们自身的广泛了解和细致认识，归功于对这类物质存在的明智的利用、分配和制约。但是，属于精神学派的政治经济学理论家们，却希望人的思想就是一切，他们自命不凡地把劳动看成机械的和下贱的事情，忽略了功利这个最高原则，这个只有根据它才能判断一切事物有无价值的原则。思想是什么呢？不过是人们头脑中产生和被感觉到的活动而已；劳动又是什么呢？劳动就是传达给自然界永远活动着的力量并与这种力量合作的活动。除了比较这两种活动产生人类幸福的趋势大小以外，还有什么标准能衡量哪一种活动更优越呢？①

> 在研究财富问题的时候，就有必要不仅从它对于生产和再生产的作用上着眼，而且要考虑到财富的道德和政治效果，考虑到它影响人类幸福的一切方面

对于一个社会来说，重要的不是仅仅拥有财富的问题，而是财富的正确分配问题。对于社会说来是如此，对于个人说来也是如此。人要想快乐，便脱离不开享受的物质手段，这在一切文明社会里主要就是财富；但是，人们可以在拥有较少财富的情况下达到前所未见的快乐境地，而在财富极为充裕的情况下，却仍可能非常痛苦。和社会利害攸关的，主要是财富的使用和分配问题，而不是财富的多寡。因此，在研究财富问题的时候，就有必要不仅从它对于生产和再生产的作用上着眼，而且要考虑到财富的道德和政治效果，考虑到它影响人类幸福的一切方面。……政治经济学家则声言他们只注意财富的生产和积累，至于分配问题，除了影响到再生产和积累外，他们是不管的，他们把财富对幸福会发生什么影响的问题推给了伦理学家、政客和政治家，并且认为他们这种脚踏实地的具体理论和虚无缥缈的精神哲学家之间有着巨大差别。②

> 我们的目标就要循着他所指出的道路，把政治经济学上确定的原理应用到社会科学上，使这些原理和所有其他各部门学问为最能增进人类幸福的财富的公平分配服务

---

① 12

② 16

幸福经济学选读

培根只是指出了一条通向科学发现的新的可靠道路,而这位思想家则不仅指出了从事伦理学研究的正确道路,并且亲自在这方面作出了前人所没有想到、当然更谈不到完成的巨大进展。我们的目标就要循着他所指出的道路,把政治经济学上确定的原理应用到社会科学上,使这些原理和所有其他各部门学问为最能增进人类幸福的财富的公平分配服务。①

> 人们也曾凭借强力来建立平等。但是一经使用强力,保障就不存在了,随着保障的不存在也就没有了生产,结果也就失去了获得幸福的手段

人们也曾凭借强力来建立平等。但是一经使用强力,保障就不存在了,随着保障的不存在也就没有了生产,结果也就失去了获得幸福的手段。所以,人类就陷进了一种残酷的进退两难的处境。②

> 在发达的技术和优越的自然条件可以说是竞相造福于人的情况下,千百万勤劳智慧的人民竟不能享受他们自己创造出的产品,这才是一件神秘难解的事,一种使人惊异的现象

在发达的技术和优越的自然条件可以说是竞相造福于人的情况下,千百万勤劳智慧的人民竟不能享受他们自己创造出的产品,这才是一件神秘难解的事,一种使人惊异的现象。这种特殊的现象如果不是由财富分配的不得当造成的,那又是因为什么呢?③

目前一切道德的政治的智慧都应该主要致力于解决这一症结问题,即获得幸福的物质资料的公平分配。

目前的财富分配状况趋向于牺牲广大生产者的利益使少数人致富,使穷人陷入更绝望的贫困深渊,使中等阶级沦落进穷人的队伍,以便让少数人不仅能够把真正的国家(它不过是个人的集合体)资本有害地大量积聚在自己手里,而且能够由于这种积聚而支配社会每年的劳动产品。看到大多数人都日趋贫困,而少数人却日益穷奢极欲、愈来愈富,谁能不深感忧虑

---

① 17
② 17
③ 20

汤普逊《最能促进人类幸福的财富分配原理的研究》（1824）

呢？……所以，目前一切道德的政治的智慧都应该主要致力于解决这一症结问题，即获得幸福的物质资料的公平分配。①

> 仁慈就是在智慧的指导下，为可贵的同情心所驱使，使财富能对于别人的幸福有所贡献

仁慈就是在智慧的指导下，为可贵的同情心所驱使，使财富能对于别人的幸福有所贡献。由此可见，我们最重要的善行和恶德都是这样不可分割地和财富分配问题联系在一起的，因此，如果在谈论道德和立法问题时假作清高地轻视财富这类东西，那就是徒作空谈，不务实际，也就是使社会在受苦受难之外又蒙受了伪善或无知的侮辱。②

> 增进全民最大幸福的原则，使财富和政治考虑都服从于能保证最大的善行即最大幸福的那种分配

如果我们发现增加财富和设想的政治上的功利要求一种分配方式，而普遍的道德原则要求另外一种分配方式时，我们就必须根据增进全民最大幸福的原则，使财富和政治考虑都服从于能保证最大的善行即最大幸福的那种分配。③

> 尽可能谋求人类的最大幸福，是本书中时时刻刻记住的、凌驾于一切其他原则之上的指导原则

考虑到一切效果——良好的和恶劣的，当前和未来的——功利主义，或者说尽可能谋求人类的最大幸福，是本书中时时刻刻记住的、凌驾于一切其他原则之上的指导原则。④

> 这里所要探讨的是能够增进人类可能有的最大幸福的，或者是最大

---

① 21
② 21
③ 22
④ 25

幸福经济学选读

多数人的最大幸福的那种分配方式

这里所要探讨的是能够增进人类可能有的最大幸福的，或者是最大多数人的最大幸福的那种分配方式。……事实上，全体的真正幸福，甚至于表面上被牺牲了的少数人的真正幸福，将被发现是与最大多数人的最大幸福相吻合的。所以可能有的人类最大幸福、最大多数人的最大幸福、社会的幸福和全体的幸福，几乎在所有的情形下，都将被发现含有同样的意义，并且大部分用起来可以说没有什么区别。①

分配的自然法则是指一切财富的分配应该依据的一般规律或者首要原则，其目的是使那个生产财富的或大或小的社会得到最大量的幸福总和。

进步的政治经济学家认为，或者说应该认为，所说的分配的自然法则是指一切财富的分配应该依据的一般规律或者首要原则，其目的是使那个生产财富的或大或小的社会得到最大量的幸福总和。②

物质快乐以外同样还有精神上和知识上的快乐。这些幸福的来源不是我们现在所要讨论的

财富只限于生活享受的物质手段或者物质资料。物质快乐以外同样还有精神上和知识上的快乐。这些幸福的来源不是我们现在所要讨论的，因为它们并不直接被包含在我们赋予财富这个名词的意义之内。还有许多获得幸福的物质资料不属于财富的范围。……但这些获得幸福的手段都不能叫作财富，因为它们仅仅是自然所赐与的，没有人类的劳动或技巧给它们加上任何东西。③

分配财富的目的和用劳动来生产财富的目的一样，就是借此尽可能地给那个生产财富的社会以最大量幸福，也就是给以最大量的感官的或者道德的或者知识上的快乐

分配财富的目的和用劳动来生产财富的目的一样，就是借此尽可能地给

---

① 26
② 27
③ 32

汤普逊《最能促进人类幸福的财富分配原理的研究》(1824)

那个生产财富的社会以最大量幸福，也就是给以最大量的感官的或者道德的或者知识上的快乐。[①]

> 任何一种努力，或者是为了取得财富，或者是为了任何其他目的，其唯一的合理的动机，就是增加现在的或将来的谋求幸福的手段……所以生产财富是为了增加幸福

任何一种努力，或者是为了取得财富，或者是为了任何其他目的，其唯一的合理的动机，就是增加现在的或将来的谋求幸福的手段，或者是除掉或减少现在的或将来的造成苦恼的原因。所以生产财富是为了增加幸福。……用劳动生产自然所不能给与的财富品，其唯一的目的就是为了增加幸福；增加的幸福越大，我们的努力也就越有成效。如果我们对于从财富产生的一部分幸福感到更满意——不管它是由谁享受——那么，对于两部分幸福一定感到更满意，而对于三部分幸福一定比对于两部分幸福更满意，这样每一部分幸福的增加都可以使我们有更大的满意，一直到增加无数部分。因为生产财富的唯一目的，是从它们的使用或消费中使它们成为生活舒适手段或者生活享受手段，而要消费就必须分配，所以能够给生产这些财富的那些人——社会或者公社——以最多部分享受，以可能有的最大量幸福的那种分配方法一定是最好的分配方法。生产这些财富的公社不会把他们的劳动果实送给邻近的公社去增加他们的幸福，这是因为那个公社拥有同样的生产便利条件，因为没有理由认为其他公社有更多的享受幸福的能力，也因为这种无代价的供给将在懒惰的接受公社里和无偿赠予的公社里，同样造成生产动机的消灭。[②]

> 生产财富的唯一理由，终归是因为它能增加谋求幸福的手段；而财富之所以应该这样分配而不那样分配，唯一的理由也就是用这一种分配方式比用另外一种分配方式能够生产出更多的生产对象和增加更多的幸福

人的身体组织是这样构成的，它能够使他所享受的幸福在程度上无限地

---

① 39

② 40

幸福经济学选读

超过一个或任何数目的牡蛎这种动物所能享受的幸福，或者也许甚至超过任何数目的马所能享受的幸福；所以无论什么时候，只要这种下等动物的幸福和人的幸福不能并存时，人的享受就无限地优先于那些动物的享受。现在如果任何一个人能够证明他的身体构成是如此地优于他的同胞，因而他所能感受的幸福无限地超过他的其余同类所能感受的幸福，他的权利就像人的权利高出于牡蛎一样，可以得到我们的承认，而财富和一切获得幸福和手段就都应该用在他身上，因为这样用这些东西，它们生产的幸福最多。就是这种情况也并没有破坏我们现在的规律。发现最大量幸福落在哪里，我们就必须到哪里去追求。生产财富的唯一理由，终归是因为它能增加谋求幸福的手段；而财富之所以应该这样分配而不那样分配，唯一的理由也就是用这一种分配方式比用另外一种分配方式能够生产出更多的生产对象和增加更多的幸福。①

> 我们只是说对于幸福的感受程度有所不同，而不能证明在哪些地方不同，不同到什么程度，那就等于没说，实际上是毫无用处的

社会上所有的成员（畸形的人除外）既然在身体构造上相同，所以在同样的待遇之下都能够享受到同样的幸福……所以，据我们看来，这种享受能力的不同是不存在的，因为我们看不到这种现象；它们不在我们的道德的和政治的考虑之中，因为它们像电流一样不好捉摸和计算。它们之间的不同是一回事，而计算它们不同到什么程度以作为分配的根据是另外一回事。我们只是说对于幸福的感受程度有所不同，而不能证明在哪些地方不同，不同到什么程度，那就等于没说，实际上是毫无用处的。②

多数人的幸福优先于少数人的幸福

多数人的幸福优先于少数人的幸福；否则，我们所抱的目的，尽可能生产最大量的幸福，就是遭到牺牲……多数人的那一部分从财富获得的幸福优先于少数人的那一部分从同一来源获得的幸福。财富的直接作用主要是对于感官提供更为广泛的享受手段，而增加道德上的和精神上的享受不过是它的

---

① 41

② 43

汤普逊《最能促进人类幸福的财富分配原理的研究》（1824）

间接作用；如果财富的分配在很大程度上是不平等的，它将如我们所要证明的那样，几乎完全取消这些较高的道德上的和精神上的享受。①

　　最大多数人的幸福应该永远是道德家和政治家所抱的目的，而不考虑德行、行为、智力或者其他品质

一个真正有智慧、真正有道德的人是不会有这种愿望的。聪明睿智的人不会用这种手段来增进他们的幸福；他们不会强迫任何人牺牲幸福，强迫他们的同胞牺牲某一部分幸福来增进他们自己的幸福。这种不公正的行为不但不能增加他们的幸福，反而要破坏他们的幸福。他们对一切别人的幸福和对自己的幸福同样地尊重。……不管我们站在哪一边，也不能为少数人从财富或者从任何其他来源获得的幸福优先于多数人的幸福，找出任何合理的根据。所以最大多数人的幸福应该永远是道德家和政治家所抱的目的，而不考虑德行、行为、智力或者其他品质。②

　　被称为财富的那些生活享受手段或者谋求幸福的手段是在知识的指导之下

被称为财富的那些生活享受手段或者谋求幸福的手段是在知识的指导之下，把劳动应用到自然所提供的原料上生产出来的，所以必须有足够的刺激，作为动机，使在知识指导下的必要劳动发生作用，从而生产财富。③

　　从经济学的观点看来，用强力、痛苦的恐怖和强迫是一种代价最高的劳动，从道德的观点看来，它减少了人类幸福的总和

在世界上有许多地方，用强力来代替人们自愿的动机，用痛苦的恐怖和强迫来使人们勉强从事看来似乎是健康的自愿的劳动。从经济学的观点看来，它是一种代价最高的劳动，从道德的观点看来，它减少了人类幸福的

---

① 45
② 46
③ 47

总和。①

> 我们所提出来的是法律的道德的或者人与人相结合的唯一公正的目
> 标——尽可能地生产出最大量的人类幸福

我们所提出来的是法律的道德的或者人与人相结合的唯一公正的目
标——尽可能地生产出最大量的人类幸福。而那些拥有社会的大部分财富和
统治权的人却一致地把他们的次要目标当作了最后追求的目的……现在，为
了促进不同的目的，必须使用不同的方法。……论证经济的和立法的首要原
则时，最坦率的办法就是明确地说出我们的最终目的。政治经济学的最终目
的一直是增加社会上财富积累的绝对量，至于如何分配每年的产品和多年积
累下来的财富来解决；它满足于社会财富（劳动的生产力）增加的成就，
并且相信这种已经增加了的和正在增加中的财富必然以某种或其他方式或者
在某些或其他地方给人们带来享受和幸福。②

> 任何规章制度都不应该阻碍或者代替（哪怕是暂时的）我们所提
> 出的最大幸福的原则

我们认为仅仅把这些当作生产和积累财富的目的未免太幼稚了；而且把
一部分人类幸福放在另一部分人类幸福之上也是可笑的、残酷的、不公平
的；我们认为任何规章制度都不应该阻碍或者代替（哪怕是暂时的）我们
所提出的最大幸福的原则；我们对于任何其他利益绝不妥协；我们的原则必
须不受限制地支配一切，绝不容许其他主张分庭抗礼。这样，存在的问题就
仅仅是：目的既然是增进生产者阶级的最大量的幸福——因为如果财富的增
加不能带来幸福的增加，财富也就不会再是合理的欲望的对象——那么这些
生产者阶级在其他条件下如地域、制度、道德、风尚等都相等的情况下，会
不会从享用他们的劳动生产出来的一部或者全部生产品上感到更幸福呢？③

> 在自愿交换上的保障和在自由使用劳动和劳动产品上的保障同样都

---

① 51

② 53

③ 54

汤普逊《最能促进人类幸福的财富分配原理的研究》（1824）

是必要的。它们是生产之源，不仅是生产之源，而且也是道德和幸福
之源

可以看到，一切劳动产品的交换不仅能增加幸福，从而增加生产财富的
动机，而且是社会道德和生产的基础，如果没有交换，劳动本身就不会有多
大用处。……在自愿交换上的保障和在自由使用劳动和劳动产品上的保障同
样都是必要的。它们是生产之源，不仅是生产之源，而且也是道德和幸福
之源。①

把劳动生产品、财富品和谋求的手段，从任何个人那里用强力取
走，这个人所损失的幸福将多于获得这些东西的那个人所增加的幸福

把劳动生产品、财富品和谋求的手段，从任何个人那里用强力取走，这
个人所损失的幸福将多于获得这些东西的那个人所增加的幸福。②

强迫取走许多小部分财富将使幸福的总量减少

从任何一定数目的个人手里，强迫取走许多小部分财富将使幸福的总量
减少，这些被取走的财富合起来由任何一个人或更多的人享受也能给他们增
加快乐而使幸福的总量增多，但这种减少的幸福将多于这种增多的幸福。③

我们的目的应该是不加区别地同样增进所有人的幸福，而幸福的平
等就应该是我们努力的目标

如我们所曾经企图证明的（我们希望这个证明是成功的），所有身体构
造健全的人类，在同等的待遇之下，能享受到同样多的幸福，特别是从享用
财富品上所产生的那种幸福，而在最大多数同样构造的人们的幸福和任何较
少数人们的幸福彼此不相容时——如果安排好了就永不会有这种情形——前
者的幸福自然会永远优先于后者的幸福。由此可见，我们的目的应该是不加

---

①　64~68

②　69

③　79

幸福经济学选读

区别地同样增进所有人的幸福，而幸福的平等就应该是我们努力的目标。①

> 从保障派生出来的原则可以导致最大限度的实际可行的平等，必然带来财富品的最大生产，因而也就确保了最大量的幸福

"自愿交换"的原则就可以想出来以调和平等和保障之间的一切明显的矛盾。坚持执行这个从保障派生出来的原则可以导致最大限度的实际可行的平等，必然带来财富品的最大生产，因而也就确保了最大量的幸福。②

> 生产财富的唯一的合理目的是增加幸福

生产财富的唯一的合理目的，和人类其他努力的目的一样，是给那些生产财富的人们——不管数目有多少——增加幸福，分配上平等最有助于达到这个目的，除非它受到了同等的和公平的保障的限制。自愿交换的自由（保障中就含有此义）将直接导致与个人竞争下的再生产相符合的可能有的最大平等。除了使平等和保障的好处达到最大限度外，还有什么其他办法能从财富中得出它所能产生的最大量的幸福呢？③

> 特权和独占的真正目的从来就不是增加劳动产品的总量，而只是给社会上幸运的个人增加利润，因而也就必然牺牲其他人的幸福

幸而特权和独占的道德上的和经济上的影响是属于同一方向的。无论是在它们初建的时候或者是在它们以后存在的时期里，它们都不能增加而是减少全国财富的总和。它们的真正目的从来就不是增加劳动产品的总量，而只是给社会上幸运的个人增加利润，因而也就必然牺牲其他人的幸福。④

> 能不能于生产需要人们劳动这个理由之外，在构造相同、能享受同样程度幸福的人类当中，另指出一个分配可以离开平等原则的理由

---

① 92
② 97
③ 98
④ 104

汤普逊《最能促进人类幸福的财富分配原理的研究》（1824）

在所有的情形下，不管供给的东西是多是少，只要在生产上与人们的劳动无关，平等的分配就是一个公平的原则。请读者略停一下并思索一番，看能不能于生产需要人们劳动这个理由之外，在构造相同、能享受同样程度幸福的人类当中，另指出一个分配可以离开平等原则的理由。不能有其他理由可以离开分配平等原则。这个原则的利益是超越一切的，可以无限地增加人们的愉快感觉，使他们和平相处，互相友爱；除了继续生产上的需要，永远没有理由离开这些福利。这些福利必须并且能服从于对于这个较高的需要，它们必须受到这个需要的严格限制。①

分配上的不平等将不必要地减少平等所带来的福利，从而减少作为财富分配目标的幸福的总和

所有其他种分配上的不平等不仅是不必要的，而且对于刺激生产是害的，所以必须加以制止；因为它们将不必要地减少平等所带来的福利，从而减少作为财富分配目标的幸福的总和。②

不平等一旦被证明为是一种幸福，于是这种幸福就越普及越好，少数有势力的人为他们自己所取得的这种幸福越大越好

所以人们就认为政治经济学是鼓励和支持几乎每一种平等权利的篡夺的，而由于政治经济学的错误应用它也确乎给了这种鼓励和支持。不平等一旦被证明为是一种幸福，于是这种幸福就越普及越好，少数有势力的人为他们自己所取得的这种幸福越大越好。剩下的就只有同样地滥用保障的原则，来永远支持从最大可能的不平等中产生的那些假定的幸福了；这样就使科学成为每一种现存的强迫和欺骗制度的维护者。③

一切制度和体系的支持者必须尽全力来表明他们所拥护的那些东西的效用和能够增进社会的幸福

---

① 131
② 136
③ 137

幸福经济学选读

在一个有理性的动物组成的社会当中，制度和体系和社会秩序应该为了什么目的，或者毋宁说只应该为了什么目的而得到支持呢？是不是只应该为了它们自己的绝对的个别利益而忘掉或有意地牺牲社会上其余人们的幸福呢？公共道德否认这种荒谬的说法：一切制度和体系的支持者必须尽全力来表明他们所拥护的那些东西的效用和能够增进社会的幸福。为了增加一个国家的幸福，而必须使个人保障和从财富中得到的最大幸福遭到牺牲，这些东西又自怎么能增加一个国家的幸福呢？享受上的保障和财富品遭到掠夺，这些个制度或秩序或体系还有什么其他有益的目的，还能帮助社会生产出什么幸福来呢？……为了什么其他假定的利益我们要牺牲从平等（只是受同等保障的限制）中得到的快乐呢？是不是为了得到上天的眷顾呢？是不是为了今后幸福的享受呢？……对于一个仁慈的人来说，最能促进幸福的那种分配财产的方式是最受欢迎的，所以上天永远不会赞成强迫造成的不平等，虽然那些为自己自私自利的目的而滥用一天名义的人也许对于这种不平等感到兴趣。①

一切公平的政府的目的是用公平的法律来增进整个社会或整个社会的大多数人的最大幸福

什么是一个一切公平的政府的目的？除了用公平的法律（绝大多数的法律都直接或间接与财富有关）来增进整个社会或（在这样做是不可能的情况下）整个社会的大多数人的最大幸福外，还有什么目的呢？只有这个才是我们分配的目的。……任何一个机构如果背反这个目的，妨碍我们的公平分配，那它的存在越久，给人类带来的痛苦就越大，给幸福增加的障碍就越多，而它的消灭——在服从它的人已经认识到了它的有害倾向并且盼望它早被消灭的情况下——也就越快越好。②

目的既然是增进幸福，自然就是要增进最大的幸福

目的既然是增进幸福，自然就是要增进最大的幸福，这种幸福的大小在其他条件下相等的情况下，就要看生产出来的增加这种幸福的财富品的多

---

① 140

② 141

汤普逊《最能促进人类幸福的财富分配原理的研究》（1824）

少、这些劳动产品的全部效用应该为劳动者所享受，这样才能促进最大的幸福和最大的生产。在现在的制度之下，关于幸福，生产者所能获得的已经降低到仅仅能使他继续不断努力下去的最低限度。关于生产，由于没有保障，所以只有很少的人能够获得生产技术和能够利用资本（生产资料），而大多数的人则对于生产全无用处。①

资本家，就会用他们所有的这些资料使劳动和一切劳动者的幸福服从于他们的最大利益

社会上分成两种人，一种人只有劳动力，另一种人却拥有使这些劳动力在生产上起作用的物质资料，后一种人，资本家，就会用他们所有的这些资料使劳动和一切劳动者的幸福服从于他们的最大利益；如果在资本家看来，有必要增加他们的利润的百分之二十五的话，全人类的幸福就都将被牺牲。劳动生产者处在资本家的地位也会这样做，因为同样都是他们周围的环境的产物。只要容忍两个利益相反的集团，一方面是劳动力的所有者，一方面是生产手段的所有者，在社会上存在；只要这种不自然的分配被用强力维持下去——因为如果不靠愚昧来使用强力，它就不可能维持下去——人类可能完成的生产的十分之九也许就会永远不能实现，人类可能享受的幸福的百分之九十就将被牺牲。②

几乎近于完全的财富分配的平等，因之能从其中得到最大的幸福

唯一的目的就是要消除依靠强力对于劳动和劳动产品所进行的一切限制和干涉，并在一切与财富有关的事情上，用理解和说服的方法作为代替。这是可以从遵守简单而明确的首要原则或者行动的准则中实现的；遵守这些原则就可以使财产获得保障，并可以不费力地导向最大可能的，几乎近于完全的财富分配的平等，因之能从其中得到最大的幸福。③

我们不能直接衡量构成幸福本身的感觉和其他感受，但我们能衡量

---

① 156
② 157
③ 159

幸福经济学选读

那些物质资料，那些能够引起这些快乐感受的手段

就幸福是靠着拥有财富来取得快乐而言，谁能否认极端的不平等将由于减少了大多数人的大量幸福而必然减少人类享受的总和呢？如果任何数目的成批的物品摆在那里，并从每一批中取出一小部分来，那么就可以清楚地看到，每一批都要减少一些。幸福也是如此；我们不能直接衡量构成幸福本身的感觉和其他感受，但我们能衡量那些物质资料，那些能够引起这些快乐感受的手段。这些资料的每一批减少了，唯一构成总的幸福的个人幸福的总和也就减少了。……极端的不平等只能从社会其余全体的个人劳动产品的减少中完成，因而也就必然减少从那个社会的财富中所能得到的享受的总和。要证明这种靠强迫手段或者不平等的法律造成的不平等是合理的，就必须证明，那拥有过多财富的人所享受到的外加的幸福，除抵消那些生产财富的人的幸福的个别减少，一般社会的幸福的减少外，还有余。①

每一个政治规章和经济规章所应注意的立法目的应该是增进社会的最大幸福，也就是社会上大多数人的最大幸福

每一个政治规章和经济规章所应注意的立法目的应该是增进社会的最大幸福，也就是社会上大多数人的最大幸福。任何以此为目的而从事于制定政治和经济的规章制度的人都应该具有一个主要条件，没有这个条件，知识和活动能力都是没有用处的，而且反会成为作恶的工具。这一主要条件就是这些规章的制定者必须对于社会，也就是说，对于在这些规章管理之下的那些社会上大多数人，怀有同情、胞与为怀的感情和利益的一致。②

财富分配的目的，一切关于财富分配的贤明的立法的目的应该是谋求大多数人的最大幸福

财富分配的目的，一切关于财富分配的贤明的立法的目的应该是谋求大多数人的最大幸福。谁对于大多数人最表同情呢？当然是穷人，生产者阶级；因为他们自己的那种爱好、生活方式和快乐最能使他们受感动。所以，

---

① 162
② 177

汤普逊《最能促进人类幸福的财富分配原理的研究》（1824）

如果穷人有知识，关于他们那个时代的增进自己幸福的最好手段的知识，那么因为他们能对远为大多数的人表同情，所以他们就应该被委托为普遍的福利而制定法律。至于那些富有的人，因为他们只能对极少数的人表同情，所以应该最后受到委托。①

知识和德行就将构成个人的优点，并且将是而且也应该是人们所追求的主要目标和人类幸福的稳固基础

在单纯的财富不再作为被追求的主要目标以前，人类是不会在有用的知识和德行上有重大的进步的。如果社会上的公众舆论在将来能够像现在积极鼓励追求财富一样地来鼓励获得知识和德行（这是可以做得到的），那么知识和德行就将构成个人的优点，并且将是而且也应该是人们所追求的主要目标和人类幸福的稳固基础。②

能够尽可能促进最大程度平等和幸福的保障原则是与任何其他形式的政府绝对不相容的

人类幸运得很，保障的原则是与立法、征税和彻底执行一切有益的法律并不违背的。不止于此，如果不能彻底维护保障原则，不能无保留地尊重分配的自然原则，就不会有公正的法律，不会有对于人类财富或者人类活动的公平处理。尊重保障原则是一切公正的政府的基础。怎样来完成这件事呢？怎样来解决这个问题呢？简单得很，就是由代议制政府来完成和解决。能够尽可能促进最大程度平等和幸福的保障原则是与任何其他形式的政府绝对不相容的。代议制政府是公正立法的试金石，能够真正代表每一个拥有财富和生产财富的人，代表每一个能够进行合理的自愿交换的成年人，自然也代表受到它所制定的法律的影响的人。这个有保障的权利并不是一个建立在抽象的原则上边的空想的权利，而是必须能够同时实现最大的生产和作为取得人类幸福的主要手段的财富的有益分配。③

---

① 181
② 185
③ 187

幸福经济学选读

一个尊重分配自然法则的社会，每个人都能从与保障原则相一致的
财富平等中得到可能有的最大幸福

一个尊重分配自然法则的社会，每个人都能从与保障原则相一致的财富
平等中得到可能有的最大幸福，这样的社会既不愿用战争来扰乱它的邻邦也
不愿意它的财产、它的劳动成果被别人不公平地拿走。①

自制是真正的永久幸福所不可缺少的

德行包含着施恩与受惠；一切故意的无聊的怨恨将被当作为疯狂而加以
驱除。但因为自制是真正的永久幸福所不可缺少的，人们渴望得到这种幸
福，所以一定会深切地考虑到他们的行动所带来的最遥远的后果；他们一定
会研究他们可能形成的每一个习惯对于幸福的影响；一定会养成坚忍不拔的
精神，自我克制的习惯和普遍的同情，以使他们自己能够因而也就应该在任
何可能有的生活情况下得到幸福。②

知识将不再被垄断来支持少数人的权势和财富，而将像廉价的棉布
一样普及到所有的人，成为获得幸福的一种手段

由于生活富裕人人都将有力量通过教育取得知识。知识将不再被垄断来
支持少数人的权势和财富，而将像廉价的棉布一样普及到所有的人，成为获
得幸福的一种手段。③

每一个人的幸福都有这种要求，因为社会技艺的进步和发展提供了
这种可能

在人类获得了这些五花八门的各部分的知识，从完全是无助的愚昧的地
位分开的同时，我们不能期待他一定会立刻起来对于所有这些谋求幸福的手
段，对于他周围的和他一样的人的癖好做冷静而可贵的研究，以把它们用在

---

① 190
② 209
③ 210

· 286 ·

汤普逊《最能促进人类幸福的财富分配原理的研究》（1824）

为所有的人生产可能有的最大幸福上。……在社会的早期，知识伴随着劳动是因为二者都简单而容易理解。在发展了的文明社会里，在彻底有保障的影响下，它们都是发展了的和成熟了的，所以将重新结合起来，永不分离；因为每一个人的幸福都有这种要求，因为社会技艺的进步和发展提供了这种可能。当我们想到同等的保障，由于它所导致的丰盈的财富和财富的平等而直接地和间接地趋向于产生大量幸福时，知识与劳动或者生产的紧密结合就更是不可缺少的。①

为了一切人的幸福他能提出来任何更好的方案，他就一定会有被采用的自信

在保障原则的影响之下，每个部分的每个人所具有的知识越多越好，因为他一定会更清楚地看到；那个实际的方案能比任何其他所能提出的方案更多地为一切有关的人造福；或者，如果为了一切人的幸福他能提出来任何更好的方案，他就一定会有被采用的自信。他的知识一定能增加他努力的动机而不是减少这种动机，因为他一定会看到要想获得幸福就必须生产，要想生产就必须勤劳；而遵守公共法令就是遵守他帮助建立起来的法令。这些法令是他和别人一起授权为了大家的福利而制定的，如果这些法律被滥用，他可以随时和别人一起对之加以纠正；这些法律也最能增进公众福利，也就是说，最能增进大批的个人福利。②

一切制度和法律的唯一目的应该是增进社会全体的幸福

"一切制度和法律的唯一目的应该是增进社会全体的幸福；而在发生矛盾时，多数人的幸福应该优先于少数人的幸福。"所以，那些使社会广大群众的幸福，由于愚昧或者由于制度本身，在少数偶然握有政权人的假定的利益面前遭到牺牲的制度就几乎是普遍占优势的制度。……尽管这些制度起有害的作用，但只要屈服于其下的人们一旦都有知识，这些制度就必得到全部改造以谋求普遍的幸福。③

---

① 217
② 228
③ 235

幸福经济学选读

一切人类进步和幸福的希望必须寄托在由个人努力来普及道德知识上

一切人类进步和幸福的希望必须寄托在由个人努力来普及道德知识上。所期待于现存制度的最多也只能是它们少加敌视而已。知识所要求于任何社会制度的或者说应该从它接受的不过是一条自由的不受阻碍的道路。①

他们的制度的效用，与社会上多数人的幸福有关的效用，从来没有被他们或者这些制度的创立者考虑过，即使有效用，也从来没有准备对这种效用做正确的估价

只要这些制度能给他们带来享受手段，他们还管什么其他效果呢？他们为什么要为这些制度能不能给整个社会带来幸福而分神呢？他们从自己的经验中发现这些制度能为他们自己造福，所以这些制度就一定是好的。他们为什么要向那些好追问的人和无事可做的人说明它们的效果呢？——这些制度存在，所以这些制度就是好的，那些说它们不好的人就是怀有恶意的。所以这些人的一生都用来从心里拥护他们各自的制度——大多数是荒谬的或者比荒谬还要坏——他们的制度的效用，与社会上多数人的幸福有关的效用，从来没有被他们或者这些制度的创立者考虑过，即使有效用，也从来没有准备对这种效用做正确的估价。但是研究道德科学对于人类非常必要的，也是非常富有吸引力的。②

把知识看作为至少是多数人获得幸福的一种手段——即使不是最重要的手段——因而也就是社会全体获得最大幸福的一种手段。

从效用的原则上来看……这一原则要求追求幸福，因而也就追求知识，把知识看作为至少是多数人获得幸福的一种手段——即使不是最重要的手段——因而也就是社会全体获得最大幸福的一种手段。③

给社会上大多数人以需要的知识，以使他们像已经发现他们的利益那样地发现追求和获得他们自己可能有的最大幸福的手段

---

① 239

② 243

③ 252

汤普逊《最能促进人类幸福的财富分配原理的研究》（1824）

我们的目的正是要使一个社会管理自己的事情，使人们在私生活和社会生活双方面都能够有自治的能力；取消与社会整体福利不相容的每一种部分的利益；给社会上大多数人以需要的知识，以使他们像已经发现他们的利益那样地发现追求和获得他们自己可能有的最大幸福的手段。①

　　传播知识和形成道德习惯的目的是使人们更懂得享受以无限地增加从财富品中得到的快乐

传播知识和形成道德习惯的目的是使人们更懂得享受以无限地增加从财富品中得到的快乐，和永久实行最好的分配办法的扩大再生产。我们讨论这些问题的目的是要改善这些手段的实施方式，以免得它们被滥用到脱离它们的真正目的——谋求整个社会的最大幸福，并使劳动与知识重新结合，从此可以相辅相成，以免虚掷我们的劳动生产力。但这三种手段的任何一种如果受到其他两种手段的阻碍就不能产生真正有益的效果。教育、制度和社会教化必须和谐地合作以产生它们所能够产生的一切微小的利益。如果教育遇到了其他二者的反对，比较起来，它所能做的就很少了。不过，它们密切合作以追求作为人类幸福的必要基础的真理的时代很快就要到来，而财富和从财富中得到的享受也必将大量地增加。②

　　如果没有满足资本家获得利润这一条件，劳动虽然具有使千百万人获得幸福的无限能力，也只能完全弃置不用

在目前实行不幸的个人竞争原则的情况之下，劳动制度在每一个地方都没有保障的权宜手段的控制和打击。它只有当食物、工具和其他一切使劳动能生产财富的物资的所有者能从劳动中获得利润时，才能存在。如果没有满足资本家获得利润这一条件，劳动虽然具有使千百万人获得幸福的无限能力，也只能完全弃置不用。由于这一原因以及劳工彼此之间的凄惨的竞争，就使一半以上的人成为毫无技术，毫无用处，并且完全闲置而不能从事于有益的生产。这情形甚至在劳动力运用得最充分或最经济的国家中也会

---

① 259

② 264

出现。①

　　许多哲学家、立法家和少数诚心希求最大幸福的人都曾企图解决这一问题，但没有获得结果

　　如果平等分配由于和同等保障相符合而变得实际可行，如果它的实现方式是根据对真正利益的冷静看法，使理智对于有理性的人的意志作用，那么这种计划就非但不应当不加研究就抛弃，而且由于它是在新颖而合理的条件下被提出来，对于人类的幸福又能产生全面的影响，所以便值得每一个热爱人类幸福的人以最关心的态度作公正的研究。把同等的彻底的保障和财富分配的平等调和起来，是一个有最大意义的问题。许多哲学家、立法家和少数诚心希求最大幸福的人都曾企图解决这一问题，但没有获得结果。他们几乎全都失望地放弃了或者是避开了这个问题的解决。②

　　根据这儿所提出的原则来估计这一计划的现实性与功用，乃是说明最幸福的财富分配时必然要做的事情

　　我们已经发现有一个人以十分勇敢的精神，根据合理的原则对于"如何使平等的分配与完全有保障相调和"这一重大问题作出了解答，这就是苏格兰新拉纳克的欧文先生。他所实行的办法就是互助合作和平等的分配。不管他采取什么说法来表达他的思想，我认为这就是那些宏伟组织的真正而可称道的目标，并且也一定会产生这样的效果。这是深刻的思想和无与伦比的实际知识相结合，他要求一切有意于追求幸福的人们注意从这个罕见的结合中产生的效果。根据这儿所提出的原则来估计这一计划的现实性与功用，乃是说明最幸福的财富分配时必然要做的事情。③

　　社会保障与个保障制度的目标都是要消除这些弊害，同时也都是要表明可以通过和平的方式用更简单的制度来代替这些有害的制度，并轻而易举地把有害制度消除掉，以增进全体人类的真正幸福

---

① 278
② 288
③ 289

汤普逊《最能促进人类幸福的财富分配原理的研究》（1824）

　　社会保障与个人保障两种制度同样都反对一切过去的社会制度，认为它建立在限制、排斥、垄断、有害的竞争的基础上，并用各种手段造成强迫的财富不平等，因而随之带来人类社会有史以来蔓延各处的一切弊害。这两种制度的目标都是要消除这些弊害，同时也都是要表明可以通过和平的方式用更简单的制度来代替这些有害的制度，并轻而易举地把有害制度消除掉，以增进全体人类的真正幸福。①

　　　体力或脑力劳动方面或兼具两方面性质的任何技术与科学，如果能为公社产生真正巨大的幸福……就应该由公社的某些社员进行研究，以为大家谋利益

　　体力或脑力劳动方面或兼具两方面性质的任何技术与科学，如果能为公社产生真正巨大的幸福，并且是公社的经济能力所能办到的，同时又不受燃料缺乏或土壤特殊等自然条件的限制，就应该由公社的某些社员进行研究，以为大家谋利益。②

　　　劳动只能根据效用的多寡来支配，也就是根据获取所费的劳动跟现在和将所获得的巨大的优势幸福的多寡来决定

　　在互助合作制度所假定或产生的这种合理社会中，绝不会浪费劳动力来生产只供夸耀的东西。他们的劳动只能根据效用的多寡来支配，也就是根据获取所费的劳动跟现在和将所获得的巨大的优势幸福的多寡来决定。由于所有的人在财富方面都是平等的，所以就必须首先满足大家的真正需要与享受，然后才能谈到其他人为的需要。不以有用的的个人品质为基础的人为的高贵，不但很快就不会为人所追求，而且还会被认为是愚人才追求的东西。③

　　　要想增进社会的幸福——就与财富有关来说——唯一的办法就是必须增加生产、增加积累和增加资本

---

① 290

② 294

③ 302

幸福经济学选读

　　纯粹的政治经济学家和道德经济学家在这里是不同的。财富或者资本的积累，特别是大量的积累是纯粹政治经济学家的目的。幸福、健康，特别是多数生产者的幸福和健康对于他来说是次要的。对于道德经济学家，这些是主要的，而财富，特别是积累仅仅是次要的。诚然，在很多或者在多数的情形下，从劳动中积累起来大量资本，即使受无保障制度的限制，也曾经比没有这种积累产生了更多的幸福。因此人们概括出了这样一个命题并从这个最片面的经验得出这样的结论：要想增进社会的幸福——就与财富有关来说——唯一的办法就是必须增加生产、增加积累和增加资本——显然资本必须是大批的和集中在少数人手里。但另一方面，道德经济学家却从来都不失掉他们的伟大目标，那就是从一切来源所能得到的最大多数人的最大幸福。在取得财富以前，作为从一切来源产生幸福的基础，他认为必须保持健康。在这二者不相容的时候，必须毫不迟疑地牺牲财富。①

　　　　按照他们的才能、智慧、道德的发展和各种身体组织上的不同，从财富之外的一切其他幸福来源中得到享受

　　为什么要这样彻底地检查浪费人类能力的种种原因呢？是为了生产而要把人类变成为永不休息的生产者呢？不是的，是要节省时间以用之于合理的工作上，以使整个公社中人能够按照他们的才能、智慧、道德的发展和各种身体组织上的不同，从财富之外的一切其他幸福来源中得到享受。②

　　　　从幸福反映的联想中所能得到的个人幸福的增加是没有止境的

　　在不可能从欺瞒、掠夺和互相折磨中得到利益的情况下，很显然，他们的利益将是要试一试看，能不能通过尽可能多地培养一种社会的感情来增加他们的幸福。没有什么东西比幸福之感再富于传染性的了……我们周围的那些人们的表现在脸上或者其他方面的幸福的表示都会在我们身上引起一种同类的或多或少的活泼喜悦的感情，除非某些真正的或者假想的相反的利益破坏了它的效果。被包围在一群不幸的人们中间，任何人也不会感到幸福。从幸福反映的联想中所能得到的个人幸福的增加是没有止境的。这种幸福虽

---

①　313

②　314

汤普逊《最能促进人类幸福的财富分配原理的研究》（1824）

然是细微的,但却是温柔的和取之不尽的,它们常常有足够的力量来驱除个人的不快。什么样的快乐能够这样的便宜呢? 不需要购买而只要顺从它们的冲动就可以得到它。把这种快乐增加到最高限度,用每一种可能的互相友爱的行为来增进它,那是多么大的智慧呢? ……不正当的利益和愚昧无知是使人们不去追求真正利益的原因。这些障碍既经消除,他们既能得到一切知识,追求一切人的最大幸福既然成为了他们的唯一公认的目的,那么,如果说联合起来的成员看不到当初引导他们在主要事情上互相合作的动机,要求他们在一些次要的事情上应该彼此关心互相友善以谋求全体的幸福,难道这能是合理可能的事情呢? 这是一个道德倾向问题,我们可以看到它已经被包括在合作公社的基础之中。人们的感官的快乐已经得到了充分的满足,他们一定会从培养最大的同情心上来寻求更多的快乐。①

> 以前各种平等制度的性质使强力和欺骗的使用成为必要。这些制度创立者的真正目的永远不同于增进合作者幸福这个明显的目的

以前各种平等制度的性质使强力和欺骗的使用成为必要。这些制度创立者的真正目的永远不同于增进合作者幸福这个明显的目的,……在新制度下,只有一个简单的目的,制度的创造者不值一提,最初和最终的目的都是增进合作者的幸福。抱有这样唯一的诚实的目的,所用的手段必然是说服和给以保障,而为制度永远有益必然是建立在真理之上的。②

> 自利的含义是指增进我们自己个人幸福的普遍愿望,而不涉及任何特殊的手段……一般的追求自利就是一般的追求幸福

自利的含义是指增进我们自己个人幸福的普遍愿望,而不涉及任何特殊的手段;自私的含义是指用我们所有的一切当前的和直接的手段来增进我们幸福的那种欲望,而不考虑自己的行为对于可能受它的影响的那些人的感情和行为会发生什么作用,自然也不考虑这种行为对于自己会有什么反作用。自私是对于个人利益的一种目光短浅的愚昧的追求,那些感情受到它的忽视的人必然对它痛恨。……自私的人是被自利指引着的;一个最无私的人也同

---

① 320

② 337

幸福经济学选读

样是被自利指引着的。所追求的目的是一个——快乐、幸福——可能有的最大幸福和快乐。所不同的是用来达到这一目的的手段。一个用直接的、短见的、愚蠢的手段，完全顾周围其他有知觉的人的利益；另一个是在广泛的考虑上来寻求幸福，估计到在它的影响范围以内的一切人的利益。换句话说，一般的追求自利就是一般的追求幸福。虽然说一个人的思想的力量能够向前看并认识到将来的享受和把这些享受与眼前的利益相比，并且可能估计到受到他的影响的那些人的利益，但不能说他就会永远这样做。尽管眼光远大，如果不这样做，他就仍是自私的和比较愚昧的。但是那个为了共同享受通过互助合作和别人联合在一起的人就不能自私。对于他在他和他协作的人们的幸福中间有一种必然的联系。把开明的自利和自私截然分开的两个必要条件在他身上表现得非常明显。他一方面要估计到长远的利益，一切幸福的来源，另一方面要估计到他的一切行动对于他周围的感觉的人们的影响和他们的反作用。没有这两方面的广泛的考虑，他一步也不能前进。他在他的事业一开始的时候就必须放弃自私并永远不再犯这个毛病。他将永远开明和仁爱和自利所支配，因为只有这样的自利才能增进他的幸福。①

如果所追求的目的只是行动者的幸福，那么于自然所给行为加上的那些后果之外，再加上人为的奖赏和惩罚就完全是多余的

如果所追求的目的只是行动者的幸福，那么于自然所给行为加上的那些后果之外，再加上人为的奖赏和惩罚就完全是多余的。在行为者认识不到这些后果，这些自然的奖赏和惩罚时，真正仁爱的人的唯一责任就是提出这些后果供他们考虑，以作为指导他们未来行动的动机。②

一个道德行为完美的个人将这样来支配他的自觉行动以在他的整个一生中从所有这些来源得到最大量的幸福

一个道德行为完美的个人将这样来支配他的自觉行动以在他的整个一生中从所有这些来源得到最大量的幸福，或者大大超过于痛苦的快乐。要做到这一点，他就有必要在他生活于社会中时，在要求幸福上把他自己看作不过

① 340

② 343

· 294 ·

汤普逊《最能促进人类幸福的财富分配原理的研究》（1824）

是与他有关的人们（不管他们是多少人）当中的一分子。[①]

一个组织正常的仁爱为怀的人，从与人同乐中得到双倍的快乐

没有一个人能够把比别人多占有的欲望，或者因为周围的人有和他相等的享受手段他就不能享受，当作一个行为的有力理由来做片刻的辩护。这是一种嫌恶同类幸灾乐祸的理论。一个组织正常的仁爱为怀的人，从与人同乐中得到双倍的快乐。如果一个人对于愉快印象有健康的感受能力，那么十个人十部分幸福就不应该被牺牲以减少第十一个人的以这十个人的快乐为快乐（无论是什么都将是一种极大的快乐）的幸福。[②]

重视能力和优越的知识，只是因为它们能对他们自己和别人提供增加幸福的手段。

野心或者为了任何其他目的的单纯对于权力的爱好，而不是为了服务或者增进幸福，竞争心，或者是高抬自己压倒同类的欲望，都是与这些公社的原则不相容的动机，不管这些动机是自然的或是人为的（因为在教育上只能使用有益的自然动机）；因为用这些作动机必将带来重大的危害。……他们重视能力和优越的知识，只是因为它们能对他们自己和别人提供增加幸福的手段。从他们的生活上的每一个重要行动来看，别人的幸福和他们自己的幸福一定已经在他们的心里紧密联系在一起，理智和效用一定会加强这种联系，从而使那些现在必然和青年人的出人头地和有所发现的浪漫愿望混杂在一起的有害成分，在他们中间找不到地位，要追赶别人的欲望一定仅仅是为了要像别人那样地增进同样多的幸福。[③]

从事于高尚的努力和取得卓越的成就的混合动机是：从事研究活动（身体的或精神的）的快乐……从仁爱行为或者从预期能够从自己的努力中获得幸福——任何一种真正的利益——的快乐

在人类的需要经获得满足之后——在合作的公社里边每一个人都将得到这种满足——那些引导人们在学术研究以及非常困难的工作（不管是有益

---

① 348
② 356
③ 374

的或是有害的）上从事于高尚的努力和取得卓越的成就的混合动机是：从事研究活动（身体的或精神的）的快乐，单纯获得权力的快乐，单纯获得能够显示自己的财富的快乐，从别人的简单的手势、赞许、同意、相信、羡慕中所表现的感情里体会到的快乐，从仁爱行为或者从预期能够从自己的努力中获得幸福——任何一种真正的利益——的快乐。①

> 追求财富和权力曾经引导人们从事于困难的卓绝的活动，但也往往是最在害的活动；这些活动永远破坏着他们的同胞的幸福，大部分也破坏着他们自己的幸福

我们怀疑：是不是能够找到一个确定可靠的例子，足以说明专门追求财富——为了明显的享受或是为了显示自己或者是二者兼而有之——曾经是任何在著作或者行动方面的真正有益的天才活动的唯一动机；专门追求权力也是一样；追求财富和权力曾经引导人们从事于困难的卓绝的活动，但也往往是最在害的活动；这些活动永远破坏着他们的同胞的幸福，大部分也破坏着他们自己的幸福。②

> 这种相互的利益和把这种相互的利益很快地扩展到所有的公社这种作法给人们带来的幸福，比把每一种发现的秘密和享受保守在作出这种发现的个人或公社手里所能得到的幸福要大得多

每一个公社都可以从无论什么地方的生产改进得到直接的利益；这种相互的利益和把这种相互的利益很快地扩展到所有的公社这种作法给人们带来的幸福，比把每一种发现的秘密和享受保守在做出这种发现的个人或公社手里所能得到的幸福要大得多。③

> 所有这些快乐的总和，或者快乐远远超过于他可能受到的痛苦就构成了他的幸福

---

① 393
② 396
③ 408

汤普逊《最能促进人类幸福的财富分配原理的研究》（1824）

人类的身体组织给他提供了某些快乐的来源：感官的快乐、饥渴获得满足的快乐、性欲获得满足的快乐、感到健康或身体内部官能顺利工作的快乐、体力劳动和脑力劳动的快乐，包括同情和仁爱的快乐在内。所有这些快乐的总和，或者快乐远远超过于他可能受到的痛苦就构成了他的幸福。……对于这种享受的限制是：由于满足而对于本人或其他的人最后产生了重大的祸害，或者在没有什么价值的快乐上花费了时间，如果把这个时间用在较高级的事情上可以更多地增加幸福。这些限制是必要的，因为能够增进幸福。①

> 一切政治制度至少也应当对于利益受它们影响的那些多数人的幸福——如果是多数人的幸福，也就几乎永远是全体的幸福——有所贡献，而且应该以多数人认为最能增进幸福的方式来追求这种幸福

全欧洲的人都知道这个真理，那就是一切政治制度至少也应当对于利益受它们影响的那些多数人的幸福——如果是多数人的幸福，也就几乎永远是全体的幸福——有所贡献，而且应该以多数人认为最能增进幸福的方式来追求这种幸福。无论强迫或欺骗都不能再来支配人类的事务了。人类今后将是他们自己的审判官，必须通过他们的理智来支配他们。②

> 每一个人的合作都是由于他看到了提出来的这个办法能够把他的幸福和别人的幸福联系在一起从而增加他的个人幸福

财富的平等只有靠理智来建立，这就是真理迫使我按照我的最好的判断能力对于财富分配方面的自愿平等制度所做的估计。这种制度是在同等和彻底有保障的保护之下用互助合作的方式来实现的。一切强迫和欺骗已被消除；每一个人的合作都是由于他看到了提出来的这个办法能够把他的幸福和别人的幸福联系在一起从而增加他的个人幸福；这个计划……它创造而不破坏，它鼓舞一切人而不打击任何人——在真正的幸福上；它不打击任何人——在此以前，人类知识的发展从来没有能够使人类发现这一计划。③

---

① 427
② 435
③ 441

幸福经济学选读

> 怎样以财富的形式从这些因素中制造出最大量的幸福就一直是要解决的问题

我们的目的既然是确定那种能够导致最大的财富再生产和从一切其他来源获得最大幸福的财富分配的方式，以前一切的生产和分配方式自然就不能被看作为权威，使它们妨碍我们关于新计划的判断，而只能被用作为资料以使我们判断得正确。……人、劳动、原料；大自然所提供的，人类必须以他们的智力和体力从它们制造出一切财富所能提供的谋求幸福的手段的那些原料；这些就是我们的简单的因素。怎样以财富的形式从这些因素中制造出最大量的幸福就一直是要解决的问题。这个问题解决之后，接着来的是另外一个仅仅在重要性上占第二位的问题——怎样用最方便的办法把现在偶然形成的财富的生产和分配方式变成为一定能够产生最大幸福的方式。①

> 任何社会的法律如果破坏了这些原则，就要随着破坏程度的大小而或多或少地减少财富所能产生的大量幸福。这些原则就是：自由劳动、劳动产品的完全享用和自愿交换

这些关于财富的同等保障的特点包括着我们笼统地叫作"分配的自然法则"或那些关于财富分配的基本原则在内。任何社会的法律如果破坏了这些原则，就要随着破坏程度的大小而或多或少地减少财富所能产生的大量幸福。这些原则就是：自由劳动、劳动产品的完全享用和自愿交换；一切公平的财富分配应该建立于其上的原则就是如此简单。虚伪的保障几乎把它的全部注意力都放在财富的实际积累上，放在所分得的实际存在的东西和分配方式的保持上。同等的或真正的保障更多地注意生产力，注意生产未来财富的能力，而不是注意积累起来的实际数量；它注意积累起来的或者可以积累起来的那一部分财富的目的也只是从那些东西上边得到人类可能有的最大幸福，既是没有财富的人的幸福也是拥有财富的人的幸福。②

> 任何一种实际分配方式却不值得我们一顾，除非它能够增进整个社会的巨大幸福，穷人和富人同样被包括在内

---

① 443

② 447

汤普逊《最能促进人类幸福的财富分配原理的研究》（1824）

我们希望现在可以认清，积累起来的财富和创造财富的生产力相比较，用人类幸福的尺度来衡量，究竟哪一项更重要。一般人的眼睛总是注视着积累起来的财富，特别是当这项财富被掌握在少数个人手里的时候。每年所生产和消费的大量财富好像一条大河的汹涌波涛，日夜奔流不息，在消费的海洋中被人忘记而消失了。然而不仅整个人类的几乎一切满足而且整个人类的生存都依存于这个永恒的消费。这些每年生产出来的生产品的数量和分配应该是我们注意的最高目标。真正的积累完全是次要的，它的全部重要性几乎都是从它对于每年生产品的分配的影响上得来的。我们就是以这种观点在这里讨论从财富中得到幸福这个问题的。……和保存这个实际分配的方式相比，整个人类时常过着痛苦或者幸福的生活竟被看作为不值得注意的。把强迫、欺骗和机会所造成的结果固定下来就是所说的有保障；为了支持这种虚伪的保障，不惜牺牲人类所有的生产力。我们在这里主张的是，任何一种实际分配方式却不值得我们一顾，除非它能够增进整个社会的巨大幸福，穷人和富人同样被包括在内。①

> 关于财富的分配，聪明而仁爱为怀的远大目标应该是使社会上的每一个成员都成为资本家工人和共同幸福的贡献者

关于财富的分配，聪明而仁爱为怀的远大目标应该是使社会上的每一个成员都成为资本家工人和共同幸福的贡献者；并且从这个观点出发，设计出一些办法以使这个伟大目标实现，同时不但使已经积累了资本的资本家而且使那些不劳动者也不感到任何可能有的不方便。②

> 代议制的建立给多数人以权力使他们按照他们的利益，来逐一地废弃那些无保障制度，同时提供最有效的手段使那些拥有权力的人获得必要的知识以正确地使用那个权力来生产最大量的幸福

代议制的建立给多数人以权力使他们按照他们的利益，来逐一地废弃那些无保障制度，同时提供最有效的手段使那些拥有权力的人获得必要的知识

---

① 451

② 455

以正确地使用那个权力来生产最大量的幸福。①

> 在形成人类性格的影响人类幸福的一切原因中，没有比财富的分配
> 更重要的了，因为性格的发展和幸福的增加所依存的一切条件和关系几
> 乎都依存于财富的分配

在形成人类性格的影响人类幸福的一切原因中，没有比财富的分配更重
要的了，因为性格的发展和幸福的增加所依存的一切条件和关系几乎都依存
于财富的分配。但是，关于功利的原则，每一个现存的时代都有它自己唯一
的正确判断力，因之都有权力来这样分配它所拥有的，包括财富在内的一切
谋求幸福的手段，以保证获得最大的幸福；这种权力和它的前人所行使的同
样的权力完全相同。②

> 真正积累起来的财富量，就它的重要和对于人类幸福的影响来说，
> 和无论处于什么文明情况的同一社会的生产力比较，甚至于和那个社会
> 的即使是几年的真正消费量比较都是微不足道的了

真正积累起来的财富量，就它的重要和对于人类幸福的影响来说，和无
论处于什么文明情况的同一社会的生产力比较，甚至于和那个社会的即使是
几年的真正消费量比较都是微不足道的了。所以立法者和政治经济学家应该
特别注意"生产力"和它将来的自由发展，而不是像以前那样只是注意惹
人注目的积累起来的财富。③

> 在同等保障制度保护之下，用合作的劳动制度或任何其他劳动方式
> 能够增进一切人的幸福

在同等保障制度保护之下，用合作的劳动制度或任何其他劳动方式能够
增进一切人的幸福，如果他们被说服相信，一切现存的实际财富的积累应该
平均分配以使一切人都成为资本家工人，那么从一切人的利益来考虑，对于

---

① 457
② 459
③ 459

汤普逊《最能促进人类幸福的财富分配原理的研究》（1824）

拥有真正财富的十分之一的少数人就没有必要使用压力来强迫实行这种分配。①

> 为了从财富中获得最大的幸福……都应该有足够的资本以使他自己得到他的全部劳动产品，无论他是自己单干来生产或者是和别人一起合作

为了从财富中获得最大的幸福，和有保障相调和的最大平等，每一个生产者，无论是农业的或是工业的，或以任何其他方式为财富提供一个满意的等价物，或拥有自由使用他的劳动的能力，都应该有足够的资本以使他自己得到他的全部劳动产品，无论他是自己单干来生产或者是和别人一起合作。和这个资本一起，他也应该有知识来指导他利用和保持这些有利条件。②

> 在社会的安排上实现每一种对于财富和对于每一种其他产生幸福的手段有益的事情

知识的进步和传播和一切社会都能逐渐认识到它们的真正利益一定会逐渐使其余的事情得到实现，那就是说，在社会的安排上实现每一种对于财富和对于每一种其他产生幸福的手段有益的事情。③

---

① 460

② 461

③ 462

麦克库洛赫《政治经济学原理》（1825）

约翰·雷姆赛·麦克库洛赫（1789～1864），苏格兰人；1818年为《爱丁堡评论》撰写《关于李嘉图的政治经济学原理》一文，此后成为《爱丁堡评论》的主要经济评论家达20年之久；1820年到伦敦讲政治经济学；1825年以讲稿为基础，加进他过去发表过的一些文章，并利用了马尔萨斯、萨伊等人的一些观点，扩充为本书。麦克库洛赫认为商业自由无论对私人的幸福和社会的繁荣，都同样是具有生产性的。并认为节俭和省用在私人方面是美德；对公家来说，它对国家幸福的影响是如此之大，因此它不仅是首要的美德，而且是更迫切的任务。

麦克库洛赫. 政治经济学原理. 郭家麟译. 北京：商务印书馆，1983.

古代人对商业、制造业和奢侈的偏见，在中世纪仍然保持着有力的影响。没有人对于国家财富、快乐与繁荣的真正源泉具有任何明确的观念

古代人对商业、制造业和奢侈的偏见，在中世纪仍然保持着有力的影响。没有人对于国家财富、快乐与繁荣的真正源泉具有任何明确的观念。国与国之间的来往是极端有限的，它们只赞成掠夺、侵犯和海盗式的征伐，以夺取赃物，而不愿以商业来满足彼此的真正需要。①

公共利益应当永远成为他注意的唯一目标，经济学家不为特定阶级增加财富与享受而设计制度和规划策略

---

① 9

麦克库洛林《政治经济学原理》(1825)

经济学家的业务的任何一个方面，都不是研究个人财富增减的方法，而只是说明它们的一般作用与影响。公共利益应当永远成为他注意的唯一目标，他不为特定阶级增加财富与享受而设计制度和规划策略；而是要发现国富的源泉与普遍的繁荣以及使它们能具有最大生产力的方法。①

　　支配人类社会运动的规律在我们思想上，应当更有无限强烈的注意，因为它们既对人类的幸福有直接的影响，同时，也因为它们的效果可以，而且在事实上也正不断地为人类的干预而改变

为了获得关于决定财富的生产、分配和消费规律的真实知识，经济学家应当从非常广泛的范围内收集材料。他应当研究不同环境的人；他应当借助社会、艺术、商业和文化等历史，借助哲学家和旅行家的著作，总之，借助任何一个能说明加速或延缓文明进步原因的事物；他应当把全世界不同地区和不同时代的人类幸福与生活境况所发生的变动，标记出来；他应当追溯工业的兴起、发展与衰落；更重要的是，他应当细心地分析和比较不同制度和管理办法的结果，并区别决定进步社会与落后社会互不相同的各种情况。这些研究，由于阐明了国家的富裕和高尚以及贫穷和衰落的真实原因，对经济学家提供了资料，使其对财富中几乎所有重要问题，都能给以满意的解答和制定旨在保证社会改革不断取得成功的行政计划。

这样的研究，绝不致于不激起每一个正直的人的深厚兴趣。人们不能对其施加最小影响和不能控制的天体运行规律，尚且被公认为高尚和合理的研究目标。而支配人类社会运动的规律——它们使这一部分人进入富裕和高尚，同时使另一部分人下降到贫穷与野蛮的深渊——在我们思想上，应当更有无限强烈的注意，因为它们既对人类的幸福有直接的影响，同时，也因为它们的效果可以，而且在事实上也正不断地为人类的干预而改变。②

　　从道德的观点来看，分工的影响也是不小的有益的，它是一个巨大的契机，文明的幸福，由它而传播知识和科学的宝藏，由它输送到地球上有人居住的遥远角落

---

① 11

② 14

分工这个伟大原理，就是这样地得到了充分的发展。大部分必要和有用的产品，就这样地大大增加了，大家都富裕了。但是这些还不是商业所有的效果，从道德的观点来看，它的影响也是不小的有益的，它是一个巨大的契机，文明的幸福，由它而传播知识和科学的宝藏，由它输送到地球上有人居住的遥远角落。同时，由于它的作用，使得每一个国家的居民依靠别国居民的帮助，获得了他们所需要的大部分舒适品和享乐品，它构成一个强有力的联合原则，它以相互有利和彼此履行义务的平凡而有力的纽带，把所有的国家连结成一个整体的社会。①

　　　　商业自由无论对私人的幸福和社会的繁荣，都同样是具有生产性的

幸运的是新时代终于开始了！自由贸易的原理不再看作是愚笨和无益的空想，不再看作是理论家们的幻觉，关在房子里不能实现的快乐梦境。这些原理得到了英国议会的认可。我们对第一次宣布和证明这个正确和有利制度为真理的人给以光荣的同时，有权要求对第一次给予这个制度以实际意义和真实效果的人，给予更高的表扬。诚然，垄断现在仍然深深地植根于我们的商业政策中，我们仍然容许一些重要贸易部门在苛刻的和烦人的限制下经营着。但大多数部门已开始回到较好的制度，并且公开地宣布了我们的信念，商业自由无论对私人的幸福和社会的繁荣，都同样是具有生产性的。用一个有名的政治家的话来说，"假如反对商业限制、垄断和优惠的长期和光荣的事业，仍然在进展着，而同样的精神仍然在朝气勃勃中，国家和议会仍然维持着同样的决定——即假如对为经验所肯定、并为公众所称赞的制度最后给予完全而不折不扣的实行，那么不独这个时代，也不独这个国家将有理由颂扬我们的努力。没有那样的遥远时代，也没有那样的不文明国家，我们不能够在其中断然预见到英国哲学的这些成功研究、英国政策的这种英明榜样，在上帝的庇护下，将成为继续增进人类幸福的唯一丰富的泉源。"②

　　　　幸福则是依照这宗食物分配的宽裕程度，或一天的劳动所能买到的
数量来决定的

---

① 71

② 79

麦克库洛林《政治经济学原理》(1825)

测定一个国家人口是否真正和有益的增加，其唯一的标准，是它的生活资料的增加。假如这种资料没有增加，则出生人数的增加，只能产生灾祸与死亡率的增加。马尔萨斯先生说，"假定其他情形相等，可以断言各国人口的多少是由它们所生产或所能获得的人类食物数量来决定的；而它们的幸福则依照这宗食物分配的宽裕程度，或一天的劳动所能买到的数量来决定。生产小麦的国家比畜牧国家的人口多，而生产稻米的国家又比生产小麦的国家人口多。但是它们的幸福不依存于它们人口的多少，不依存于它们的硗瘠或肥沃程度，也不依存于它们立国年代的长短，而是依存于人口对食物相互之间的比例关系。"①

> 更重要的是从他们幼年时候起，就应该教育他们相信一个重要的和无可怀疑的真理，那就是他们真正是自己幸福的公断人，别人能为他们做的，比起他们自己能为自己做的，只不过如天平上的灰尘而已

在历来提出的一切长期改善贫民状况的方案中，看起来没有任何方案比设立一个真正有用的社会教育制度更有实效。毫不夸张地可以肯定，危害社会和使社会丢丑的不幸和罪恶，十分之九是来自愚昧无知，来自穷人对真正决定他们处境的条件的愚昧无知。那些竭力促进贫民教育的人，只要穷人在读和写方面有所成就，一般来说就感到满足了。但教育如果停留在这一点上，那是忽略了它的真正部分。懂得读、写和计算技术的人可能是，事实上也常常是最不懂有关贫民自己最大利益和社会一般利益的一切原则的人，而这些原则又是他们所必须好好理解的。要使教育能够产生可以从它那里得到的一切效用，除了现在教给他们的初级课程之处，应该使贫民们熟悉宗教和伦理所告诫的责任，熟悉那些经常存在的、引起社会地位不同和财产不等的条件；更重要的是从他们幼年时候起，就应该教育他们相信一个重要的和无可怀疑的真理，那就是他们真正是自己幸福的公断人，别人能为他们做的，比起他们自己能为自己做的，只不过如天平上的灰尘而已。如果自己不用适当的审慎、远虑、节俭和善良的行为，则最宽容和开明的政府，以及最好的制度也不能保证他不穷困和不堕落。要希望这种教育制度对人民大众的习惯产生任何即时的效果，虽然是不合理的，但它最后会有极大的利益却是无可怀疑的。如果不能早日得到改革的希望，也不必灰心。健康教导的收获，可

---

① 118

能是迟缓的，但最后的结果将是最丰富的。那些企图使教育具有真正的有用目的，而还没有被在开始时和实施期间所估计到的困难而吓倒的人，他们的忠忱努力是会得到巨大报酬的。①

> 想要出人头地、改善自己的处境、不断增加生活必需品和奢侈品的支配权等，这样才能使社会得到进步的恩惠。在这种想法变得越有力和越迫切，财富的积累就越快，每一个人也就变得越幸福

在道德学者中，很久以来就有一种流行的意见，认为用于奢侈生产的劳动和对奢侈品的消费都是不生产的和不利的。据说，一个人如果想要发财致富，他的努力目标应该不是增加他的财产而是减少他的要求。"如果你希望谁致富，不要增加他的财富，而是减少他的贪欲。"假如这些意见一旦得到相当的影响，就会成为一切进步的不可逾越的障碍。那些满足于他们处境的人，不可能有任何引起他们想把事情做好的动机。因此，没有这种满足感，而有与之直接相反的感觉，想要出人头地、改善自己的处境、不断增加生活必需品和奢侈品的支配权等，这样才能使社会得到进步的恩惠。在这种想法变得越有力和越迫切，财富的积累就越快，每一个人也就变得越幸福。简单的生活必需品用比较小的劳动便可以得到，野蛮人和没有文化的游牧民族，他们没有取得舒适品的想法，要使他们抛弃生来便有的漠然态度，必须用文明生活中对奢侈品与享乐品的嗜好来鼓励他们。当这样做了以后，他们的人为欲望将与严格必需的欲望同样地汹涌出现，它们将随着满足他们的手段的增加而增加，在对舒适品和便利品的嗜好普遍推广的地方，人的需要与欲望通通变得无所限制。一个欲望的满足导致另一欲望的形成。在高度文明的社会里，新产品的新的享乐方式不断涌现出来作为努力的动机和报偿这种努力的手段。结果是在劳动的实施中表现了坚忍不拔的精神，而怠惰和随之而来的一系列的祸害，几乎完全不见了。②

节俭和省用在私人方面是美德；对公家来说，它对国家幸福的影响是如此之大，因此它不仅是首要的美德，而且是更迫切的任务。

政府方面的节约，虽然实行起来比较困难，但比之任何个人方面的节约则是更重要得多。假如一个绅士认为依照浪费原则办事是一种美德，认为勤

---

① 203

② 223

劳可由增加不获利的消费来鼓励，这样几乎完全可以肯定他会破产；但他的破产只是对与他业务有关的人直接有害，对别人将只是很少一点的间接影响。但是同样的行动对于政府则很可能引起革命，或使国家贫穷衰落。所以说，假如个人对商品消费的真正利益很需要有其正确认识的话，政府不是更需要有这种认识吗？节俭和省用在私人方面是美德；对公家来说，它对国家幸福的影响是如此之大，因此它不仅是首要的美德，而且是更迫切的任务。①

① 233

格雷《人类幸福论》（1825）

　　约翰·格雷（1799～1883），英国人，其第一部也是最好的一部著作是《人类幸福论》，初版于1825年。《格雷文集》所收的是格雷的另外三部重要著作，分别写于19世纪三四十年代。在《人类幸福论》中格雷提出了他对幸福的看法，认为人在当时社会制度下，无论是对物质的需求还是对精神的需求，都不能得到满足，因而都是不幸的，而这种不幸是劳者不获、获者不劳造成的。《格雷文集》前言引用麦卡洛克来说明该书主旨："经济学家不应该增加某些个别阶级的财富和享受而创立制度和草拟方案，而应该着手开辟国家财富和全民福利的泉源"。作者认为幸福是人类一切企求的最终目的。并指出当时社会制度和它所追求的目的最可悲地不相适应。它的目的是增进人类的幸福，而它的结果则是使人们经常遭到贫困。

　　约翰·格雷. 人类幸福论. 张草纫译. 北京：商务印书馆，1963.

　　格雷文集. 陈太先，眭竹松译. 北京：商务印书馆，1986.

> 　　　　我们愿按照人们为人类幸福带来的利益而给予他们尊敬，我们重视的并不是金钱，而是能改善人类体力、道德和智力状况的每一样东西

　　在旧社会，人们受人尊敬的程度，是按照他们依靠自己拥有的财产能支配别人的劳动的程度而定的。懒惰和不做事，无疑是受尊敬所必需的东西；人们受人卑视的程度，是按照他们为有益的目的所贡献劳动的程度而定的。在新社会中，情形恰巧相反，我们愿向所有的人保证重视他们对社会的服务，我们愿按照人们为人类幸福带来的利益而给予他们尊敬，我们重视的并不是金钱，而是能改善人类体力、道德和智力状况的每一样东西。[1]

---

　　① 1

格雷《人类幸福论》（1825）

社会的主要的目的是在所有的人中间平分幸福的好处，和睦地、和平地、一心一意地把人们联合起来

有一种我们赖以出生在世界上的力量，使人产生了要和别人联合起来的愿望，假如这是一个明显的事实的话，那么这就表明，社会是人类的自然状态。因此，如果社会上发生极端有害的混乱现象，如果有人得到一种可使其他各种人遭受残酷压迫的权力，那么这就表明，要么就是上帝创造人是要他们受苦，要么就是人们还没有认识到使人类社会变成幸福社会所应依据的那些原则。

慈善家经常企图用抓后果的方法来改善他人的生活状况，这是徒然的。要使社会得到长期的好处，需要注意原因。然而我们的各种计划主要只是用不彻底的措施来消除贫困。我们企图依靠各种各样的慈善机构的帮助来克服社会上的困苦，而这些慈善机构虽然表明了它们的善良的愿望，但同样也表明了它们的无知；然而这种企图是徒然的。但愿能够建立起消除产生人类灾难的原因的社会：这种社会不是给予贫乏的人以帮助，而是消除了贫乏的原因；这种社会并不用金钱来帮助穷人，而是消除了穷苦的原因；这种社会并不去捕捉小偷，而是消除了对偷盗的一切诱惑；这种社会的主要的目的是在所有的人中间平分幸福的好处，和睦地、和平地、一心一意地把人们联合起来。只要能出现建立在这个原则上的社会，它就不再需要任何的帮助；它的成就将是这样的：经过不多几年以后，一切慈善机构，不管是什么性质的，不管它们的目的是什么，都将永远关闭。

大自然的创造者——不管我们叫他什么——把自己的特性赋予了他所创造的一切东西。只有了解这些特性，重视这些特性，我们才能够使这些东西达到完善的程度，或者使它们接近完善的程度。他使植物具有自己的特性，因此在照料植物的时候，我们就要注意每一种植物的特点，就要在我们的知识和技艺可能的范围内，保证每一种植物能得到它所需要的土壤、特殊的地势和温度。因为我们知道，试图叫它按照我们的意见去适应另外一种土壤、地势或温度，将会白费力气。创造者使人类也具有自己的特性、自己的自然权利和使用这些权利的意向，因此如果我们想使人类达到按其天性所能达到的完善程度，或者至少接近这种完善的程度，那么我们就应当使人类的一切规章制度能适应他们的天性。因为经验经常能够充分证明，我们不可能任性地用规章制度去束缚人类的天性而不破坏他们的幸福。使人类的天性服从于跟它相矛盾的法律、规章和习惯的企图，纵然不是使人类遭受灾难的唯一的

幸福经济学选读

根源，但也是主要的根源。在这方面没有彻底改革以前，促使人类幸福的任何尝试都不会有什么结果。①

　　　幸福——人类一切企求的最终目的——在我们的自然需要没有得到满足以前，是无法达到的

　　在开始研究人类幸福问题的时候，在分析问题的细节以前，先简单地研究一下它的实质，也许是有好处的。这的确非常重要：因为如果我们对所追求的目的没有一个明确的概念，那么我们就不能决定采取什么手段来达到这个目的。因此我们要来确定一个标准，以便使我们能够用来判断人类的目的。

　　我们并不把"幸福"的概念用于非生物，因为它们是什么也感觉不到的：它们既不会感到快乐，也不会感到悲痛。它们既不会笑，也不会高兴，因为它们是没有感觉的。由此可见，感觉是幸福和不幸的媒介；幸福存在于通过感觉的媒介作用而给予我们的愉快的印象之中，不幸则是由于不愉快的印象而生；我们感受幸福的程度，是受到我们的天性所能接受的愉快感觉的强度和数量的限制。

　　假定有一种生物，它与植物的区别仅在于它具有一种感觉——嗅觉。如果它从外界得到的印象与人们借助于同样的感觉所得到的一样，那么该生物的幸福仅在于愉快地使用这一个器官。然而这种幸福是非常有限的。它无法与除嗅觉外还拥有听觉的生物的幸福相比，因为后者能接受数量较多的愉快感觉，能达到较高的幸福程度。

　　如果除此以外还有其他的感官，那么，每一种感官都有可能接受千百愉快的感觉，而对于这些感觉，我们上面提到的那种生物是丝毫也不会感受得到的。

　　很明显，幸福在于接受愉快的感觉，幸福的大小是由我们的天性所能接受的感觉的强度和数量决定的。

　　因此，一个受过脑力劳动锻炼的、有修养的人，他的性格还因受到爱情和友谊的陶冶而变得更加温和，他就能比一个仅有感性的人达到更加高度的快乐和内心的满足，而仅有感性的人的愉快则仅限于肉体的享乐。

　　但是由于感觉本身是被动的，它对于影响它的外界环境没有任何权力，

———————————

① 2～4

因此我们必须研究那些能够促进幸福的环境。

每一个人都有自己独特的性格，不同的人的性格是各不相同的，虽然这种区别并不在于构成性格的因素不同，而是在于这些因素的力量强弱不同。这就造成了我们在才能上和爱好上的自然的区别。我们现在要解决的问题是：为了能达到幸福，或者换句话说，为了得到最大数量的愉快感觉和最小数量的不愉快感觉，为了只按照那些互相协调的爱好行事，为了保存并在可能条件下加强这些爱好的力量，为了消除我们做了会遭受痛苦的一切事情，我们应当怎样来支配我们的才能和爱好呢？

要是人们真的愿意明白，只有最后能带来善行的东西才是正确的，带来罪恶的是不正确的，善和恶之间的区别，仅在于前者增加人类幸福，而后者减少人类幸福——要是人们愿意明白这一点，那么他们在自己一生的任何场合都掌握了处世良方。

罪恶产生于对欲望的不加约束的纵容；适度的满足能给我们带来快乐，而对这种快乐的回忆却会使我们不知节制。

酗酒是一种罪恶，因为它是与身体健康以及智能的充分运用不相容的。不诚实是一种罪恶，因为它是与可以总称为财富的享受资料不相容的。

然而，如果我们的爱好不够强烈，不能使我们在它的满足中找到乐趣，那么即使协调地运用我们的才能也不可能产生多大的幸福：需要防止过度。如果我们老是不断地吃东西，从来不知道什么叫饥饿，食物就不能使我们产生快乐。为了要享受乐趣，我们必须防止这种过度。

用不着进一步证明也很清楚，要得到幸福，就必须把得不到满足便会带来痛苦的一切欲望连根铲除。有了欲望而自己又不能使它得到满足，这对我们说来当然是很可悲的。

然而，我们经常听到这样的意见：幸福在于对某种东西的追求，而并不在于拥有它。的确，在目前的社会制度下，人不是明智的生物。他还没有学会理解自己的天性并且按照自己的天性来行事，他没有学会在能找到幸福的地方去寻找自己的幸福：他的一切才能都被带入错误的轨道。因此，他把自己的精力耗费于取得那些（他的理智能告诉他什么）不能带来任何真正满足的东西！

请看看我们的社会教育机构，并且请告诉我们，有哪一个机构能为人类的才能指出明智的方向呢？难道它们不是把青年的思想引向战争和谋杀的邪念吗？因此，千百万人被怂恿去当兵：在人们心中煽起了虚荣心，这种虚荣心使人在消灭别人的事业方面寻求自己的幸福！当他把自己一生中的大好时光贡献给这种使命之后，最后他会高声长叹："一切都是空中楼阁，一切都是过眼烟云！"

然而，绝大部分人被怂恿在追求财富中去找寻幸福。但是由于他们从来没有懂得怎样正确地使用财富，因此财富经常给他们带来麻烦。

认为幸福只在于追求某种东西而并不在于占有它，这种观点是建筑在错误的基础上的。我们中间哪一个人在濒于饿死和渴死的时候，会在谋取食物和饮料时比享用它们时得到更大的乐趣呢？我们中间哪一个人在恶劣的天气中被雨淋得浑身透湿、并且冻得发僵的时候，会在找寻壁炉时比享受它的惬意的温暖得到更大的快乐呢？我们中间有什么人在做过一件好事以后没有得到快乐，反而感到失望呢？

因此，必须消除认为幸福仅存在于概念中的错误见解！我们今后将要在依照理智的嘱咐能找到它的地方去找寻幸福。我们要学会正确地认清一切事物的价值，不要愚弄自己，不要去追逐泡影，因为泡影是会破灭的，会给我们带来失望！

由此可见，幸福——人类一切企求的最终目的——在我们的自然需要没有得到满足以前，是无法达到的。因此我们首先要研究后者的本质。

人的需要有两种：一种是作为有生命的生物所固有的需要；另一种是作为有理智的生物所特有的需要。第二种需要本身又可以分成两类：一类是随着人的诞生而一起产生的，是与人不可分割的；另一类是由于教育、习惯、周围的人们的榜样或影响而获得的。至于后面这些需要，最重要的是人们必须只获得那些与天性赋予他们的需要相协调的东西。关于这些东西这里不预备多说，因为它们是随周围的各种条件而转移的，没有固定的形式。至于第一种需要，很明显，人作为有生命的生物需要食物、衣服和住房；他所处的地位必须使他有可能养活自己，如果他有家庭的话，还要养活自己的家庭；他必须能够以适度的劳力做到这一点，并且毫不担心自己的努力会达不到期待的目的。身体健康和力气是获得幸福所必需的重要条件；它们是与过度的体力劳动和脑力的高度紧张不相容的。人的精神需要表现在他的求知欲上。人的天性使所有的人都具有求知欲；然而我们要在精神上得到幸福，那么必须使智慧的种子——求知欲——开花结果，否则它会白白埋在那里，得不到什么益处。人类追求的伟大目的在于满足这些需要。我们要研究，我们的努力对满足这些需要究竟适合到怎样的程度；因为如果它们已经明智地、合理

格雷《人类幸福论》（1825）

地得到了满足，那么欧文提出的新制度就可以用不着了。①

> 我们要竭力指出，在目前的社会制度下人们相互之间能提供多少利益。接下去我们还想查明，他们能给自己本身带来多少利益，或者换句话说，他们目前的工作对促进他们的个人幸福究竟有多大的作用

我们试图对目前我国产品的分配情况作一个概括的说明；我们要竭力指出，在目前的社会制度下人们相互之间能提供多少利益。接下去我们还想查明，他们能给自己本身带来多少利益，或者换句话说，他们目前的工作对促进他们的个人幸福究竟有多大的作用。②

> 我们当然不能否认，他们能够得到可以买到的一切幸福；然而我们不承认，幸福一般都能买得到

我们当然不能否认，他们能够得到可以买到的一切幸福；然而我们不承认，幸福一般都能买得到。如果不能够把才能和爱好引到正确的方向，那么财富只能给予我们很小的愉快。由于在现在的世界上大家所追求的目的是标新立异，因此不满足就成了它的经常的结果。③

上层阶级中间是很少有幸福的：他们的意图排除了实现幸福的可能性，用冷淡的礼节、表面的华丽和无谓的竞争来代替热忱、内心的满足和合理的享乐。

但是随着岁月的推移，直到最后，经常的斗争终于消灭了她曾经有过的高尚的感情。后来她会对自己过去的痛苦觉得奇怪，把爱情称做孩子的幻想，而自己却来出卖自己孩子的幸福！

既然富人的情况是这样的，那么我们就不必羡慕他们！既然富人出钱购买来的快乐是这样的，那么我们也就不再去责骂这些买主。他们由于受快乐的显然虚假的许诺的欺骗，放走了真实的东西而去追逐影子。相反的，我们将要怀着恻隐之心想到他们，在他们眼前树立真正的快乐的榜样。那时候虚伪就无法达到自己的目的；真理将得到胜利，人类将变得幸福。由此可见，

---

① 7~11

② 31

③ 40

幸福经济学选读

上层阶级中间是很少有幸福的：他们的意图排除了实现幸福的可能性，用冷淡的礼节、表面的华丽和无谓的竞争来代替热忱、内心的满足和合理的享乐。

现在我们再来看看商界，看他们是否处在较好的地位。

这个阶级的特征是最明显的不真诚，体力的不发展，使用心机，以及对别人的不幸漠不关心。我们完全不想责备这些人，我们只是要指出这是人类社会目前的制度的必然结果。[①]

现在我们回过来谈商店的伙计，他们的不幸（不是过错）在于他们处在这样的地位。为了帮助他们能够得到幸福和安宁，应当使他们有可能参加一两次会议，讨论讨论自己的处境。让他们好好地想一想，他们是怎样的人，他们能够成为怎样的人。只要能够让他们知道自己目前的实际处境就好了。他们想摆脱这种处境的努力将随着他们的知识而增加。少数人作出了榜样，许多人立刻仿效他们，这样，那些目前属于商店伙计这个没有多大作用和意义的阶级的人们，就将变成社会上明智的、有知识的、有用的人，变成像他们所呼吸的空气一样自由的人。[②]

一个人的毁灭成了另一个人的幸福

在我们国家里找不到一个这样的人，他的生活一点不依赖于商业，他在事业上没有成千上万个敌人。找寻工作的工人甚至在应当成为他们的朋友的人中间也经常会遇到敌手：他能得到的工作可能被他的亲友找去了。在各种企业中间也充满了这种罪恶。零售商、批发商、手工业者，每一个人都可能把在与自己相同的部门中工作的人当作敌人。乞丐也很清楚，如果他不需要跟无数竞争者竞争，那么他的求乞就会更少遭到拒绝。这样，人就成了人们普遍的敌人；人的本性叫他要爱人，现在却只有让别人倒下去，他才能得到胜利。一个人的毁灭成了另一个人的幸福。因此在人的心中就产生了妒忌、憎恶、怨恨、私仇，以及对别人的不幸漠不关心的感情。这些特性是目前制度的必然的、不可避免的结果，而且——不管这是多么奇怪和不可思议——我国有116000人（包括妇女和儿童）实际上都在互相效尤地来破坏几乎为一切社会规章所产生和培养的东西。目前的社会状态几乎在一切地方都适于

---

① 41

② 44

格雷《人类幸福论》（1825）

在自私和博爱之间造成对立。你们这些加剧苦难的人们，你们这些愿意改变不幸的果实而却在培育着不幸的根源的人们，你们仔细地看一看这种情况吧！你们了解一下这种情况，把它铲除掉吧，如果那时候人们还会与自己的幸福相违抗，那么再去责怪人类的天性吧！但是只要这种情况还存在着，要想期待幸福的到来，就好比等待雪地上的松球开花一样！①

> 人们的幸福掌握在他们自己手中，但不是在个别人的手中，而是在集体手中

现在我们要问：如果能够使劳动阶级达到这样的地位——这不仅可能，而且是很容易的——那么我们所处的世界将会变得怎样呢？我们晚上躺在床上睡觉的时候，还需要把武器放在身旁，以防半夜里有人抢劫吗？到那时候，我们的街道上还会充满小偷，我们的监狱里还会充满骗子吗？还会有人求乞和有人布施吗？总而言之，还可能假定有人会采取各种犯罪和暴力的手段，费极大的困难和冒着生命的危险来取得财产吗？这种财产只要他们参加工作就能毫不费力地得到，而且工作不仅能给予他们财富，还能给予他们乐趣。我们的回答是：人们的幸福掌握在他们自己手中，但不是在个别人的手中，而是在集体手中。我们的回答是：在使用财产和分配劳动产品中人们利益的对立是一切贫困的原因。我们的回答是：利益的一致能消除一切贫困及其许多后果，而这些后果加在一起，会使人类失去能使生活变得有价值的一切东西。我们的回答是：在实现这个原则的道路上没有任何不可克服的困难，相反，人类的任何力量都不能阻止它的实行，或者甚至推迟它的到来。②

> 人们在使用资本和分配劳动产品方面的利益是不一致的……阻挠着要使人类变得高尚和幸福的一切意图

上面的第一种情况会制造出极端的（nonplusultra）贫困。第二种情况只产生较小的后果，它迫使人类中最有益的成员必须无止境地劳动和受苦。这一点我们已经作了说明。我们指出社会制度从生产阶级手中夺取了他们的

---

① 45
② 57

幸福经济学选读

五分之四的劳动产品，以及它是用什么方法夺取的。现在我们要来说明资本家之间互相竞争而不是联合起来工作的情况。其原因是在目前的社会状态下，人们在使用资本和分配劳动产品方面的利益是不一致的——这里我们已经开始接触到祸害的根源。这种情况把一切时代和一切民族都引入迷途。它使地球上充满了贫困，阻挠着要使人类变得高尚和幸福的一切意图。只要消除这种情况，就能从世界上彻底消灭贫困及其一切有破坏性的后果！[①]

只要向他们指出自由的方向，给他们说明人类幸福的概念，对他们说，他们能够达到这一点，并且向他们证明这一点，那么他们就会不再带着自己的锁链过奴隶般的生活了

真理的太阳将把自己的光芒照亮不幸的群众，这日子已经不远了。群众现在还忍耐地带着自己的锁链，因为他们不知道阳光将从哪儿照来，不知道怎样才能获得解放，因为大家都过着奴隶般的生活。每一个人都看到别人是自己的难友，并且高声说："是的，这是不人道的！"但是只要向他们指出自由的方向，给他们说明人类幸福的概念，对他们说，他们能够达到这一点，并且向他们证明这一点，那么他们就会不再带着自己的锁链过奴隶般的生活了！太阳还没有升起来，但是已经渐渐地看到它的光芒：黎明到来了，不消过二十年，这阳光的巨大作用将使人类生活发生空前未有的大变化。[②]

目前的社会制度和它所追求的目的是最可悲地不相适应。它的目的是增进人类的幸福，而它的结果则是使人们经常遭到贫困

因此很明显，目前的社会制度和它所追求的目的是最可悲地不相适应。它的目的是增进人类的幸福，而它的结果则是使人们经常遭到贫困。

如果我们的话在有些地方说得太严重了，我们对这一点表示抱歉；然而问题要求我们作大胆的说明，我们将永远保持这种态度。我们重视别人的赏识，但是我们更重视真理和人类的幸福。[③]

[①] 59

[②] 67

[③] 69

格雷文集 （1830～1840）

经济学家不应该为增加某些个别阶级的财富和享受而创立制度和草拟方案，而应该着手开辟国家财富和全民福利的泉源

经济学家不应该为增加某些个别阶级的财富和享受而创立制度和草拟方案，而应该着手开辟国家财富和全民福利的泉源。——麦卡洛克①

人们普遍不相信改良有可能，这是阻止改良措施的另一个很严重的障碍。除了优厚的工资和繁荣的商业以外，公众的意见一直不认为还有什么是幸福

人们普遍不相信改良有可能，这是阻止改良措施的另一个很严重的障碍。除了优厚的工资和繁荣的商业以外，公众的意见一直不认为还有什么是幸福。舆论界对于越出议会改革、贸易自由和大减赋税范围之外的任何一种必要的改革，显然毫无认识。大概，舆论界认为社会秩序整个建筑在某种坚固不拔的基础上，建立在永远不变的自然法则之上，因此，从这种社会秩序中清除某些反常现象——这就是使社会秩序平稳和影响良好，以便达到我们有权或有理由指望达到的那个地步所必需的一切。

但这是一个致命的错误。这个病症是这样可怕，又是这样普遍流行，它使社会瘫痪，使我们的一切努力的效力降低以至于化为乌有，并且使我们成为我们能够大加改善的事物秩序的自愿的奴隶。不过，目前情况已出现某些有利的征兆。人们以前期待从那儿获得巨大福利的那些改良措施中，有许多已经实行了，虽说任何有益的变化还不曾发生。战争为持久的和平所代替，赋税减低了，政府的各项法令中出现了自由主义的征候，一些善良的意图出

---

① 3

现了并且现在还在大量出现。虽然如此，但毕竟没有出现任何重大改革的迹象。贫困和不满继续占着统治地位，而且不能完全否认现在正存在着一种危险局面。邻近各国所经历的困难也不比我们少。毫无疑问，革命与流血大半是压迫和政治腐败的后果，这是普遍幸福和繁荣的不良标志。①

人是有生命的活东西，是有精神和讲道德的动物，他的幸福在于适当地锻炼和满足他的一切感觉、爱好和精神力量。因此，幸福的艺术就包含着对人的一切欲望的考虑

人是有生命的活东西，是有精神和讲道德的动物，他的幸福在于适当地锻炼和满足他的一切感觉、爱好和精神力量。因此，幸福的艺术就包含着对人的一切欲望的考虑，而人的欲望则分成许多部门或种类，我现在打算讨论的其中唯一的一种是如何满足物质欲望，即研究取得生活资料的科学。生活资料用以维持生命并保证有闲暇，以便研究和考察更精密更高级的知识部门。不论某些人对于这种或那种事物的合理性或适当性彼此意见如何分歧，不论他们对于我们所探讨的问题的细节怎样有些人偏右，有些人偏左；但像郁葱的树叶偏右偏左并不减少整体的共同美质和优点一样，毕竟存在着某几个条件或组成要素，没有它们社会就无论在什么时候都不可能达到按事物本质所应该达到的那种繁荣程度。归结起来，这些条件或组成要素就是：第一，应该有足够的土地；第二，应该有足够的劳动；第三，应该有足够的资本；第四，生产应该是需求的经常不变的原因，或者换句话说，卖应该同买一样容易。这四个条件对于国民福利非常必要，甚至有充分权利看做是没有它们我们就无法生存的几个要素。②

改革、自由贸易和减低税收并不是我们的幸福安宁所必需的一切

不错，能够由易到难这样的人一看到谈论社会制度的书名就问：这有什么意思呢？"从人类野蛮时代开始，就有一种制度和人类一道成长并且与改革、自由贸易和减低税收一道，构成我们的幸福和安宁所需要的一切"，为什么总是需要一种与这个制度不相同的什么制度呢？这个问题的答案（上

---

① 8

② 16

面我引述了几句话，其中已给我指出了答案）是：改革、自由贸易和减低税收并不是我们的幸福安宁所必需的一切，因为从人类野蛮状态开始就与人类一道成长的这种制度中包含有这样一种非常重要而又巨大的、按其影响及后果来说令人极为痛心的错误，只要这种错误没有消灭，要给人类提供真正的福利是根本不可能的；这个错误就是不能令人满意的交换制度。只有大力改革社会商业制度，才能消灭这个错误，所以，一种跟现行制度在若干方面不相同的制度的必要性就从这儿产生了。①

点金石的探寻者和指望不要这些条件而能看到国民幸福状况的人相比，并不是更大的幻想家，因为后者也同样指望不要肺而能呼吸，不要脑子而能思想

我仔细地阅读了一些优秀的政治经济学著作，如果我能够发现这些著作中有任何著者曾经指出过怎样能够做到使资本经常同人口一样增加很快，以及指出过生产怎样能够成为需求的经常不变的原因，那么《社会制度》一书就永远不必写了。但是，上述各项条件的意义是：点金石的探寻者和指望不要这些条件而能看到国民幸福状况的人相比，并不是更大的幻想家，因为后者也同样指望不要肺而能呼吸，不要脑子而能思想！②

根据《社会制度》原理来说，这种变革能创造幸福以代替灾祸

但我们且来看一看这种变革的后果。根据《社会制度》原理来说，这种变革能创造幸福以代替灾祸。假设甲、乙两人都是生活必需品的生产者，那么这些必需品的价格就是两个人工资之和。但这时发现甲能够生产足够数量的必需品，除供应自己以处，还能供应乙的需要。从这里产生出什么结果呢？供应两人必需品的价格现在缩减为一个人的工资。因此，以后乙就来生产奢侈品，他的供给是一个人的供给，同时也是一个人的需求。这样一来，销售一切产品的市场就形成了。甲、乙两人现在都能够使自己拥有奢侈品，因为乙生产的一半奢侈品就是他用来挽回甲生产的一半必需品的等价物。③

---

① 20

② 23

③ 33

幸福经济学选读

> 聪明绝顶的人，要把我们的国家或任何其他国家管理好，保证人民生活普遍幸福是完全不可能的

必须懂得，在这一章里也同在其他各章里一样，我只打算把改良的商业制度作一概说。我希望上面所讲的，足以使人们了解交换制度的各项原理比起我们现时进行交易所依据的那个制度来确是十分出色的和无限完善的。为了充分研究这原理，阐明适应各种行业特点所必需的各种各样的专业交换制度，就必须远远地超出现在所讲的范围，扩大这部著作。原理可同样适用于任何部门。可以用达到可靠地步的或然性语气断言，当现时的交换制度在社会上还没有根除并没有被别的制度（依靠这个制度，纵然生产增加千倍或百万倍，生产仍然是需求的经常不变的原因，需求和生产的步调始终一致）。代替以前，即使是聪明绝顶的人，要把我们的国家或任何其他国家管理好，保证人民生活普遍幸福是完全不可能的。①

> 经济学家从这样的概念出发，即积累财富是最高的幸福。可是，全部历史却教导说：各民族的幸福不是适应着国民财富的增长而增长的

乔治·康伯先生说（《人的结构》第214页）："经济学家们从未梦想到世界要建立在智力和道德心占优势地位的原则之上。因此，为了使人成为幸福的人，人的主要工作应该是发展智力和锻炼品德。如果人的一生完全献给财富生产，那这一定是很可怜的一生。经济学家从这样的概念出发，即积累财富是最高的幸福。可是，全部历史却教导说：各民族的幸福不是适应着国民财富的增长而增长的，在他们了解智力和道德是任何长远福利的基础以前，永远鼓不起大部分人类的兴趣，也不能给人类指出正确的努力方面。如果这部著作里包含的一些见解是正确的，那么未来教这门科学的人们的主要任务就在于证明：对于一个文明人来说，必须怎么限制体力工作和扩大脑力工作及道德工作，并且证明这是避免受大自然规律不断惩罚的唯一办法。用自然哲学、解剖学、生理学、政治经济学和其他阐述自然规律的科学教育全人类的思想，被嘲弄为极端荒唐可笑的设想。不过，我要问，人类全神贯注于怎样一些工作，以致没有闲暇来研究造物主的规律呢？"②

---

① 58

② 71

我们还是有充分理由相信，所有这些情欲对于我们的生活是如此必要，即使一概不予节制，也未必能损害我们的幸福

不错，马尔萨斯先生力图证明：他所捍卫的学说并不违反自然。在原书第二卷第 259 页上，他说："它（大自然）宣布这条规律（指人口规律——格雷）正如作这样的宣布一样：饮食过度有害健康；不管此刻多么乐意沉溺于这种过度的爱好，这样放任自己的弱点，终必引起不幸的结果。饮食过度对人的身体有害，饮食有节对人的身体有益，这两条都是自然的规律。率直地顺从我们的天然情欲，任其自然冲动，会把我们引到极端的任情放纵和非常不幸的绝境。虽然如此，但我们还是有充分理由相信，所有这些情欲对于我们的生活是如此必要，即使一概不予节制，也未必能损害我们的幸福。"①

这种情欲给人生带来的幸福，只有极少数的人体会不到，纯结的爱情和赏心的友谊是肉感与理智的愉快的相互结合，特别适合于人的天性，而且也可以最强有力地激起人的真挚的同情心，从而达到人生最微妙的满足

马尔萨斯每次试图把自己的学说和大自然的命令相配合时，都面临极其显然的左右为难的窘境。其实，大概没有一个人不很好地懂得婚姻生活的好处。马尔萨斯在《人口原理》第 261 页上面说道："这种情欲给人生带来的幸福，只有极少数的人体会不到，纯结的爱情和赏心的友谊是肉感与理智的愉快的相互结合，特别适合于人的天性，而且也可以最强有力地激起人的真挚的同情心，从而达到人生最微妙的满足。一个人只要尝过崇高爱情的真正乐趣，不管他的理智如何支配他，恐怕不会不回忆这个时期在他的整个生命里是充满了阳光的一段，他念念不忘这一段时期，总是怀着惋惜之情来回忆这个时期，希望重温旧梦。"接着在 262 页上又说："晚餐的享用、温暖的住宅和舒适的炉边，这一切要是没有一个意中人可以共甘同乐的话，那就不啻失去了一半魅力。我们也有充分的理由相信：男女的互爱对于使人的性格温和、善良能发生强大的影响，还能使一个人容易感受一切真正的慈悲心和同情心"。但是，显而易见，把这里描写得十分美丽的情感和马尔萨斯先生

---

① 115

提倡的人口铁律相调和的一切企图，都必然永远是徒劳无功的。①

> 促使人们努力劳动的各种刺激力量，只有这些刺激能够克服人类好逸恶劳的天性，能够鼓舞人们好好地耕种土地并创造为促进人类幸福所必不可少的方便品和舒适品

实际上，马尔萨斯先生反对一切平等制度，他所根据的理由不外是平等制度中间缺乏"促使人们努力劳动的各种刺激力量，只有这些刺激能够克服人类好逸恶劳的天性，能够鼓舞人们好好地耕种土地并创造为促进人类幸福所必不可少的方便品和舒适品"。社会制度虽然不是平等制度，但因为实行同工同酬，采用这种制度的结果无疑会确立一种比现状更接近平等的社会状态；不过，这个制度责成每个人必须通过某种有益的体力劳动和脑力劳动以赡养自己的家庭，所以不仅不会消灭通常的劳动刺激力量，而且会大大地加强这种刺激力量；同时，还使人们能够分神去努力搞科学和艺术工作。②

> 仅仅抱着某种微弱的希望之交，以为我们和我们的子子孙孙终归会因此得到幸福，于是决定离开我们的家乡和告别我们的亲友，作为无依无靠的流浪人闯进广阔的人生的海洋中去：这是很不令人羡慕的而且不大符合我们的善良感情的一种决定

但是，如果把其他一切考虑都搁置不管，那么在地球上任何一洲还存在着未耕的肥沃土地以前，防止人口过分稠密的天然药方还是移民。不过，现在来实行移民，那只会出现一幅并不引人注意的、阴暗的图景。仅仅抱着某种微弱的希望之交，以为我们和我们的子子孙孙终归会因此得到幸福，于是决定离开我们的家乡和告别我们的亲友，作为无依无靠的流浪人闯进广阔的人生的海洋中去：这是很不令人羡慕的而且不大符合我们的善良感情的一种决定。无疑，青年时代的热忱、冲劲，能够从这种事业中获得快感。对于某些人来说，这种事业的吸引力甚至暂时会因发生必须克服的困难、忧虑、贫困而得到加强。但这不过是"享受希望的快感"，是受鼓舞的想象力的梦

---

① 116
② 127

吃，而不是真正的满足、舒适和幸福。①

> 我们的任务是关心我们自己的幸福和我们所生育的下一代人的幸福；并且我们可以相信，我们能这样行动，就不会做一点有损后代幸福的事情

但反对人口增殖的人在这里会紧跟着问：当整个地球都住满了人，你怎么办呢？我回答说：那些关心解决这个问题的人都应该注意研究这个问题。这样回答就足够了。就我们而论，只要深信我们和我们的子孙不属于这一代就可以了。我们的任务是关心我们自己的幸福和我们所生育的下一代人的幸福；并且我们可以相信，我们能这样行动，就不会做一点有损后代幸福的事情。②

> 为了使社会无论什么时候都能够安宁幸福，社会各成员的行动就应当有所控制，使他们的行动能够和别人的利益一致，而不与别人的利益相矛盾

全世界的经验证明，不受监督的商业制度其结果终归是使广大群众陷入赤贫与不幸的深渊。人人可以根据自己的爱好自由选择职业，但为了使社会无论什么时候都能够安宁幸福，社会各成员的行动就应当有所控制，使他们的行动能够和别人的利益一致，而不与别人的利益相矛盾。③

> 国民的幸福生活不是试图违反自然规律能够达到的，而是通过使我们适应自然规律的途径来达到的

社会制度是以这条原理为依据的，稍加思索就足以使任何人相信：国民的幸福生活不是试图违反自然规律能够达到的，而是通过使我们适应自然规律的途径来达到的。即使我们不能够顺着大自然的潮流前进，那我们显然也

---

① 137
② 138
③ 144

幸福经济学选读

不能逆流前进。①

> 为了使本国人民幸福，过好日子，自由、国内交换自由——这是国家所需要的最主要的东西

为了使本国人民幸福，过好日子，自由、国内交换自由——这是国家所需要的最主要的东西。要实行这种交换制度，不必创造任何奇迹控制人性，不必寻找任何发明天才改善人性，因为已存在着上万种发明天才榜样。把始终认为是办好人类事业第一部分所必需的那条原理应用到整体上去，便一切都妥当了。②

> 人类面临的任务，不是使人们变成朋友，以便他们能够过幸福生活；而是使人们变成幸福的人，以便他们能够成为朋友

欧文先生对于这个问题的意见其实质在于：人的性格是为他而不是被他形成的，在适当的教育和教养制度之下，"任何普通性格，从最好到最差，从最无知到最有教养，都能够赋予任何公社，甚至赋予全世界。"

谈到这个学说，我只应该指出，为了使地球上居住区的每一个居民获得一切物质福利，换言之，为了消灭不应有的赤贫现象并建立普通丰裕以代替贫困，一点也不必用不同于我国现时培养人的方法来教育人。我肯定说，为了实现这个，丝毫不需要使人们彼此之间的关系比现在一切文明国家的居民中所看到的好一点、聪明一点或善良一点，而只需要使人们睁开眼睛，正确理解本书多次讲过的那个唯一的错误。只要通过变生产为需求的原因的途径，比现时爱丁堡市普通居民处境差得多的人们，能够在任何时候乃至永远摆脱贫困。人与人之间的善意的同心协力就是这种改革的结果。不过，人类面临的任务，不是使人们变成朋友，以便他们能够过幸福生活；而是使人们变成幸福的人，以便他们能够成为朋友。③

> 交换自由是唯一的安全阀，打开安全阀不仅保障安全，而且能变显

---

① 174

② 199

③ 222

5

著的灾祸为极大的幸福

交换自由是唯一的安全阀，打开安全阀不仅保障安全，而且能变显著的灾祸为极大的幸福。反对打开这个安全阀，反对改变货币的性质，反而会使其他一切改良社会现状的计划劳而无功。一些大政党对于社会所遭遇到的病症的真正性质同样完全盲目无知，因而对必须开的药方的性质也一窍不通。豁免一切进口税，取消国家债务，使用奇妙办法筹措政策政府必需的经费，减低现有的一切赋税，让各阶级的政治家轮流执政——不管提这些建议的人动机怎样纯正，不管他们一般的措施怎样明智，而他们所能提供的轻松愉快之感将是微不足道的和昙花一现的。眼前袭击我们的灾难则会以同样的甚至以日益增长的声势反复出现，直到无秩序和无政府状态消灭了公共政权和私人权利本身为止。①

这种基金在各方面都是有益的，能结合人们的利益，成为人与人之间的连系环节，并使有点储蓄的人参加社会事业，分享祖国或寄住国的繁荣和幸福

不用说，工人获得了自己的全部劳动产品，而且还能分享由于建立了自由的国民资本而产生的各种利益，这当然好得很。可是，任何国家都有了公共基金，允许每个人把储蓄的任何资本投到基金里，从而能以利息形式获得一种公平的收入，这也好得很。这种基金在各方面都是有益的，能结合人们的利益，成为人与人之间的连系环节，并使有点储蓄的人参加社会事业，分享祖国或寄住国的繁荣和幸福。从这笔基金中还可以拨出捐款，以保证孤寡无生活上的顾虑，并有把握获得公平的收入。总结这一切理由，可见，由于打算建立交换系统而创立这种基金，并且把多余的资本投放在能产生收入的各种大企业中，比人们因交换系统拒绝为使用资本支付任何利息，而把自己的货币投入私人的或股份的投机事业中，也许要好得多。可是，我不只是讨论这个问题。②

为了使人类过幸福生活成为可能，应该把生产和需求之间业已受到

---

① 236
② 288

幸福经济学选读

严重破坏的互相协调的关系恢复起来

生产本来是需求的原因，现时却是需求的结果，而且由于受我们现行货币制度的影响，原因和结果的作用也改变了——为了使人类过幸福生活成为可能，应该把生产和需求之间业已受到严重破坏的互相协调的关系恢复起来。①

使生产者陷入破产，使生产者妻子儿女困在贫民窟里：这不见得是幸福

紧缩着的市场——这就是现在人类享受的物质资源的界限，这就是挡住生产者前进道路的仇敌，这个仇敌对生产者说：你可以前进到这个地步，但不能再前进了。因为，要使亏本不至于成为必不可免的后果，商品量的增长就不能比货币的增长快，所以亏本通常总是生产的结果。企业主们受着他们所说的将本"求利"这个贪心的鼓舞，有时这一个，有时那一个，经常总是跨越分界线。但可惜他们在这种场合创造的不是货币，而只是财货，或者更正确点说是灾祸，因为使生产者陷入破产，使生产者妻子儿女困在贫民窟里：这不见得是幸福。②

显而易见的每一个民族的神圣职责就在于把这个地位尽可能提高到更高的富裕和幸福的水平

我不赞成这种学说。相反，我认为区别生产性劳动和非生产性劳动非常重要，因为只要有着必要的最少数量，生产性劳动太多或非生产性劳动太少，在我们这里就决不能起作用。生产性劳动是活的牵引力，非生产性劳动则是操纵牵引力的人。这样看来，因为问题只涉及所得的物质财富，一个民族的真正利益显然就在于尽可能性使大部分居民站在生产这种财富的生产者的地位，而且同样显而易见的每一个民族的神圣职责就在于把这个地位尽可能提高到更高的富裕和幸福的水平。③

---

① 360
② 375
③ 474

对于这些决定全人类幸福与舒适的问题，我们的立法者、我们的报刊或甚至我们商界颇大一部分人士，似乎从来一刻也没有思考过

对于这些决定全人类幸福与舒适的问题，我们的立法者、我们的报刊或甚至我们商界颇大一部分人士，似乎从来一刻也没有思考过。各种不同的政治团体都非常热心地在为改进教育、保护人民健康、改善贫民住宅、限制工作时间及其他许多目的而奋斗，我们能不能真正达到这些目的的这个问题的答案也在这里：这个说法是很正确的。[1]

---

[1] 521

霍吉斯金《通俗政治经济学》(1827)

霍吉斯金 (1787~1869),英国人;1825 年写出有名的《保护劳动反对资本的要求》,在一系列讲演的基础上发表《通俗政治经济学》(1827),比较全面地论述了他的政治经济学理论;1832 年发表《财产的自然权利和人为权利的比较》。这三部代表作使霍吉斯金赢得了 19 世纪主要的反资本主义学者之一的名声,他认为人类制度很少(如果多少还有点的话)考虑促进全体的幸福。

霍吉斯金. 通俗政治经济学. 王铁生译. 北京:商务印书馆, 1996.

人类制度很少(如果多少还有点的话)考虑促进全体的幸福

这门有关财富的自然科学所涉及的只是人类,它不知道有什么贵族与农民之分,君主与奴隶之分,议员与臣民之分;倘若我们调查研究的每一步都导致我们得出这样的结论,即:政治社会的根本原则和多数政府的管理法案都与这门科学的原理相抵触,那么我们是否仍然必须隐瞒我们的结论、仍然必须偏离真理的曙光、使我们祖先的智慧或区区一百来人(世界各国政府就被掌握在他们手中)特有的智慧永远成为人类崇拜的唯一对象呢?我想不应该这样,因而我在本书中力求阐明调节着各国财富增长的诸自然规律时,从来不曾犹豫地断言,我们的全部文明都应归功于满足我们的需要或改善我们的条件这种愿望,它自然地产生于一切人类中,政治制度已经使之仅仅堕落成为卑下的贪婪,或将其激发成为疯狂的野心。在本书中,恕我冒昧而采用了一种比在劳工阶级大会上演讲时适用的、更强烈的观点对下述二者进行对比,其中一方是我们天赋的慈爱和本能(它们在我们无意识的情况下,导致了现时绚丽多彩而包罗万象的社会生产系统)的创造者应受的无限尊敬,另一方则是对人类制度理所当然的不敬重,在我看来,人类制度很少(如果多少还有点的话)考虑促进全体的幸福。……我具有完全不同的观点。人类是被一大于其本身的力量安置到地球之上的，社会是按照自然规律而建立起来，它在每个具体细节上并在其存在的每个阶段都受这些自然规律的调节。在我看来，谋求全体社会的幸福乃是这样一个目标，它比估计各个行星的重量和密度要在更大得多的程度上超出了人类能力的范围。尽管每个人的才能是多么巧妙地适应于谋求其自己的需求，他们却完全没有能力领会（更不用说管理）社会的种种复杂关系；随着人口的增长，这些关系变得越来越复杂，从而使得议员们渺小的野心也越来越显得卑劣可耻。倘若这是新的学说，则它的产生是由人类改变了的情况所决定的。种种事件是产生新学说的原因，这些事件不断使（最近尤其如此）议员们的期望和智慧落空。人类在地球上自然地繁殖，自然地扩大着他们的需要；来自制造业和商业的产品在价值上和数量上远比农产品增加得更快；因此，社会从事制造业者和从事商业者在人数上和财富上均超过了依靠农业劳动为生者；在社会的自然进展中，已经不可避免地出现了（并且在继续出现）这种变化，和欧洲各国政府最初一样，一切政府的权力基础都建立在下述原则之上，即：将全部政治权力给予土地所有者，因为当时他们是一切财富的所有者。十分清楚，这种情况在文明的自然进展和一切现有的政府之间造成了对立；亲爱的先生，无需我多加解释，一些巧妙的和有独创性的机械设计使得这种情况比过去更为突出了，我已经聆听过您雄辩地描述这些设计的结构和动作，在我们的时代，它们已把制造业和商业的产品增加到了令人吃惊的程度。①

> 对于人类的幸福来说，调节财富的生产，从而调节人类文明的发展的诸自然规律的知识，与广阔世界的任何其他部分的知识是同样必不可少的

对于人类的幸福来说，调节财富的生产，从而调节人类文明的发展的诸自然规律的知识，与广阔世界的任何其他部分的知识是同样必不可少的（如果不是更为必不可少的话）。一切其他科学和每种艺术都只是该巨大世界整体的次要部分，政治经济学的对象就是发现并描述该巨大世界整体的主要原理。人们普遍认为这门科学尚欠完整，还处于其未成熟阶段，人们在政治经济学的基本原理是哪些这一问题上仍然意见分歧；既然政治经济学对我们的幸福极其重要，因而作者认为，任何著作只要是或者能使人们熟悉已为

---

① 4~6

幸福经济学选读

人类掌握了的知识、或者能为人类知识宝库增添最微小的一砖半瓦，它就完全有理由出版问世。拙著也许未能完成上述两个目标的任何一个；不过它们都是我的目标，我请求读者对我的劳动作出判断，我无需为在许多已经出版而又被公认不值一读的书本中又增添了一本这样的书而进行辩护。[1]

> 如果我们未能考虑（并且是充分考虑）由于一种明显错误——人类对造成其毁灭的当权者的崇敬——的普遍存在而导致这种繁荣和不幸的交替出现，我们就可能被诱使相信，人类内心中并不怀有永恒幸福的愿望，或者这个世界不适应人类的才能

人类在一个时期显示其惊人的丰富的并具有创造性的能力，显然只是为了在下一个时期证明：人类的破坏能力并不逊于前一能力。人类的手丰富并装饰了大地，但人类也使之沦为凄凉的废墟。在东方和古代最著名的世界的部分，我们可以发现种种确凿证据，它们证实了进行建设的劳动的力量以及造成破坏的野心的力量。如果我们未能考虑（并且是充分考虑）由于一种明显错误——人类对造成其毁灭的当权者的崇敬——的普遍存在而导致这种繁荣和不幸的交替出现，我们就可能被诱使相信，人类内心中并不怀有永恒幸福的愿望，或者这个世界不适应人类的才能。然而，是东方苏丹和西方教皇——他们的臣民对他们的膜拜甚至超过了对上帝的膜拜——的政府把亚洲和意大利一度繁荣的地区转变成为荒芜的土地。[2]

> 由于政治家不仅能带来富裕，还能促进美德并保证幸福，因而得到了世界的赞扬

由于他们不仅能带来富裕，还能促进美德并保证幸福，因而得到了世界的赞扬。然而，当由作苦工的人和粗民组成的北美殖民地——除了他们为自己制定的一些法令外，他们对一切法令表示蔑视，他们实行完全的个人自由，很少或没有家长式的或在政治经济上多方管制的政府的束缚，他们成了美国的伟大人民——在摆脱了欧洲政府的保护后，在国家昌盛和实力方面有了更大的增长时，人们才清楚地看到，不论立法当局的自称英明会对国家的

---

[1] 11

[2] 20

衰落产生何种影响，但它丝毫不能促进国家的昌盛；人们不得不在自然的仁慈赐予中去寻找大众富裕的原因。①

我们的幸福有赖于调节生产和分配的诸自然规律的知识

现在我不想详细研究调节生产和分配的诸自然规律，因为本书正文将对此详尽论述，我已经指出国家增长的自然原则以及成为一切生产的基础的自然规律；考虑到这些自然规律乃是永久的和不变的，而且我认为这些自然规律的后果在一切时间受到自然规律调节和支配的程度都和宇宙的任何部分所受到者相等，我承认这些自然规律是复杂的和不胜枚举的，但我坚信，既然我们的幸福有赖于有关这些规律的知识，我们就能够发现它们并将其整理成为一门科学，如同我们能够发现并整理那些调节着物质世界各种不同的密切关系的规律一样（这些规律几乎是同样复杂的）；其中有许多已为人们所知并加以奉行，它给人们带来了巨大利益；我们有关这些规律的知识构成了化学这门科学。②

人类进行储蓄和积攒的喜好以及对幸福和享受的普遍渴望

确定了有两类影响财富的生产和分配的条件这一事实；并且指出了两种不同的对待它们的方式以后，我们就可以证明可能形成一门关于自然条件的科学和不可能建立一门关于人类法令的科学，这样也就使我们能够使政治经济学免除最近人们对它的某些非难。它并不像通常所想象的那样，是一门干预他人的、党派性的、雄心勃勃的科学，它不是一门给社会制定法令或者强制规定人们责任的政治科学，它只是检查那些对财富具有影响的法令，它不宣告何者有罪而是说明自然所要求的是什么，它把这些要求列举出来，听任人们是服从它们抑或违背它们。它并不打算说明人们将要做什么，但它指出他们行为的各种后果是不可避免的（它努力探究这些后果中的某些）。它的目的在于弄清调节着财富生产的自然条件，它记载了诱导人类（就像诱导其他动物一样）采用适合其条件并为其条件所特有的方法寻求幸福的某些本能。它不是擅自指导这些本能，而是明确宣称：这是一个需由个人判断的

---

① 30～32

② 39

问题，必须留待个人来解决。它不注意谋生之道；它不打算阐明机械学、农艺或化学；因而如同某些作者所说，它并不指明使人类勤劳获得最大效益的方法。寻求这些方法是一切谋生之道的巨大目标，实际上一切职业联合起来也完成不了这一目标。没有人能说出怎样使勤劳获得最大效益；因为它是不断变化着的、全体人类实用知识的结果。政治经济学全然不注意具体技艺，它永远不会告知我们怎样使你的手变得熟练起来。这门科学考察个人收益与共同福利之间的密切联系；但是它不打算指导商人、交易者、农民或工程师的工作；它也不打算指导船东、造船者和铁匠的劳动。政治经济学在促进富裕方面的效用充其量就是：政治家可能从中获取教益，政治家属于人类中最偏执、最无知和最专横的那一部分人，如果他们能够学到什么的话，那就是他们怎样才能停止抑制生产的行为，他们就像政治经济学这门科学本身一样，是不可能促进生产的。

我还要冒昧地明确声称，与某些人的行为相反（他们最近把政治经济学带进了议会，并且力图用其不完善的知识取代早先的议员更不完善得多的知识——我不否认这一点——以作为立法基础），我的上述关于政治经济学的见解是与斯密博士的著作和见解完全一致的。可以认为《国富论》由两部分组成：在第一部分，作者阐明了他已发现的，影响个人和国家兴旺的诸自然规律；而在第二部分，他检查了大量社会法规的作用。他从描述劳动分工的作用开始，他说，劳动分工是从"人这种动物所特有的、以物易物或物物交换的天生的习性"。

突然发生的。他在纠正议员们的错误时，在书中不同处坚持这样一种见解，即：人类进行储蓄和积攒的喜好以及对幸福和享受的普遍渴望。他把它作为一条原理而提出："当人们对享用其勤劳的果实、改善其条件，不仅能获得生活必需品、还能使生活舒适和讲究感到放心时，他们天生地就会勤劳工作。"在其著作的第二部分，他检查了有关长子继承制和继承权顺序、法人、补助金的法律，殖民地条例，海上交通法，等等；我们发现他谴责这些法律和制度违反了"财富的自然进程"，但是他从来没有让自己承担立法者的职能并规定管理社会的法令。在他从劳动分工中发现了不断增长的生产能力的至少一个自然源泉后（因为他说，如果不是"为了占用土地和积蓄股票"，则"利用由于劳动分工提供的机会而造成的、生产能力的所有那些改善"，"一切东西都将逐步变得便宜起来"），他推断存在着这样的自然规律，它们极为详尽具体地调节、规定并支配着财富的生产和分配的庞大问题；人类立法者所采行的规则与这些自然规律之间所具有的关系，同托勒密及笛卡尔的天文学理论与也是详尽具体地调节着各种行星的运动的规律之间所具有的关系是一样的(除了立法者所采行的规则给人们带来了无穷的不幸这一点有所不同而外)。我承认,斯密的书在论述动物的人的本能的自然发展过程这一重要部分时是不完善的。该书就像其他自然哲学家描述蜜蜂和河狸群居的习惯和本能那样来描述人类的某些社会习俗和本能及其有益的结果。他从不考虑纠正或管理这些习俗和本能,而只是发现并记录它们。他富于哲理地努力证明,个人和国家兴旺的根源在于个人的天生的欲望、爱好和感情;他认为大自然的旨意就是让人类幸福,他力图证明,大自然在设计这方面的手段时,并不坐等君主和议会的令人怀疑的帮助。不仅如此,根据他检查过的每一条他们的法令,他论证说,他们已经阻碍了(在某些情况甚至毁灭了)他们仁慈地或野心勃勃地试图促进的国家的昌盛。①

人口的增加在美洲成了幸福的源泉

但是,如果我已经论证了下述情况是可能出现的,即:人脑和人手的增加会自然地导致个人生产能力的提高;勿庸置疑是人口的增加扫清了美洲的森林并改进了英国的农业和制造业;如果是人口的增加使文明的潮流从大西洋涌向太平洋而席卷新大陆,并改进了欧洲的技艺(尽管它未能增进欧洲劳动者的享受);如果人口的增加在美洲成了幸福的源泉(在那里,对于那些愿意进行劳动而赡养家庭的人来说,家庭已不再是祸根,而是如像大自然计划的那样,成为一种幸福),则人口的增加就不可能是欧洲贫穷、不幸和悲惨的根源,否则的话,要不我们就必须摒弃一切信念,即便是宇宙间构思的统一性的信念和在公正治理世界方面的原则的一致性的信念,要不我们就必须寻求使欧洲劳动者(特别是爱尔兰劳动者)遭受贫穷和不幸的另外原因而不能归咎于人口增长原理(人类按照这一原理而在地球上繁殖并使物质要素为其意志服务)。②

是人类的双手使之转变成为比最肥沃的土地更有利的财富和幸福的源泉,这一事实严谨地说明了下述原理:是劳动而不是土地创造了财富

---

① 41~47

② 110

几个世纪以前，地层深处的这种乌金的效用还不为人们所知（即便那时它已被发现），是人类的双手使之转变成为比最肥沃的土地更有利的财富和幸福的源泉，这一事实严谨地说明了下述原理：是劳动而不是土地创造了财富。[①]

> 即便奴役造成了对人性的折磨和对幸福的破坏，倘若它不是由于阻碍劳动分工和知识的发展而使国民财富遭受损害的话，则奴役的令人憎恶的特性当能减少一半

从政治上说，整个欧洲的农业劳动者一直处于一种比制造业和商业的劳动者更恶劣的状况。我们看到，劳动分工是由那些追求其自然的嗜好和习性的人们予以扩大的，倘若人们不是处于自由的状态，就不可能扩大劳动分工。长期居住俄国的斯托契先生是一位对俄国个人奴役的影响的目击者，他认为奴役的最可悲的后果之一就是它阻碍了劳动分工。我想政府对贸易设置的限制对农业缓慢发展所起的负作用，要小于农业劳动者的政治地位对这一缓慢发展所起的负作用。即便奴役造成了对人性的折磨和对幸福的破坏，倘若它不是由于阻碍劳动分工和知识的发展而使国民财富遭受损害的话，则奴役的令人憎恶的特性当能减少一半。[②]

> 互相交换，必然有助于增进一切有关者的享受和幸福

像这类对象——它们只能生产于特定地区和地点，但产量丰盛，超过了当地居民的需要，同时其效用又具有普遍性——的互相交换，必然有助于增进一切有关者的享受和幸福。这种交换——我们用毛织品换茶，用刀换金鸡纳树皮——的种种利益，与劳动分工的利益或对我们的智力才能和体力才能进行适当的培养的利益是同样令人深信不疑的。……丝——对丝的加工雇用了大量的人（虽然少于对棉花加工而雇用的人），并使人们能舒适地生活——也是一种外国产品。英国也能生产、并且也在生产丝，但是其数量是如此之少而其成本又是如此之高，以致倘若我们不从具有更温暖的阳光和更晴朗的天气的地区进口丝的话，我们的丝纺厂就将倒闭，我们的织绸机也将

---

① 119

② 121

被闲置，伴随着人们嘈杂声的、愉快的梭子走动声将不复听到，我们众多的丝绸制造商连同其全部技能、才智和幸福将逐渐趋于消灭。①

在我们的单纯肉体的需要得到满足以后，我们仍然劳动（并且在劳动时感到幸福），以便获得某些其他的，通常是外国的产品

正是同样的动机——虽然由于打从我们生活的开始，我们就享用着极多的外国商品，因而这些动机不那么明显，并且也未导致如像上面所说那样的过火现象——也在最文明社会的一切阶级中起着作用；在我们的单纯肉体的需要得到满足以后，我们仍然劳动（并且在劳动时感到幸福），以便获得某些其他的，通常是外国的产品。②

许多无害的愿望通过一种对宁静的幸福的追求而使我们的生活变得充实

由此可见，互相交换不同地区的产品乃是促进文明的一个伟大手段。它提供了追加的享受，而为了获得这些享受，它刺激人们作出追加的努力。因而它是我们许多技能的根源。为了完成交换，它给我们的热情以不断的但高尚的刺激，它使我们既免除了无所事事的厌倦，又摆脱了那种激烈的情绪（跟着这种情绪而来的是令人厌烦的懒散，它以迅速的毁灭——如果不是自我毁灭的话——而告终）。许多无害的愿望通过一种对宁静的幸福的追求而使我们的生活变得充实；对外贸易经由给予思想和行为以刺激而造成的好处，甚至比它经由立即带来的享受而造成的好处更大。③

国家的福利或整个人类的福利显然不是靠人类的意志所能达到的目标；任何意图单凭人类力量均无法实现，即便是赖以实现意图的手段我们也全然无知

在一切社会法规之中，所有权这一特殊的权利——它在每个国家中都存

---

① 137
② 144
③ 145

在——也许对生产具有最大的影响。我没有研究这种权利及其影响。其他作者也是同样胆怯或同样谨慎。还有几项其他条件（它们中的某些我已提及）也被人们因同样原因完全从略。因此，我认为这门科学是极不完整的。倘若调节我们福利的一切自然规律均被认识；倘若我们总是能够查清我们的不幸或幸福中有多少是自然规律所造成，有多少是社会法规所造成；倘若任何新问题一旦出现就能获得满意解决，则在一些最杰出的政治经济学教授之间也就不会再有任何关于政治经济学基本原理的争论了；而这门科学也将如同初等数学一样而在学校中被讲授；并且也将如同初等数学一样不再激起争论各方的强烈情感。不过那样一来，这门科学又会失去对正在成长的这一代人的魅力，他们必然雄心勃勃地想对知识的宝库有所贡献，他们永远不会满足于只是学习已经发现和知道的东西这种单调乏味的工作……

我们永远不会一方面设想或相信，一滴水滴向地面、一片羽毛在空中飘扬、或者血液在我们血管中流动都受着那个其作用超出了行星的轨道并调节行星运动的同一规律的影响；与此同时，却又设想，人们的思想与愿望——造成其幸福或其苦恼的直接原因——会免受普遍规律的支配。我们永远不会相信，有抱负的天才人物的发明以及通过紧张和不断的勤劳而获得的成就、人们的强烈欲望（当人们甘愿成为这种欲望的工具时，它会破坏世界，当不存在阿谀奉承的下贱小人时，它又能改进世界并使之增色）以及人们追求欢乐的愿望（它在一个政府下能够激起勤劳，而在另一个政府下则成了无止境的贪婪的根源）——一言以蔽之，我们永远不会相信，我们的热情和爱好，或者我们用"人类的智慧"这一含义广泛的词汇所表示的伟大力量——竟要比一滴下滴的水点、一片飘扬的羽毛或一小滴血（人类的生命和智力有赖其循环流动）更少受到普遍规律的支配。……因此，作为宇宙的巨大系统的一部分，调节着人口和财富增长的诸自然规律就像蜜蜂和蚂蚁的本能或行星的运动一样，应该成为人们合理的好奇与探索的对象，虽然由于它们的影响尚未被完全揭明，也许会引起人们的加倍兴趣；但是除此之外，当我们知道了人类的幸福依赖于这些自然规律时，就想不出还有什么比它们更值得我们专心一意地加以研究的东西了。

在一派人看来，普遍贫困应归咎于不变的自然规律；而另一派人则认为完全是社会制度的结果。不论是施加得福或者得祸的影响，倘若没有我们的赞同，社会制度就无从获得任何权力；因而我们有责任分清自然的和社会的后果，并且不要将由于我们对人类法令的敬畏以及由于我们对那些只是把公众福利作为其个人野心的托词者的服从而引起的灾祸称为上帝的安排。人类社会并不像一团龙骑兵或一座棉纺厂那样是人类制造的工具并受人类的管理。倘若公众福利没有得到创造并管理世界的上帝的赞同，立法者将不能办成它；倘若得到了上帝的赞同，则立法者即便阻挠也无济于事。国家的福利或整个人类的福利显然不是靠人类的意志所能达到的目标；任何意图单凭人类力量均无法实现，即便是赖以实现意图的手段我们也全然无知；渴望管理不仅是现在的，还包括未来的社会事件，这实在是一种在原则上极端荒谬，同时在后果上又十分有害的奢望。①

没有什么东西比谷物法问题与整个社会的幸福更为息息相关的了，它甚至涉及整个人类的幸福

我们召开这次会议的目的是要让我有机会辩护全面并立即废除谷物法的必要，并要求你们尽力设法永远结束谷物法。我并不自称要对这个已经充分讨论了的问题提出任何新的事实，但是我怀着真诚解决问题的愿望冒昧请求废除谷物法。这是一个严肃的问题。没有什么东西比这个重大问题与整个社会的幸福更为息息相关的了，它甚至涉及整个人类的幸福，倘若我在讨论谷物法时不采取最严肃的态度，我将认为自己是应受谴责的，就像我认为那些轻率地和不可思议地提出并坚持谷物法的人是应受谴责的一样。②

一切法律都是整个社会意愿的表现，它们由最高权力使之生效，并且我们都很了解，它们对全体的道德和幸福都具有深远的影响

废除谷物法是一个道德和一般立法的问题，它并不局限于它在字面上所局限的该对象——食物。人们错误地认为受谷物法影响的只是谷物，就像人们认为受渔猎法影响的只是渔猎一样。一切法律都是整个社会意愿的表现，它们由最高权力使之生效，并且我们都很了解，它们对全体的道德和幸福都具有深远的影响。劳动者是组成社会的最大部分；保护安宁的勤勉工作是一切法律的重大目标，倘若任何人能证明谷物法增加了劳动者的报酬并提高了他们的品质，我将成为他的拥护者。但是他们目前可悲的状况否定了任何这样的论据，并证实了这样的信念，即他们获得改善的途径在于废除对勤勉工

① 218～225

② 228

作的一切限制（包括地主对食物征课的一切赋税）。①

社会未来的幸福甚至生存都与农民的成功息息相关

我们的农民是惨淡经营的、节俭的、忠厚的、诚实的和勤劳的；并且如果说，他们虽不具有城市人民同样的知识，他们对自己的职业还是了解得不错的，他们尽其所能为社会提供维持生活之物，履行他们的责任。他们从来不是拥有大量财产者或奢侈浪费者，他们眼下十分贫穷，濒于破产，几乎堕落到奴隶的状态。社会未来的幸福甚至生存都与他们的成功息息相关；并且尽管谷物法的废除能使工匠和制造业资本家得到好处，但是倘若这样做会使农民受到最轻微的损害的话，我们在事前也应三思而行，不能贸然作出决定。然而我相信——并且我高兴地获悉他们也开始相信——废除谷物法将给他们带来昌盛、增进他们的技能并使他们恢复到独立的状态。②

灾难的严重程度似乎仅够引起公众对巨大不幸的同情心（我们都面临着这一巨大不幸）、仅够激发人们的行善、仁慈和爱心。灾难对国民幸福并不具有重大影响

我们的国家呈现了一幅令人惊讶的景象。法律取得了胜利，它得到了普遍实施和服从。在我们的国家内，没有暴动，没有叛乱，没有内战。我们没有遭受像有时破坏了其他国家那样的巨大的国家灾难。在我们柔和的溪谷中，没有高山的激流。即使风暴袭击了我们的田园，即使我们的近海发生了船舶失事，从而势必有人遭受失去亲人和朋友的痛苦，灾难的严重程度似乎仅够引起公众对巨大不幸的同情心（我们都面临着这一巨大不幸）、仅够激发人们的行善、仁慈和爱心。灾难对国民幸福并不具有重大影响。我国没有瘟疫和地震。近年来我们多次设法避免了参与对外战争。尽管有这一切，然而一切阶级均处于一种苦难的或惊慌的状态。③

倘若我们怀疑这种高度的个人幸福和国家昌盛（是贸易促成了这

---

① 230
② 231
③ 235

一切）与世界上这个非凡的政府的实践有着直接联系，则我们简直就近乎邪恶了

英国的贸易发达程度、其制造业的多样化以及其独创性均超过了其他国家，英国的伟大也正是由于这些原因；倘若我们不是深切地并出自内心地相信贸易的价值，则在我们将是一种可耻的行为，倘若我们怀疑这种高度的个人幸福和国家昌盛（是贸易促成了这一切）与世界上这个非凡的政府的实践有着直接联系，则我们简直就近乎邪恶了。但是直到最近，当土地所有者盘算着为他们自己的不法行为寻找替罪羊时，每个人才在思想中高度赞扬贸易；在那些现在以沉默表示轻视贸易者的公司宴会上和公开会议上，只需提到贸易一词就足以造成对贸易的、几乎是盲目的崇拜了。①

> 每个人的幸福是多么依赖于对外贸易商的成功

但是，倘若我在上面提到的所有其他人的幸福都有赖于制造业者的成功，则他的（和他们的）经营乃是同一互相交换系统的同样的系列（连接环节），这难道还不清楚吗？倘若在他从一名利物浦经纪人购买其棉花并向一名曼彻斯特织布者出售其纱线时，干预其经营是错误的，则在他向一名俄国商人出售其纱线并从一名美国商人购买面粉时，干预其经营也必然同样是错误的。只需稍加思索，国内有多少行业（诸如饼干烘制匠、制锚匠、制帆匠、粮食商等，简直不胜枚举）以及每个人的幸福是多么依赖于对外贸易商的成功，你们立刻就会相信，倘若在各种工匠相互交易中，以任何方式限制他们是毫无道理的话，则限制对外贸易商（各种工匠与他的关系是如此密切，并且所有其他人的幸福均有赖于他的成功）也必然是同样毫无道理的了。②

> 不论我们的政治家的行为是由无知抑或狠毒所造成，其社会效果并无区别，为了极少数地租所有者最微不足道的、甚至并不可靠的利益，数以百万计的人民的幸福被肆无忌惮地践踏了

---

① 240

② 242

幸福经济学选读

除了地租和地租所有者的利益而外，他们思想中从不考虑别的东西，与少数绅士（包括主教们和其余的神职人员）的收入降低——倘若完全废除饥饿法，就会这样——15％或20％的或然率（甚至可能性）相比，人民大众遭受的最可怕的灾难就成了最微不足道的小事一桩了。不论我们的政治家的行为是由无知抑或狠毒所造成，其社会效果并无区别，为了极少数地租所有者最微不足道的、甚至并不可靠的利益，数以百万计的人民的幸福被肆无忌惮地践踏了。①

> 联盟并不提议任何伟大的、未经试验的和强制性的计划，以便使人们生活得比上帝容许的更好；它不是一班激烈的宗教狂热者；它并不自称具有使人们幸福的神秘手段

联盟并不提议任何伟大的、未经试验的和强制性的计划，以便使人们生活得比上帝容许的更好；它不是一班激烈的宗教狂热者；它并不自称具有使人们幸福的神秘手段；它不是一帮以一名诡诈的预言家为头头的摩门教徒；它也不对别人用死后下地狱的惩罚相威胁而谋求自己生前的财富和统治（许多辱骂联盟的人却正是这样做的）。②

---

① 252

② 260

理查德·琼斯《论财富的分配和赋税的来源》（1831）

理查德·琼斯（1790～1855），英国人；1831 年发表《论财富的分配和赋税的来源》后，于 1833 年被聘为伦敦新成立的国王学院的政治经济学教授；1835 年又继马尔萨斯任东印度学院政治经济学和历史学教授；主要著作，除《论财富的分配和赋税的来源》外，还有《政治经济学绪论》（1833）和《国民政治经济学》（1852）等；指出人类幸福的永久性和天定的自然作用的法则两者之间存在着一致性。

理查德·琼斯. 论财富的分配和赋税的来源. 于树生译. 北京：商务印书馆，1994.

　　想象的农业收益不断减少这些论点，起初曾有人支持，摆出一副武断的科学优势的神气，似乎人类幸福的永久性和天定的自然作用的法则两者之间有一种强加的矛盾

想象的农业收益不断减少——那假定的对积累进展的影响——再则，由于根据一项本身就是虚妄的事实作出的错误判断，认为人类没有相应的能力为日益增多的人数提供资源——这些论点，起初曾有人支持，摆出一副武断的科学优势的神气，似乎人类幸福的永久性和天定的自然作用的法则两者之间有一种强加的矛盾。这些论点中隐晦地但是自信地和小心地暗示，指导人类内心的那种最珍爱的道德情操，归根到底只是一团迷信，人们也许可以希望它会随着哲学的进展而衰微下去。①

　　上天赋予人类是非之感，所起的作用绝不会和它自己的目的不相一致，而至于使堕落和犯罪成为取得或者保持人类幸福的手段

---

① 8

幸福经济学选读

在进行这项研究的过程中，我们将有很多机会可以观察到，随着日益增加的繁荣而发生广泛作用的那些自然的和正常的停滞原因，从来不是不良习惯增多必然会带来的现象，更不是决定于这些习惯。上天赋予人类是非之感，所起的作用绝不会和它自己的目的不相一致，而至于使堕落和犯罪成为取得或者保持人类幸福的手段。为了对人口数目的进展产生一种（在社会的任何阶段）有益的、可取的影响，所需要的那一部分自觉自愿的节制，将带来一系列有益的结果，其中有很多的尊严、精力以及理智的和道德的纯洁和崇高。这些，在作出公平的权衡以后，人们将看到其价值在很大程度上超过那一部分邪恶，这一部分（由于人类的情况如此），将在这个问题中，和在一切其他问题中一样，跟我们人类的最明智的制度，以及我们本性中最好的和最高尚的情感与激情混合在一起。①

> 在经过观察和归纳而通往真理的道路上，人们只能用缓慢的和费力的步子前进，对那些走在这条路上的人来说，能够通过一排狭长的远景，看到令人振奋的最后胜利的盛况，至少是他的特殊幸福

我希望，人们不会认为这些很多的警告是出于怯懦。假如我没看清楚远处有一个值得这番辛苦的目标，我就不该担负起这份平凡的任务，要推动知识之车在它的行程中前进一步。我坚决相信，总有一天，那些和整个"财富的分配"主题有关的非常复杂的实际问题，会由于应用了已经确立的和透彻了解的原则而不难解决。我也不认为这种信心带有轻率的意味。如果，在经过观察和归纳而通往真理的道路上，人们只能用缓慢的和费力的步子前进，对那些走在这条路上的人来说，能够通过一排狭长的远景，看到令人振奋的最后胜利的盛况，至少是他的特殊幸福。在看到前程如此壮丽而充满了希望的时刻，他们可能不知不觉地忘记自己的和同胞们的脆弱，而向前看到人类齐心协力，以及一代代新人日益增多的发明创造一定会赢得的胜利。②

> 用那么多共同的行动原则和幸福源泉把人类的情感和同情结合在一起的同一个上帝，在完全符合它自己的宗旨的情况下，这样地安排了那些决定人类社会中不同阶级的社会状况的经济法则，可以使每个社会的

---

① 22

② 24

理查德·琼斯《论财富的分配和赋税的来源》（1831）

长期的和逐渐发展的繁荣昌盛，主要依靠大家的共同进步

　　我曾随时随地采用它的根据，并将用它来作结论。没有一种社会状况下，没有一个文明发展的时期中，土地所有者的真正利益不是和耕种者的利益，以及他们双方所属的那个社会的利益相一致的。可是，甚至这一真理本身，如果我费了相当气力得来的那些观点不错的话，在我们的问题的未来发展中会被包括在一种更全面的因而更加令人鼓舞的真理中出现——一切理论体系本质上都是虚伪的和欺骗性的，如果它们假定社会的任何一个阶级的长期得利或者利益能够建立在另一个损失上。因为，用那么多共同的行动原则和幸福源泉把人类的情感和同情结合在一起的同一个上帝，在完全符合它自己的宗旨的情况下，就这般安排了那些决定人类社会中不同阶级的社会状况的经济法则，可以使每个社会长期的和逐渐发展的繁荣昌盛，主要依靠大家的共同进步。①

———————————

① 　227

西尼尔《政治经济学大纲》（1836）

纳索·威廉·西尼尔（1790~1864），英国著名古典经济学家，"节欲论"倡导者；1825~1830年和1847~1852年，两次出任牛津大学的政治经济学教授。西尼尔在其著作《政治经济学大纲》中首次提出"纯经济理论"，即政治经济学应成为超阶级的纯粹经济学，成为专门研究财富的性质、生产和分配规律的科学，认为作为一个政治经济学家，所要研究的不是幸福而是财富，不但有理由省略，而且也许必须省略掉一切与财富无关的考虑。《政治经济学大纲》最初（1836）以论文形式发表于《伦敦百科全书》，1850年后改出单行本，在作者生前共出五版。

本选读采用了两个中文版：

西尼尔.政治经济学大纲.彭逸林，商金艳，王威辉译.北京：人民日报出版社，2010.

西尼尔.政治经济学大纲.蔡受百译.北京：商务印书馆，1977.

> 财富只是生活的一方面，而幸福（包含福利、道德、财富等问题）则是全方位的，我们不能将两者混淆

政治经济学，应当集中于对根本观点的研究，而非指出微观问题的具体解决方法。人们往往抱怨政治经济学家们只专注于财富的研究，而不考虑福利和道德问题。其实这种指责毫无根据，是普通大众对政治经济学的误解。……一个政治经济学家，如果他按照一般的财富理论，来对现实进行改造，那么这种做法是荒唐至极的。在现实社会中，财富只是生活的一方面，而幸福（包含福利、道德、财富等问题）则是全方位的，我们不能将两者混淆。作为一个政治经济学家，应该将自己的研究紧紧盯住本学科最根本的

问题，才有可能作出更大的成就。[1]

各民族在享有政府给予的幸福的感受程度上存在差别

不得不承认的是，建立政府依赖的分工原则，同样存在着难以克服的弊端。其一就是，权利被赋予了承担保护责任的人，而被保护的人在很大程度上会失去自卫的手段、意志及至权利。从这种角度上看，政府与国民之间的这种"交易"服务所需的原则，与支配日常交易的原则是不同的。政府除了从它的国民那里取得服务所需的必要偿还外，还可通过不损害国民再生产能力的某些暴力及威吓的手段、方式来强迫国民对国家予以一定补偿。事实上，一个政府对国民的勒索远不止这些。就整个世界的情况来看，只有极少数的国家不再施行压制政策，使国民的幸福生活不被侵害。大家都知道，非洲和亚洲的一些国家的残暴统治使得国民根本无法享受到安宁和幸福的生活，由此，人们深刻地感受到，暴政是人类社会发展的祸端。

暴政带来的痛苦感受，与不存在政府的情形相比，却是相当轻微的。……人们在这一点的感受是相当真切的。这就是说，假如暴政的消失就意味着彻底的无政府状态，人们宁愿支持暴政。一个国家的不同民族间之所以会存在差异，原因之一便是：各民族在享有政府给予的幸福的感受程度上存在差别。如果"有一个最坏的政府存在着，总比没有政府存在的好"这句话是正确的，那么，一个好政府给国民带来的各项利益与好处将是无法估计的。[2]

以为幸福和占有财富是一回事。但是他的错误并不是在于将注意力局限于财富，而是在于将财富和幸福两者混而为一。这是个显而易见的错误。

政治经济学家常常受到埋怨，认为他们所注意的只是财富，而漠视一切关于福利或德行的研究。我们但愿这样的指责有其比较合理的依据；但指责的普遍存在表明其间含有一种看法，认为政治经济学家的任务不仅是在于表述论点，而且应当推荐实际措施，因为，如果不是在这样的假设下，他们专门注意于一个课题时就不会受到指责。……应当看到，一位作家，如果于说明了某一处理方式足以促进财富的生产之后，就单是为了这个原因而推举这个方式，或者是，单是为了这个原因就认为应当按照这个方式进行，那就陷入了一种荒谬观点，以为幸福和占有财富是一回事。但是他的错误并不是在

---

[1] （人民日报出版社出版）6

[2] 87

幸福经济学选读

于将注意力局限于财富，而是在于将财富和幸福两者混而为一。这是个显而易见的错误；假使避免了这个错误，那么一个作家越是严格地把注意力集中于他自己的学科，就越有可能扩大这一学科的范围。①

马尔萨斯把人口增长说成是广大人民长远幸福的不可克服的障碍

马尔萨斯先生在他长期的和辉煌的科学研究过程中，在见解上似乎经过了很大的改变。在他那部杰作的第一版里，他把人口增长说成是广大人民长远幸福的不可克服的障碍。即使在他著作的最后一版里，下面所引录的仍然不外于这个思想范畴。②

马尔萨斯的这些结论就造福人群这一点说来，使他可以和亚当·斯密并列而无愧

马尔萨斯先生在其早期发表的著作中，对于他自己的论点有时也许过于夸张，这在一种学理的发现者说来是在所难免的；但是，即使他犯了这个错误，也并不影响实际的结论，这些结论就造福人群这一点说来，使他可以和亚当·斯密并列而无愧。只要我们认识到人类的苦乐主要取决于生活资料与人口两者的相对发展，而两者的发展是有它的原因的，这些原因在人类的控制范围以内，因此是可以加以调节的；那么，在不存在干扰因素的情况下，具有较高速度的倾向的不管是生活资料还是人口，就都是一个无关紧要的问题。这就是马尔萨斯先生根据事实和推理得出的主要论点，这类论点与根深蒂固的偏见相对立，引起了各式各样的叫嚣和抗议，有多种多样的诡辩对它进行攻击；但是现在终于获得了多数的明白事理者的赞可，甚至那些对事理不加深究即信以为真的人，大多数也接受了这类论点。③

作为政治经济学家，我们所关怀的是财富而不是幸福

劳动者所关怀的主要是工资数额。在既定的工资数额下，他所关怀的必

---

① （商务印书馆出版）13
② 73
③ 78

西尼尔《政治经济学大纲》(1836)

然是在于他的劳动价格的高低，因为对他所要求的工作强度取决于这一点。但是，不管对他工作中的各个动作的报酬怎样，如果工资数额比较低，他就必然比较贫困，如果这个数额比较高，就必然比较富裕。在前一种情况下他得到的是闲暇和贫困；在后一种情况下得到的是辛劳和富足。这里绝不是认为在对幸福的任何估量中，不应当考虑到工作时间过久或工作过于繁重的不利和保有相当闲暇的有利。但是，我们在本书开头时就指出，作为政治经济学家，我们所关怀的是财富而不是幸福。我们只是要说明事实，以便对学生进行教导，并增加其知识，而不是要为立法者设定条规，对其举措进行指导。于说明财富的生产和分配所依据的一般规律时，我们并不认为增加财富的一切手段都应当受到鼓励，也不认为一切手段都是可以容许的。我们甚至并不认为财富必然是利益。然而，实际上财富和幸福很少是对立的。①

> 遗憾的是，政府大都认为它们的任务不仅在于提供安全，而且在于提供财富，不仅在于使其国民得以在安全的环境下从事生产和享乐，而且在于教导他们应当生产些什么，应当怎样享乐

政府的主要职责是提供防御力量，保护社会免受国外或国内的暴力和欺诈的伤害。遗憾的是，政府大都认为它们的任务不仅在于提供安全，而且在于提供财富，不仅在于使其国民得以在安全的环境下从事生产和享乐，而且在于教导他们应当生产些什么，应当怎样享乐，对他们作出指示，应当怎样处理他们自己的事情，并强迫他们遵守这些指示。②

> 政府的最主要职责在于提供安全，安全是最大的幸福，这也是人们在不合群的努力中最不容易取得的

政府的最主要职责在于提供安全，安全是最大的幸福，这也是人们在不合群的努力中最不容易取得的。③

---

① 229
② 264
③ 272

拉姆赛《论财富的分配》（1836）

乔治·拉姆赛（1800~1871），英国人；《论财富的分配》是其代表作。当时，鼓吹"节欲论"和"最后一小时论"的西尼尔是时代宠儿，而与西尼尔有背道而驰倾向的拉姆赛，不免于湮没无闻。作者认为这本书的目的在于，企图对他认为不大完善的李嘉图的分配论提出补充。补充的重点为利润学说：认为我们应勇敢地追求自己的幸福，并指出财富的生产和分配均对幸福有影响。

拉姆赛. 论财富的分配. 李任初译. 北京：商务印书馆，1984.

> 没有努力就不可能有改进，欲望熄灭就不会作出努力。这种体系可归结为这样一点，即它的目的是使人出于对不幸的恐惧而不敢去追求一切幸福

有两种处世哲学：一种哲学的目的是要消灭我们的需求和限制我们的欲望；另一种哲学的目的是要扩大我们需求和欲望的范围，同时又指出满足需求和欲望的办法。一种劝诫世人要自满自足，另一种则宣扬能动性。前者叫人永远思考着愿望的空虚，达到这些愿望的艰难和失望的痛苦，甚至在追求的目的已经到手的时候，人类的一切享受仍具有无法满足的性质。它劝告我们要沉思冥想，用自满自足的眼光轻蔑地看待和怜悯尘世间追逐名利和权势的芸芸众生，并从中得到宽慰。……另外，后一种哲学把新的目标提到了我们的面前来激发我们的欲望，并且鼓励我们去努力争取。它详细叙述人的乐趣总是与积极的活动分不开的，哪怕这种追求在最后可能完全落空也罢；它认为倦怠总是伴随着缺乏有兴趣的工作，而野蛮状态和贫困则永远紧跟在懒惰的习惯之后。

虽然我并不否认前一种体系所特有的思想，在使人甘心顺从因不能满足的欲望被摧毁而引起徒劳无益的痛苦这种无法避免的命运方面，也许偶尔有

一点用处，但有一点是肯定的，即如果人们普遍按照这种信条行事，那么世界将永远不可能从原始状态上升到文明社会。没有努力就不可能有改进，欲望熄灭就不会作出努力。这种体系可归结为这样一点，即它的目的是使人出于对不幸的恐惧而不敢去追求一切幸福。①

用什么方式来分割和分配这种财富对普遍的幸福最为有利

财富分配本身不仅是一个最为重要的问题，而且也完全像生产一样属于政治经济学中的一个部分，而某些作者则过分片面地注意了这门科学中的前一部分。无论他们持有什么样的冷酷观点，这些观点都造成了对这门科学本身不公正的反对。但是应该反对的仅仅是他们考察问题的过于偏狭的方法。

如果这样一个问题，即用什么手段才能生产出最大量的财富是政治经济学所要解决的一个重大实际问题，那么同样重要的另一个问题则是用什么方式来分割和分配这种财富对普遍的幸福最为有利。因此，阐明了资本积聚在少数企业主手里比它分散在多数人的手上对国民的增长更为有利之后，并不一定能得出结论说：前一种分配方式是比较可取的。

如果财富可以增进人类的幸福——谁会否定这一点呢？——拥有它的人越多就越好。特别是，如果我们考虑到贫穷所带来的弊病远远超过了大量财富集中在任何个人手中的好处，那么我们可以认为并不完全依靠他们每天的劳动来维持生活的人越多对国家越有利是一条普遍的原则。在这种情况下，财富积累虽然比大部分居民分为两大阶级，即大资本家和无产者——法国人对那些没有资金积累天天过着朝不保夕生活的人的称呼——的国家必定更加缓慢，但是我们是否能片刻怀疑这种情况最有利于广大人民的福利呢？因而也最有利于国家的繁荣呢？当然，这里我们仅就繁荣这个词的真正含义来说的。如果总财富的增长主要使几个大企业主——资本家的巨额收入膨胀起来而扩大了赤贫劳动者阶级的队伍，那么这将是多妙的一种国家繁荣啊！②

---

① 85
② 167

约翰·勃雷《对劳动的迫害及其救治方案》（1839）

约翰·弗兰西斯·勃雷（1809～1895），出生于美国，1822年去英国，在英国生活20多年，19世纪50年代初期回到美国；《对劳动的迫害及其救治方案》（1839）是其唯一著作，该书指出一切社会和政府制度，必须永远建立在人类幸福的基础上。

约翰·勃雷. 对劳动的迫害及其救治方案. 袁贤能译. 北京：商务印书馆，1959.

> 人类的一颗不倦的心永无止息的在寻找着至今尚未寻到的东西——幸福

人类的一颗不倦的心永无止息的在寻找着至今尚未寻到的东西——幸福。虽然这一个一切人类努力的最为归根结底的目的迄今尚未达到，但是并不能因此就裹足不前，坐以待毙。人身的组织的完美是可与他所知道的任何动物相比的，但是他的智力却是远远超过我们所知道的其他任何动物。倘使人类所有的力量和属性，竟无法除去这许多时代以来人类世世相承的苦痛和不满，那么在和谐协调和日臻完善的造物间，就有了一个不应有的缺陷了。要说在快乐的宇宙间只有人类是命该悲伤和吃苦的，那是对上苍和至善的万物主宰犯了卑鄙毁谤的罪行！

倘使人是不能进步的动物好像在他四围的走兽飞禽一样，倘使他只有固定的和不变的本能而没有进步的和能够逐步提高的思考，那么人类社会的一切制度也就不必去改变了。人类的社会从开始到现在必将是一色一样的了；并且在人类存在的时候必将保持着一致不变的状态了。但是人类不能是这样不进不退的；他是一个会思考的，所以亦是一个会进步的动物。凡是一代的知识和经验都能传至下一代的；而且正像一个40岁了的人必定比他在20岁的时候有了较多的知识一样；所以整个的世界，自有人类之后又再过了

· 350 ·

约翰·勃雷《对劳动的迫害及其救治方案》（1839）

4000 年的时候，其所累积起来的知识必较只过 400 年后所得的知识为多，知识只不过是累积的事实；智慧乃是一种技术将这种知识应用在一个真正的目的上去——促进人类的幸福。虽然人们可以有很多的知识而无一点智慧，但是缺乏知识者则必缺乏智慧。现在这一代是有了 4000 年的累积经验和知识可以发掘；所以这一时代的人们，因此能够在社会和政治制度的建立方面，比起以前的任何一代，确是能够做得更高明些。①

> 全部的历史只不过是人类一切希望和幸福的丧钟罢了

人类的全部历史，自有人类起以至于今，乃是一个罪恶、流血和受苦的长长纪录。人们一直是受人类同伴的迫害，并且一直是在寻找救治方案；但是不管他们一直是在那里活着，不管他们一直信奉什么教，不管他们一直成立了什么样的政府，他们的寻找，一直只能是得到同样的结果——所用的手段一直是不能达到其所欲达到的目的。全部的历史只不过是人类一切希望和幸福的丧钟罢了。②

> 社会分成几个阶级。这个滔天大祸挫折了无论是文明人或野蛮人的幸福

世界各处的暴政都是一样的；并且都是来自同一根源——社会分成几个阶级。这个滔天大祸挫折了无论是文明人或野蛮人的幸福，因为在一切国家里边，都是有所谓上等人和下等人之分——前者是发号施令的，后者是服从命令的。在一个时候，这一权利不平等的原则，凭着"神权"的名义，恬不知耻地以暴政的形态表现出来，并且公开地取走了被统治者的生命和财产；在另一个时候，它是偷偷地躲着，正像现在是在美国、英国和法国一样，它能使一两个社会阶级，不知不觉地，永不停止地，并且毫不留情地，攫取了劳动阶级辛苦艰难所创造的财富，使之成为己有。③

> 他们是思想行进的先锋队员——是对成见作战的最前线战士，亦是

---

① 8
② 14
③ 19

> 首先的牺牲者——而且他们虽然修好了一支通到知识、自由和幸福的康庄大道，但是他们之所以能够完成这一工作，完全是靠他们自己的骸骨来铺好这条道路的

在一切国家里边和一切的政府形式之下，总是有一些人的思想是走在大众之前的，而且明明是与之对立的。他们是思想行进的先锋队员——是对成见作战的最前线战士，亦是首先的牺牲者——而且他们虽然修好了一支通到知识、自由和幸福的康庄大道，但是他们之所以能够完成这一工作，完全是靠他们自己的骸骨来铺好这条道路的。这些向着愚昧和专制的黑暗帝国进行的侵略者的事业，就使他们成为暴君和一切其他要维护盗窃来的势力和榨取来的横财的人们所特别害怕的对象；因此他们常常受到令人毛骨悚然的狠毒迫害，到了除人以外就没有其他任何动物能够想得出来和做得出来的程度。

当我们考虑到各种阻碍人类上进的情况时，我们就不会感到惊奇，何以人被人束缚而尚未得到解放。在专制政治之下，大多数的政府差不多都是专制的——真理和自由的知识进步得很慢；因为绞架与土牢，在统治者的眼里，好像是家常便饭，尤其是在一条命的牺牲并不为一般习俗所重视的地方。倘使那区区的几个统治者要想对他们自己所犯的血案加以一番洗刷的话，他们就制造墨黑的和可恨的谎话，蓄意迷惑大众，并且激动他们的情感和成见；同时那些不幸的和受奴役的人民，只能两眼对着苦痛，满口都是毁谤那一位几已使他们得到光明与幸福的战士所指出的原则。①

> 倘使人类想避免他们现在所受灾害的任何一部或全部，那么一切社会和政府制度，就必须依照这些原则的指挥才可。这些原则就是永远建立人类幸福的基础

这些简单原则，就在它们自身里边，包含着人们久已企图成立的基本的权利平等的精华了。倘使人类想避免他们现在所受灾害的任何一部或全部，那么一切社会和政府制度，就必须依照这些原则的指挥才可。这些原则就是永远建立人类幸福的基础：并且它们自自然然会提醒我们，要有一种行动方式，来对付社会制度，令其能使人类享受一切幸福，并且避免一切他生来就能感觉到的一切苦痛。这是很不合理的想法，倘使我们以为社会里边种种现

---

① 26

约翰·勃雷《对劳动的迫害及其救治方案》(1839)

在的不平等，只是因为它们现在就存在了，所以必须永远存在下去。这也是不能与经验符合的，倘使我们以为因为某一种行动方式在某种影响和情况之下是不变的，那么它在一切影响和情况之下也将是不变的。在赤道上面的人，正像在两极上面的人一样，都是同样的人，但是他们的食物和衣服，绝不能相互通用的。自私自利的原则，倘使在人人权利和义务都平等的社会的形态之下，就不能像在现在的权利与义务以及工作和报酬都不平等的社会制度之下一样，可以这样地竭尽其卑鄙恶毒之能事了。①

一切权力、财富和光荣就会建立在合法的欺骗和掠夺的基础上，任何人也就谈不到和平，看不到公平，想不到幸福

我们并没有，而且也永远没有，将上苍为人类的指导和幸福而命定的这些基本原则，付诸实践；同时我们也没有将明显的平等原则放在视线的范围里边，不管是在我们的权利与义务方面，或者是在我们的劳动与报酬方面。几乎每一样事情对我们都是不平等、不自然和不公正的。为什么一切事情都是如此呢？怎样有些人做了双份的工作只得半份的报酬，而别的一些人只是袖手旁观，却得到双份或四份呢？在算学的原理上，并无一人能算五十个人或一百个人的道理——在生产原理上，也没有一个力量与其他任何一人相等的人，单靠他自己一人之力，能够做了一百个人的集体劳动的工作——并且也没有一种合理的或公平的原则，将会允许一个人攫取一百个人的劳动的成果。但是这种不公正的攫取，自从有人类起以至于今，竟能任其违反算学和公正的原则，一直毫丝不改地照样做下去，并存在下去。只要这种制度还没有被推翻和不变的真理原则还没有确立，这种制度的功用——一切权力、财富和光荣就会建立在合法的欺骗和掠夺的基础上，任何人也就谈不到和平，看不到公平，想不到幸福！②

我们应将劳动视作一种幸福，而不是一种祸源，因为它是维护智力和体力的一服良剂

---

① 29

② 38

劳动本是不应该引起这种不愉快的情绪的，它也不会如此的，倘使是有节制的话。倘使我们能有正确的了解，我们应将劳动视作一种幸福，而不是一种祸源，因为它是维护智力和体力的一服良剂。但是因为我们对于事物的性质和用处太不留意，整个的世界到处都替劳动——一切享受的父母——打上烙印，视为是可憎恶的而且是卑贱的。工人是不得与懒汉或资本家同坐的，他也不能与他们同食或共事的。酒肆和草舍注定是属于这一班人的——舞厅和宫室是为那一班人所霸占的。在现在的制度之下，那班身居社会最高地位的人，以为规规矩矩赚来的一个先令，几乎就是一个人在德行上沾了一个污点，而只能由一代又一代的赋闲生活来洗刷干净的。现在最受尊重的人，就爱对我们指出长长的一连串祖宗，都是没有做过一点有用的事情，并且世世代代凭着社会所许可的抢盗方法，专靠生产阶级的劳动过着他们的生活。但是一切的劳动，都是要别人去担负的。所以提倡公平正直和平等权利的人，就不能不这样喊出口号——"只有让不吃不喝而能活着的人，来喊反对劳动的口号，因为除了他们以外，别无他人是可以这样不劳动的。"[①]

　　"劳动"这个名词不仅指在直接生产事业上心身努力，同时还指任何一种的服务，凡是能够增进人类知识和幸福的都是

"劳动"这个名词不仅指在直接生产事业上心身努力，同时还指任何一种的服务，凡是能够增进人类知识和幸福的都是。我们对于高级或低级的享受，各人都是有所爱好；但是财富的生产及其确当的分配，乃是各种享受的先决条件，因为只是在这个基础之上，才能建立人类真正快乐的上层建筑。精神上的享受，也像肉体上的享受一样，必须同时都照顾到，否则只有做到人生在世的目的的一半，同时也仅享受到人生所能感受的幸福的一半罢了。要达到此目的，必须常常要有分工——总是要有智力超群的人，来做一切同人们的领导者——总是要有卓越的文学家、美术家和科学家——但是以上一切的人，只不过是大大的整体的几部分，并且他们也是要靠着别人帮助，好像别人也靠着他们的帮助一样。所以大家既然都是无分彼此而是互相依赖的，那么他们的劳动也应该是一律平等不分高低的了。总之，不管劳动是平等的也罢，不平等的也罢，它的报酬应该常常与它的多少成比例，至于它的性质，或结果，或目的等，却是可以不必考虑进去的。但是分工问题，千万

---

① 46

约翰·勃雷《对劳动的迫害及其救治方案》（1839）

不可忽视，因为它能替人类减轻劳苦，而且是能使人类开步踏进文明和风雅的领域。①

一切的幸福是相对的

一切的幸福是相对的；并且人的性情是不能安于现状的，倘使他知道前面还有更美好的远景。当然他也不会甘心情愿，依着低级的标准去衡量自己，倘使前面是有了更高的标准。为什么巨额的财富应该是放在懒汉和酒色之徒的手里，而勤劳正直的人却是两手空空的呢？为什么这班吃得好和穿得好的毫无意义的人们，却是乘着豪华无比的车辆，懒洋洋地滚来滚去，只是为得寻求新的快乐，来刺激刺激已经觉得任何东西都没有滋味了的胃口，而劳疲极了的工匠们，却是天天像牛马一样工作，甚至是穿不上和吃不饱呢？这种事情是没有什么理由可以来解析的，因为我们尚未找到一个理由。这位与世界同在的圣洁的至公之灵，就对着我们大声疾呼地说出千古不灭的真理了，就是他从未命定这种人间最不公正的区别。②

公债数字所以这样大大增加……也不是因为要驾御大自然的力量使之为人类的幸福服务

近年以来，公债数字所以这样大大增加，并不是因为要从凶暴的侵略者的巨掌里解脱出来，俾得免受打击——也并不是因为要促进文化和消除粗俗——也不是因为要驾御大自然的力量使之为人类的幸福服务——但是因为一个专制愚昧的不列颠政府的种种疯狂企图，要使人的思想不得前进，灵魂不得上升，以及自由的精神不得发扬光大。这个政府固然是邪恶极了，并且腐败极了，可是它是自发地从我们现在的社会制度——我们的利害冲突的阶级制度——里产生出来的。政府的种种暴行是由它的固有性质所产生出来的，就是从组成社会的人们的习惯、见解和地位来的。并且这种令人憎恨的罪恶和这种放荡不羁的浪费金钱，一直都是而且一直还将由每一个这样组成的政府照样产生出来，就是从每一个只由一部分人组成而非由全体人民组成

---

① 66

② 67

的政府产生出来，或从每一个只由有钱的人形成和组成的政府产生出来。①

一个专制政权，在估计它的损失的时候，那里能够将他们的被毁掉的家，他们的被劫掉的财和他们所失掉的幸福，也计算在内呢

一个专制政权，在估计它的损失的时候，那里能够将他们的被毁掉的家，他们的被劫掉的财和他们所失掉的幸福，也计算在内呢！虽然大多数的战争、罪恶和损失，都可以归罪于不负责的和建立于"神权"学说上的君主政体的存在，可是我们在枚举我们所受的迫害而且寻求救治的方法时，切不可忘掉君主政体，乃是现在的社会制度所当然的和自发的结果；所以除非我们能够去掉致病之母和致病之因，亦即社会制度的本身，这一种政体是永不能改的，并且由它产生出来的人类灾难和迫害，简直是无法避免的。即使整个欧洲明天都起了革命，并且都建立了共和政体，同时也在这些国家的人民之中单是建立了政权的绝对平等，恐怕不到 20 年的工夫，这种平等就将完全消灭了啊。社会的每一角落是彻头彻尾的沾染着猖獗于世的不平等和排斥异己的风气——无论在世态上，在教育上和在等级上的不平等和排斥异己——并且这种不平等和排斥异己，很快就会产生投其所好的制度，并且破坏已经成立了的任何政治平等。关于不平等制度毕竟要破坏一切公正的政治制度的内在腐败性，历史就给我们以上万的罪证了。②

倘使这些美德是幸福所必需的，那么我们有理智的人类，为得要有人类幸福所必需的这些东西，就必须摒弃一切要破坏这些东西的制度和行动方式

宗教和道德的戒令和教训，原来是指导世人的规则，但也不是尽然的。倘使原来的用意并不是如此的，而只不过是一些狂热的幻想家的骚动狂言，我们就可随时置之不理。但是倘使原来的用意是要我们去实行和遵守的，并且我们觉得现在的社会制度根本就不许我们这样去实行的了，那么我们就必须改革现在的制度，并且建立一种能使我们最充分地发挥这些原则的种种社会设施。让那些主张维持现在的社会制度的人指出理由罢，倘使他们是能够

① 76
② 78

约翰 · 勃雷《对劳动的迫害及其救治方案》(1839)

的话，为何人类不能比现在更和睦地共处——倘使我们能够建立一种制度，将以义务平等的实施来保证权利的平等，那么将来怎样会有同样的引诱，好像现在所有的一样，使人为非作歹并且想入非非。我们对于不愿听到社会改革的人，却是能够指出——历史就将对他们证明——人类的社会制度，一直就是与平等权利、慈善、道德或真诚团结等美德都不能相容的。倘使这些美德是幸福所必需的，那么我们有理智的人类，为得要有人类幸福所必需的这些东西，就必须摒弃一切要破坏这些东西的制度和行动方式。①

在机器一直专为某些人和某些阶级所占有的时候，它的利益将由某一些人来享受——对于社会里边那班不是它的所有者的人们，却将带来一种祸灾而不是一种幸福，因为他们终身要做他们的同伴的奴隶和鱼肉的命运就是由它所注定的

这样看来，机器本身就包藏着毒根和消毒剂；因为它虽然一直就是替现在的社会带来危机的一种手段，不是其他任何东西所能比得上的，但是它又同时开了一条道路，能使我们从这条路上避免一切所受的和所怕的祸害。现在社会的组织，一直都是在机器的基础上发展起来的，同时它也会被机器毁掉的。蒸汽机固然能创造财富，可是它并不能使用财富或支配财富。不管怎样的不平等情形和痛苦可以是由这一伟大的机器动力的作用而来的，但是机器力量的本身，并不是这些祸害的根本原因；并且就是毁掉机器的力量，也是不能去掉这一病根的。机器本身是好的——是不可缺少的。就是它的使用方法——就是机器是归个人所有，而非归国家所有的情形——却是很不好的。在机器一直专为某些人和某些阶级所占有的时候，它的利益将由某一些人来享受——对于社会里边那班不是它的所有者的人们，却将带来一种祸灾而不是一种幸福，因为他们终身要做他们的同伴的奴隶和鱼肉的命运就是由它所注定的。②

要使这一交换原则为建立社会的目的和增进人类的幸福服务，交换必须常常是平等的，否则一个人的所得，将是另一个人的所失

---

① 84

② 87

幸福经济学选读

我们已经考虑过这些原则，并且也已从这些原则得到这一教训：一切人的权利是平等的——一切的人都应该劳动——土地是一切居民的共同财产。我们也已考察了人类社会的建立，其真正目的就是要调和（中和）人类由于天赋的体力或智力的一点无足轻重的差别，并且要使一切由于善于合理利用各种人力而来的利益得以人人均沾。我们也已谈到政治经济学家们所奠定的三大条件——"必须要有劳动——必须要有积累——必须要有交换"。这些条件的成立必须先行承认人类是平等的，并且它们不过指出，在一种社会形态之下，如果将基本原则付诸实践以及如何维持权利的平等。倘使我们对于这个问题加以一番考虑，我们就知道人类自有生以来所受的一切迫害和祸灾，都是因为这些条件被某些人或阶级所破坏了的缘故。我们已经知道若是没有劳动，那就不能有资本或积累——若是没有积累，也就没有交换。从这种关系来看，当然在过去没有去劳动和在将来也不准备去劳动的人，就不能成为交换者了，因为他就没有什么可以交换，盖自劳动或劳动的产品以外，就没有什么是可以交换的了。要使这一交换原则为建立社会的目的和增进人类的幸福服务，交换必须常常是平等的，否则一个人的所得，将是另一个人的所失。我们对于交换的题目，作了一番考虑之后，就已知道使社会情况不平等的，使阶级分成高下等次的，并且将社会分成富和贫的，并不是政治权力的不平等，而是交换的不平等；并且只要在我们之间存在着不平等的交换，那就一定有赋闲者和劳动者——一定有富和贫——因为后者之贫乃是前者之富的后果。我们也知道不平等的情形以及社会分成资本家与生产者或雇主与雇佣者的情形，逼使生产阶级对于资本家们只好俯首待命；并且我们知道，这种关系一定要使劳动阶级，不管他们的智力或道德是怎样的，终身只能过着为别的阶级所使唤的绝望的奴隶生活，同时又使他们只能在永远的贫困或贫困的恐惧中过日；并且我们因此就知道，无论所建立起来的政府形式是怎么样的，无论人民所能有的单纯政治权力是怎么样的，这一不平等条件，就它的本质而论，就能够破坏一切权利和法律的平等。我们对于这一结论的真实性已经是搞得很清楚了，因为我们对于劳动阶级的情形，无论是在古代或近代，无论是在共和或君主政体之下，已经是有过一番探讨了；就像我们所看到联合王国的劳动阶级，他们现在所受到的迫害，也和他们的弟兄们在共和的美国所受到的迫害一样，并且他们全部的人，从他们有了历史以来，一直就忍受到现在了。①

---

① 102

约翰·勃雷《对劳动的迫害及其救治方案》(1839)

> 那一种制度使一个阶级所需的劳动资料，而且也必然是所需的生活和幸福的资料，都要仰赖另一阶级的人的缘故

一切这些矛盾———一切的缺乏工作与贫困——都是因为那一种制度，将一切的资本积累都放在某一些人和某一些阶级的手里的缘故——因为那一种制度使一个阶级所需的劳动资料，而且也必然是所需的生活和幸福的资料，都要仰赖另一阶级的人的缘故。无论是在共和政体或君主政体之下，劳动阶级一直就是如此；并且在现在的不平等交换制度之下，不管劳动人民是文盲或受过教育的，是没有道德的或笃信宗教的，是克己的或放荡的，他们的前途就老是如此罢了。[①]

> 历史对我们指出人在掌握有关他的生存和幸福的各种情况上的功绩，真是微乎其微，他是已经这样可怜地犯了罪且受了苦

历史对我们指出人在掌握有关他的生存和幸福的各种情况上的功绩，真是微乎其微，他是已经这样可怜地犯了罪且受了苦。他一直是盲目地毁坏了财富并且使他的同伴流了血，推其原因，只是因为他的同伴所感所想的也正会与他自己——倘使他的地位和他所受的影响是与他的同伴一样的——所将感到的与想到的一样。这种必须铲除的对于任何人的横暴和迫害，并不是存在于人的身上，而是存在于制度之中的。[②]

> 凡是各种可以控制的情况，其能与人类幸福有关的，均可分为肉体的与精神的两种

凡是各种可以控制的情况，其能与人类幸福有关的，均可分为肉体的与精神的两种：一种就是有关财富的生产的，目的在于满足他的肉体需要的；另一种就是有关他在智育和德育方面的修养以及他对于人类的应尽义务的。现在的社会制度，就替我们准备好了许多例子，指出了用来控制第一种的情况的各种有效的和有缺点的手段；况且既然的确知道我们所要求的，就是以最小一点的劳动得到最大数量的财富，所以我们就能够没有一点困难来

---

① 113

② 123

选择那些确是最有利于我们所希冀的目的行动方式了。至于德和智的力量的提高，在现在的制度之下，我们的社会制度和设施，对于这一方面的情况的控制，都是很不利的。现在一切的事物都是有缺点的并且不能使人沾染到一点真正幸福所需的品质和感想的。每一个人是拘束在一种社会地位里边，使他一点也不能照着己之所欲亦施于人的道理去做。现在存在着的社会的划分，使一个阶级完全听另一阶级指使，并且使压迫者的所得都来自受压迫者之所失。所以这种划分是必然地要使人成为仇敌。这种阶级等次之分，对于社会大众，更要加深了他们对于获得生存资料的过度劳役和焦虑；并且那一点尚未为此种劳役和焦虑所毁灭了的要求深造的欲望，也在苦闷寡欢的贫困环境中逐渐消失和死亡了。所以在现在的制度之下，并没有像广义的道德样的那种事情，也没有像广义的智力培养样的那种事情，因此人类就没有可能会团结在人类进步所必需的社会友爱的共同结合里边。①

　　除非是先有这样的管制，否则全人类的幸福是不可能的，而且这种幸福乃是任何真正个人幸福的先决条件；因为个人的幸福，倘使用正确的观点去看，只不过是全人类幸福的反映罢了

　　竞争不过是一种人类的感觉和行为，这些感觉和行为是由放肆的利己主义所引起的，并且常常会产生冲突、嫉妒、憎恨和残酷行为。我们大家都应该想到，不管是文明社会或野蛮社会里的人，都是粗野无文地进入社会的，并且还带着一切近于兽性的本能和感觉。这些都是为了他的继续生存而种在他里边的种子——它们是人类生命的自然组成部分——亦非人力所能转移而必须要握紧的生存原则的节奏。但是这些毫无羁绊的本能和行动，本来是可以有助于个人的生存与享受的，倘使全世界上只有他一人的话，但是在一种社会形态之下，倘使它们仍旧不受管束，那就是对他是绝对不利的了。这些本能和才力，对于生存在一个社会里面的人来说，其所起的作用正像它们对于一个孤独存在的人是一样有力；但社会是一种人为的存在形态——即是用人类的思考，在只有大自然能埋好的基础上，树立起来的上层建筑。所以，人类行为的自然动力，必须靠着人力予以节制和指导，使它不是去破坏而是去助成伟大的社会设计。除非是先有这样的管制，否则全人类的幸福是不可能的，而且这种幸福乃是任何真正个人幸福的先决条件；因为个人的幸福，

---

① 　124

倘使用正确的观点去看，只不过是全人类幸福的反映罢了。①

整个的世界必将比现在的时候或过去的任何时候更富裕、更开明，而且因此而更有幸福，因为此时人类一切同情之感和利害的关系，都是合而为一了。

这是无须置疑的事实，整个的世界必将比现在的时候或过去的任何时候更富裕、更开明，而且因此而更有幸福，因为此时人类一切同情之感和利害的关系，都是合而为一了。但是这样的结合是做不到的，倘使劳动是不普及而且劳动的成果是不平等享受——倘使每一个人并没有受到同样的并且只是好的影响，倘使没有做到使每一个社会成员，都能看到并且感到他的真正利益，只能在其他社会成员的利益中才能找到。②

在这三大条件之下，就可包括一切有关于人及其制度的问题了。这三条件就包括了一切有关他的生存和他的幸福的事情了

根据人类权利平等的大原则，财产公有的社会制度，就将通过以下的设施，得出它的结果：要有可使无限数量的财富能够生产出来，并予以公平的分配的种种设施；要有为得每一社会成员的德、智、体三育的培养的种种设施；要对整个社会有种种正确管理的种种设施。

在这三大条件之下，就可包括一切有关于人及其制度的问题了。这三条件就包括了一切有关他的生存和他的幸福的事情了。就是在现在的时候，它们或多或少也是世界各国所注意的，因为无论在任何社会制度之下，它们是不能为人所忽视的。③

关于达到个人或全人类幸福的种种便利条件——在现在的制度里边，没有一点东西是可以令人觉得这种制度是值得继续维持下去的

让我们来看一看现在的制度吧——或者是有关财富生产和享受的继续和扩大，或者是对于将来的和不测的事情作好了肯定的和充分的准备，或者是关于更进一步的进德和修德，或者是关于科学和艺术的提高，以及关于达到

---

① 126

② 130

③ 133

幸福经济学选读

个人或全人类幸福的种种便利条件——在现在的制度里边，没有一点东西是可以令人觉得这种制度是值得继续维持下去的。凡是现在所能享受到的，亦能同样地在财产共有和情况平等的制度之下享受到的；可是从现在的社会设施而来的祸害，就能完全避免，并且此后就不复有人会知觉到那些祸害了。①

> 这样的一个探讨，不但会使劳动阶级觉得必须改革制度，而且会使他们了解资本家的几乎是无所不能的力量的秘密来源，而且会使他们看清怎样容易地就可从资本家手里夺取这种力量，并且还可使它为提高人类地位和幸福的伟大事业服务

我们要考虑这种折中的社会改革，第一就必须研究资本家的力量的首要因素的性质及其作用——这一因素就是货币。这样的一个探讨，不但会使劳动阶级觉得必须改革制度，而且会使他们了解资本家的几乎是无所不能的力量的秘密来源，而且会使他们看清怎样容易地就可从资本家手里夺取这种力量，并且还可使它为提高人类地位和幸福的伟大事业服务。②

> 现在人类一切的苦闷，大半是父母对于儿女的保养和幸福的焦虑

千辛万苦的经验，对于一切的父母，尤其是劳动阶级里边的一切父母，指出了现在的社会设施对于儿童的保护和福利是不完备到怎样可悲的程度了。现在人类一切的苦闷，大半是父母对于儿女的保养和幸福的焦虑。劳动人民因为为他们的儿女着想，是怎样长时期地和低声下气地为人服役——他们有多少次忍气吞声地受了暴发权贵的那种傲慢暴行——他们是怎样地咬紧牙齿忍受着至可痛恨的现在的社会制度所加于他们身上的每一根链条的伤痕！原来一颗不安的心，就是常常悬着似的，何况每一想起儿女的前途，就要发生恐惧和疑虑——此二者皆非为父母者的幸福的因素。由于现在社会设施的不合理，人类已经是与禽兽差不多了，而他们所自夸的理智，并未使他们在保育儿女的任务上做得比禽兽较为优越。从整个社会的观点来看，社会在它的组成、结构和目的上，应该只知道有整个的社会，而不应知道有这种

---

① 135

② 145

约翰·勃雷《对劳动的迫害及其救治方案》(1839)

狭隘区别，好像是父母与儿女的狭隘区别一样。每一个儿童应该是视作属于社会的儿童，并且应该受社会的保护；同时社会对于年老的父母也应该是像一个养着父母的好儿女一样。每一个人，除了他与别的人们的自然关系之外，同时还有他与整个社会的关系；并且就是在现在的制度之下，社会对于它的成员，因为成立刑罚或保护的一切设施，就已默认这种关系了。但是在社会有了一个合理的组织之后，我们就将，同时也应该，完全根除儿女直接依赖父母的制度；并且社会对于它的一切儿女，一面将负起德、智、体三育的培养责任，一面将使他们的父母像一切的人一样，除了出乎父母之爱的抚爱以外，就不必担负任何其他职责了。①

> 这样的社会合股改革，将在一个短期之内，做好采用种种社会设施的准备，以期完成一切这些目的以及其他可以更代的目的——就是仁者所向往以及智者所能发觉的将为社会带来幸福的目的

这样的社会合股改革，将在一个短期之内，做好采用种种社会设施的准备，以期完成一切这些目的以及其他可以更代的目的——就是仁者所向往以及智者所能发觉的将为社会带来幸福的目的。我们为了哲理的探讨以及发明和实验工作的进行，就将成立各种国家机构，其中所需的一切设备，凡是人类完全自由的机智和劳动所能创造出来的，都将应有尽有。②

> 从正义的岩石里所流出来的人类幸福的滚滚清泉，将灌注到一个心又一个心的里面，直到人人都喝到甘泉的水，并且都感到心旷神怡的影响为止

社会有了这样的一番的改革以后，虽然它的整个面貌一时尚未改变，但是它的现状和它的整个内部组织天天会去旧生新，然后不须经过多少时间就会在外部表现出来。现在存在于社会的内心之中并且是真理和正义所不能容许的种种恶形恶状的乖戾和丑态——亦即丝毫不变的道德堕落——即将为社会所未曾享有过的一种贞洁和新生的力量所击退；并且从正义的岩石里所流出来的人类幸福的滚滚清泉，将灌注到一个心又一个心的里面，直到人人都

---

① 178

② 179

幸福经济学选读

喝到甘泉的水，并且都感到心旷神怡的影响为止。

那么，这一个社会运动的大纲是要让各方的人都来考虑考虑才好：要让那些以为这一社会改革是必需的人考虑，同时也要让另一些人们考虑——他们诽谤一切这类变革，乃是误入歧途的幻想家的胡思乱想，否则就是诡计多端的歹人们的狡猾欺诈。因为这个社会运动大纲，是根据已经确定了的生产原则来的，而且它是完全依照我们所熟知的和一试再试过了的实施计划去做的，所以无疑地它将推动人类，很快地就进步到苍苍生灵所能达到的幸福和完美的最高境域。这一变革将使整个的社会非但能有较多的财富，并且还能有较多的休暇时间，而且因此就可以消除现在存在着的贫困与愚昧的现象——它将消除现在阶级和等级的划分以及起源于这种划分的横行霸道，不管是在社会方面的或是在政治方面的——并且它将使一切的人，由于采用有利于这一目的的详细规则，都能获得德、智、体三育的改进，达到那样优越的程度，决非在现在的制度之下所能及得到的。①

对于资本家现在所有财富的收购，按着我们所考虑过了的方法去做，绝不至于使和平中断，也不至于破坏任何一个人的幸福

产权的永远维持，既不管任何可能发生的情况，又不受任何外来的约束，乃是一桩怪事，就是在现在的时候，也是做梦也做不到的。所以这种能使资本家们占有他们的财富的传统权利，虽然在正义的眼里，是像这种使生产者获得他们的一点微薄酬劳的传统权利一样，叫是整个的社会，无论在什么时候，都有改变它的现存设施的权利，无须考虑某一个人或某一阶级是否同意。但是对于资本家现在所有财富的收购，按着我们所考虑过了的方法去做，绝不至于使和平中断，也不至于破坏任何一个人的幸福。②

我们对于各色各样的原则和行动方式，凡是国家的繁荣和个人的幸福所必需的，都是已经研究过和体验过了的

因为我们是这样自由地想了和做了——我们对于各色各样的原则和行动方式，凡是国家的繁荣和个人的幸福所必需的，都是已经研究过和体验过

---

① 180
② 186

约翰·勃雷《对劳动的迫害及其救治方案》（1839）

了，而且我们也看到从不遵守这些原则和行动方式而来的种种祸害中的某一些祸害了——所以我们马上就可以进行一个较详细的对比了——就是现在的社会设施与我们在上面所简述的形式之下的财产共有的社会制度对比——并且我们还要对于那些个别的社会集团所争取的其他区区几种为了要救治现在的社会病害的措施，亦须加以研究。①

不管是在生产或分配或拨给方面，不管是在劳动的节省或财富的享用方面，不管是在平等权利和平等法律的建立和维持方面，不管是在国家的强大和个人的幸福所必需的一切其他的事物方面，这二种制度是无法可比的

但是在正像与共有共享制度分不开的那些设施之下一样，凡是身体强健的人，必须都要劳动，而且必须用智力所能发明的每一种方法，来帮助这种劳动，生产一定是很大很大的。这种普及的劳动，倘使能与平等的交换结合起来，就可以根据平等的原则，调节一切的财富分拨。况且共有共享的制度，要使国家的资本积累听凭整个国家来处理——它不许任何一人只听别人如何指挥——所以它是必须常常一律平等地保护一切的人，免受任何一种的苛待。因此不管是在生产或分配或拨给方面，不管是在劳动的节省或财富的享用方面，不管是在平等权利和平等法律的建立和维持方面，不管是在国家的强大和个人的幸福所必需的一切其他的事物方面，这两种制度是无法可比的。②

即使是阳光所照到的最好地方而且是我们所能呼吸到的最纯洁的空气的地方——即使是人人的内心所想望的就是这样的一个地方——它亦不会在现在的社会制度之下，产生出有别于我们在这里所观察到的幸福与道德

这样的将移民遣送去的大多数国家，大概都是不毛之地，并且气候亦是很恶劣的。即使是阳光所照到的最好地方而且是我们所能呼吸到的最纯洁的空气的地方——即使是人人的内心所想望的就是这样的一个地方——它亦不

---

① 191
② 192

幸福经济学选读

会在现在的社会制度之下，产生出有别于我们在这里所观察到的幸福与道德。在那里，财产将不平等，劳动将不平等，并且交换将不平等——阶级将有高低——冲突、嫉妒和仇恨也是不可免的——当然也会有土霸与奴隶。凡是不列颠或任何其他国家所建立起来的殖民地的记录，就可证明事实都是如此；并且为什么要这样和必须要这样的理由，我们早已指出了。[①]

> 无论用任何方法来反对社会的进步势力——这种势力是要使一切的人更为舒服，受更多的教育，更为高尚和更为幸福——都是没有用的

"无论用任何方法来反对社会的进步势力——这种势力是要使一切的人更为舒服，受更多的教育，更为高尚和更为幸福——都是没有用的。我们无须指出我们可以借助社会的集体努力，来减轻或铲除那些还要跟着一连串改进而来的局部的和暂时的祸害。社会的成员是永不能作出什么来阻止它的进步的；而且社会的任何一部分成员倘使感觉到个别的人有了一点苦痛而不能看到一般人的幸福，以致使用毫无益处的暴动，来作干涉的企图，想使必须前进的事物不得前进，那么社会的规律，一定要出来保护我们全体和规律本身，不至于受到无法无天的盲动的影响。"并且由此看来，这就可以指明，一切个人的和一切阶级的企图，要想阻止普遍的事物进展，一定是毫无用处的轻举妄动，同时对于患得患失和动摇不定的人们，也可予以鼓励，要鼓起勇气向着改进方面前进。[②]

---

① 201

② 224

李斯特《政治经济学的
国民体系》（1841～1844）

弗里德里希·李斯特（1789～1846），古典经济学的怀疑者和批判者，德国历史学派的先驱者。1841 年，李斯特曾被委任为《莱茵报》主编，由于健康原因未能成行（不久后马克思担任了这一职务）。其主要著作有《美国政治经济学大纲》（1827）、《政治经济学的自然体系》（1837）、《政治经济学的国民体系》（1841）。李斯特认为国家的幸福同人民的知识、道德和勤奋总是成正比的，财富也随着这些因素的变化而增加或减少。

李斯特. 政治经济学的国民体系. 邱伟立译. 北京：华夏出版社，2009.

在国内是进一步提高的幸福、文化和自由，在国外是压倒一切的权力

在法国的是：为了专制政治的利益而对城市、对贵族进行的镇压；与宗教势力联合在一起反对求知的自由，同时并不利于国家的统一、国家的力量；在胜利中虽有得有失，但是受到摧残的总是自由和工业。而在英国的则是：城市的勃兴，工农商业的进展；贵族服从本国法律，因此积极参加了立法工作，参加了国家行政与司法工作，同时也分享了工业利益；国内资源与国外政治势力的同时发展；国内和平；在一切落后国家占有的势力；国王权力受到限制，但在王室收入、在声名显赫与地位巩固方面都有所增进。总之，在国内是进一步提高的幸福、文化和自由，在国外是压倒一切的权力。[①]

把财富看作主要是为后代争取精神与物质幸福奠定基础的一种手段

---

① 50

幸福经济学选读

英国人为了要在最稳固的基础上建立国家繁荣的结构，足足忙了几个世纪，而西班牙人与葡萄牙人却凭了他们的新发现，一下子就发了财，在极短促时间内拥有了巨大财富，但这是浪子手里的财富，是中了头奖得来的；而在英国人手里的财富刚好比是一个克勤克俭的家长辛苦集聚起来的。前者是暴发户，浪费过度，任意追求奢侈享乐，可能一时看上去似乎比后者值得羡慕，但是在他手里的财富只是供作取得一时的手段，而后者则把财富看作主要是为后代争取精神与物质幸福奠定基础的一种手段。[①]

寄居在教门中人的屋檐下总是幸福的

法国也是继承了罗马文化的许多残余的。当日耳曼族法兰克人侵入时，这些人所爱好的没有别的，只是打猎，因此有许多久经耕种的地区又变成了森林与荒地，使法国几乎又失去了一切。法国同欧洲所有其他国家一样，它在中世纪时农业所以获得进展，大部分有赖于宗教势力，不过后来成为文化发展上一个重大障碍的也是这个势力。修道院中人不象贵族那样不断地从事于仇杀、竞争，并不以兵役义务来磨难他们的奴属，田地与牲畜受劫掠与破坏的危险也比较少。教士们所喜欢的是安闲生活，反对的是争吵，而且往往愿意扶危救困，以此来博得声誉和别人的尊敬。因此有一句老话，"寄居在教门中人的屋檐下总是幸福的。"[②]

美国寻求它的国家幸福前途叫所遵循的方向与绝对自由贸易原则恰恰相反，这个学派不得不眼睁睁地看着这个事实

有许多理论家和实践家对于美国的前途与国家经济作了错误的理解，错误的判断，再没有一个别的国家在这方面曾被误解到这样程度。亚当·斯密和萨依曾断言，美国"就像波兰一样"，注定是应当经营农业的。对于这样一个由一打左右朝气勃勃、抱负不凡的年轻共和邦组织起来的联邦共和国来说，作这样的期许是不大能令人满足的，对于它的前途作这样的展望，鼓励性显然是不大的。上述两位理论家指出，在美国以极低代价可以获得最丰饶的耕地，情况既然是这样，美国人民就生来被老天指定专门从事农业的。美

---

① 56

② 65

李斯特《政治经济学的国民体系》(1841~1844)

国人民就能这样老老实实地服从造物主的安排，在这一点上诚然是对他们作了很大的赞扬，事态若果是如此演变，自由贸易原则在这里就可以获得极其圆满的应用，就可以为这些理论家提供一个理想的范例。但是他们的理论与事实并不符合，他们所提出的有力证据的正确性与适应性不久就完全丧失，这一学派在事实演变之前感到懊丧，这是无法避免的。美国寻求它国家幸福前途时所遵循的方向与绝对自由贸易原则恰恰相反，这个学派不得不眼睁睁地看着这个事实。①

> 当发生了战事，个人投入了战争活动时，人类幸福就降到了最低度；当国际协作情绪有了高涨时，人类幸福就有了相应的增长

大不列颠三王国与爱尔兰的联合，使全世界看到了一个显著的、无可反驳的例证，在联合国家之间的自由贸易是具有无限效能的。假使世界上其他一切国家也在同样情况下联合起来，则全人类由此所获得的进展和幸福将达到何种程度，就是最丰富的想象力也难以描画。

毫无疑问，世界联盟和持久和平的观念是受到常识和宗教的拥护的。如果个人之间的争斗认为与理性相违背，那么国家之间的争斗受到同样谴责时，在谴责的激烈程度上应当扩大多少倍？社会经济学能够从人类文化史提出的证据，说明全人类在正义的法律之下联合起来是合情合理的，看来在人类健全的理智之前，这一证明是最为明显的。

历史告诉我们，当发生了战事，个人投入了战争活动时，人类幸福就降到了最低度；当国际协作情绪有了高涨时，人类幸福就有了相应的增长。当人类处于原始阶段时，最初实现的是家族的联合，然后有了城市、城市同盟与整个国家的联合，最后是若干个邦处于同一政府之下的联合。假使事势所趋，足以使这种联合（那是从家族的联合开始的）扩展到千百万人，那就有理由认为在这样的趋势之下使一切国家联合起来也是有可能的。如果人类智力能够理解到这种大规模联合的利益，那么我们就应当敢于作这样的设想，因全人类联合而产生的更大利益，人类智力也是能够理解得到的。②

> 他的智力和感情对他所起的激励作用就越大，从而促使他要为与他

① 91

② 108~110

幸福经济学选读

关系最密切的亲人谋未来的安全，提高未来的幸福生活

我们说财富的起因是劳动，说得与事实更近一些，也就是起因于人的头脑和四肢；于是接着就发生了这样一个问题，促使头脑和手足从事生产、从事于这类活动的是什么？我们说，这是对个人有鼓励、激发作用的那种精神力量，是使个人在这方面的努力可以获得成果的社会状况，是个人在努力中能够利用的天然资源；除了这些还有什么呢？当一个人感到必须为未来作准备时，他对于这一点看得越清楚，他的智力和感情对他所起的激励作用就越大，从而促使他要为与他关系最密切的亲人谋未来的安全，提高未来的幸福生活；他如果从少年时起就惯于作远虑，惯于积极活动，他在这方面的习惯越巩固，他的高尚感情就越加发展，身心就越加获得了锻炼；他从小所看到的榜样越好，他利用他的身心力量以改善他周围情况的机会就越大；他的正当活动所受的束缚越少，已往努力的成就越大，所获得的成果越巩固，他的有组织、守纪律的活动就越加能够博得社会的同情和尊敬，他的心情由于偏见、谬论、迷信、无知等而受到的打击也越少；在这样的情况下，他的身心力量对生产目标将作更大的发挥，将获得更大的成就，对于他已有的劳动成果也将作更加圆满的利用。但是所有上述这些方面，主要还是有赖于个人所处的社会状况的。谈到社会状况，这就是说，科学与艺术是否发达；公共制度与法律对于宗教品质、道德和才智、人身和财产安全、自由和公道这些方面是否能有所促进；国内的物质发展、农工商业这些因素是否受到一视同仁的、相称的培养；国家是否有足够强大的力量，可以保障它的国民在财富和教育方面世世代代发展下去，可以使他们不仅能够充分利用本国的天然资源，而且通过国外贸易和殖民地的占有，还能够把国外的天然资源供他们自己来利用。[①]

由个人结合成社会时，就能为关系最远的后代谋便利，作打算，就能为了后一代的幸福而使这一代忍受困难和牺牲；这些都是只有个人结成团体时才会实现的，没有一个懂得事理的人会期望各个个人来这样做的。

什么？难道在私人经济中认为值得做的，也就是在国家经济中所认为值得做的吗？难道涉及到民族和国家性质的问题，如关于后代需求的考虑，也是包括在个人性质之内的吗？我们只要想一想一个美国城市在

李斯特《政治经济学的国民体系》（1841～1844）

开创时的情况；任何个人如果听任他自己去干，他就只会关心到他自己的需要，充其量也不过兼顾到与他最切近的一些后辈，而由个人结合成社会时，就能为关系最远的后代谋便利，作打算，就能为了后一代的幸福而使这一代忍受困难和牺牲；这些都是只有个人结成团体时才会实现的，没有一个懂得事理的人会期望各个个人来这样做的。诸如保卫国家、维持公共治安以及其他许许多多数不清的任务，只有借助于整个社会的力量才能完成，当个人促进他的私人经济时，他能进一步来考虑这些问题吗？国家为了完成这类任务，难道不应该要求各个个人限制他们的自由吗？不仅如比，国家难道不应该因此要求个人牺牲收入的一部分，牺牲他们的脑力和体力劳动的一部分，甚至牺牲他们自己的生命吗？我们必须像库柏那样，先把"国家"、"民族"那些概念连根拔掉，然后才能抱有像他那样的见解。①

战争实在是一个福星，美国的独立战争就正是这样，它尽管牺牲很大，但对后代说来，却由此获得了无穷幸福。

晚近的保护制度是战争所促成的。我们坚决认为，即使英国在和约告成以后并没有犯那个绝大错误，并没有限制生活必需品与原料输入，从而使战时实行保护制度的动机在和平时期继续保持下去——即使处于这样的情况，那些列入二三等的工业国家，为了自己的利益，也应当继续施行保护政策，并使它进一步发展。对未开化国家来说，农业还处于原始落后状态，只有与文明的工业国家进行贸易，才能获得进步；但是当它已经达到了一定的文化程度以后，除了自办工业，就再没有别的方法可以使它在富强上、文化上达到最高度。因此当战争使一个纯农业国改变了局势，使它得以转变为工农业国家时，对它来说，战争实在是一个福星，美国的独立战争就正是这样，它尽管牺牲很大，但对后代说来，却由此获得了无穷幸福。但是一个有条件可以发展自己工业的国家，如果在和平恢复以后，依然走向纯农业的老路，那就要形成一个祸胎，这种情况的危险性，比战争本身还不知要大多少倍。②

---

① 143～145

② 159

> 农业经营者以及所有其他个人的物质幸福主要决定于一点，即
> 他们所生产的价值要超过他们所消费的价值

工业对于农业生产、对于地租，从而对于地产价值的这种影响既然这样深切，对于一切与农业利益有关的各方既然这样有利，那么有人说保护政策只是有利于工业者而以农业经营者为牺牲的这种说法，又怎样能成立呢？

农业经营者以及所有其他个人的物质幸福主要决定于一点，即他们所生产的价值要超过他们所消费的价值，对于农业经营者有切身利害的，主要是各种农产品是否有广大需求，是否有很高的交换价值，至于工业品价格是否低廉，对他并不是一个怎样重要的问题。①

农业国家在战争期间，为了建立工业，无论尽了多大力量，作了多大牺牲，到了和平恢复以后，国外的工业优势竞争力量又将咄咄逼人，这类在必不得已时的辛苦经营又将归于毁灭。总之，这是一个建设与破坏、幸福与灾害的无穷无尽的交替过程。

一旦发生战争，这样的国家就要失去向国外售出农产品，从而失去向国外购入工业品的一切手段，考虑到这一点时，这种仰人鼻息的情况，就更加可悲可叹。在这样的时候，一切经济考虑和经济制度就无从谈起。这时促使这些国家由自己来进行农产品加工、放弃敌人的工业品的，是自给、自卫的原则。处于这样的局势下，采取这样的战时禁止制度，不论要遭受多大损失是在所不计的。但是农业国家在战争期间，为了建立工业，无论尽了多大力量，作了多大牺牲，到了和平恢复以后，国外的工业优势竞争力量又将咄咄逼人，这类在必不得已时的辛苦经营又将归于毁灭。总之，这是一个建设与破坏、幸福与灾害的无穷无尽的交替过程；有些国家，由于没有实行劳动上的分工，没有把自己的生产力联合起来，因此它们的工业是否能世代相传，永久存在，就没有保障，像这样的国家就得忍受这种痛苦经验。② 国家的统一，是全国幸福、光荣、权力、目前安全存在与前途伟大发展所由争取的坚稳基础

---

① 206

② 255

李斯特《政治经济学的国民体系》（1841～1844）

国家的统一，是全国幸福、光荣、权力、目前安全存在与前途伟大发展所由争取的坚稳基础，德国各邦政府和人民对于这一点，应当一天一天地明确起来。因此这些沿海小邦与国家整体利益背道而驰的态度，不但在同盟中各邦看来，就是在它们自己看来，也越来越觉得这是可耻的，应当以任何代价来加以去除。而且用理智的态度来考虑一下就可以看到，这些小邦加入同盟后在物质利益方面的所得，将远过于它们所须付出的牺牲。德国的工业、国内运输设备、海运事业与国外贸易，在贤明的商业政策下，是能够而且必然要随着它所具备的资源作相应发展的；这些方面的成就越大，那些小邦要从中直接分享利益的愿望就越加殷切，它们指望仰仗外国获得幸福与繁荣的那种恶习惯也就越加会早日放弃。①

德国如果妄想从出于这样一种动机的建议里获得繁荣和幸福，那就未免超出了国家善良本质的适当程度了。

> 亚历山大·费里尔先生在他报告的末一段里这样说："为了英国的商业利益，要用尽一切方法阻挠上述各邦以及比利时加入德国关税同盟，这一点看来是极关重要的，其中理由已经极为明显，不必再加解释。"费里尔先生是这样说了，假使鲍林博士也这样说，假使英国的执政者们就照着这样的话行事，谁能怪他们呢？通过他们的言语和行动所表现的只是英国国家的本性。但是德国如果妄想从出于这样一种动机的建议里获得繁荣和幸福，那就未免超出了国家善良本质的适当程度了。费里尔先生说了上面所引的一段话以后还加上这么一句："情势不论有了怎样的变化，必须始终把荷兰当作别的国家与德国南部通商的主要途径。"费里尔先生说的所谓"别的国家"指的显然只是英国；很明显，他的意思是说，如果英国的工业优势失去了通往德国或北海与波罗的海的进路，还有荷兰作为一个主要过道，由此来控制德国南部的工业品和殖民地产品的市场。② 国家的幸福同人民的知识、道德和勤奋总是成正比的，财富也随着这些因素的变化而增加或减少

无论何时何地，国家的幸福同人民的知识、道德和勤奋总是成正比的，

---

① 337

② 338

财富也随着这些因素的变化而增加或减少；但是个人的勤奋与节俭、创造与进取，如果没有内政上的自由、适当的公共制度与法律、国家的行政管理与对外政策，尤其是国家的团结和权力等方面的支持，那么是绝对不会取得任何重大成就的。①

　　　一个国家的社会状态主要取决于职业的种类及划分和生产能力的合作。一枚针之于制针厂，如同国家福祉之于我们所称之为的"国家"的大社会。国家最重要的职业分工在于脑力与体力的分工，这两者相互依存。脑力劳动者在推动道德、宗教、教化、知识增长、自由扩大、政治机构完善的延伸——国家内部的个人与财产的保证、国家外部的独立与国力——等方面越成功，物质财富的生产就会越丰富；反之，体力劳动者生产的产品越多，就越容易推动脑力生产。② 处于正常状态的国家必须把国民的福祉当成自己的目标

　　一个国家的社会状态主要取决于职业的种类及划分和生产能力的合作。一枚针之于制针厂，如同国家福祉之于我们所称的"国家"的大社会。

　　处于正常状态的国家拥有共同的语言和文化、广袤的土地、丰富的自然资源、绵长的边境线以及稠密的人口；农业、制造业、商业和航海业协调发展；艺术、科学、教育事业都普遍得到培育并与物质生产处于同等地位；它的宪法、法律和制度必须为本国人民提供高度的安全和自由，必须有利于促进宗教、道德和繁荣。总之，它必须把国民的福祉当成自己的目标；它必须拥有足够的陆上和海上力量以保护自身的独立和对外贸易；它必须拥有对落后国家的文明产生有利影响的力量，以及用它的过剩人口、精神和物质资本来开拓新殖民地、建立新国家。③

　　　个人福祉是以全人类的福祉为前提的

　　形势错综复杂，在这种情况下，一些有识之士在调查研究了造成赤贫和

---

① （下册）80

② 118

③ 129

悲惨状况的原因之后，他们坚信，只要农业没有摆脱束缚，只要土地和资本的拥有者对农业不感兴趣，只要农民依然依附他人并处于迷信、怠惰与愚昧状态，只要赋税依然不减且各个阶层负担不均，只要国内关税限制依然存在，那么对外贸易就不能发展，就无法实现国家的福祉。没有比这些有识之士得出的这一推论更顺理成章的事情了。……总之，人们想方设法采用最为荒谬的论点，来论证那些他们早已决定予以证明的伟大真理。

可以不必进一步考虑国家及国家相对于其他国家所处的特殊环境与情况，因为从《方法百科全书》中可以看得非常清楚，它说："个人福祉是以全人类的福祉为前提的。"因此，在这里，不必再考虑什么国家、战争以及国外贸易的措施等问题了，因为历史和经验要么必然被忽视，要么必然被歪曲。①

---

① 250

约翰·穆勒《政治经济学原理》（1848）

约翰·斯图亚特·穆勒（1806~1873），19 世纪下半期英国最著名的哲学家、逻辑学家和经济学家。在父亲的教育下，小穆勒 3 岁开始学希腊文，8 岁开始学拉丁文，并开始接触几何与代数，9 岁开始阅读古希腊文学与历史作品，10 岁读完古希腊哲学家柏拉图和德摩斯提尼的原著，12 岁开始学习逻辑学，熟读亚里士多德的逻辑学著作；尤其有重要意义的是，13 岁时，在父亲的指导下，他开始阅读李嘉图的《政治经济学及赋税原理》，接着又阅读了亚当·斯密的《国富论》。自学过程中，穆勒经常同父亲在散步时就政治经济学的各种问题进行交谈，他将这些学习和谈话的内容写成笔记。他父亲的《政治经济学原理》（1825）即是以他的笔记和其他资料整理而成的。父亲的教育成为小穆勒接受当时最先进的经济学的最初的来源。

1844 年穆勒发表他第一部经济学论文集《经济学上若干未决问题》。1848 年初版，后来多次再版的《政治经济学原理》则是他的最重要的经济学著作。他的哲学、逻辑等方面的著作主要包括：《逻辑学体系》（1843），《论自由》（1859）、《论述和讨论》四卷（1859~1875）、《代议政治论》（1861）、《功利主义》（1863）、《论妇女的从属地位》（1869）和《自传》（1875）等。认为社会改良的崇高目的在于是否会最有利于造成幸福环境并使人性达到最完善的地步。并指出人民的幸福取决于每个公民是否得到公正对待和是否具有自我管理能力。

约翰·穆勒. 政治经济学原理. 赵荣潜，等译. 北京：商务印书馆，1991.

国民财富看作是可用以增进人类幸福的全部商品

对亚当·斯密的读者而言，财富自然指的是一笔钱，因而他不得不经常尽力消除他们的这种错误观念。对穆勒的读者来说，财富包含的内容则要多得多。尽管他们非常熟悉皮尔和科布登的富于机智的讲演，但他们所受的教育却使他们不相信纯粹重商主义的国家政策理论，而把国民财富看作是可用以增进人类幸福的全部商品。如何生产这些商品，如何分配这些商品，如何交换这些商品，这些便是亚当·斯密所要考察的题目。他只需分析当时在英国占支配地位的社会哲学提供的材料。与其同时代的人相比，他的分析不仅具有更强的条理性，而且还具有更广阔的视野；不过，正是从同代人那里，他不加怀疑地接受了他所考察的那些概念。论断是他自己的，但所讨论的问题却取自当时几乎显得陈腐的思想。

当时的那些思想观念对穆勒产生了非常强烈而又微妙的影响，这一点可以从诸如卡莱尔或金斯利的著作中看出来。这两位作家试图采取与穆勒相对立的立场，他们的思想基础是这样健全而有益的观念，即不应把物质财富提升到独立实体的高度，而与享用者的幸福断绝关系。但无论是卡莱尔还是金斯利，似乎都未能真正有效地表达出这种反对意见。他们不是拒绝接受穆勒的概念，而是谩骂指责他所得出的结论。同穆勒一样，在他们那里，所讨论的问题是现成的，论断则是他们自己作出的；但他们都不如穆勒那么有条理，不如穆勒那么耐心地考察，因而所做的论断便不如穆勒的那么正确。①

> 当智育和德育达到这一状态时，无论是某种形式的私有财产（虽然这与目前的形式大不相同）还是生产手段的共有和产品有规则的分配，是否会最有利于造成幸福环境并使人性达到最完善的地步，都是必须留给那个时代的人民去解决的问题

在我看来，社会改良的崇高目的，应该是通过教养，使人类适应于将最大的个人自由和劳动战果的公平分配（现行的财产法规并不以公平分配为目标）结合起来的社会状态。当智育和德育达到这一状态时，无论是某种形式的私有财产（虽然这与目前的形式大不相同）还是生产手段的共有和产品有规则的分配，是否会最有利于造成幸福环境并使人性达到最完善的地步，都是必须留给那个时代的人民去解决的问题。现在的人们无力解决这个问题。②

---

① （上卷）4
② 10

所有只有利于一个阶级或一类人的法律或惯例，由于会妨碍其他人追求幸福，会把劳动和劳动成果分离开来，因而是违背经济政策的基本原则的

除了社会对合法财产提供的保护不完善以外，不良的制度还以许多其他方式妨碍国家生产资源得到最佳利用。我们将随着讨论的深入提及很多这方面的事例。在此只要指出以下一点就够了：劳动效率的高低取决于劳动者能在多大程度上得到其劳动成果；社会协议是否有利于调动劳动积极性，要看能否使每个人的劳动报酬尽可能与其所作的贡献成比例。所有只有利于一个阶级或一类人的法律或惯例，由于会妨碍其他人追求幸福，会把劳动和劳动成果分离开来，因而是违背经济政策的基本原则的，会降低社会的总生产力，尽管还可以根据其他各种理由谴责这种法律或惯例。①

最为雄心勃勃的计划最终也仅仅是使人口增加，而不是使人民更幸福。

但无论是在什么地方，无论是什么原因使得人口的增长速度较慢，只要抑制动机一减弱，增长率很快就会提高。劳动阶级生活境况的改善，只是使他们暂时过得宽裕一些，这很快就会被人口的增加所抵消。他们在生活境况得到改善后，往往会立即多生育子女，从而使其子孙的生活境况又趋于恶化，等于没有改善。除非普遍提高他们的文化与道德修养，或至少提高他们所习惯的舒适生活水平，使他们知道怎样更好地利用较优裕的生活境况，否则他们的生活境况是得不到永久性改善的，最为雄心勃勃的计划最终也仅仅是使人口增加，而不是使人民更幸福。所谓劳动阶级所习惯的生活水平，指的是这样一种生活水平（假如有的话）：高于它，劳动者便会增多，低于它，劳动者则不会增多。劳动者在知识水平、文化教养和社会地位方面的每一提高，都有助于提高他们所习惯的生活水平；毫无疑问，在西欧各先进国家，这一水平在逐步而缓慢地提高。② 把这些财产传给他们，让他们无须努力就富起来。即使其子女获得这种财产确实可以给他们带来幸福，我也不能同意

子女的权利要求具有另一种性质。这种权利要求是真正的，不能取消

---

① 137
② 185

的。但即使这样，我还是认为通常采用的办法是错误的。哪些应归于子女，在某些方面会被低估，在另外一些方面在我看来是被夸大了。在所有的义务中最重要的乃是，除非其子女在童年时期能够舒适地生活，在成年时能够自行谋生，父母都不应使他们踏入社会；但在实践中它被人们忽视了，在理论上也受到轻视，在某种意义上说，这是对人类理智的一种玷污。从另一方面来说，当父母拥有财产时，要说子女对这些财产具有请求权，在我看来这种说法也是不对的。不论父母可能继承了多少财产，或除此以外可能得到了多少财产，我都不同意他仅仅因为某些人是他的子女，就把这些财产传给他们，让他们无须努力就富起来。即使其子女获得这种财产确实可以给他们带来幸福，我也不能同意。这是最靠不住的。它取决于个人性格。极端的事例姑置不论，可以肯定，在大多数情况下，遗赠给子女适度的而不是大量的财产，不论对社会或是对个人来说都更好一些。这些话是古今道德家的老生常谈。很多有识的父母也相信这样做是正确的。如果他们能不顾别人的说三道四，而更多地为子女的真正利益着想，他们会更经常地这样去做。①

> 养成战胜困境的坚强意志，早点懂得生活的酸甜苦辣和在钱财上取得一些经验，对塑造性格和人生幸福都有好处

为了使子女能过上他们有权过的称心如意生活，通常不应使他们从童年期就养成他成长后无法继续的那种奢侈习惯。这种义务常常被不大会有财产遗留下来的人们公然违背。富人的子女过惯了父母所过的那种日子，父母通常有义务给他们多留一些财产（比在艰苦环境成长起来的孩子要多）。我说通常有义务，是因为即使在这种情况下，问题也还有另一面。可以断定，养成战胜困境的坚强意志，早点懂得生活的酸甜苦辣和在钱财上取得一些经验，对塑造性格和人生幸福都有好处。从小过奢侈生活的孩子日后多半不能再过这样的生活，他们为此感到不平，这是有充分理由的，因此，他们对遗产的权利要求应当同他们成长的方式有某种关系；这也是一种特别容易过分强调的权利要求。②

> 土地的私有会给全人类（包括他们自己）带来幸福

---

① 250
② 251

幸福经济学选读

当谈到"所有权的神圣性"时，应该经常记住，土地所有权并非在同样程度上具有这种神圣性。任何人都未曾创造土地。土地是全人类世代相传的。对土地的占用完全出于人类的一般利益。如果土地私有不再有利，它就是不正当的。把任何人排除于别人产品的分配之外并非冷酷无情。农民没有义务为地主生产其所使用的物品。而地主除不能分到本不应属于他的东西以外，什么也没有损失。但是，如果在有人出生时，大自然的全部赠品都已被别人先行占有，再也没有什么留给新来者，则对这个人来说，这是很冷酷的。所以，在人们一旦认识到他们应该有做人的道义权利之后，为使大家在这件事上取得一致，就必须使他们相信，土地的私有会给全人类（包括他们自己）带来幸福。但是，如果地主和农民的关系到处都同爱尔兰一样，没有一个心智健全的人会被说服。①

> 一些国家或地区的耕作状况和耕作者舒适而幸福的生活，在这些国家或地区的大部分土地上，除耕种土地的劳动者以外，既没有地主，也没有农场主

由于英国通常的耕作制度使英国人无从了解自耕农制度的性质和运转情况，由于英国人通常对其他国家的农业经济极端无知，所以英国人对自耕农这一概念很陌生，很难理解它。甚至在语言上也有障碍。对土地所有者常用的称呼是"地主"，与此相关联的词被认为是"佣户"。爱尔兰发生饥荒时，国会中和报纸上有人曾建议用自耕农制度改革爱尔兰的农业，当时，一些自命不凡的著述家，全然不了解"自耕农"一词的意义，竟把爱尔兰的投标佃农制度误认为是自耕农制度。由于人们对自耕农制度了解得很少，所以我认为，在讨论其理论以前，先说明一下自耕农制度的真实情况，是至为重要的；我将列举一些证词来较详尽地说明一些国家或地区的耕作状况和耕作者舒适而幸福的生活，在这些国家或地区的大部分土地上，除耕种土地的劳动者以外，既没有地主，也没有农场主。②

> 凡是有自耕农的地方，也就会有舒适、安全、对未来的信心和独立意识，由此而保证有幸福和道德

---

① 260

② 286

约翰·穆勒《政治经济学原理》(1848)

西斯蒙第先生说:"要判明自耕农是否幸福,特别应对瑞士进行详细的考察和研究。……凡是有自耕农的地方,也就会有舒适、安全、对未来的信心和独立意识,由此而保证有幸福和道德。农民及其子女承担了祖上传下来的那小块土地上的全部活计,不向上面的任何人缴地租,也不向下面的任何人付工资。他依据自身的消费来调节生产,吃自己种的粮食,饮自己酿的酒,穿自己收获的麻毛,不大关心市场的价格,因为他很少买卖,绝不会因市场情况的突然变化而破产。他对未来无所恐惧而是充满了希望。他并非为当前的需要,而是为了子孙后代的利益而不停地劳动。……自耕农在所有的耕作者当中获得的土地产品最多,因为他对未来盘算得最多,经验最丰富。他也最善于使用人力,在为全家人分派活计时,能保持每天都有活儿做,没有一个人吃闲饭。在所有耕作者当中,他是最幸福的,与此同时,在实行自耕农制度的地方,土地比任何其他地方养活的人口都多,而土地的肥力却不会耗竭。最后,在所有的耕作者当中,自耕农给予工商业的刺激最大,因为自耕农最富裕。"①

只有英国的制度才能使劳动者得到幸福

至于他们的生活方式,"佛兰芒的农场主和劳动者的生活比英国同一阶级的人们节俭得多;除星期天和收获期以外,他们很少吃肉。脱脂牛奶、马铃薯和黑面包是他们的日常食物。"那些在欧洲走马观花的旅行者,以此为依据,断言欧洲大陆任何国家的农民都过着贫困和悲惨的生活,它们的农业制度和社会制度是失败的,只有英国的制度才能使劳动者得到幸福。不论英国的劳动者是否幸福,他们只是在这一制度下才确实永远不会试图过得更好些。英国的劳动者习以为常地认为一个劳动者不花光他所挣到的全部收入是不大可能的,因而,他们惯常把节俭的征兆误认为贫穷的征兆。②

构成当地居民的幸福生活的,既不是土地的自然肥力,也不是使旅行者眼花缭乱的丰裕物资;而是参与总产量分配的人数,它决定着每人可以从分配中取得的份额

---

① 286~288

② 304

幸福经济学选读

这不是一幅贫穷的图画；就所谈到的这些地方的农业来说，它有力地回答了英国著述家们对分益佃农制度的指责。然而，夏托维奥对耕作者的生活状况所作的证词，在有些问题上并非如此有利。"构成当地居民的幸福生活的，既不是土地的自然肥力，也不是使旅行者眼花缭乱的丰裕物资；而是参与总产量分配的人数，它决定着每人可以从分配中取得的份额。而在当地这一数量是很小的。我在前面描述的确实是一种灌溉良好、土地肥沃、四季常青的令人喜爱的农村；那里的土地被分割成无数的小块，每块土地象菜园中的苗圃那样，种着各种各样的作物；如上所述，每块土地都附有漂亮的房屋，它们为葡萄藤所覆盖，并饰有花卉。但是，如果走进这些房屋，我们就会发现屋内缺乏各种生活上的便利设施，食桌简陋，穷相毕露。"在这里，夏托维奥或许无意识地将分益佃农的状况和其他国家的自耕农作了对比，而正确的标准应当是将它和农业散工作比较。①

> 在很大程度上是在于这个问题虽是有关人类幸福的一个重大问题，但人们宁可让它是非不明而隐藏在神秘之中，也不愿随便谈论和进行讨论

在许多人的内心，直至今日，犹有一种强烈的宗教偏见，反对正确的教义。富人们以为，那种认为天然的爱好会导致贫困的想法（他们假定这种结果与他们本身无关），是对上帝的智慧表示怀疑。穷人们则以为，上帝不会不赐与粮食而只赐与须以粮食为生的人口。人们听了这两种意见，都认为，人类对于这一问题都没有发言权或选择权。关于这一问题的观念，完全陷于混乱的状态。其原因，在很大程度上是在于这个问题虽是有关人类幸福的一个重大问题，但人们宁可让它是非不明而隐藏在神秘之中，也不愿随便谈论和进行讨论。可是人们却几乎意识不到这种言谈上的多虑会使人类受到损失。社会的弊病，同肉体的疾病一样，如果不能以明确的语言来说明，就不能预防或治疗。全部经验告诉我们，人类的大多数，非经多次反复讲述，对于道德上的各种问题绝不自下判断，也绝不知道任何事情是对还是不对。②

---

① 344

② 417

约翰·穆勒《政治经济学原理》(1848)

如果在劳动阶级中间，一旦普遍地造成这样一种舆论，即他们的幸福要求他们适当地限制家庭的人数，那么，这个阶级中的可尊敬的而且品行端正的人们，是会遵守这种规定的

如果在劳动阶级中间，一旦普遍地造成这样一种舆论，即他们的幸福要求他们适当地限制家庭的人数，那么，这个阶级中的可尊敬的而且品行端正的人们，是会遵守这种规定的。只有那些完全习惯于轻视社会义务的人，才不会遵守这种规定。因此，将会有明显的理由使"不生育将成为社会负担的孩子"这一道德上的义务，变为法律上的义务。正像在许多其他情况下舆论上的进步那样，有益的义务必然带有普遍性。如果大多数人认为有益而自愿遵守，只有少数人不肯遵守，那么，法律最终将会强迫他们遵守。但是，如果妇女有像男子一样的公民权（像她们在其他各方面有明确的"权利"那样），则法律上的制裁就毫无必要。风俗习惯使妇女只能以肉体的功能作为其生活的手段和势力的源泉，如果使她们摆脱这种限制，那么，她们将在其作用范围内开始拥有与男子平等的发言权。这将是在今天所能预见的为人类谋利益的各种改进措施中，在几乎所有各种道德的和社会的利益方面可望得到最丰硕成果的改进。①

如果仅仅为了使地球能养活更多的而不是更好、更幸福的人口，财富和人口的无限增长将消灭地球给我们以快乐的许多事物

如果仅仅为了使地球能养活更多的而不是更好、更幸福的人口，财富和人口的无限增长将消灭地球给我们以快乐的许多事物，那我则为了子孙后代的利益而真诚地希望，我们的子孙最好能早一些满足于静止状态，而不要最后被逼得不得不满足于静止状态。②

人民的幸福取决于每个公民是否得到公正对待和是否具有自我管理能力

由以上论述可以看出，劳动阶级的幸福和德行依赖的完全是另一种东

---

① 422
② （下卷）322

西。穷人已无须大人牵着孩子学步，不能再把他们当孩子管教或对待了。现在应该让穷人自己照管自己的命运。现代国家应懂得，人民的幸福取决于每个公民是否得到公正对待和是否具有自我管理能力。依附理论想使各从属阶级不具备这种能力。但是现在，各从属阶级的依附性已愈来愈小，他们已愈来愈不满意于尚存的依附性，而日益感到需要独立。因此，我们在向他们提建议，给予他们劝告或指导时，必须把他们看作是与我们具有同等地位的人，必须让他们对我们所提的建议或给予的劝告有所了解。劳动阶级的未来取决于他们能在多大程度上成为具有理性的人。①

就其对人类幸福的总的效果而言，这种经济形态远比目前存在的任何形态的雇佣劳动更可取

我在本书的前一编曾谈到我对小土地所有者和自耕农的看法。读者也许因此而认为，广泛分散土地的所有权，是我赖以至少使农业劳动者免于完全沦为雇佣劳动的方法。然而，这并不是我的看法。我确实认为，贬低那种农业经济形态是毫无道理的，并认为，就其对人类幸福的总的效果而言，这种经济形态远比目前存在的任何形态的雇佣劳动更可取。因为这种经济形态对人口的具有远见的抑制作用较为直接，而且经验表明也较为有效；还因为，在我国或其他任何古老的国家，无论从有保障、具有独立性方面来说，还是从除动物本能外的其他任何才能的发挥来说，自耕农的状况都远优于农业劳动者的状况。在自耕农制度已经存在其运行基本令人满意的地方，如果人们学究气十足，认为农业改良在各种不同的条件下都是一副万应灵药，而在人类目前的智力水平下，废除自耕农制度以便为建立另一种制度铺平道路，那么我对此将深表遗憾。在爱尔兰那样产业改良处于落后状态的地方，我认为与其采用排他性的雇佣劳动制度，还不如采用自耕农制度，因为后者比前者更能使一个民族摆脱疏散的半开化状态，而养成吃苦耐劳、深谋远虑的习惯。②

如果国际行为准则的目标是要使全人类得到最大的幸福，则这种集体客嚣就确实应该受到谴责

---

① 329

② 333

约翰·穆勒《政治经济学原理》(1848)

当粮食实际歉收时，或当人们担心粮食将歉收时，许多欧洲国家往往会停止输出粮食。这究竟是不是健全的政策呢，毫无疑问，在目前的国际道德状态下，如果一国人民像一个人那样，不愿使自己挨饿来周济别人，我们是不能责怪他们的。但是，如果国际行为准则的目标是要使全人类得到最大的幸福，则这种集体吝啬就确实应该受到谴责。假设在正常情况下，粮食贸易是完全自由的，从而一国粮价高于其他国家粮价的幅度，通常不会超过运费外加适当的进口利润。假设后来粮食普遍歉收，所有国家都受到了影响，但程度却有所不同。①

> 对于人类的幸福来说，最为危险的情形莫过于，只是统治集团具有较高水平的知识和才能，而统治集团以外的人则既无知识又无才能

在全体国民中通过实际运用而培养出来的能力，是国家最为宝贵的财富之一，即使国家的大小官吏已具有较高的文化水平，仍需要在全体国民中培养此种能力。对于人类的幸福来说，最为危险的情形莫过于，只是统治集团具有较高水平的知识和才能，而统治集团以外的人则既无知识又无才能。这样一种制度要比任何其他制度都更为全面地体现了专制主义思想，因为它使那些已经掌权的人享有较高的知识水平，使他们掌握了统治人民的另一件武器。这种制度就如同牧羊人照着羊群，但却不关心羊的肥壮与否那样，由此而会造成人与其他动物之间在机体上的那种巨大差别。防止政治奴役的唯一保障，就是在被统治者中间传播知识，使他们充满活力，具有公益精神，以此约束统治者。经验证明，要使上面所说的那些能力永远保持足够高的水平，是极为困难的，而且随着文明程度和所受到的保障程度的提高，随着人们以前只能依靠自己的体力、技巧和勇气来对付的艰难困苦和危险一个个地被消除，保持上述能力的困难还会增加。所以极为重要的是，所有社会阶层，包括最低贱的阶层在内，都应有许多自己必须亲自做的事情，都应使他们在这方面尽可能多地运用智慧和德行，政府不仅应把与个人有关的事情尽可能留给个人去做，而且还应该允许或毋宁说鼓励个人尽可能多地通过自愿合作来处理他们共同的事务，因为大家商量和处理集体事务：可以很好地培养公益精神，有效地产生处理公众事务的智慧，而这种公益精神和智慧一向

---

① 507

被看作是自由国家的人民所具有的特殊品质。①

> 政府如果真心要最大限度地增进国民的幸福，就应承担人民无力做的事情

所有专制国家的情形都或多或少是这样，这样一些国家的情形也是这样，在这些国家，国民与政府就所达到的文明程度来说存在着很大差距，例如那些被更富有活力、更加文明的国家所征服和统治的国家。在世界许多地方，凡是需要投入大量财力、需要采取联合行动的事情，人民都无法去做；这些事情如果政府不去做，就没有人会去做。在这种情况下，政府如果真心要最大限度地增进国民的幸福，就应承担人民无力做的事情，而且在这样做时，应注意不要加重人民的这种无能为力的状态，不要使人民永远处于这种状态，而应想方设法消除这种状态。好似政府在提供帮助时会鼓励和培养它所看到的任何一点自立精神，会不懈地消除有碍于个人发挥主动精神的各种障碍，会全力向个人提供必要的便利和指导，会尽力运用自己的财力帮助个人发挥主动性，而不是压抑个人的主动性，而且会利用各种奖励和荣誉制度来诱发个人的主动性，假如政府提供帮助仅仅是由于个人缺乏主动性，那这种帮助就应尽量发挥示范作用，告诉人们如何依靠个人努力和自愿合作来达到伟大的目标。②

---

① 538
② 571

巴斯夏《和谐经济论》（1850）

弗雷德里克·巴斯夏（1801~1850），19世纪上半叶欧洲大陆最负盛名的经济自由主义旗手。1850年出版的《和谐经济论》尚不完整（只有10章），当年巴斯夏因病去世；1851年由巴斯夏的友人将他去世前寄出的各章手稿收入，出了第二版即完整的版本。该书成为他本人的、也是经济自由主义的代表作。巴斯夏认为，人类之所以成其为人类，就在于追求幸福、逃避困苦的天性；企盼幸福存在于每个人的本性之中。

巴斯夏. 和谐经济论（上、下册）. 章爱民译. 北京：机械工业出版社，2010.

人类之所以成其为人类，就在于追求幸福、逃避困苦的天性

人类行为的基本动力——我指的是个人利益——造成了这样一种社会局面，他们竟然谴责起这一基本动力来。请注意，人类之所以成其为人类，就在于追求幸福、逃避困苦的天性。我认为，社会的所有邪恶（战争、奴役、垄断、特权）都源于此；但是，由于满足需求和规避痛苦是人类行为的动力，生活的美好也皆根源于此。这种原本个人化的驱动力如此普遍，已经变成了一种社会现象，那么，问题在于弄清这种驱动力本身是否是社会进步的基本原则。①

让人类向相反的方向上前进吧；那么幸福的光芒将普照人类

五千年来，上帝和人类之间就一直存在误解。从亚当诞生之日一直到现在，人类一直走在错误的道路上；如果人类听从我的安排，我将使之回归到正确的道路上。上帝本指望人类走上一条不同的道路；而人类加以拒绝，于

---

① （上册）6

是世界滋生出邪恶。让人类倾听我的声音并彻底转变吧；让人类向相反的方向上前进吧；那么幸福的光芒将普照人类。①

> 把创造人类的权力和创建城邦的权力等同起来，进而能够自由地服从并驯服地接受公共幸福的羁绊

在各个时代，各国的创建者们都不得不借助上天的干预并将其智慧归功于神明，从而他们的人民就像遵守自然的规律一样屈从国家的法律，并把创造人类的权力和创建城邦的权力等同起来，进而能够自由地服从并驯服地接受公共幸福的羁绊。立法者把其具有崇高理性、常人无法理解的法令归咎于神灵的旨意，为的是利用神的权威来赢得那些人类智慧无法打动的人们的支持。但是，并非人人都可以假借神灵之口。②

> 人既然自爱，就会去追寻自己的幸福

那些谋求在这一切分歧和冲突之上建立起一种制度的理论家们这时发话了："这是事物的本性——自由——的必然结果。人类拥有自爱的品性，而这正是万恶之源。因为，人既然自爱，就会去追寻自己的幸福；但他发现，只能通过同胞们的不幸才能换得自己的幸福。那么，必须阻止人的这种冲动；扼杀自由；改变人心；以另一种动力来替换上帝所赋予的动力；创造出一个人为的社会，并指引它朝着本来的方向前进。"③

> 别人热情地从当前社会中寻找幸福，他们则以同样的热情从中搜寻不幸

他们一旦试图说服人类相信自己，就会发现人们并不乐意接受改造。人们奋起抵抗，他们怀恨在心。为了说服民众，他们不仅仅谈到他们不愿授受的幸福，还特别谈到他们打算把人们从不幸中解救出来。他们大肆渲染这些不幸，而且越来越习惯于浓墨重彩、极尽夸张之能事。别人热情地从当前社

---

① 9

② 10

③ 17

会中寻找幸福，他们则以同样的热情从中搜寻不幸。他们中只看见痛苦不堪、衣衫褴褛、弱不禁风的人在饥饿、痛苦和压迫中挣扎。他们感到震惊和愤慨的是，社会竟然没有充分意识到这一切的苦难。他们为消除社会的麻木不仁而不遗余力；他们起初只是哀其不幸，后来却是怒其不争了。①

凡是能直接或间接造成人的幸福或痛苦的一切因素都纳入到政治经济学的范畴

近年来，经济学家们经常遭到指责，说他们过于专注于财富问题的研究。人们觉得他们应该将凡是能直接或间接造成人的幸福或痛苦的一切因素都纳入到政治经济学的范畴；有人甚至宣称，凡未经经济学家们讨论的东西，他们都认为是不存在的。比如，他们否认存在各种形式的利他主义，但利他主义与个人利益一样，都属于与生俱来的人心本性，这就像有人指责矿物学家否认动物王国的存在一样。有关生产、分配、消费的规律，即财富这个庞大且重要的主题难道还不足以构成一个专门的学科吗？倘若经济学家的结论与政治学或伦理学领域里的结论相抵触，这种指责便不难理解。我们可以对这位经济学家说："你画地为牢，已经迷失了方向，因为两个真理是不可能相互冲突的。"也许，呈现在大家面前的这本书会得出这样一个结论：人们会发现，研究财富的科学与所有其他学科是完全和谐相容的。②

失去这些商品的痛苦比拥有它们的幸福要严重得多，而且拥有它们时不见得有多快乐，但失去时，人们却感到痛苦不堪

那些自诩为卢梭信徒的政治理论家们将反对我的意见。但是，卢梭从来没有否认我提到的这种现象。他对人类需要求的弹性、习惯的力量甚至对我所说的习惯具有避免使人类倒退的作用等方面作出了积极评价。差别在于，我所赞赏的，他却加以指责，如此而已。卢梭推测说，曾经有这样一个阶段，人们没有权利、没有义务、彼此不接触、没有情感、没有语言，而在这段时间里他们是幸福的、完美的。所以，他不可能不厌恶复杂的社会机制，因为它无休止地让人类摆脱初期的完美状态。相反，有些人认为完美不是出

① 18
② 25

幸福经济学选读

现在人类进化周期的初期，而末期，他们对推动人类前进的驱动力惊叹不已。不过，在这种推动力的存在及其作用方式上，我和卢梭的看法是一致的。他说，"人们享受到很多闲暇，并用来为自己谋得各种父辈们闻所未闻的商品，这是他们无意中给自己套上的第一个枷锁，也为后代打开了痛苦之门。他们因此而放松了身体和大脑，但除此以外，这些商品在习惯的作用下，几乎魅力尽失，而且与此同时，已经退化成了人的真正需要；所以，失去这些商品的痛苦比拥有它们的幸福要严重得多，而且拥有它们时不见得有多快乐，但失去时，人们却感到痛苦不堪"。①

把满足一词用于人的一切需要和欲望，因为我认为这样做更好地适应了政治经济学理应拓宽其研究范畴的要求

阐述人的需要和满足需要的手段后，我要谈一谈人的满足。满足是整个机制运行的结果。根据人类在物质、道德和智力等方面得到的满足程度，可以判断这一机制的运转是否良好。所以，"消费"一词应该具有深刻的含义；如果保留该词的词源学意义，它就应该是"结果"、"成就"的同义词。遗憾的是，在日常使用和科学语言中，这个词带有粗鄙的物质的贬义，对于物质需要来说还算准确，但不适用于更高层次的需要。……请读者原谅，我经常把满足一词用于人的一切需要和欲望，因为我认为这样做更好地适应了政治经济学理应拓宽其研究范畴的要求。②

为了鼓吹这种自然状态，卢梭不得不说匮乏是福。但我要说的是，即便是这种消极的幸福也是空想

对自然状态的推崇最有激情的卢梭本人也承认，这是根本不可能的。他说，在那种状态下，人们什么都没有，只能赤身裸体，露天而卧。因此，为了鼓吹这种自然状态，卢梭不得不说匮乏是福。但我要说的是，即便是这种消极的幸福也是空想，处于隔绝状态中的人肯定活不过短短几个小时。也许，卢梭本可以很过分地说那才是真正的完美。这样说倒是很合乎他的逻

---

① 35

② 49

辑，因为匮乏是福，那么一无所有当属尽善尽美了。①

> 倘若没有交换，这种差异不但不能为我们带来幸福，反而会加剧我
> 们的贫困

如果说自然提供的供人利用的自然资源不是均匀分布的，那么，自然赋予人的能力也是强弱不等的。我们每个人并不拥有同样的力气、勇气、智慧、耐心以及艺术、文学和工业才能。倘若没有交换，这种差异不但不能为我们带来幸福，反而会加剧我们的贫困。因为，每个人都不能充分认识自己实际拥有的能力，却对自己欠缺的能力特别强烈的感受。有了交换之后，从一定程度上讲，身强力壮的人缺乏天赋是可以将就的，有才干的人少几分力气也无所谓。因为，在人们共同建立的集体中，每个人都可以分享其他成员的优点。②

> 利己与利他远非如某些人所说的好样彼此冲突，它们可以结合起来
> 共同发挥，去实现同一个目标：幸福

愿上帝宽恕我，我应该设法将人类生存的伟大、光荣和魅力全部归结到某个单一方面的人类力量。在物质世界中有两种力：向心力和离心力。同样，在社会世界中也有两条原则：利己主义和利他主义。最最不幸的人也不至于从未体验过利他主义冲动所带来的实惠和愉悦，爱心、孝心、父爱、慈善、爱国之心、宗教情感以及对善和美的热烈追求等都是利他主义的表现。有人说，利他主义只不过是自爱的一种美化形式，爱别人其实就是机智地爱自己。我不想在此深入探讨这个问题。不管人类的这两种推动力是否泾渭分明，我们只需知道，它们远非如某些人所说的好样彼此冲突，它们可以结合起来共同发挥，去实现同一个目标：幸福。③

> 人的本性所具有的两个动力（利己和利他）为了相同的结果而共
> 同发挥作用：普遍幸福

---

① 55
② 60
③ 69

幸福经济学选读

我们有理由说，人的本性所具有的两个动力（利己和利他）为了相同的结果而共同发挥作用：普遍幸福。这样，我们就无法否认，在个人利益和由个人利益驱动的交易中，至少就其效果而言，存在着某种道德力量的源泉。……正因如此，我希望那些年轻读者——本书正是献给他们的——认真研读本书所包含的理论，分析交换的内在本质及其效果。当然，我坚信，这些读者当中必有一人将最终严密论证下面这个命题：每个人的幸福能增进全体的幸福；全体的幸福能增进每个人的幸福。他将有能力把这条真理变得简单易懂、无可辩驳，从而使之深入人心。这位年轻人将会解决社会问题，从而造福于人类。我们要记住：这条真理的正确与否，关系到社会的自然规律是和谐的还是对抗的；而自然社会规律的和谐或对抗，又关系到我们是该遵循还是该违背这些规律。如果一旦证明，在自由体制下，人们的个人利益是彼此和谐、互利互惠的，那么我们就会看到，政府为了扰乱这些社会的自然规律的作用而做出了种种努力，所有这些努力最好都留给那些规律，好让它们充分发挥作用；或者说，根本不需要做出什么努力，唯一要做的就是不加干涉。①

> 在逐步消灭贫困、增加财富方面，他们其实不相信自由和财产，进而也不相信公正。正因如此，他们才信誓旦旦，要通过不断侵犯权利来实现幸福

我们的立法者为什么要反对政治经济学的所有完备的概念呢？利他和公正的自然领域分别是自由和法律，为什么不让他们各得其所呢？为什么不仅仅通过法律来推行公正呢？不是因为他们不喜欢公正，而是因为他们不相信公正。公正即是自由和财产。不管他们嘴上怎么说，在逐步消灭贫困、增加财富方面，他们其实不相信自由和财产，进而也不相信公正。正因如此，他们才信誓旦旦，要通过不断侵犯权利来实现幸福。②

> 竞争会让人类走向幸福还是苦难呢

竞争就是不需要任何对交换进行裁决的权威，只要搞清了这一点就会认

---

① 71

② 79

识到竞争是不可摧毁的。非法胁迫肯定能限制、阻挠、影响交换自由和行动自由，但要取消它们就必将消灭人。事情既然是这样，那么唯一的问题就成了，竞争会让人类走向幸福还是苦难呢？这好比是在问：人类的自然倾向是不断进步还是注定要倒退呢？[①]

> 一个地区或一个时代的幸福要用另一个地区或另一个时代的痛苦来换取，这样的幸福怎样能算是具有无限善意和无限公正的安排呢

一个地区或一个时代的幸福要用另一个地区或另一个时代的痛苦来换取，这样的幸福怎样能算是具有无限善意和无限公正的安排呢？伟大且不容置疑的团结法则（竞争只是其神秘的一面）中隐藏着何种神圣的目的呢？人类智慧目前对此无法解答，但它知道好事总在增多，邪恶在不断减少。（对自然的）征服造就了社会秩序，从只有主子和奴隶、极不平等的社会起，竞争使人在等级、财富和智慧等方面逐渐趋于接近，但同时也给个人带来了困苦；随着竞争的进行，个人的困苦就像声波的振荡和钟摆的摆动那样越来越弱。人类每天都在学习用两剂重药来医治竞争留下的痛苦：一剂是远见卓识，这是经验和知识积累的成果；另一剂是社会合作，它是有组织的预见能力。[②]

> 如果要求富人们放弃他们相当可观的一部分财富，以确保人民群众今后的幸福和满意，那他们将乐于做此牺牲

他们认识到，必须公正地对待劳动群众。他们强烈希望这么做，不仅是因为自身的安全有赖于此，而且也应该承认，这是出于公平的考虑。是的，我对此深信不疑：富有阶级找不出更好地解决这个重大问题的办法。我确信，如果要求富人们放弃他们相当可观的一部分财富，以确保人民群众今后的幸福和满意，那他们将乐于做此牺牲。按照约定俗成的说法，他们热忱地致力于援助劳动阶段。但为达此目的，他们想出了什么办法呢？特权归大家共有，虽然这只是一种缓和的方式，但他们相信只要谨慎行事，是可以控制

---

① 232

② 254

的。说到底，他们不会越雷池半步。①

> 稳定性如此造福于人类，我们总是不断努力在我们中间以扩大它的好处；但是，要想完全享有稳定性，是人类力所不能及的

安全感同人类追求的所有其他的伟大目标是完全一样的，顺便指出这一点，也许并不是离题。对于这些目标，人类总是在不断接近，但却从未完全达到。正因如此，稳定性如此造福于人类，我们总是不断努力在我们中间以扩大它的好处；但是，要想完全享有稳定性，是人类力所不能及的。人们甚至可以说，完全稳定的状态并不可取，至少对人类现状来说是这样的。对任何好事的绝对拥有将意味着任何欲望、所有努力、一切规划、一切思想、一切远见、所有美德的死亡和毁灭：尽善尽美，也就失去了可完善性。②

> 社会的普遍法则是和谐协调的，它们倾向于促进人类的全面完善

按照严格的逻辑推理，我们得出的结论如下：社会的普遍法则是和谐协调的，它们倾向于促进人类的全面完善。因为，总而言之，在过去一百年里，尽管社会世界的普遍法则遭到了如此经常和如此肆无忌惮的蹂躏，但人类比以前更进了一步。这就要求这些法则造福于人的作用必须足以抵消其破坏性因素所造成的影响。③

> 人降生到世间，无法抗拒地要向幸福靠近，并且对苦难感到厌恶

既然人类在自己的利益方面经常出错，那么作为作家的角色我们就是要解释它们、描述它们，使它们可被理解，因为我们可以确信：一旦人类理解了自己的利益，他就会服从它们。既然在自己利益方面会出错的人会损害全局利益（因为这是人类利益和谐的结果），那么政府就将负责把少数派持异议者和神授法则的违犯者带回到公正和公益。换言之，政府的唯一使命就将是促进公正统治。真正的和谐自发源于人的本性，并将一直延续，直到被政

---

① （下册）22
② 41
③ 57

府行动毁灭。要想实现它，政府不需要痛苦地竭尽全力，耗费巨资，侵犯个人自由。……人降生到世间，无法抗拒地要向幸福靠近，并且对苦难感到厌恶。既然他的行动是由这些冲动决定的，那就无法否认：作为个人，自利是他的重要动力，正如它是所有个人的重要动力，并且因此是社会的重要动力那样。在经济领域，既然自利是人类行动的动力，是社会的主要动力，那么善与恶都可以源于自利，我们在其中一定会发现和谐以及干扰和谐的因素。不断追求个人利益就是要满足需要，或更概括地说，是要满足欲望。需要与满足需要的事物本质上是个人的，是不可传递的，在这两个极端之间是可传递和可交换的方法——努力。①

> 读者完全有理由认为我崇尚个人利益的原则，认为我把人类的幸福结果只归功于这一原则

我不惮于成为个人主义的控诉者。到现在为止，读者完全有理由认为我崇尚个人利益的原则，认为我把人类的幸福结果只归功于这一原则，认为也许我甚至把这一原则看得比无私、风险和自我牺牲等原则更重要。不对，我并不这么认为，我只是看到个人利益的存在和它的巨大能量。如果我不曾指出它是不和谐的根源，正如我以前指出它是社会和谐的规律的根源一样，那么，我就没有正确评价个人利益的巨大能量，我把个人利益说成人类发展的普遍动力就是自相矛盾的。我已经说过，人类不可克制地维护自身，要改善生存条件，要抓住至少是要不断逼近他们想要的幸福。基于同样的道理，人类要逃避辛劳和痛苦。②

> 经济学家是否会因为社会秩序永远不会把人类平安地带到绝妙的至善之理想世界，就必定会拒绝承认它的奇特结构，尽管它会在越来越多的人当中散播越来越多的启迪、道德和幸福

世上存在邪恶。它是固有的人性弱点。它证明了自己存在于道德秩序和物理秩序中，存在于群众和个体中，存在于整体和各部分中。生理学家是否会因为我们的眼睛可能会受伤，我们的视力会逐渐模糊，就无视这些奇妙器

---

① 133

② 141

幸福经济学选读

官的和谐机制？他们是否会因为人会疼痛、生病和死亡，因为约伯在绝望中喊道："我对腐朽说，你是我们父亲；对虫子说，你是我的母亲和姐妹。"就无视人体的巧妙结构？同样，经济学家是否会因为社会秩序永远不会把人类平安地带到绝妙的至善之理想世界，就必定会拒绝承认它的奇特结构，尽管它会在越来越多的人当中散播越来越多的启迪、道德和幸福？①

和谐的意思不是绝对的完美，而是无限的进步

因此，我在本书中反复说明：和谐的意思不是绝对的完美，而是无限的进步。上帝之所以愿意把磨难附加于我们的本质，是因为他愿意我们从虚弱走向强健，从无知走向有知，从需要走向满足，从努力走向结果，从获取走向拥有，从贫困走向富足，从错误走向真理，从经验走向预见。我毫无怨言地服从这一天意，因为我无法想象我们的生活还会被安排成别的样子。如果上帝通过一种简单而巧妙的机制，使得生活水平日益提高的同时，所有人都被更紧密地联系在一起，如果他因此通过我们所说的邪恶的作用来向人们保证持久并且更广泛的进步，那么我就不会满足于向这只慷慨而有力的手躬身行礼，我还要颂扬它、赞叹它、崇敬它。②

自上帝创造天地以来，地球上曾经有人不幸福

上帝或者无法做到，或者不希望做。我真心希望：邪恶会回到阴间；人们的某个计划——法郎吉、无息信贷、无政府状态、三人小组、社会工场等，有能力祛除未来的所有疾病。它是否还有能力消除过去的所有磨难？现在，无穷性就是没有极限，并且如果自上帝创造天地以来，地球上曾经有人不幸福，那么从他们的角度看，这足以令上帝无尽仁慈的问题变得无法解决。③

动力是不可抗拒的内部驱动力，是我们所有能量的本质，它促使我们回避不幸、追求幸福

---

① 148
② 150
③ 152

巴斯夏《和谐经济论》（1850）

在赐予人类自由意志的同时，上帝至少在某种程度上赋予了人类回避不幸、追求幸福的能力。拥有自由意志的先决条件是拥有智力，并与之息息相关。如果选择能力未伴随检查、比较、判断能力，那么选择能力又有何用？因此，来到世上的每个人都拥有动力和心智。动力是不可抗拒的内部驱动力，是我们所有能量的本质，它促使我们回避不幸、追求幸福。我们把它称做自我保全的本能、个人利益或私利。这种推动力有时遭到谴责，有时被误解，但它的存在是毫无疑问的。人类义无反顾寻求在自己看来能改善自己命运的任何东西，同时避开有可能损害命运的任何东西。这一事实至少就像物体的每个分子都有向心力和离心力一样是确定无疑的。正如吸引和排斥的双重运动是物理世界的伟大动力一样，人类追求幸福、厌恶痛苦的双重力量也是社会机器的伟大动力。但是，人类仅仅义无反顾地倾向于追求幸福、回避不幸，这还不够，人类还必须对幸福和不幸作出区分。上帝已为此做了准备，他把称做智力的复杂而奇妙的机制给予了人类。要我说，引导我们的注意力、比较、判断、推理、找出因果关系、记忆、预见等这类能力均为这一奇妙机器的传动齿轮。……在推动力的作用下，人迫切地追求幸福并不失时机地把握幸福，他们很可能会在损害他们的过程中找到自己的幸福。[①]

个人利益的确是人类命运中会出现的所有不幸和所有福利的源泉

个人利益的确是人类命运中会出现的所有不幸和所有福利的源泉。实情必然如此，因为个人利益决定着我们所有的行动。看到这里，某些政治理论家构想出的根除邪恶的最佳方式莫过于扼杀个人利益。但是，他们由此还会摧毁我们活动的动力，因此他们认为：最好还是赋予我们一种不同的动力：奉献和自我牺牲。他们希望：所有社会事务和安排从此都会在他们的要求下，依照克己原则得到实施。人们寻求的将不再是自己的好处，而是别人的好处：关于痛苦与快乐的告诫将不再有任何价值，责任的赏罚也不现再有用。所有自然法则都会被颠覆；自我牺牲精神将取代自卫本能。总之，没有人会考虑自己的个性，唯有急于把它牺牲给公益。某些认为自己笃信宗教的政治理论家，正是期望人心的这种完全转变带来完美的社会和谐。他们忘了告诉我们：他们建议如何开展必不可少的准备工作，如何实行人心的这种转变。……批判个人利益的长篇大论永远不会在科学上具有多大的意义，这是

---

① 175

因为就其本性而言，个人利益是不可毁灭的，或者至少在不毁灭人类自身的前提下，是无法在人类的内心中毁灭的。宗教、道德、政治经济学所能做的一切就是在这种推动力方面启发我们，把个人利益在我们内心提醒我们实施的痛苦感觉之后便是更大且不断增强的满足感，瞬间快乐之后便是长久且不断恶化的磨难。归根结底，这就是道德的善与恶。是什么决定了人类会选择追求美德？一定是他的更高尚的、理性的个人利益，但基本而言，始终都将是个人利益。①

> 对于他们每个人而言，出发点始终相同：假设人类是一群羊，我是牧羊人，那么我应如何着手使人类幸福

由于莫名其妙的愚蠢自负，政治理论家们普遍把自己看做是这种动力的看守者兼控制者。对于他们每个人而言，出发点始终相同：假设人类是一群羊，我是牧羊人，那么我应如何着手使人类幸福？或者是：假设有一定数量的黏土，还有一位陶工，那么陶工必须怎么做，才能最好地利用黏土？……它产生了这样的观点：社会经济是源于创造者头脑的一种人为安排。每一位政治理论家由此立刻自诩为创造者。他最大的渴望就是接受他发明的"机器"；他最大的急务就是把别人提出的其他所有社会秩序都描绘成可憎之物，尤其是自发源于人之本性和事物之本性的那种社会秩序。根据该计划构思的书只不过是一些批判社会的长篇大论而已。②

> 不是说政治经济学把人们毫不费力地获得幸福作为自己的目标吗

在实践中，如果某个信条不是把社会的动力放在所有人的心中和人的本性中，而是把它放在立法者心中和政府中，那么它的结果甚至会更不幸。它往往会使政府担负不属于它的沉重责任。如果出现磨难，那么它就是政府的过错；如果存在贫穷，那么政府就该担责任。政府难道不是无处不在的动力吗？如果这个动力不好，我们就必须毁灭它并选择另一个。否则，责任就应归于政治经济学本身，并且我们最近对此都听烦了："社会的一切苦难都可归咎于政治经济学。"为何不这么做呢？不是说政治经济学把人们毫不费力

---

① 176

② 178

地获得幸福作为自己的目标吗？当这类思想盛行时，人们做的最后一件事就是把目光转向自己，看看他们的种种不幸的真正起因是不是自己的无知和不公正行为。他们的无知使他们暴露于责任法则之下，他们的不公正行为则使他们承受连带法则的作用。当人们已被说服，相信自己本性是无活力的，所有行动之源以及由此产生的所有责任之源均在他们自身之外，存在于君主和立法者的意志中时，他们怎么会想到把遭受的不幸归咎于自己呢？①

　　政治经济学遭到了指控，罪名是导致了这些不幸，而指控的原因正是它记录了这些不幸

　　科学毕竟只是陈述事实，表明它们的关系，并根据它们作出推断。但很奇怪的是，任何人都本该表达甚至广泛传播以下悖论：如果人类遭受磨难，那一定是政治经济学的过错！因此，在由于记录了社会的不幸而被怪罪之后，政治经济学遭到了指控，罪名是导致了这些不幸，而指控的原因正是它记录了这些不幸。②

　　企盼幸福存在于每个人的本性之中

　　必须看到，企盼幸福存在于每个人的本性之中。有人说我在这里赞美个人主义，让他们愿意怎么说就怎么说吧！我什么也没赞美，我只是把看到的说出来，我看到了这种与生俱来的、普遍的情感，它不可能不是个人利益，即追求舒适安逸，厌恶痛苦的倾向。③

---

① 　180

② 　184

③ 　479

戈森《人类交换规律与人类 行为准则的发展》（1854）

赫尔曼·海因里希·戈森（1810～1858），德国人，边际效用理论的先驱。其著作《人类交换规律与人类行为准则的发展》出版于 1854 年，然而问世后并未引起人们的注意，这主要是因为在当时的德国经济学中，历史学派占据了主导地位。戈森在失望与痛苦之余，在 1858 年要求停止发行并销毁余书，以致该书曾长期埋没于世。直至 19 世纪 70 年代，法国经济学家瓦尔拉斯和英国经济学家杰文斯发现并肯定了戈森学说的价值与意义。戈森理论的核心是关于人的享受规律。他为经济学规定的任务是：发现这些享受规律，阐明按照这些规律行事的条件，从而帮助人们获得最大的生活享受，并以此作为己任。戈森指出，每个人必然会为自己的幸福而运用他的力量，这同时也是以最合理地促进社会幸福的方式为社会幸福运用他的力量。所以，这是一种使人类社会协调一致的力量，它是联系全人类的纽带；它强制人们在相互交换中获得自身幸福的同时，促进他人的幸福。

H. H. 戈森. 人类交换规律与人类行为准则的发展. 陈秀山译. 北京：商务印书馆，2000.

> 每个人必然会为自己的幸福而运用他的力量，这同时也是以最合理地促进社会幸福的方式为社会幸福运用他的力量。所以，这是一种使人类社会协调一致的力量，它是联系全人类的纽带；它强制人们在相互交换中获得自身幸福的同时，促进他人的幸福

人们希望得到生活享受，他们的生活目的是把自己的生活享受提到尽可能高的水平。但是一方面，人们要经历一个相当长的时间，有许多生活享受人们暂时可以得到，但它们的结果却给人们带来匮乏，这是与他们以前曾有的享受完全不相称的。另一方面，只有在人们首先培养了自己对最高级和最

戈森《人类交换规律与人类行为准则的发展》（1854）

纯粹的享受的理解能力时，这些享受才能为他们所理解。如果人们在任何时刻都想获得似乎对他们暂时是最大的享受而不顾其后果，他们自以为最充分地达到自己的生活目的，其实却犯了严重的错误。为了获得某种真正的享受量，不仅必须看到暂时享受的量，而且还必须从所有这些享受中进行节俭，其结果便给人们在整个未来时期带来真正的享受。尤其必须考虑的是，一种享受会在多大程度上造成妨碍人的实现体力和智力训练——只有这种训练才能使他们达到高级的和纯粹的享受——的障碍。换句话说：必须把享受安排得使一生中的享受总量成为最大值。……如果人的行为方式，像我们在生活中感觉到的那样，表现出极大的差异，那么这仅仅是因为对各种不同生活享受量（毫无疑问，这种享受量因人们所受教育程度不同而各异）以及对阻止这种享受后来成为所期待的享受的障碍大小的看法不同。所有人都一致认为，每个人都想使他的生活享受最大化。……但是，享受最大化不仅无一例外地被所有人视为生活目的，而且毫无疑问也是上帝所希望的那种人的真正的生活目的。……从这种生活目的中得出了人的行为方式的一个主要规则：人的行为的目标是，使他的生活享受总量最大化。上帝通过创造使人们不可遏制地和持续不断地产生实现这一目的的愿望的力量，创造了这样可靠的保证：人们一旦认识了他们能够达到这一目的的道路，就会实现他们的这一生活目的。不仅如此，远远不仅如此。上帝通过使这种力量的作用也像所有其他力量的作用一样服从一定的自己所固有的规律，实现了使人们共同生活的目的，正像它通过重力及其固有的规律，实现了使它的天体相互发生关系的目的完全一样；正像它通过后一种秩序创造了它的天体一样，它也通过前一种秩序创造了它的人类；正像它通过重力规律不变地规定了它的天体的运行轨道一样，它也通过享受力量的规律永远不变地规定了人类共同生活的道路。上帝以此达到：一旦使人们明白了那种力量作用的规律，每个人必然会为自己的幸福而运用他的力量，这同时也是以最合理地促进社会幸福的方式为社会幸福运用他的力量。所以，这是一种使人类社会协调一致的力量，它是联系全人类的纽带；它强制人们在相互交换中获得自身幸福的同时，促进他人的幸福。这种为人类创造了不可估量的幸福的力量，可能受到严重的误解，以致把它诋毁为享受欲，因为它也可以被滥用，以致当人们认为能完全地或部分地抑制这种力量本身时，还相信是自己的功劳！当人们无视上帝的启示——上帝永远不变地和随和地不断地在他的世界中传播这种启示——时，当人们以人的规范取代上帝的启示作为准绳时，他们陷入了多么深的迷雾之中啊！然而这里也显示出上帝的不可思议的智慧。他必定会预见到人类的这种过失，因此使那种力量强大无比，以致人们同这种力量的作用所作的任何抗衡，虽然能削弱它，但却不能使它丧失作用；无论人们怎样努力扼制这种力量的发挥，但它总是以更大的强度在难以预料的其他方向上重新表现出来。因此，切勿再无视上帝每天以极其多样的形式和明确无误的信号反复昭示我们的指令！这个指令就是：人们啊！研究我创造的这些规律，并且按照这些规律行事吧！无须从人们口中证明这一启示的真诚和可靠，它通过自身以无可置疑的方式确认，任何证明看来都是多余的。①

如果我们重复以前已满足过的享受，享受量也会发生类似的递减

如果我们重复以前已满足过的享受，享受量也会发生类似的递减；在重复满足享受的过程中，不仅发生类似的递减，而且初始感到的享受量也会变得更小，重复享受时感到其为享受的时间更短，饱和感觉则出现得更早。享受重复进行得越快，初始感到的享受量则越少，感到是享受的持续时间也就越短。②

在任何一种享受中，都有一种主要取决于更经常地或比较经常地重复享受的方式和方法使人们的享受总量最大化

在任何一种享受中，都有一种主要取决于更经常地或比较经常地重复享受的方式和方法使人们的享受总量最大化。如果达到了最人化，那么，通过更经常地或比较经常地重复享受所得到的享受总量就会减小。③

每一种享受的量在其满足被中断时，保持完全相等

人们在多种享受之间自由进行选择。但是，他们的时间不足以充分满足所有的享受。尽管各个享受的绝对量有所差别，但为了使自己的享受总量达到最大化，人们必须在充分满足最大的享受之前，先部分地满足所有的享受，而且要以这样的比例来满足：每一种享受的量在其满足被中断时，保持

---

① 5~8
② 9
③ 15

戈森《人类交换规律与人类行为准则的发展》（1854）

完全相等。①

> 考虑到这门科学的目的，我在后面将选用"享受学"的名称来代替原来的名称，不仅是物质财富，而且也包括所有的非物质的事物，只要它们为我们提供了享受，就都属于享受资料

众所周知，这种困难呼唤出一门特殊的科学：国民经济学。这门科学为自己提出的任务是，阐明人类据以获取所谓物质财富并能达到尽可能有益的成果的规则。因此，它把自己规则的运用限于所谓物质财富。这种限制完全没有可靠的根据，因为究竟是物质财富还是非物质财富带来的享受，对于进行享受的人们来说，是完全无关紧要的。仅仅是下述情况造成了这种限制：似乎不可能成功地表述出超出物质财富之外还可运用的规则。因此，如果我们废除这一限制，并把这门科学的目的扩大到它的真正伟大之处，即帮助人们达到生活享受的总量最大化，那么这门科学现在通行的名称便不再适用了。因此，考虑到这门科学的目的，我在后面将选用"享受学"的名称来代替原来的名称，不仅是物质财富，而且也包括所有的非物质的事物，只要它们为我们提供了享受，就都属于享受资料。对享受资料来说，享受时间提供了拥有价值的尺度。只要我们注意到这些，那么我们就会发现，上述定理就是这门科学的最高原则。②

> 为了得到生活享受最大化，人们应按下述方式把他们的时间和力量分配于满足不同的享受上

为了得到生活享受最大化，人们应按下述方式把他们的时间和力量分配于满足不同的享受上，即在每种享受中最后创造出的原子的价值，与人们在力量发挥的最后时刻创造这个原子时所引起的他们的痛苦的量相等。③

> 即使这个结果还不足以使上帝让他的人类幸福，但是上帝却把全部丰富的生活享受撒满了人间大地

---

① 16
② 40
③ 53

幸福经济学选读

即使这个结果还不足以使上帝让他的人类幸福，但是上帝却把全部丰富的生活享受撒满了人间大地。上帝如此组织他的人类，致使这种不断的、有规则的活动一方面提高了技巧，另一方面使痛苦减少到转化为或多或少的享受的地步。通过这种方式，他为人类建造了一个极乐园的神话世界。因为人类通过享受又创造新的享受，这种自身不断提高的享受永久地循环往复。在这里，我们看到，这个神话世界是以多么无限美妙的方式实现的。[1]

只有个人成功地做到以下几点，人类才能因此而提高他们的福利水平

只有个人成功地做到以下几点，人类才能因此而提高他们的福利水平：提高享受的绝对量；提高所使用的劳动力和技能；提高生命力；加强法制。因此，为了有助于人类实现尽可能大的幸福，唯一应该重视的是：与上述目的相联系，消除阻碍个人建立有利的生产部门和自由地运用他的货币的障碍。[2]

为了你们自己的幸福，以尽可能加速实现那种最合乎理想的结果的方式，来组织你们的行为

人们啊，如果你们完全认识了这种世界构造的精美，那么你们就会对这种存在顶礼膜拜。它以它的不可捉摸的智慧、力量和仁慈，通过一种看来是如此微不足道的手段，便能够和趋向于产生出如此的庞然大物，对你们来说是如此不可估量的财富，使你们享有这种存在倾注于他的富裕，从而值得你们为了你们自己的幸福，以尽可能加速实现那种最合乎理想的结果的方式，来组织你们的行为！[3]

---

① 111

② 134

③ 291

门格尔《国民经济学原理》(1871)

卡尔·门格尔(1840~1921),奥地利学派的创始人,其主要著作有《关于社会科学、尤其是政治经济学方法的探讨》(1833)、《关于货币理论和货币政策论文集》(1936)、《国民经济学原理》(1871)、《德国国民经济学的历史主义的谬误》(1884)等。《国民经济学原理》是经济学史上"边际主义革命"的中流砥柱之一。这部奠定奥地利学派基础的代表作,继承了德国经济学的传统,重视心理分析,把经济学一向注意的欲望分析转到对满足欲望的分析上。门格尔的《国民经济学原理》指出只有在这个财货的总体性上,才能获得我们叫作欲望满足的结果;更进一步,也才能获得我们叫作人类生命和幸福之保证的结果。

卡尔·门格尔.国民经济学原理.刘絜敖译.上海:上海人民出版社,2005.

理论经济学所应研究的,只是人类为满足其欲望而展开预筹活动的条件

理论经济学是不应该研究经济行为的实际建议的;理论经济学所应研究的,只是人类为满足其欲望而展开预筹活动的条件。所以,理论经济学与经济人实际活动的关系,化学与应用化学家的关系,是没有什么两样的。因此,我们虽可以提出人类意志的自由性,以反对经济行为具有完全的规律性;但我们却不可以根据这点,来反对全然独立于人类意志(此人类意志绝定着人类经济活动的结果)之外的现象所具有的规律性。而正是后者,才是我们科学的对象。[1]

我们须明了财货与人类欲望满足之间的因果关系,并须明了由财货

幸福经济学选读

用途的不同而形成的财货与人类欲望满足之间或远或近的间接因果关系

对人类的欲望满足有直接的因果关系这一点，绝不是物的财货性质的前提。同时我们又加以指明的是，在对人类欲望的满足保持着间接因果关系的各种财货之间，由于其对我们欲望的满足保持着"较近的"或"较远的"因果关系的不同而有差异，不过这种差异是丝毫不致影响财货性质的本质的。……我们所特别作为重点的，是我们须明了财货与人类欲望满足之间的因果关系，并须明了由财货用途的不同而形成的财货与人类欲望满足之间或远或近的间接因果关系。[①]

这些要素与人类幸福的因果关系，或者是到现在我们还没有意识到；或者是它对于产品的影响，我们虽已有了认识，但由于某些原因，我们对它还不能加以支配

这种现象的终极原因，在于人们对财货生产这个因果过程的固有态度。依据因果规律，高级财货先变成次一级低级财货，再继续进行，以至变成第一级财货，最后才产生人类欲望满足的状态。在属于财货界的这些要素之外，对于财货生产这个因果过程所产出的产品的品质和数量给以影响的，还有另外一些要素：这些要素与人类幸福的因果关系，或者是到现在我们还没有意识到；或者是它对于产品的影响，我们虽已有了认识，但由于某些原因，我们对它还不能加以支配。[②]

我们看见工业发生，又看见通过工具和机器的发明而使工业趋于完善。这一切进展与各民族福利的增进，才真正有着极密切的关系

我们看见以棍棒追赶野兽的猎人，进展到使用弓矢罗网来狩猎，又进展到畜牧经营，最后更进展到畜牧经营的更加集约的形态。我们也看见依靠野生果实生活的人，进展到农业经营，更进展到农业经营的更加集约的形态。我们看见工业发生，又看见通过工具和机器的发明而使工业趋于完善。这一切进展与各民族福利的增进，才真正有着极密切的关系。

---

① 7

② 17

门格尔《国民经济学原理》(1871)

人类愈向这个方向进步，财货的种类就愈多，从而社会上的职务也就愈繁，分工的进步也就愈为必要和愈为经济。但于此已很明白的是，人类所能支配的享乐资料的不断增加，并不只是分工的结果。分工绝不能被认为是人类经济进步的最重要的原因。正确地说来，它不过是引导人类从野蛮和贫困到文明和福利的许多作用中的一个要素而已。[①]

> 人类对于物与人类福利的因果关系之认识的进步，和对于这些有关福利的较为间接的条件之掌握的进步，已经把人类从野蛮与极度贫困的状态，提高到今日这样文明与富裕的阶段

至于人类所能支配的享乐资料的数量，这时虽然还受着人类对于物的因果关系的理解能力的限制，以及也受到人类对于这些物所能支配的权力范围的限制，但除此以外，就不受其他的限制了。由此可知，人类对于物与人类福利的因果关系之认识的进步，和对于这些有关福利的较为间接的条件之掌握的进步，已经把人类从野蛮与极度贫困的状态，提高到今日这样文明与富裕的阶段，并已把那些住有悲惨和极端穷苦的少数居民的广大土地，变为人口稠密的文明国家。所以，假如我们说，将来人类经济的进步，可以从上述进步中求得其表现的尺度，那恐怕是再确切没有的了。[②]

> 只有在这个财货的总体性上，才能获得我们叫作欲望满足的结果；更进一步，也才能获得我们叫作人类生命和幸福之保证的结果

人类的欲望是多种多样的。假如我们只支配着满足一个欲望的资料，那么，纵使我们所支配的资料是如何的丰富，仍将不能保持我们的生命和福利。人类满足欲望的方式，从大体上来说，若使其毫无遗漏的话，可以说呈现着几乎无限差异的状态。可是各种欲望满足之一定的协调，对于保持人类的生命和福利，在某种程度上是绝对必要的。……因为，非常明显，我们纵使怎样完全地满足了一个欲望，要是其他的欲望得不到满足的话，仍是不能保持我们的生命和福利的。在这种意义上，假如我们说，一个经济主体所能支配的一切财货，在其财货性质上是相互制约着的，也就没有什么不正确

---

① 19

② 20

了。因为，一切财货所共同服务的总目的——人类生命和福利的保持，不是一种财货所能单纯实现的，而是只有与其他财货相结合才能实现的。在孤立的经济或在人类交换仅仅小规模进行的一切地方，保持人类生命和福利所必需的财货与财货间的这种相关性，通常明白地表现于每个经济人所支配的财货总体之中。同时他们在满足他们的欲望时所力求实现的协调，也反映在他们的财货所有之中。在较高的文明社会内，特别在我们今日这样只要充分保有任何一种经济财货，就能支配其他一切财货相应量的交换发达的社会内，上面这种现象，就个人经济来说，好像是已经消失了，但在国民经济之中，则还是很明白地显现着。我们到处都可以看见了，不是个别的财货而是多种财货的总体，才有用于经济人的目的。这样的财货总体，或直接为各个经济人所支配，如在孤立经济下的情况一样；或一部分直接地，一部分间接地为各个经济人所支配，如在今日这样交换发达的社会内一样。只有在这个财货的总体性上，才能获得我们叫作欲望满足的结果；更进一步，也才能获得我们叫作人类生命和幸福之保证的结果。①

欲望生于我们的冲动，冲动则基于我们的体质

欲望生于我们的冲动，冲动则基于我们的体质。欲望没有得到满足，将伤害我们的体质；欲望仅得到不充分的满足，将萎缩我们的体质。欲望若得到满足，就意味着我们是在生活着并繁荣昌盛着。所以我们对于自己欲望满足的筹划，同我们对于自己生命与福利的筹划实具有同等的意义。这个筹划在我们的一切努力中，要算是最重要的了，因为它是其余一切努力的前提和基础。②

欲望的系列是无限的，但系列的每一项则是有限的

关于人类欲望的无限发展性，还须加以说明。此处所谓的"无限"概念，只适用于人类欲望发展上的无限的进步，而不适用于满足一定满足期间内的欲望所必需的财货数量。即欲望的系列是无限的，但系列的每一项则是有限的。人类的欲望，在极长远的期间内，虽然可以说是无限发展的，但在

---

① 21
② 22

一定的期间内，特别是在人类进行经济活动所考虑的期间内，则其数量是有一定限度的。所以，我们虽然假定人类欲望具有无限的发展性，但当我们只着眼于一定期间的时候，我们所处理的仍是有限的数量，绝不是无限的、从而是完全不能确定的数量。①

> 人们某一欲望的满足，都是依存于人们对于这些财货的一定量的支配的

人们某一欲望的满足，都是依存于人们对于这些财货的一定量的支配的。当经济人意识了这种情形，即意识了他们欲望的满足及其满足程度的大小，是依存于他们对于某财货的一定量的支配时，该财货对于经济人，就获得了我们叫做价值的意义。所以，所谓价值，就是一种财货或一种财货的一定量，在我们意识到我们对于它的支配，关系到我们欲望的满足时，为我们所获得的意义。②

> 经济人一般对其各种欲望满足的意义，特别是对满足这些欲望的各个行为的意义，通常都是相互地加以衡量，最后在经过检查以后，才决定他们应该怎样行为，以求其欲望的尽可能完全的满足

人类不管住在何处，也不管他们处于何种文化发展阶段，我们到处都可以观察到的事情就是：经济人一般对其各种欲望满足的意义，特别是对满足这些欲望的各个行为的意义，通常都是相互地加以衡量，最后在经过检查以后，才决定他们应该怎样行为，以求其欲望的尽可能完全的满足。像这样来衡量各种欲望的不同意义，来选择不需满足的欲望与应予满足的欲望，以及来决定应予满足的欲望可以满足到何种程度等，正是人类经济行为中，比其他任何经济行为更富意义、更具影响力量且更为任何经济主体所不断进行着的行为。对于这些各种欲望满足和各种满足行为所具有的不同意义的认识，正是财货价值所以发生差异的首要原因。③

---

① 27

② 52

③ 63

幸福经济学选读

> 人类的努力，在于求其欲望的完全满足

人类的努力，在于求其欲望的完全满足；假如完全的满足不可能的话，则求其欲望的尽可能完全的满足。现在在某种财货的一定量与各种欲望相对应，而这些欲望的满足又具有各种不同意义的时候，我们自然将把该财货的一定量首先用以满足那些对我们具有最高意义的欲望；这个欲望满足后尚有剩余，才用以满足那些在意义上居于次位的欲望；若还有剩余，最后才用以满足那些在重要程度上更居于次位的其他欲望。①

> 各种欲望满足都是为总体量所保证且可为同一部分量所实现的。……这一切对于保持他的健康、保持他持久的幸福，都是不可缺少的

所以，在每一种具体情况下，假如一个经济人所支配的财货数量中的一定部分量，为各种欲望满足中只具有最小意义的一个欲望满足所依存，则此人所支配的财货数量中的这一部分量的价值，对于此人说来，一定等于各种欲望满足中重要性最小的欲望满足对于此人所具有的意义。这些各种欲望满足都是为总体量所保证且可为同一部分量所实现的。……这一切对于保持他的健康、保持他持久的幸福，都是不可缺少的。②

> 一个欲望满足对我们所具有的意义，其大小绝不决定于我们的臆断，而却决定于它对我们的生命与福利所具有的意义

一个欲望满足对我们所具有的意义，其大小绝不决定于我们的臆断，而却决定于它对我们的生命与福利所具有的意义。不过，因各种欲望满足行为所具有的意义，是我们经济人的评定对象，所以对这个意义的认识，有时是会陷于谬误的。在前面我们已经知道，为人类的生命所攸关的欲望满足，对人类具有最高的意义；为人类的福利所依存的欲望满足，则仅具次要的意义。在人类福利所依存的欲望满足中，高度福利（在同一强度下则持久性较长的为高度；在同一持久下则强度较大的为高度）所依存的欲望满足，

---

① 65

② 66

则又比低度福利所依存的欲望满足具有更大的意义。①

　　　　财货的价格之所以能够表现于现象的表面，其动因就是力图完全满
足其欲望以改善经济状况的人类努力

　　假定有两潭水平不同的静水，我们若将其间的闸门打开，则在水面重新
恢复平静以前，必有一阵波浪与涟漪。这波浪与涟漪就是我们叫做重国或惰
力作用的一个表征。财货的价格亦然，它是在各经济主体间形成的经济平衡
的一个表征，所以与波浪相似。它之所以能够表现于现象的表面，其动因就
是力图完全满足其欲望以改善经济状况的人类努力。这努力实是一切经济运
动之终极的普遍原因。唯因价格在全部交换过程中，是唯一可被我们知觉的
现象，其高低又可精密地加以测量，所以在我们的科学中，就常常产生一种
以价格为交换之本质的谬误。由于这一种谬误，更产生另一种认为在交换时
所表现出来的财货数量是其等价物的谬误。因为这两种谬误，就使我们的科
学遭受不可计量的不利。一般学者对于两种财货数量间的表面相等性，都想
探索其原因，而谋问题的解决。有人认为其原因是生产这些财货所耗费的劳
动量相等，有人则认为其原因是这些财货所耗费的生产费用相等。并且，在
这些人之间，还常常发生这样一种争论：即究竟是由于两种财货相互等价才
相互交换的呢？还是因两种财货相互交换才相互等价的呢？但是，实际上，
两种财货价值之这样一种相等性（即客观意义的相等性），无论在何处都是
不存在的。②

　　　　人类从事于经济活动，一般都遵循着尽可能地完全满足其欲望的
原则

　　人类从事于经济活动，一般都遵循着尽可能地完全满足其欲望的原则，
也就是说，人类都从外物中探索其可用之物，并将其置于自己支配之下，以
改善其经济状态。人类既遵循这样一个原则，则在上述情况之下，自必热心
加以研讨，以期能利用它去尽可能更好地满足其欲望。③

---

① 79
② 111
③ 200

杰文斯《政治经济学理论》（1871）

威廉姆·斯坦利·杰文斯（1835～1882），英国人，边际效用学派的创始人之一，数理学派的建设者，1862年发表《政治经济学数学理论通论》，概括出价值的边际效用理论，最重要著作是1874年出版的《科学原理》、1871年出版的《政治经济学理论》、1882年出版的《劳工问题介绍》和1905年出版的《经济学原理：社会工业结构论文残页及其他论文》。他把经济学看作"快乐和痛苦的微积学"。他的全部理论完全以快乐和痛苦的计算为基础，他认为经济学的目标是以最小痛苦为代价来获得最大限度的幸福和快乐。

斯坦利·杰文斯. 政治经济学理论. 郭大力译. 北京：商务印书馆，1984.

> 我尝试经济学为快乐与痛苦的微积分学，摆脱前辈意见的拘束，来定立经济学的形式

在本书，我尝试经济学为快乐与痛苦的微积分学，摆脱前辈意见的拘束，来定立经济学的形式。我认为，这种形式，经济学终必采用。我早以为，经济学既为讨究量的科学，自亦须在事实上——即令不在名词上——成为数学的科学。……财富与价值的性质，由无限小量的快乐与痛苦之考虑来说明，正如静力学的理论，以无限小量能力的均等为根据。但我相信，动的经济学还待人去发展，那是我没有论到的。①

> 人类将来有无方法可以直接测量人心的感情，我不敢断言。快乐或痛苦的单位连想象亦是不易的

人类将来有无方法可以直接测量人心的感情，我不敢断言。快乐或痛苦

---

① 2

的单位连想象亦是不易的。但继续刺激我们去买卖，去借贷，去劳作休息，去生产消费的，就是这种感情的量。我们必须从感情之量的效果来计算它们的比较量。①

　　经济学的目的，原是求以最小痛苦的代价购买快乐，从而使幸福感增至最高度

本书所述的理论完全以快乐痛苦的计算为根据；经济学的目的，原是求以最小痛苦的代价购买快乐，从而使幸福增至最高度。此处的用语或不免引起误解；人们或许会想，我是把低级的快乐和痛苦视为指导人心的唯一的动机。我毫不踌躇地接受功利主义的道德学说，以行为对于人类幸福所发生的影响定为是非的标准。②

　　痛苦是快乐的反对，所以，减少痛苦，即是增加快乐；增加痛苦，即是减少快乐。快乐与痛苦，可以当作代数学上的正负量来处置

痛苦是快乐的反对，所以，减少痛苦，即是增加快乐；增加痛苦，即是减少快乐。快乐与痛苦，可以当作代数学上的正负量来处置。一系列快乐与痛苦的总和，可以下法求之，即：诸种快乐相加在一起，诸种痛苦相加在一起，从较大量减去较小量，求其差，即得。我们常要在快乐一面——我们可称其为正向——使结果所得的总和增至最高度。达到这个目的的方法，是接受每一种所得快乐多于所受痛苦的事物，担任每一种所得快乐多于所受痛苦的行为。每一种会在反向留下余额的事物或行为，我们都须避免。③

　　一个人，哪怕他现在地位非常低，财产非常少，然只要他常常希望上进，觉得每一瞬间的努力都有使志愿实现的倾向，我们就可说，这个人是幸福的

一个人，哪怕他现在地位非常低，财产非常少，然只要他常常希望上

---

① 35

② 42

③ 48

幸福经济学选读

进，觉得每一瞬间的努力都有使志愿实现的倾向，我们就可说，这个人是幸福的。反之，不顾未来只顾瞬间享乐的人，尽早总会发现，他的快乐的资源是日就亏耗，希望已成失败。[①]

快乐与痛苦是经济学计算的究竟的对象

快乐与痛苦是经济学计算的究竟的对象。经济学的问题，是以最小努力获得欲望的最大满足，以最小量的不欲物获得最大量的可欲物，换言之，使快乐增至最高度。但我们且转过来，注意那引起快乐和痛苦的物理对象或行为。任一社会的劳动，皆有极大部分用在普通生活必需品、便宜品、如食物、衣物、建筑物、工具、家具、装饰品等物的生产上。这诸种物品的总和便是我们注意的直接目标。[②]

社会与财富极不平等时，一切商品将由交换如此分配着，使幸福增至最高度

研究经济学者必须充分地、精密地研究效用的条件；要了解这元素，又不能不考察人的欲望与愿望。……但很明白，经济学是建筑在人类享受的法则上。如果没有他种科学展开这种法则，经济学者必自行展开之。

在经济学上我们只考虑商业的活动，不要考虑由慈善动机引起的财富平均。财富对于一个巨富翁的效用程度，视财富在彼最需要增加的支出项目上有怎样的效用程度而定。他的基本欲望早已充分满足了，如必要，他能为一千个人寻觅食物。他当然能以这些物品充分供给他自己。但社会与财富极不平等时，一切商品将由交换如此分配着，使幸福增至最高度。每一个人，如果他对于某物的愿望超过他对于他物的愿望，他自须在某方面忍受充分的牺牲，以获得自己所愿望的物品。任谁亦不会为自己更不欲望的东西而给与自己更欲望的东西，所以，完全的交换自由必于一切人有益。[③]

无论如何，只要这个理论会促使研究，导向这门科学——这样直接

---

① 50

② 52

③ 118

杰文斯《政治经济学理论》(1871)

与人类物质幸福有关系的科学——的真的基础与形式,它已经不是无
用的

西尼耳、凯恩斯、麦克劳德、莱斯利、赫恩、夏德威等人的著作,关于
经济学的改良,都包含着有价值的暗示。自菩都、勒托洛到巴斯夏、库赛—
塞努尔那许多法国经济学者的著作,且不必说,但这些人在英国都被人忽
视,因为他们的著作的长处,不曾为李嘉图、穆勒父子、福西特教授及正统
李嘉图学派著作家所包含。在这情形下,打破有疑问的现行学说之单调的复
述,就使有引起新谬误的危险,亦是一种积极的贡献。我相信,本书所提示
的理论,可证明是正确的;但无论如何,只要这个理论会促使研究,导向这
门科学——这样直接与人类物质幸福有关系的科学——的真的基础与形式,
它已经不是无用的。①

要求得真的经济理论,必须先探究人类活动的大动机——快乐与痛
苦的感情

要求得真的经济理论,必须先探究人类活动的大动机——快乐与痛苦的
感情,我们在身心二方面总有普通的欲望与愿望,而要满足欲望,又不能不
继续忍受痛苦的努力。这种感情有一大部分是由这种欲望与努力引起的。由
此发生的快乐与痛苦之关系,便是经济学研究的范围。它研究的范围甚广。
但经济学不讨究一切的人类动机,从良心、怜悯心、道德心或宗教心引起的
动机,虽时时在我们心中涌现,但经济学者不能讨究它们,亦不讨究它们。
这些,当作突出的扰乱的势力,才与我们有关系。这些动机必须在别的科学
上讨究。②

---

① 206
② 207～209

乔治《进步与贫困》（1879）

亨利·乔治（1839～1897），美国19世纪末期的知名社会活动家和经济学家，其《进步与贫困》书稿完成后，没人愿意出版。乔治对自己的著述非常自信，于1879年在旧金山自行印刷。后来有出版商接受此书，出版后果然风靡一时。廖仲恺认为，《进步与贫困》一书中的理论是孙中山三民主义的思想酵母。乔治认为物质进步的那种趋势没有在健康、幸福生活的必需品上改善最低层阶级的生活条件。

乔治. 进步与贫困. 吴良健，王翼龙译. 北京：商务印书馆，2010.

我们称为物质进步的那种趋势决计不能在健康、幸福生活的必需品上改善最低层阶级的生活条件

财富的确有巨大的增加，一般的舒适、闲暇和讲究程度也提高了；但是这些利益不是普遍的。最低层阶级没有分享好处。我的意见并不是说最低层阶级的条件不论在哪方面和在任何事情上都没有改进，而是指他们在任何方面的改善都不能归因于增加了的生产能力。我的意思是说，我们称为物质进步的那种趋势决计不能在健康、幸福生活的必需品上改善最低层阶级的生活条件。不，不仅如此，它还进一步压低最低层阶级的生活条件。新的力量虽然有上升的性质，但它不是人们长时间希望和相信的那样，从底层对社会结构起作用，而是在位于社会结构顶部与底部中间的一点上穿透它，好像一个巨大的楔子，不是在社会底部打进去，而是在社会中部穿过去。那些在分裂点以上的人们，处境上升了，但是那些在分裂点以下的人们被压碎了。[①]

世界上没有为了快乐去追求快乐的事情

---

① 16

世界上没有为了快乐去追求快乐的事情。娱乐活动之所以使人快乐，只是因为这些活动就是学习或做某种事情，或者促使人去学习或做某种事情。当这些活动不再对我们的好奇心或建设能力有吸引力时，就不再使人快乐。……过着所谓时髦和快活生活的人，脑子里总有其他目的，否则便会无聊得要死；他们坚持过这种生活，只因为他们想象正在得到地位，结交朋友，或改进他们孩子上进的社会。把一个人关起来，不给他工作，他必然会死亡或发疯。①

神给予他良好的榜样，使他具有高尚的思想，为他创造幸福的机会

我们内心的意志是精神的最基本事实。但是我们之中，不论在学识和见解上，甚至在性格上，完全靠自己力量的佼佼者能有几人，影响我们塑造自己的外部力量又何其强大。聪明、有学问、思虑周详、性格坚强的人，如果他追忆内心世界的历史，谁能不像斯多葛派皇帝一样，感谢神赐福于他，这个或那个，这里或那里，神给予他良好的榜样，使他具有高尚的思想，为他创造幸福的机会。②

促使进步的刺激物是人本性固有的欲望

促使进步的刺激物是人本性固有的欲望——满足动物天性需要的欲望，满足智力天性需要的欲望，和满足同情天性需要的欲望；生存的欲望，求知的欲望和工作的欲望——无穷的欲望永远不会满足，一个欲望满足了，新的欲望又产生了。心灵是人进步的工具，有了它，每一次前进保证成为以后新进步的有利基础。……因此，智力是进步的原动力，人的进步总是和使用在进步事业上的智力成正比——进步事业上使用的智力是指用于扩大知识，改进生产、分配方法和改善社会条件的智力。③

共和主义，原来曾确信是国民幸福之源泉的，现在已不再有这种坚定信念了

---

① 416

② 418

③ 450

幸福经济学选读

共和主义，原来曾确信是国民幸福之源泉的，现在已不再有这种坚定信念了。勤于思考的人开始注意到它的危险，但还不知道如何克服这些危险；开始接受麦考利的见解、怀疑杰斐逊的见解了。有腐化且日益严重的现象，人民也普遍习以为常了。当今美国最不祥的政治预兆是出现了这样一种看法，即不是怀疑政府机关内有正派的人，就是把那里的人看成不会抓住机会的傻瓜。就是说，人民自己也变质堕落了。由此可见，在当今的美国，共和政体是处在这样的一个过程中，在导致财富分配不均的条件的制约下，它必须经历了这个过程，否则势将崩溃。①

> 人生来平等；他们享有某些不可剥夺的天赋权利；其中包括生存、自由和追求幸福的权利

我提出的这种改革符合政治、社会或道德上的一切需要。它具有真正改革所必需的特性，因为它有助于使其他所有改革都容易进行。其宗旨就是不折不扣地在形式和内容上实现独立宣言阐明的真理——"不言而喻"的真理，而该宣言的核心是"人生来平等；他们享有某些不可剥夺的天赋权利；其中包括生存、自由和追求幸福的权利！"。②

---

① 476

② 484

庞巴维克 《资本与利息》（1884）

庞巴维克（1851~1914），奥地利学派经济学说的全面发展者，发表的主要论文或专著有《经济财货价值理论纲要》（1886）、《奥地利的经济学家》（1890）、《价值、成本和边际效用》（1892）、《财货价值的最后尺度》（1894）、《马克思体系的崩溃》（1896）、《资本与利息》（1884）、《资本实证论》（1889）。庞巴维克认为政治经济学的研究对象是"人和物质财富的相互关系"。同时还认为人类的欲望是各种各样、无穷无尽的，而自然提供的满足欲望的物品是有限的，因此便产生了经济问题，产生了如何经济地使用物质财富的问题，人类欲望与满足欲望的物品的关系便是政治经济学研究的根本问题。庞巴维克是以边际论"苦乐心理"学说为依据，把个人心理动机归结为追求享乐和避免痛苦，认为追求享乐、避免痛苦就是人类经济活动的动力，政治经济学应从个人追求享乐、避免痛苦的欲望中寻找社会经济的一般规律。

庞巴维克. 资本实证论. 陈端译. 北京：商务印书馆, 2012.

庞巴维克. 资本与利息. 何昆曾, 高德超译. 北京：商务印书馆, 2010.

> 利息所生的物质财富不但不能帮助，而且反会妨碍人得到永恒的幸福

关于利息发生的原因问题只有一个解答，它的真理凡是能正确运用思考原则的人是都要承认的。但是利息是否公平、美善、有用或无用，则需要多加一番研究，而且是因个人意见不同而不同。关于此点，最有力量的议论，虽然可以使许多意见相反的人相信，但是不能使人人相信。例如，用最强的理由说废除利息立刻会使人类的物质福利衰退，但是这个议论对于自己另有衡量标准，而漠视物质福利的人就无足轻重了——大概他们的理由是人生和永恒相较，不过刹那之间，而利息所生的物质财富不但不能帮助，而且反会

妨碍人得到永恒的幸福。①

有的时候斯密说资本家是人类的恩人，永久幸福的创造者，有的时候他又说资本家是依赖他人劳动产品为生的一个阶级，而把他们比作那种人，"他们愿意收获，而他们从不播种。"

亚当·斯密没有完整的利息学说。但是他所提出来的意见，却都落在肥沃的土地上。他认为利息是必需的，这一偶然意见，后来发展成为忍欲学说。同样地，他对于利息起源的两种意见，也为他的后继者所采用，逻辑地加以发展，成为独立学说的原则。第一个意见——利息是从使用资本所产生的增加的价值中支付的——与以后产生力学说有关。第二个意见——利息是从劳动报酬中支付的——与社会主义者的利息学说有关。因此以后许多重要的学说都可溯源于亚当·斯密的思想。

亚当·斯密在这个问题上所持的态度，可以说是完全中立的。他在学理的叙述上是中立的，因为他播下各种不同学说的种子，并且把它们并列在一起，并未给其中哪一个以特别的优越地位。他在实际上也是中立的，因为他对于利息有毁有誉，甚或保持矛盾的怀疑立场。有的时候他说资本家是人类的恩人，永久幸福的创造者，有的时候他又说资本家是依赖他人劳动产品为生的一个阶级，而把他们比作那种人，"他们愿意收获，而他们从不播种。"

在亚当·斯密的时代，理论与实际的关系还可保留这种中立性，但是不久他的后继者就不能这样了。变迁了的环境使他们不能不露出他们对于利息问题的态度，这种强制力量对于科学并不是没有利益的。②

人们所做的一切经济牺牲的性质，在于他们所蒙受的幸福的损失

人们所做的一切经济牺牲的性质，在于他们所蒙受的幸福的损失。牺牲的数量就以这种损失的数量来衡量。它可以分作两种：一类是积极的，就是我们积极所受的伤害、痛苦或困难；另一类是消极的，就是我们没有得到用别的方法可以得到的幸福或满足。在我们为了一定的有用目的而做的大多数经济牺牲中，只有这类损失之一是唯一的问题，而且这种牺牲的计算也是很简单的。……劳动的牺牲就不是这样。从经济上看，劳动的牺牲可有两方面。据多数人的经验，它一方面是与一定数量的积极痛苦有关的努力，另一

---

① 3
② 76

方面它是获得各种享乐的工具。所以一个人花费劳动在一定有用的目的上，一方面是痛苦的积极牺牲。现在的问题是，在这种情形下，哪一种是计算为具体有用目的而做的牺牲的正确方法呢？

我们要研究之点是，如果我们没有把劳动用在这种特殊的目的上，而是花在其他适当的方面，那么，关于苦乐的情形是怎样呢？这两者的差异显然表现出为达到我们有用目的我们所要遭受的幸福的损失。如果我们用这种方法去计算差异，我们就会承认，劳动的牺牲，有的时候要用积极的痛苦去衡量，有的时候要用消极的享受的损失来衡量，但是永远不能两者同时并用。①

> 想到他们寻找价值原则，不是根据人类幸福的关系，而是根据财货制造的外部历史的枯燥事实，是根据财货生产的技术情形，这样他们的解释就进入了死胡同

那些打算以成本学说的外部机构来解释利息的人，在价值发生于生产的假定上，一定要遇到严重的阻碍。他们的解释总留下一些不能解释的问题。能够拖动人类一切经济努力的基本力量是人类的利益关系，无论是利己的或利他的，这一事实是完全确实的，同样确实的是，任何经济现象的解释其线索如果不是不断地回溯到这些基本的毋庸置疑的力量上，是难于满意的。这就是成本学说失败的原因。想到他们寻找价值原则，不是根据人类幸福的关系，而是根据财货制造的外部历史的枯燥事实，是根据财货生产的技术情形，这样他们的解释就进入了死胡同，不会找到心理上的利益动机，而满意的解释是必须回到这种动机上的。这种谴责可以施用于我们所研讨的大多数利息学说，无论各个学说是多么不同的。②

---

① 288

② 439

庞巴维克《资本实证论》（1889）

"人为幸福而奋斗"，这也许是最一般地，同时的确也是最笼统地表达了各式各样的复杂的奋斗活动

"人为幸福而奋斗"，这也许是最一般地，同时的确也是最笼统地表达了各式各样的复杂的奋斗活动。全部奋斗的目标是为了争取我们认为和觉得愉快的那些际遇和条件，而没有了那些我们就认为是不愉快的。如果不用"为幸福而奋斗"这样的词句，我们也可以用："为自我保存或自我发展而奋斗"或"为生活最大可能的发展而奋斗"；或者我们可以同样恰当地用这类字句："为需要的最大可能的满足而奋斗"。因为我们在经济术语中极其熟悉的措辞需要和"需要的满足"其最终意义，分别说来，"需要"无非是一个人没有满足的渴望——渴望他能处于他认为最合适的（或较目前更为合适的）境遇中，而"需要的满足"无非是成功地获得这些境遇。①

资本给所有者一切幸福

最初，资本一词用来表示贷款的本金和利息相对。这种用法在希腊字中已经显示出来；后来为中古的拉丁语所确定，并且在很长时间内是一个最流行的名词，直到新时代还是常用的。因此，资本在这里和"生息金额"同义。

在这段时间内，有过关于贷款利息合法与不合法的争论，就使资本这个概念在深度和广度上都有所改变。人们渐渐明白"不结子的"货币的生息能力，本质上是借来的——从金钱可以购买的东西的生产能力那里借来的。货币只能提供交换形式——在某种程度上是一件外衣，在这种交换中，生息

---

① 36

的物品由甲手转到乙手。产生利息的真正的"本钱",或称为原本,不是货币,而是可用它换得的财货。在这些情况下,最明智的办法是改变资本的概念,使它除了包括代表物(货币)外,还应包括被代表物(财货)。实际上,日常语言似乎早已在科学之前完成了这一改变。至少,早在 1678 年出版的一本小辞典中,除了一笔货币这个意义外,还出现资本一词的更进一步的解释:"资本给所有者一切幸福"。但不久,科学也承认了这种概念的沿用。我们在休谟论利息的短文中大体上发现了这种用法。那时他指出利率不是由货币的量决定,而是由有用的财富或积蓄的量决定的。唯一不足之处是,他应该正式称这些财富或积蓄为"实际资本"。这一正式转变最后为杜阁完成了。他在《关于财富的形成和分配的考察》一书中说:"无论是谁,在一年中拥有较他需用为多的财货,他可以把多余的部分积蓄起来。这些储存的财货,就是人们所谓的资本。……无论这些财货,或这笔资本,是以金属的形式,还是以其他物品的形式保存下来,都完全一样。因为货币代表任何一种财货,正像,另一方面,所有其他财货代表货币那样。"这样,杜阁对于资本的概念提出了历史进程中第二个解释。①

主观价值是一种财货或一类财货对于物主福利所具有的重要性

主观价值是一种财货或一类财货对于物主福利所具有的重要性。在这一意义上,如果我认为我的福利同某一特定财货有关,占有它就能满足某种需要,能给予我以一种没有它就得不到的喜悦或愉快感,或者能使我免除一种没有它就必须忍受的痛苦,那么,我将说这一特定财货对我是有价值的。在这一情况下,财货的存在意味着我在福利上的收益;没有它就意味着我的损失:它对于我是一个重要的东西,它对于我是有价值的。②

人类幸福所能从一个物品中得到的东西,也就是从这一物品所得到的利益,在大多数情况下,就是需要的满足

人类幸福所能从一个物品中得到的东西,也就是从这一物品所得到的利益,在大多数情况下,就是需要的满足。一个人的幸福对一种物品依赖到什

---

① 52

② 150

么程度，要解答这个疑难问题，首先就要解答下列两个问题。第一，这种物品能满足两种或多种需要中的哪一种需要？第二，这种需要或其满足的迫切性如何？①

———————————

① 161

马歇尔 《经济学原理》（1890）

阿尔弗雷德·马歇尔（1842～1924），近代英国最著名的经济学家，新古典学派创始人。他看到 19 世纪中期英国出现的严重的社会不公平，感觉到，神学、数学、物理学和伦理学都不能够给人类带来"福音"，于是，他把自己的注意力转移到政治经济学，把理解社会现状的希望寄托在经济学的研究上，打算从经济上来分析社会不公平的原因。他把经济学看成增进社会福利、消灭人类贫困的科学。《经济学原理》是他的主要著作，1890 年出版之后，被看成划时代的著作。他认为，政治经济学和经济学是通用的。马歇尔在书中指出财富的效用，只是谋求真正幸福的手段；而他们为了手段却牺牲了目的。他同时认为从适中和相当稳定的工作中所获得的适中的收入，对身心和精神的习惯之养成提供了最好的机会，只有在这些习惯之中才有真正的幸福。

马歇尔. 经济学原理（上、下卷）. 朱志泰译. 北京：商务印书馆，2010.

经济学是一门研究财富的学问，同时也是一门研究人的学问

经济学是一门研究财富的学问，同时也是一门研究人的学问。世界的历史是由宗教和经济的力量所形成的。政治经济学或经济学是一门研究人类一般生活事务的学问；它研究个人和社会活动中与获取和使用物质福利必需品最密切有关的那一部分。因此，一方面它是一种研究财富的学科，另一方面，也是更重要的方面，它是研究人的学科的一个部分。因为人的性格是由他的日常工作，以及由此而获得的物质资源所形成的，任何其他影响，除了他的宗教理想的影响以外，都不能形成他的性格。世界历史的两大构成力量，就是宗教和经济的力量。①

---

① （上卷）23

在风俗和法律任人自由选择方向的时候，从前的人比现在的人往往更愿牺牲自己的幸福，以利他人

历代的诗人和社会改良家，都用关于古代英雄的美德的动人故事，要想鼓舞他们自己时代的人民达到较为高尚的生活。但是，历史记载和当代对于落后民族的观察，一经仔细研究，都不能证实这样的说法：现在的人比从前的人大体上更为苛刻和冷酷；或者说，在风俗和法律任人自由选择方向的时候，从前的人比现在的人往往更愿牺牲自己的幸福，以利他人。有些民族的智力似乎在其他方面都没有得到发展，也没有近代商人的独创能力，其中有许多人即使与邻居在交易上也斤斤较量，表现了一种有害的聪明。最肆无忌惮地乘人之危的商人，无过于东方的谷物商人和放债者了。①

全体人民的福利应当是一切私人努力和公共政策的最终目的

事实上，近代经济学的创始者，差不多都是性情温和、富有同情心和为人道的热诚所感动的人。他们很少关心为自己谋取财富；他们却很关心财富在大多数人之中的广泛的分布情况。反社会的垄断，虽然是强有力的，但他们也是反对的。在几代之中，他们都支持反对阶级立法的运动，这种立法不许工会享有雇主团体所享有的那些特权；或者他们设法医治旧的救贫法灌输到农业及其他劳动对心中和他们的家庭的毒素；或者他们拥护工厂法案，而不顾有些政客和雇主假借他们的名义竭力反对。他们毫无例外地致力于这样的信念：全体人民的福利应当是一切私人努力和公共政策的最终目的。但是，在勇气和谨慎方面他们是坚强的，他们看起来是冷静的，因为他们不愿担负提倡向没有人走过的道路急速前进的责任，而对这种道路的安全的唯一保证就是人们的具有信心的希望，他们的想象力是丰富的，但既不受知识的限制，也不受艰苦思想的训练。②

友人的情感是幸福的一个重要因素，但除了在诗中的特殊用法外，它是不算作财富的

① 28
② 67

马歇尔《经济学原理》（1890）

一切财富是由人们要得到的东西构成的；那就是能直接或间接满足人类欲望的东西。但并不是一切人们要得到的东西都可算作财富。例如，友人的情感是幸福的一个重要因素，但除了在诗中的特殊用法外，它是不算作财富的。因此，让我们先对人们要得到的东西加以分类，然后考虑其中哪些应当算作构成财富的因素。①

> 在较为幸福的时代，较为仔细的分析就使我们明了：在任何时间和地点，对于每一种产业，有一种多少是明白规定的收入，这个收入是仅仅维持这一产业中的人员的生活所必需的；同时，另有一种较大的收入，是维持这产业的充分效率所必需的

必需品这个名词的较老的用法，是限于足以使劳动者大体上能维持自己和家庭的生活的那些东西。亚当·斯密和他的追随者中较为谨慎的人，的确看到舒适和"高雅"的标准的不同：而且他们认识到，气候的不同，风俗的不同使得东西在有些情况下是必需的，而在别的情况下则是多余的。但是，亚当·斯密受到重农学者的理论的影响：这种理论是以十八世纪法国人民的情况为根据的，那时法国人大多数除了仅仅是为了生存所必需的东西外，就不知道还有什么必需品。然而，在较为幸福的时代，较为仔细的分析就使我们明了：在任何时间和地点，对于每一种产业，有一种多少是明白规定的收入，这个收入是仅仅维持这一产业中的人员的生活所必需的；同时，另有一种较大的收入，是维持这产业的充分效率所必需的。②

> 财富——不论是公共使用还是个人使用——的任何因素的交换价值，准确地代表它对幸福和福利的增加到怎样程度

最后一个原因，时代的精神使我们对以下这个问题更为密切注意：我们日益增长的财富是否可用来比现在更进一步地增进一般的福利呢？这个问题又迫使我们去研究：财富——不论是公共使用还是个人使用——的任何因素的交换价值，准确地代表它对幸福和福利的增加到怎样程度。在这一篇中我们将从对各种人类欲望的简短研究开始，从它们与人类努力和活动的关系来

---

① 74

② 88

考虑。因为人类的进步的本性是一个整体。为了便于研究，我们能够有利地把人类生活的经济方面孤立起来，但这不过是暂时的和临时的；我们应当仔细地总的来看这个方面的总体。正是现在我们特别需要坚持这一点，因为对李嘉图及其追随者之比较忽视欲望研究的反应，表现了走向相反极端的迹象。维护他们稍为偏重的重要真理仍然是重要的；这个真理就是——欲望在低等动物中是生活的主宰，但当我们探求人类历史的基本原则时，我们必须研究努力和活动的形式的变化。①

由两个事件所造成的幸福的货币衡量如果相等的话，则这两个事件的幸福的多寡一般说就没有什么很大的差异

在前几代中，许多政治家，甚至有些经济学家，都没有注意对这种原因加以充分的考虑，在制订课税计划时尤其如此；他们的言行似乎对穷人的痛苦缺乏同情心，虽然较多的时候他们只是由于缺乏思想才会如此。然而，大体说来，在经济学所研究的大多数事件，是以大约相同的比例影响社会上一切不同等级的人的事件，因此，由两个事件所造成的幸福的货币衡量如果相等的话，则这两个事件的幸福的多寡一般说就没有什么很大的差异。因为这个缘故，在一个市场中对消费者剩余的正确衡量才有很大的理论上的兴趣，而且会有很大的实际重要性。②

一个人的幸福往往要依靠他自己身心和道德的健康，比依靠他的外在条件更大，而且即在这些条件之中，有许多对他的真正幸福极关重要的条件也易于从他的财富目录中遗漏

在估计福利要依靠物质财富时，还有另一种考虑易被忽视。不但一个人的幸福往往要依靠他自己身心和道德的健康，比依靠他的外在条件更大，而且即在这些条件之中，有许多对他的真正幸福极关重要的条件也易于从他的财富目录中遗漏。有些条件是大自然的惠赠；如果它们对每个人都是一样的话，则诚然可以不加过问而不会有很大害处；但事实上它们是随地而大不相同的。然而，这些条件中还有更多是属于共同财富的因素，在计算个人的财

---

① 105

② 149

富时这种共同的财富常被遗漏未算；但当我们比较近代文明世界的各个部分时，共同的财富就变为重要，而当我们把我们自己的时代与前代比较时，甚至更为重要。①

> 一个人现有的财富，由于对它的使用和其他方法，产生了幸福所得，占有的愉快当然也计算在内。但是，在他现有的财富总额与总的幸福之间没有什么直接关系

当我们说到福利要依靠物质财富时，我们是指以收进的财富与由此而产生的使用和消费这种财富的能力之源源流入来衡量的福利之源源流入。一个人现有的财富，由于对它的使用和其他方法，产生了幸福所得，占有的愉快当然也计算在内。但是，在他现有的财富总额与总的幸福之间没有什么直接关系。因为这个缘故，我们在这一章和前几章中说到富人、中等阶级和穷人时，都是说他们各有大的、中的和小的收入——而不是财产。②

> 从适中和相当稳定的工作中所获得的适中的收入，对身心和精神的习惯之养成提供了最好的机会，只有在这些习惯之中才有真正的幸福

照人类本性的构成来看，除非人有某些艰苦的工作要做，某些困难要克服，否则就会迅速堕落；而且发奋努力对身体和道德的健康也是必要的。生活的富裕有赖于尽可能多的和高尚的才能之发展和活动。在对任何目标——不论这目标是经营的成功，艺术和科学的进步，还是人类状况的改善——的热烈追求中都有强烈的愉快。各种最高尚的建设性工作必然往往在过度紧张时期和在疲惫及停滞时期中交集；但是，以其常人和没有雄心大志（不论是高等还是低等的雄心大志）的人而论，从适中和相当稳定的工作中所获得的适中的收入，对身心和精神的习惯之养成提供了最好的机会，只有在这些习惯之中才有真正的幸福。③

> 家具和衣着的艺术性的改进，训练了制成它们的人的高等才能，而

---

① 152
② 153
③ 155

幸福经济学选读

且对使用的人是一种日见增长的幸福之源泉

一旦有了生活必需品之后，每人就应设法增加他现有的种种东西的美观，而不应增加它们的数量或华丽。家具和衣着的艺术性的改进，训练了制成它们的人的高等才能，而且对使用的人是一种日见增长的幸福之源泉。但是，如果我们不去寻求较高的美观标准，而把我们增长的资源用来增加家庭用品的复杂性和错综性，则我们就不能由此得到真正的益处和持久的幸福。如果每人购买的东西数量少些而且简单一些，为了真正的美观情愿费点事来选择这些东西，当然要留心得到很好的价值以抵偿他的支出，但他宁愿购买少数由高工资劳动者精工制造的东西，而不愿购买由低工资劳动者粗制滥造的东西，这样，世界就会好得多了。①

国家的统治者无权以牺牲个人的幸福来扩大国家的

在整个这一时代里，在那些最认真地思考社会问题的人之中，日益感到人口过度增加，不论是否已使国家强大，都必然会造成巨大的困苦，而且国家的统治者无权以牺牲个人的幸福来扩大国家的。我们已经知道，特别是在法国，宫廷及其随从者为了他们自己的奢侈和军事上的光荣而牺牲人民幸福的这种冷酷的自私心，曾经引起了反抗。倘使重农主义者的仁慈的同情心，当时能够克服法国特权阶级的轻浮与苛刻，十八世纪大概就不会以骚乱和流血告终，在英国自由的进程就不会受到阻止，而进步的指针就会比现在向前推进至少一代了。实际上，当时对于魁奈的慎重而有力的抗议，差不多未加注意，他抗议说："一个人应当志在增加国民收入，而不应求人口的增加，因为，从优厚的收入中所得到的较大的舒适之情况，比人口超过收入而经常处于迫切需要生活资料的情况，是可取的。"②

的确有一些人看见他们所积蓄的财富在自己手下增多而感到强烈的愉快，但差不多没有想到由他们自己或别人从财富的使用中所能得到的幸福

---

① 155

② 195

的确有一些人看见他们所积蓄的财富在自己手下增多而感到强烈的愉快，但差不多没有想到由他们自己或别人从财富的使用中所能得到的幸福。他们之所以如此，一部分是由于追求的本能、胜过竞争者的愿望以及表现获得财富的能力和因富有而取得势力与社会地位的雄心。有时，在他们真正需要货币时所发生的习惯的力量，由于一种反射作用，在为积聚财富而积聚财富方面，使他们有一种人为的和不合理的愉快。但是，如果不是为了家庭情感，现在许多艰苦工作和小心储蓄的人，只要能获得供他们自己生活之用的舒适的年金，就不会更努力了；他们或是向保险公司购买年金，或是安排好他们退职后每年花费他们的资本和其他一切收入的一部分。在前一种情况下，他们身后就一无所有了；而在后一种情况下，他们只留下从他们所希望的高寿中因早死而多余的那一部分储蓄。人们工作和储蓄主要是为了他们的家庭，可由以下的事实来证明：在他们退职之后，他们的费用很少超过从他们的储蓄中所得的收入，而宁愿把他们的储存的财富原封不动地留给他们的家庭；单单在英国，每年就有二千万镑以保险单的形式储蓄起来，而且只有在储蓄的人死后才能动用。[①]

> 像阶级制度一样，它们主要是有利于引向对一个较为幸福时代的较好的安排

这种自然组织的学说，差不多比其他任何同样会为讨论重大的社会问题而不作充分研究的人所无从理解的学说，包含更多的对人性具有最大重要性的真理：对于诚挚和深思的人，它具有非常的魅力。但是，夸大这个学说，却有很大害处，对于最爱好这个学说的人尤譬如此。因为，在他们的周围所发生的变化之中，有利也有害，这个学说会使他们不能看见和消除其中的害处。它也妨碍他们研究这样的问题：即使在近代工业的广泛的特点中，有许多是否也会是过渡的，当时它们诚然产生良好的效果，像阶级制度当时所有的效果一样；但是，也像阶级制度一样，它们主要是有利于引向对一个较为幸福时代的较好的安排。而且这个学说因易于引起对它的夸大的反应，而造成了害处。[②]

---

① 244

② 262

幸福经济学选读

> 工业进步所依赖的宗教的、道德的、智力的和艺术的才能，不是完全为了这些才能所可获得的东西起见而养成的，而是为了它们本身所带来的愉快和幸福因运用而发展起来的

但是，人类具有坚强的个性，因而有较大的自由。人类喜欢因使用才能而使用才能；有时是高尚地使用才能，不论是纵情于伟大的希腊生活的发扬，还是处于为了重要目的而作的审慎和坚定的努力的支配之下；有时是卑鄙地使用才能，好像是饮酒嗜好的病态发展。工业进步所依赖的宗教的、道德的、智力的和艺术的才能，不是完全为了这些才能所可获得的东西起见而养成的，而是为了它们本身所带来的愉快和幸福因运用而发展起来的；同样地，经济繁荣的那个较为重要的因素——井井有条的国家的组织——是无数动机的产物：其中有许多动机与追求国民财富没有直接关系。①

> 如果他们的工作能由某种中间人为他们安排的话，则他们会得到较好的报酬，过较为幸福的生活，而且对于世界也会作出较大的贡献

即在近代英国，我们有时也看到乡村中的技术工人，还是墨守原始的方法，制造东西卖给邻人，是为了他自己的缘故；他自己管理他的营业和担当一切风险。但是，这种情况是很少了。博学的职业提供了墨守旧式经营方法的最显著的例子；因为，一个医生或律师通常自己管理他的营业、进行一切工作。这种办法不是没有缺点的：有些具有头等本领的自由职业者，因为没有招徕生意所需的特殊才能，而使得许多宝贵的活动变为无用，或者只获得很小的效果；如果他们的工作能由某种中间人为他们安排的话，则他们会得到较好的报酬，过较为幸福的生活，而且对于世界也会作出较大的贡献。但是，大体上，现在那样的情况恐怕是最好的了：需要最高级和最精细的才能的那些服务，只有在对个人具有完全信心的情况下，才能产生它们的全部价值，在这种服务的供给上，人们的心理对于中间人的参与，是不信任的，而在这种心理之中，是有正当理由的。②

> 工人升到雇主的地位，人数很多，但适合于领导地位的人却很少：

---

① 263

② 304

马歇尔《经济学原理》(1890)

> 他们往往很粗暴专横；他们丧失了自制力，既不是真正高尚，也不是真正幸福

因此，大体上有一种自下向上的广泛变动。从工人的地位一跃而为雇主的人，也许没有以前那样多了；但是，地位提高到足以使子弟能有达到最高地位的良好机会的人，却比以前多了。完全的地位提高在一代之中完成的，往往很少；而在两代中完成的较多；但地位提高运动的整个规模之大，恐怕是前所未有的。而且，对整个社会而言，地位提高分为两代完成，也许较好。在 18 世纪之初，工人升到雇主的地位，人数很多，但适合于领导地位的人却很少：他们往往很粗暴专横，他们丧失了自制力，既不是真正高尚，也不是真正幸福；他们的子弟往往是骄傲、挥霍和放纵，把他们的财富滥用于低级和粗俗的娱乐，具有从前贵族的最坏的缺点，而没有他们的那些美德。工头和监工仍然要服从、又要发号施令，他们的地位正在提高，而且看到他的子弟会升到更高的地位，在某些方面使人对他比对小雇主更为艳羡。他的成功虽没有那样显著，但他的工作往往是较为高级，且对世界较为重要，同时，他的性格较为温和与文雅，而且像以前一样地坚强。他的子弟们有很好的训练；如果他们获得财富，他们就会加以相当好的利用。[①]

> 从本年所剪的羊毛制成的毛线为数是有限的，她考虑家庭衣着方面的各种需要，并力求把毛线在这些需要上分配得尽可能有助于家庭的幸福

让我们再来看一看那个原始的家庭妇女吧，她"从本年所剪的羊毛制成的毛线为数是有限的，她考虑家庭衣着方面的各种需要，并力求把毛线在这些需要上分配得尽可能有助于家庭的幸福。如果分配以后，她有理由来惋惜她没有用较多的毛线做短袜和较少的毛线做背心，那么，她将认为她是失败了。但相反，如果她用得恰到好处，则她恰恰做了这样多的短袜和背心，以致她从做短袜用的和做背心用的最后一束毛线中获得了相等的利益"。如果做一件背心适有两种方法，而这两种方法就其结果来说是同样令人满意的，但是其中的一种方法比另一种方法所用的毛线稍多，而所引起的麻烦却稍少；那么，她的问题就会成为较大企业界的问题的典范。这些问题所包括

---

① 321

的决定有三：第一，关于不同目的的相对重要性的决定；第二，关于达到各个目的所用的各种不同手段的相对优势的决定；第三，关于以这两组决定为基础的，她能最有利地把各种手段用于各种目的的那种边际的决定。①

> 在增长他们自己的见识、智慧和远见的同时，这种变化在某种程度上也将使他们更愿意牺牲自己的快乐，以谋求子女的幸福

但是，此刻我们所必须特别加以强调的一点是，这种祸害是积累性的。一代的儿童吃得愈坏，他们到了成年所赚的工资愈少，而适当满足他们子女的物质需要的能力也愈小，如此相沿，一代不如一代。此外，他们的能力发展得愈不充分，则他们对发展他们子女的才能愈不重视，因此，他们这样做的动力也愈小。反之，如有某种变化给予一代工人以优厚的报酬和发展他们才能的机会，则它将增进他们所能给予他们子女的那些物质和道德的利益。而在增长他们自己的见识、智慧和远见的同时，这种变化在某种程度上也将使他们更愿意牺牲自己的快乐，以谋求子女的幸福。现在甚至在那些最贫困的阶级中，就他们的知识和资力所及，也有很大的这样一种愿望。②

> 在这样一种社会中，值得讨论的问题是，鼓励人们按借据借钱，到时本利同还，是否符合大众的利益？这种借据综合起来看，是否一般来说不减少人的总幸福，而是增加它

在原始社会中，企业中使用新资本的机会很少，而且一般有财产的人，如自己不直接使用这种财产，有殷实的担保，借给别人而不取分文利息，对他也很少有多大的牺牲。借款的人一般都是贫苦无靠的人，他们需款很急，他们的议价力也很薄弱。至于放款的人，一般不是用余款救济贫邻的人，就是高利贷者。穷人每逢需款时，就向高利贷者登门告贷；高利贷者往往残酷地使用自己的权力，使穷人陷入罗网，忍受莫大的痛苦，而难以自脱。有时他或他的子女竟沦为奴隶。不仅没有文化的人，而且古代的圣贤，中世纪教会的神父和当代印度的英国官吏也常说："放款者以别人的不幸为自己营业的妙诀，幸灾乐祸，从中取利，借口怜悯，实则为被压迫者打下了陷阱"。

---

① （下卷）47

② 231

在这样一种社会中，值得讨论的问题是，鼓励人们按借据借钱，到时本利同还，是否符合大众的利益？这种借据综合起来看，是否一般来说不减少人的总幸福，而是增加它？①

　　　　果真这种延期使人有可能利用最初成本很大的生产方法，但通过这种生产方法正如通过增加劳动一样，确实能使总幸福增加，则一种东西的价值纯粹由消耗在它上面的劳动来决定，就不能信以为真

换言之，果真满足的延期，在延期者方面一般引起牺牲，如同额外的劳作在劳动者方面引起牺牲一样；果真这种延期使人有可能利用最初成本很大的生产方法，但通过这种生产方法正如通过增加劳动一样，确实能使总幸福增加，则一种东西的价值纯粹由消耗在它上面的劳动来决定，就不能信以为真。确立这一前提的种种尝试，势必暗中假设，资本所提供的服务，是一种提供时无需作出牺牲的"免费"品，从而不需要利息作为诱使它存在的报酬。这就是上述前提所需要证明的那个结论。洛贝尔图斯和马克思对苦难者的深切同情，永远会博得我们的敬意，但他们认为是他们的实际倡议的科学根据的那些东西，其实只不过是一系列的循环论点而已，大意是说利息在经济上没有存在的理由，殊不知这个结论早已暗含在他们的前提之中；虽然在马克思方面，它是披着黑格尔神秘词句的外衣，像他在《资本论》第一卷的序言中所告诉我们的那样，他用这些词句来"卖俏"。②

　　　　财富的效用，只是谋求真正幸福的手段；而他们为了手段却牺牲了目的

杨格说过，"财产如魔术，能变沙成金"。在小土地所有者具有特别能力的许多场合下，这无疑是真的。但是，如果这些人不把自己的视野局限于成为小土地所有者的狭隘范围，则他们也许有同样或更大的成就。因为这件事的确还有它的另一面；人们常说，"土地是劳动者的最好的储蓄银行"有时它处于最好中的次要地位，而首要地位是他和他的子女的能力。小土地所有者对他们的土地是如此专心，以致往往不务他事。甚至他们中间许多最富

---

① 250

② 253

的人，也精打细算，省吃省用。他们常以房屋和家具的排场而自夸；但他们为了经济而居住于厨房之内，实际上他们的食住条件远不及英国农民中较富裕的阶层。他们中间最穷的人，工作的时间很长，所费的辛苦很大，但是，他们所完成的工作却不多，因为他们吃得比英国最穷的工人还要差些。他们不知道，财富的效用，只是谋求真正幸福的手段；而他们为了手段却牺牲了目的。①

> 小土地所有制不适合于英国的经济条件，她的土壤、气候和她的民性，但是，英国仍有少数小土地所有者，他们在这种情况下生活得很幸福

最后，虽然小土地所有制不适合于英国的经济条件，她的土壤、气候和她的民性，但是，英国仍有少数小土地所有者，他们在这种情况下生活得很幸福。还有少数其他的人，他们会购买小块土地，甘以务农为生，如果他们在需要时仅能获得他们所需要的东西。他们的性格是，倘不服侍他人，则他们甘愿勤劳和节俭度日。他们喜欢安静，而不喜欢激动。他们对土地有无限的热爱。应该给这些人以相当的机会，使他们用自己的储蓄购置小块土地，在这些土地上，他们可以用自己的双手来种植相宜的作物；至少应当减少目前因转让小块土地而收的那些苛刻的法定手续费。②

> 倘生活上的幸福取决于物质条件，则收入足以提供最必要的生活必需品时，可以说是幸福开始之日

这样看来，机械进步是各种劳动报酬之间仍然存在着巨大差别的一个主要原因；初看起来，这似乎是一种严重的控诉，其实不然。如果机械进步慢得多，即非熟练劳动的实际工资比现在要低些，而不会高些。因为国民收入的增长会受到如此大的限制，以致熟练工人也不得不对一小时工作的所得还不及伦敦瓦工六便士的实际购买力而感到满足，而非熟练工人的工资当然还会更低一些。曾经有一种观点，认为倘生活上的幸福取决于物质条件，则收入足以提供最必要的生活必需品时，可以说是幸福开始之日。此后，收入增

---

① 304
② 312

加一定的百分比，将增加大约等量的幸福，不论收入何似。这种粗浅的假设导致这一结论：贫苦阶级中实际工人的工资（比方说）增加四分之一，对总幸福的增益，比其他阶级中相同人数的收入增加四分之一要大些。这似乎是合理的。因为它阻止了绝对的痛苦，消除了堕落的积极因素，并通向幸福之路，而这是收入的其他比例增加所不及的。从这点来看，贫苦阶级从机械和其他方面的经济进步中所获得的实际利益，比他们的工资统计数字所代表的要大些。但是力求用这样低的成本来进一步增加福利仍是社会的当务之急。①

　　悲观主义者对我们时代的描绘，再加上对过去幸福的那种浪漫的夸张，必然有助于抛弃那些工作虽缓但是踏实的进步方法，有助于轻率地采纳许下更大诺言的其他方法

因此我们有必要来提防那种夸大我们时代的经济灾难并忽视以往更严重的类似灾难的诱惑；尽管某些夸张在短时间内可以刺激我们和其他的人更加坚决地要求立即消除现有的这种灾难。但蒙蔽正义事业的真相和蒙蔽利己勾当的真相同样有害，而往往更加愚蠢。悲观主义者对我们时代的描绘，再加上对过去幸福的那种浪漫的夸张，必然有助于抛弃那些工作虽缓但是踏实的进步方法，有助于轻率地采纳许下更大诺言的其他方法，但是这些方法像江湖医生的烈性药一样，在立见微效的同时，却播下了长期到处腐烂的种子。这种不耐的虚伪为害之大仅次于这样一种道德上的麻痹，即在我们现代资源和知识的条件下，对不断毁坏无数生命中值得拥有的一切处之泰然，并以我们时代的灾难总不及过去这种感想来安慰我们。②

　　事实上不惯于分析的一般人很容易把货币看作动机和幸福的比实际上更加精确的尺度

他所进行的工作的要旨很可能连他自己都不晓得，自然许多他的后继者也没有看出来。尽管如此，《国民财富的性质和原因的研究》以后的上乘经济学著作和以前的著作有所区别，这种区别在于对用货币一方面衡量获得一

---

① 367

② 372

物的欲望和他方面衡量生产该物直接或间接所引起的种种劳作和自制看得更加清楚。其他学者向这方面所作的努力虽然很重要，但是他对它的发展是如此之大，以致他实际上倡导了这种新见解。在这方面，不论他或他的前辈和后继者都没有发明一种学术上的新概念；他们只不过把日常生活中所惯用的概念加以明确化。事实上不惯于分析的一般人很容易把货币看作动机和幸福的比实际上更加精确的尺度；此中原因，部分地是由于他没有想到尺度由以形成的方式。经济学上的用语似乎比日常生活中的用语专门些，现实性小些。但事实上它更加真实，因为它更加慎重，更周密地考虑到各种分歧和困难。①

> 地基价值很高的原因是由于人口的集中，而这种集中有使新鲜空气、阳光和活动场所发生严重不足的危险，以致毁坏年青一代的体力和幸福

警惕是必要的。但地基价值很高的原因是由于人口的集中，而这种集中有使新鲜空气、阳光和活动场所发生严重不足的危险，以致毁坏年青一代的体力和幸福。从而，巨大的私人利益不仅是由那些社会性质（而不是个人性质的）的原因造成的，而且是以牺牲一种主要的公共财富形式为其代价的。取得新鲜空气、阳光和活动场所是需要巨额经费的。而这些经费由以开支的最适当的来源似乎是土地私有的那些极端权利，而这些权利从代表国家的国王是唯一土地所有者的时候起就几乎不知不觉地形成了。私人只是土地持有者，有义务为公众的福利服务。他们没有用拥挤不堪的建筑来损害那种福利的合法权利。②

---

① 404

② 444

凡勃伦《有闲阶级论》（1899）

托斯丹·邦德·凡勃伦（1857～1929），美国人，制度经济学鼻祖，主要著作有《有闲阶级论》《营利企业论》《德帝国与产业革命》等。凡勃伦认为消费无益于人类生活或人类幸福，反对将消费视作实现人类幸福的一种手段的传统观点。

凡勃伦. 有闲阶级论. 蔡受百译. 北京：商务印书馆，1964.

> 这里之所以称作"浪费"，是因为这种消费从整体说来，并无益于人类生活或人类幸福

使用"浪费"这个字眼时，从某一方面看来，含义是不大高妙的。在日常谈话中使用这个字眼，是含有贬损或轻视之意的。这里所以使用这个字眼，只是由于没有更好的词来适当地形容同一范围内的一些动机和现象，并不含有那种对人力或物力作不正当消费的憎恶或丑化的意义。从经济理论的立场来看，上述消费与任何其他消费比起来，在正当程度上并没有什么高下之别。这里之所以称作"浪费"，是因为这种消费从整体说来，并无益于人类生活或人类幸福，而不是因为从实行这种消费的各个消费者的立场说来这是浪费或精力的误用。就各个消费者说来，如果他愿意这样消费，这种消费与其他可能不会受到浪费的非难的那类形式的消费相比时对他的相对效用问题就算解决了。不论消费者所选择的是哪一形式的消费，也不论他作出选择时所追求的目的何在，由于他的偏爱，那种消费对他就有了效用。从各个消费者的观点来看，在纯经济理论范围内是不会发生浪费问题的。因此这里使用"浪费"作为一个术语，并不含有贬责消费者的动机，或他在明显浪费准则下所追求的目的之意。①

---

① 77

幸福经济学选读

各人的禀赋不同，因此各人的生命活动力向某些方向开展的难易程度也彼此不同。有些习惯与人们的特有禀赋或比较强烈的性格特征或比较容易表现的方向是一致的，因而它们同人们的幸福有重大关系

各人的禀赋不同，因此各人的生命活动力向某些方向开展的难易程度也彼此不同。有些习惯与人们的特有禀赋或比较强烈的性格特征或比较容易表现的方向是一致的，因而它们同人们的幸福有重大关系。构成生活水准的某些习惯是有相当韧性的，而确定这种韧性的是上述遗传特性的作用，这一点说明，人们放弃有关明显消费的任何支出为什么会感到极度为难。作为这类习惯的依据的一些特性或性格特征是含有竞赛因素的；而这类竞赛性的、也就是含有歧视性对比作用的倾向，是自古以来就存在的，是人类性格的普遍特征。这种性格特征很容易在任何新形态下有力地活跃起来，而且在任何新形态下一经找到了惯常表现的机会，就极其有力地扎下了根。当一个人已经养成了在某一类型的荣誉消费中寻求表现的习惯，当某一类型或某一方向下的活动，在这些活跃的、影响深远的竞赛倾向的支配之下，对某一类刺激力量已经惯于作出反应，这时要他放弃这类习惯，他是会极端不愿意的。另外，不论什么时候，如果财力有了增长，使个人能够向更大的规模和更大的范围开展他的活动过程，则民族中的那些历史悠久的性格倾向将发挥作用，将从中决定生活应当向哪个方向开展。有些性格倾向，在某种有关的表现形态的领域中原来已经很活跃，并且得到了现时的、公认的生活方式所明白表示的意向上的协助，而使之得以实现的物质资料和机会又都是现成的——这样一类性格倾向，当个人的综合力量有了新的增长而急于表现时，在形成其表现的形态与方向方面，有着格外重大的作用。具体地说，在任何社会，如果明显消费是生活方式中的一个因素，当个人的支付能力有所增长时，这种增长所采取的形式，势必是属于某种公认的明显消费形式的。①

教士阶级不但应当戒绝一切世俗劳动，尤其是那些有利可图的、对人类的今世幸福有所贡献的活动

除了由在俗的一般人士执行这种少量的代理有闲以外，属于特殊阶级的人士——等级高低不同的教士和献身于神的奴隶，是要把全部时间贡献于这

---

① 85

类服役的。教士阶级不但应当戒绝一切世俗劳动，尤其是那些有利可图的、对人类的今世幸福有所贡献的活动；而且应当执行更进一步的清规戒律，诸如禁止在甚至不致牵涉生产工作的情况下追求尘世利得。作为一个教士而追求物质利益或关怀俗务，是跟上帝的一个奴仆的身份不相称的，或者说得更清楚些，是跟他所侍奉的那位上帝的尊严不相称的。"一个人披着教士的外衣，而关心的却是他自己的名利，那是一切可耻行为中之最可耻的。"①

> 一个有教养的教士对于涉及尘世幸福的问题，只能作泛泛的讨论，遵守一定的限度，超过这个限度，作过于深入的研讨，是宗教礼法所不允许的

在圣所中，在教士职务中，用语应当有所选择，有关实际的日常生活的话头越少越好，涉及现代工商业的一类语汇也应当留心避免。同样，一个说教者对生产问题以及其他纯粹人事问题作出详尽的分析，谈得津津有味，是最不雅相的，是极容易触犯人们的宗教礼俗观点的。一个有教养的教士对于涉及尘世幸福的问题，只能作泛泛的讨论，遵守一定的限度，超过这个限度，作过于深入的研讨，是宗教礼法所不允许的。这类问题属于人事和世俗范围，谈话者处理这类问题时，应当带有一定程度的浮泛和淡远的态度，借以暗示，谈话者是代表他的那位神圣的主人发言的，而那位主人对这类俗务的态度至多只是默默地承认它们。②

> 以幸福与优美的生活方式——也就是我们所习惯的生活方式——而言，派给女子的那个"领域"；是附随于男子的活动力的，如果她越出了这个指定的义务范围的传统，就要被人认为不守妇道

因此，以幸福与优美的生活方式——也就是我们所习惯的生活方式——而言，派给女子的那个"领域"；是附随于男子的活动力的，如果她越出了这个指定的义务范围的传统，就要被人认为不守妇道。如果牵涉到公民权利或参政权问题，我们在这方面的常识——也就是说，我们的一般生活方式在这一点上的合理的表示——会告诉我们，在国家或在法律之前，女子不宜亲

---

① 242

② 246

自直接参与,而应该由她所属的那个家族的家长来居间。一个女子而热衷于
自决自主或自我中心的生活,是同她的娇柔风度不相称的。我们的常识告诉
我们,女子不论在政治还是在经济方面直接参加社会事务,是对社会秩序的
威胁,这一点所表现的,是我们在金钱文化传统的指导下形成的思想
习惯。①

> 反对将消费视作实现人类幸福的一种手段的传统观点,同时他也驳
> 斥了认为个体通过内省来决定他们消费不同商品所获取的幸福的观点

凡勃伦的第一部著作使他一举成名。《有闲阶级论》(*The Theory of the
Leisure Class*)(凡勃伦,1899)反对将消费视作实现人类幸福的一种手段
的传统观点,同时他也驳斥了认为个体通过内省来决定他们消费不同商品所
获取的幸福的观点。凡勃伦发展了消费的文化理论,取代了这些观点。习
惯、风俗以及迷信的非理性都将决定人类的消费。②

---

① 275

② 286

后　　记

　　本人近年的连续两个国家自然科学基金，以及稍前的上海市的几个课题，都集中于"幸福经济学"领域。在研究过程中，我和团队成员们查阅了汗牛充栋的中外文献，感觉到，编一套《幸福经济学选读》，与对于幸福经济学有兴趣的其他研究者和普通读者们，实现资源共享，应该是一项很有学术意义和生活意义的工作。

　　本书出版由国家自然科学基金（项目批准号71073054）资助，是我们计划中《幸福经济学选读》的第一部，主要的摘录由我的博士生蒲德祥完成，由我审定。以后准备陆续推出不同国别、不同时期的分册。蒲生已是大学教师，本来在职读博，但这几年却是完全脱产，甘坐冷板凳，心无旁骛只读"幸福"书，发了好些文章。这些年，这样的博士生真是不多见了。

　　感谢知识产权出版社，感谢责任编辑祝元志和吴晓丽老师。

　　感谢各位读者。

　　欢迎批评。

傅红春

2013年圣诞节